Piemont

Langhe
und
Roero

Piemont

Langhe
und
Roero

Slow Food Editore

Hallwag Verlag Bern und München

Die italienische Originalausgabe ist unter dem Titel
GUIDA DELLE LANGHE E DEL ROERO bei
Slow Food Editore, Bra (Italien) erschienen.

Copyright © 2000 Slow Food Editore

Autoren
Gian Abrate, Giorgio Bàrberi Squarotti, Gian Luigi Beccaria,
Livio Berardo, Giorgio Bert, Pietro Bianchi, Mario Busso,
Oreste Cavallo, Irene Ciravegna, Giovanni De Luna, Gigi
Gallareto, Armando Gambera, Paola Gho, Mario Giovana,
Giovanni Goria, Andreina Griseri, Gina Lagorio, Vittorio
Manganelli, Alfredo Mango, Massimo Martinelli, Gian
Minetti, Gianfranco Miroglio, Alessandro Monchiero,
Lorenzo Mondo, Giancarlo Montaldo, Edoardo Mosca,
Giuseppe Nicola, Grazia Novellini, Gian Paolo Ormezzano,
Carlo Petrini, Gigi Piumatti, Folco Portinari, Augusto
Pregliasco, Silvana Quadrino, Gianfranco Riva, Mariangela
Roggero, Giovanni Ruffa, Piero Sardo, Beppe Stella,
Bruno Taricco

Verantwortliche Herausgeberin
Maria Vittoria Negro

Redaktionsleitung
Giovanni Ruffa

Karten
Davide Gandino

Fotos
Beppe Malò, Bruno Murialdo

Deutsche Übersetzung
Alexandra Zemann, Monika Stuhl (Ortsporträts)
Ilse Schager (Adressenteil)
Alexandra Hoi (Essays)

Produktionsbetreuung der deutschsprachigen Ausgabe:
Eva Henle, books in prog·ress, Wien
Satz: Markus Zahradnik, Wien
Umschlag und Gestaltung: Robert Buchmüller
Umschlagbild: Castiglione Falletto (Barolo)
Foto: Tino Gerbaldo, Bra (Italien)
Fotolithos: Ponti, Boves (Italien)
Druck und Bindung: Kösel, Kempten (www.koeselbuch.de)

Copyright © 2001 Hallwag AG, Bern
Alle deutschen Rechte vorbehalten

ISBN 3-7742-5306-4

Hallwag

INHALT

Tanaro

nach Asti-Alessandria

Costigliole d'Asti

Nizza Monferrato

Castagnole
delle Lanze

Belbo

Calosso

Coazzolo

CANELLI

...O

Castiglione
Tinella

eviglie

Camo

Santo
Stefano
Belbo

Cassinasco

Acqui Terme

Loazzolo

Mango

Sessame

Cossano Belbo

Cessole

Bubbio

Bormida

Monastero
Bormida

Rocchetta
Belbo

Vesime

ello

San Giorgio
Scarampi

male

Castino

Olmo Gentile

ria

Perletto

ROCCAVERANO

Bosia

guello

Cortemilia

Mombaldone

anzana

Bergolo

rmida

Serole

Levice

Pezzolo Valle
Uzzone

zegno

Castelletto
Uzzone

Prunetto

Monesiglio

Gottasecca

Saliceto

Camerana

Zum Gebrauch des Führers

Gliederung

Die Region wurde in acht homogene Gebiete untertcilt: geografische, historische und kulturelle Gemeinsamkeiten werden anhand von Anbaugebieten und wirtschaftlichen Gegebenheiten erläutert.

Die Einleitung ist dreigeteilt und soll den Grundgedanken zu diesem Buch vermitteln sowie eine Einführung in die geschichtliche, soziale und geologische Entwicklung der Region bieten.

Alle acht Kapitel enthalten Beiträge zu den alphabetisch gereihten Gemeinden, dazwischen finden sich Essays mit Hintergrundinformationen zur lokalen Kunst, zu typischen Bräuchen und Erzeugnissen.

Wissenswertes à la carte

Slow Food hat Hotels, Restaurants, Osterien, Vinotheken, Bars, Cafés, Läden, Agrotourismus-Betriebe, Handwerksbetriebe und Weinkellereien für Sie ausgewählt und in die Abschnitte Übernachten, Essen, Einkaufen, Weinkellereien sowie Feste, Messen und Veranstaltungen unterteilt.

Einführung in eine Liebe

Darf jemand, der nicht aus den Langhe stammt, die Einführung zu einem Reiseführer über die Region schreiben? Ja, wenn ein Reisehandbuch für all jene gedacht ist, die aus Liebe eine Annäherung an einen Ort, an ein Phänomen versuchen, dem sie nicht angehören. Ein Reiseführer ist eine Einführung in eine Liebe, ist ein Umwerben.

Es geht hier um verschiedenste Elemente, die zusammen eine Kultur bilden und diese prägen. Kultur ist ein durch unangebrachte und inflationäre Verwendung derart abgenutztes Wort, dass man sich ein wenig geniert, es zu gebrauchen. Ich habe es immer im Sinn von Kultivieren eingesetzt, das heißt in einem Sinn, der zugleich auch bäuerlich und daher bodenständig ist.

Für eine erste Annäherung muss ich in eine Zeit zurückgehen, in der Lebensmittel rationiert waren, in die 40er-Jahre, als ich mit dem Fahrrad anreiste und mir die Abfahrt von den Hügeln um Montà wie ein Flug ins Schlaraffenland vorkam. Ich erinnere mich an diese Fahrten als Inbegriff für gestillte Begierden, für Genuss, auch wenn sich dieser angesichts der wirtschaftlichen Lage auf ein bisschen Suppenfleisch mit *bagnèt verd* im «Savona» beschränkte. In der Stadt wagte man nicht einmal von Rindssuppe zu träumen. Seit damals ist die Langa Ziel immer neuer kulinarischer Pilgerreisen, aus Verbundenheit ebenso wie aus einem unbewussten Trieb. Und ich war nicht der Einzige – das heißt wohl, dass es objektive Gründe gegeben haben muss, erkennbare und objektive Werte. Später kam es zu einem Überfluss, zu einer Unkultur aus Mangel an Spürsinn. Jenen, die das Land kultivierten, war vor allem die Menge wichtig. Doch die Methoden der Weinbauern von nebenan, welche die Pflanzdichte ihrer Reb-stöcke verringerten, wurden nicht übernommen.

Es hatte die Gefahr bestanden, dass den hiesigen Weinen dasselbe Schicksal widerfahren könnte, diesem wirtschaftlichen und kulturellen Gut, das die Identität der Langa ausmacht. Die Weinbauern standen vor einem komplexen Problem, vor allem während des Booms der 50er-Jahre mit seiner Wirtschaftseuphorie, denn es schien, dass der bis zum Wahnwitz offene Markt die Ressourcen eines so unverwechselbaren Gutes wie des Weins zunichte machen würde. Ein Gut, das so eng mit Identität und Erziehung verbunden ist, schien von Vereinheitlichung und Verwechselbarkeit mit mittelmäßigen ausländischen Produkten bedroht zu sein. Die schlimmste Bedrohung ging aber vom Bruch mit der Tradition aus – einer Kultur, die im Kultivieren ihre Kontinuität sicherte – und vom Verlust der Erinnerungen. Es gibt keine Wunder, die Rettung verheißen können, doch es gibt die Intelligenz. Sie ist eine Eigenschaft, die nicht ein für alle Mal erworben wird, sondern die täglich aufs Neue zu prüfen ist wie zum Beispiel im Erwägen jener ursprünglichen Motivationen, die in der Kontinuität nicht nur ein Mittel zum Erhalt des Bestehenden, sondern ein Mittel zur Gestaltung und Verwaltung eines Gutes sehen. Diesem Problem müssen sich die Kinder, die Jungen, stärker als ihre Väter stellen.

Natürlich erschöpften sich meine Reisen in den Langhe weder damals noch heute in der Vorliebe für Speis und Trank. Ich bin kein Gastronom und will auch keiner sein. Ich bin Literat und habe auch andere Gründe für mein Interesse an diesem Landstrich und für meine Verbundenheit mit ihm gefunden. Eine Reihe von Initiativen rückte das

Städtchen Alba in den Mittelpunkt der weltweiten Aufmerksamkeit, ohne dass die Einheimischen es überhaupt bemerkten. Es waren nicht so sehr geplante als vielmehr beiläufige Gelegenheiten, die jedoch erfolgreich und von Dauer waren und diesem Landstrich zu einem ähnlichen Prestige verhalfen, wie es seine besten Weine taten.

Gewiss geht es um Mythen, um scheinbar belanglose Dinge (es ist leichter, auf Notwendiges zu verzichten als auf Belanglosigkeiten, das weiß jedes Kind). Aber ohne Mythen, ohne eigene Erinnerung an die Geschichte, ohne Bezugspunkte und ohne das Wiedererkennen von Bekanntem überlebt weder ein Volk noch seine Kultur. Die Langhe sind zu den Langhe geworden, als sie zum Mythos, zum Gegenstand einer wahren, fassbaren, faszinierenden und doch verträumten Erzählung wurden. Einverstanden, wir haben es mit einer der schönsten Landschaften der Welt zu tun, aber «die Langhe» wurden daraus erst, als ein heimischer Poet diesen Hügeln Geist einhauchte, ihnen ihre Phantasien entlockte, dem ihnen innewohnenden Gefühl Sinn gab und Raum verlieh. Cesare Pavese mag einem gefallen oder nicht, aber das ist ihm gelungen. So wie es Beppe Fenoglio gelungen ist, wenn er vom Mythos als Beschwörung auf die Geschichte überschwenkt, dem Mythos einen Hauch von Wirklichkeit einverleibt.

All dies ist ein wahrhaft nicht zu vernachlässigendes Stück italienischer Geschichte, ebenso wenig zu vernachlässigen wie jener Akzent zeitgenössischer Kunstgeschichte, der im Kreis um Pinòt Gallizio, den großartigen Maler, fabelhaften Erzähler bunter Geschichten und

großen Provokateur des Bildungsbürgertums, in diesen Hügeln gesetzt wurde. Lebten und arbeiteten dort oben in Bossolasco nicht auch Felice Casorati, Francesco Menzio und Enrico Paulucci? Ist nicht auch das Musikfestival der Osterie, das Eugenio Corsini in San Benedetto organisierte, ein Versuch, der überspannten Schwelgerei in lokaler Volkstümlichkeit entgegenzuwirken und ein zusätzliches Identitätsmoment zu schaffen?

Kann man die Kinder an ein Land binden, mit dessen Erinnerungen, Mythen und Kultur so geprasst wird? Sicherlich bringt die organische Entwicklung einer Kultur, einer Art des Kultivierens, kurzfristig gesehen auch Arbeit für deren Nutznießer, für unsere Kinder, mit sich. Diese Landschaft, diese Mythen und diese Bilder müssen bedacht werden und ins Erbe einfließen, denn sie sind Teil dieses Erbes. Und sie sind hier, um als wirtschaftliche Ressource eingesetzt zu werden. Es geht nicht darum, nostalgisch zu sein oder den Status quo bewahren zu wollen, weder Pavese, Fenoglio noch Gallizio taten dies, und auch Corsini tut es nicht. Es geht vielmehr darum, ein Erbe nicht aus Bequemlichkeit oder Blindheit zu vergeuden, denn die Zukunft hängt auch vom Selbstverständnis ab, das man in dieser sehr realen Welt des Marktes entwickelt. Oder in der Welt der Kultur (wo der Wein ist, da gibt es auch Trüffeln und Ideen).

Es gibt also gute Gründe, in die Langa zu kommen, sie kennen zu lernen und womöglich ihre Identität zu verteidigen – und dieses Buch will ein erster bescheidener Beitrag sein.

Folco Portinari

Von den Römern zu den Trüffeltouristen

Dieser Beitrag will nicht so sehr ein genauer geschichtlicher Rückblick sein, vielmehr soll er einen Rahmen zeichnen, in den einige Koordinaten der so vielgestaltigen Geschichte der Langhe gelegt werden.

Klammert man die Zeit der Römerherrschaft aus, die die Region zumindest administrativ homogen gestaltet, bleiben die Langhe lange Zeit politisch zersplittert. Selbst die savoyische Vormachtstellung stützt sich auf das Fortbestehen alter Lehen, die einerseits das Land zergliedern, andererseits aber jenes Netz an Beziehungen und lokalen Besonderheiten aufrechterhalten oder gar fördern, die die kleinen Gemeinschaften beschützt haben.

Kelten und Römer

Die römische Kolonisierung ab dem 2. Jahrhundert v. Chr., unter Augustus bereits abgeschlossen und gefestigt, fügt sich in ein stark von gallisch-keltischen Besiedelungen geprägtes Territorium: die *Liguri Statielli* am Unterlauf des Tanaro (*Aquae Statiellae*), die *Bagiennes* zwischen Tanaro und Po mit Zentren in Alba und Bennae (das spätere Bene Vagienna), wahrscheinlich die *Langenses* mit Zentrum in *Verodonum* (Verduno). Die Etappen der römischen Eroberung sind bekannt, und die Region ist aus Sicht der Strategen und Handelstreibenden wichtig: Ein keltisch-ligurischer Stamm nach dem anderen wird unterworfen, Statthalter werden eingesetzt, strategische *castra* und Stadtgemeinden gegründet (*Pollentia, Alba Pompeia, Augusta Bagiennorum*). Ein gut ausgebautes Straßennetz verbindet die Siedlungen, vertieft die Beziehungen zwischen den Gebieten Tanaro-Bormida, Ligurien und Gallien und mündet in die Konsulatsstraßen.

Die bemerkenswertesten Zeugnisse der über fünf Jahrhunderte dauernden Römerherrschaft finden sich in Alba, Pollenzo und Bene Vagienna, wo Grabungen Teile einer Stadtanlage (Grundmauern von Wohnhäusern, Reste von Theatern und Amphitheatern, Grabmäler, etc.) ans Licht brachten. Aber fast überall in den Langhe werden immer wieder Grabsteine, Stelen und Handwerkszeug aus Bronze und Keramik gefunden. Auch die Ortsnamen bieten etymologische Hinweise auf den Ursprung der einzelnen Siedlungen.

Völkerwanderung

Der Sturm der Völkerwanderung trifft die Langhe ebenso wie den Rest Italiens: Die Westgoten fallen erst in Pollenzo ein und ziehen nach der Plünderung Roms raubend durchs Tanaro-Tal; die Burgunder mischen im komplexen Krieg zwischen Goten und Byzantinern mit, der in der Zwischenzeit ausgebrochen ist, und schließlich folgen die Langobarden. Im politischen Vakuum Norditaliens (byzantinische Statthaltereien gibt es im Piemont nur wenige, und die sind unbedeutend) schaffen die Langobarden ihre Verwaltungseinheit, die Herzogtümer. Bisher ein traditionelles Wandervolk, konvertieren sie nun zum Christentum und werden auch sesshaft. Einerseits führen sie ehemalige römische Güter weiter, andererseits gründen sie neue ländliche Dörfer, *braide* auf Spätlateinisch. Vom Namen dieser kleinen Landsitze leitet sich vermutlich der Name der Stadt Bra ab.

Hochmittelalter

Das Langobardenreich wird im Eroberungszug der Franken vernichtet, die

Langhe fallen im Zuge der Entwicklung und Auflösung des Karolingerimperiums unter das Regnum Italicum der Nachfolger Karls des Großen. Ungeachtet der politischen Ereignisse und Thronübergaben, die oft nur nominell erfolgten (Pippin, Lothar II., Ludwig II. und III., Hugo von der Provence, Lothar II.), ist es interessant, das komplexe Verwaltungs- und Kontrollsystem aufzuzeigen, das die Karolinger vor Ort schafften, entwickelten sich doch daraus jene herrschaftlichen, später feudalen Partikularismen, die das Leben auch im Alltag der Langhe stark zeichnen. Die karolingischen Grafschaften entstehen als Verwaltungsgerichtsbarkeiten, sodass der Graf als öffentlicher Beamter die Rechts-, Verwaltungs- und Wehrhoheit wahrnimmt. Aufgrund besitzrechtlicher Vergünstigungen, die der König als Belohnung für erbrachte Dienste einräumt und vielfach durch das Ritual der Investitur bestärkt, wird aus der Grafenmacht jedoch bald eine Gebietsherrschaft. Diese greift vielfach auf angrenzende Zonen über, die angesichts ihrer Schutzlosigkeit ihre Rechte dem Grafen veräußern. Historiker sprechen daher von Landherrschaften, die sich – nicht immer von der oft fernen und kaum präsenten Zentralgewalt institutionalisiert – aus Gewohnheit konsolidieren und schließlich erblich werden. Später sollte der Kaiser oder König diese Herrschaftsform durch das Sanktionieren der Sachlage legitimieren und mit der Feudalinvestitur würdigen.

Es ist dieses Netz an Lokalmächten, das die Region politisch zerfallen lässt und im Alltag der Landgemeinden tonangebend ist. Die Menschen haben – bedrängt von der Sorge ums Überleben, Pflichten und geschuldeten Abgaben – nur wenige Rechte, die gewöhnlich für alle gelten (Weiderecht, Holz- und Mühlenrecht), und sind noch dazu ständig von Naturkatastrophen und anderen

äußeren Gefahren bedroht. Oft veranlasst das Sicherheitsbedürfnis die Bevölkerung dazu, sich unter den Schutz eines Herrn zu stellen und festungsähnliche Häuser (ricetti) in der Nähe des Haupthauses oder der Burg des lokalen Herren zu errichten. Der Befestigungsbau, dessen Zeugnisse nach wie vor den Landschaftscharakter der Langhe bestimmen, ist sowohl greifbares Zeichen gewachsener Herrschaft als auch Antwort auf die häufigen Invasionen. So gelangen zu Beginn des 10. Jahrhunderts die Ungarn ins Tanaro-Tal, auf sie folgen die Sarazenen, die aus der Provence und dem Burgund ins Piemont kommen, die Gegend um Alba verwüsten und im Bormida-Tal Befestigungsanlagen errichten. Müßig zu erwähnen, dass einige piemontesische Dialektausdrücke arabischen Ursprungs sind oder dass in vielen Dörfern noch heute zwischen Geschichte und Legende schwankende Erzählungen über die Sarazeneneinfälle kursieren.

Die Landschaft der Langhe ist, wie auch andere Regionen um das Jahr 1000, mit auf Felsen errichteten Befestigungsanlagen übersät, um die herum sich winzige Dörfer drängen. Sie sind umgeben von Palisaden und immer noch dominierenden Aussichtstürmen, weitem Brachland, ein paar Klöstern (das der Benediktiner am Belbo oder das der Santa Giulia in Monastero Bormida), die wie die herrschaftlichen Burgen Schutz bieten und den wenigen Handel (mit Salz, Eisen und Stoffen) sichern, der für eine ums Überleben kämpfende bäuerliche Bevölkerung notwendig ist. Kahl und fast menschenleer liegen die großen römischen Städte da: Alba, Pollenzo, Bene Vagienna.

Feudalanarchie

Politisch gesehen verkomplizierten sich die Geschehnisse mit dem völligen Zerfall des Karolingerreichs. Weltliche und kirchliche Macht werden durch die

Verleihung von Grafenrechten an die Bischöfe miteinander verflochten, es kommt zu Zwistigkeiten zwischen den großen Vertretern des ländlichen Adels (die so genannte «Feudalanarchie»), was schließlich zur Hegemonie des Hauses Sachsen und zur Eingliederung Norditaliens in den deutschen Herrschaftsbereich führt. Eine Investitur durch Otto I. von Sachsen schafft die Aleramische Mark, deren legendärer Stammvater Aleramo und dessen Nachfolger sich das Monferrato, die Gegend um Saluzzo und einen Großteil der Langhe bis zur ligurischen Grenze untertan machen. Da eine administrative Ordnung fehlt, zerfällt die Markgrafschaft durch Erbteilung recht bald in kleine Herrschaftsgebiete (Saluzzo, Busca, Ceva, Savona, Cortemiglia oder Loreto). Einerseits wollen die jeweiligen Herren mehr Autonomie gegenüber der Kaisermacht erreichen, andererseits versuchen sie – durch Erteilen von Privilegien, Unterbelehnung, Allianzen und Gebietsabtretungen – ein neues Phänomen zu kontrollieren: die unabhängigen Kommunen.

Zeitalter der Kommunen und Spätmittelalter
Zu jener Zeit verflicht sich die Geschichte der abgelegensten Langhe, der undurchdringlichen Wälder und Täler, mit jener von Alba und Asti, den wirtschaftlich begünstigteren Städtchen im Tanaro-Tal.

Der Stadtstaat Alba, jünger als jener von Asti, entstand durch den Machtverfall der Bischöfe und Landadeligen und dank des aufblühenden Handels, auf den die Geschichtsschreibung die Erneuerung nach dem Jahr 1000 zurückführt. Wichtig ist die Funktion der Kommune Alba für die nahen Hügel, die durch Besiedelungsprogramme wiederbevölkert und mit Weinstöcken bepflanzt werden.

Auf Seiten des Kaisers (Friedrich Barbarossa steht vor den Toren) lässt sich Alba auf vernichtende Kriege gegen die mächtige Kommune Asti ein, die zum Lombardischen Bund gehört. Das Glück ist Alba nicht lange hold: Durch interne Zwistigkeiten geschwächt, von den Rivalen aus Asti geschlagen, durch manch unglückliche Allianz zerrüttet, fällt Alba bald wieder der Markgrafschaft Monferrato zu und sollte deren Schicksal teilen. Asti, zuerst Kommune, dann Stadtrepublik, greift ganz im Stile der bischöflichen Politik zuvor nach den Langhe: Nach Barbarossa gewinnt Asti an Stärke, und während die Söhne der Stadt, Bankiers und Handelsleute, auf den europäischen Marktplätzen agieren, verfolgt man zu Hause eine Expansionspolitik, um weitere Handelswege zu kontrollieren. Es folgt der Zwist mit der Markgrafschaft Saluzzo, die Entstehung von Freistädten wie Cuneo wird unterstützt, Interessen werden gewahrt, und man geht Allianzen mit alteingesessenen Gemeinden und neu entstandenen Siedlungen im Umland ein, all das in einem Gewirr aus Schutzherrschaften und herrschaftlichen Pflichten. Zahlreiche Gemeinden der Täler des Tanaro und des Belbo werden Teil des politischen Einflussgebietes der Kommune Asti oder sind ihr direkt unterstellt, Castigliole beispielsweise, Canale, Bergolo, Neive, Perlotto ... Selbst Bra und Pollenzo fallen unter die Herrschaft von Asti, folgen deren Politik und teilen ihr Schicksal. Lokale Markgrafschaften und europäische Mächte nehmen an den verworrenen Machenschaften teil, die sich rund um die Konfrontation zwischen Welfen und Staufern und die allgemeine Krise der Kommunen abspielen.

Die Savoyer im Ancien Régime
Der Zeitraum vom 14. Jahrhundert bis in die zweite Hälfte des 16. Jahrhunderts gehört politisch gesehen auf jeden Fall zu

den unglücklichsten und konfusesten, kommt es doch zu einer ununterbrochenen Abfolge von Herrschaften, Kriegen, Abtretungen, Landversprechungen und Erbschaften, die zu einer weiteren Zersplitterung der Region und auch des gesamten Piemonts führen.

Auf geschichtliche Abrisse zu den einzelnen Kommunen verweisend sei lediglich erwähnt, dass im Zuge des Verfalls und des Autonomieverlustes von Asti zahlreiche Gemeinden der Langhe an die Anjou, an die Acaia (Nebenlinie der Savoyer), an Guglielmo von Monferrato, an die Visconti aus Mailand und (durch eine Schenkung von Valentina Visconti) an die Orléans fallen. In der Folge wird die Gegend in die Kriege zwischen Frankreich und Spanien involviert, während sich, gestützt auf seine Besitztümer am Fuße der Berge, die Macht des Herzogtums Savoyen abzeichnet. Durch die Teilnahme am französisch-spanischen Konflikt erhalten die Savoyer mit dem Frieden von Cambrai (1531) das Herzogtum Asti und die Markgrafschaft Ceva. Weitere Gebietsgewinne sollten mit der Annektierung der Markgrafschaft Saluzzo folgen, doch während des Krieges um die Nachfolge des Monferrato erfährt das Haus Savoyen einen Rückschlag. Mit den Verträgen von Cherasco (1631) und Westfalen (1648) erhält die savoyische Diplomatie für die Abtretung von Pinerolo die Stadt Alba und zahlreiche Ländereien der westlichen Langhe, darunter Barbaresco, Diano, Monforte, Guarene, Verduno, sowie Gebiete in den östlichen Hügeln (Cessole, Roccaverano, u.a.). Aber erst durch den Spanischen Erbfolgekrieg, der im Frieden von Utrecht (1713) endet, werden den Savoyern unter Vittorio Amedeo II. neben der Königskrone beträchtliche Gebiete zuerkannt, darunter auch die Lehen der Langhe, bis die Ausdehnung Savoyens praktisch dem heutigen Piemont entspricht.

Die wirtschaftliche Situation der Langhe und des gesamten Piemonts hatte sich in den Jahren der französisch-spanischen Kriege verschlechtert, die zu Plünderungen, Enteignungen und der Gründung von Garnisonen geführt hatten. Als wäre dies nicht genug, bricht um 1630 die Pest aus. Sicher brachte die savoyische Herrschaft trotz einiger «dunkler» Perioden (wie die Jahre unter Carlo Emanuele I., Madama Reale, Carlo Emanuele III.) eine Stabilisierung und damit einen gewissen wirtschaftlichen Aufschwung mit sich. Noch aber sind wir im Ancien Régime: Adel und der hohe Klerus halten ihre Privilegien, die Beamten des Königs sind oft raffgierig, die Kluft zwischen den sozialen Klassen ist unüberwindlich, Steuern und Abgaben lasten nach wie vor auf den einfacheren Schichten. Darüber hinaus ist das allgemeine Klima im Savoyerreich notorisch provinziell, verschlossen, reaktionär, bigott. Im Alltagsleben der Bevölkerung ändert sich nicht viel, vor allem auf dem Land gibt es weiterhin Großgrundbesitz, und auch den Zöllnern des Königs oder den im Stile einer traditionellen Vormundschaft regierenden herrschaftlichen Familien ist Tribut zu zollen.

Französische Revolution, Restauration
Die direkten und unmittelbaren Auswirkungen der Französischen Revolution und von Napoleons Aufstieg manifestieren sich in jenem Umfeld, in dem das Bildungsbürgertum präsent ist: In Alba wird von den Jakobinern der Baum der Freiheit aufgestellt und die Republik ausgerufen. Auf dem Land hat man, wie die Lokalchronik belegt, im Allgemeinen den Eindruck, dass einfach nur die Herrschaft wechselte. Die Langhe waren Schauplatz des napoleonischen Feldzuges von 1796 (im Belbo-Tal fand die Schlacht von Pedaggera statt, in Cherasco wurde der gefeierte Waffenstillstand

geschlossen) und gehörten administrativ zu den Départements von Stura (Cuneo) und Tanaro (Asti), die sich wiederum in mehrere Gemeinden umfassende Arrondissements unterteilten.

Im geistigen Klima der Restauration waren die Langhe nach der Rückkehr der Savoyer für die revolutionären Bewegungen von 1821 kein fruchtbarer Boden.

Vom savoyischen Piemont zum italienischen Einheitsstaat

Inzwischen änderte das savoyische Piemont, teilweise bereits von napoleonischer Verwaltung befreit, sein wirtschaftliches Erscheinungsbild: Trockenlegungen, Rodungen in den Langhe, Kanäle in den Ebenen des Po und des Tanaro, Ausbau der Weinbaugebiete, Gründung von Seidenraupenzuchten, Manufakturen, Spinnereien und Mühlen entlang den Flüssen. Es ist der neue fortschrittsorientierte, von Cavour geprägte liberale Kurs jener Jahre, in denen sich auch in den ländlichen Langhe das von der Familie geführte bäuerliche Kleinbesitzwesen formt, das von der Abschaffung unveräußerlicher Kirchengüter sehr profitiert. Diese Bauern führen für gewöhnlich eine Mischwirtschaft (Getreide, Wein, Seidenraupen), sie unterliegen weiterhin den hohen Steuerbelastungen und sind dem Gutdünken der zentralen Wirtschaftspolitik ausgesetzt, die mit ihrem protektionistischen Kurs die ohnehin von Naturkatastrophen (Hagel, Erdrutsche, Rebkrankheiten) gezeichnete Landwirtschaft noch stärker belastet.

Geschichte von vorgestern

Während in der wirtschaftlich und geografisch günstiger gelegenen Langa bald florierende Unternehmen, Handwerksbetriebe, bedeutende Messen und Märkte entstehen, ist das Leben in den höher und unwegsamer gelegenen Randzonen weiterhin von Überlebenskampf, Not und Elend gekennzeichnet. Das ist die Geschichte «von vorgestern», die ihre literarische Interpretation in den Werken von Cesare Pavese und Beppe Fenoglio findet oder von den mündlichen Überlieferungen bezeugt wird, die Nuto Revelli gesammelt hat. Der Faschismus mit seiner propagandistischen Verländlichung zieht durch. Die Weltkriege überrennen und entvölkern die Langhe und machen Heere von Bauern zu Soldaten; Widerstandsbewegung und Befreiungskrieg finden unter diesen stillen, aber kämpferischen und zähen Menschen wertvolle Verbündete (siehe dazu die Hintergrundinformationen von Mario Giovana, Seite 229).

Lange noch wird der Alltag vom Kampf ums Überleben und der drohenden Landflucht geprägt. Die Jahre des Wirtschaftsbooms bedeuten für die Langhe, dass viele Menschen in die Zentren im Tal und in noch stärkerem Ausmaß in die Industriestädte abwandern. Ende der 60er-Jahre setzt schließlich die Zuwandererwelle aus Süditalien ein, die trotz einiger Integrationsprobleme zu einer «Wiederbevölkerung» der Langhe führt und den verbliebenen Bauern vor allem neue Mädchen – und neue Hände – bringt. Es ist das Phänomen der «Calabrotte», von Nuto Revelli hervorragend beschrieben.

Die Gegenwart

Die industrielle Entwicklung hat zahlreiche Zentren wie Alba, Bra, Canelli, Cherasco und kleinere Gemeinden erfasst, die sich die lokalen Ressourcen geschickt zunutze machten und blühende verarbeitende Industrien aufbauten. Der Weinbau ist schon seit langem in den Langhe zu Hause (Barolo, Barbaresco und Dolcetto), was neben den ausgezeichneten Böden der Umsicht und dem Eifer der örtlichen Klein- und Mittelbetriebe zu verdanken ist. Der Kapitalzufluss ermöglichte fortschrittliche Produktionsstätten von technisch hohem Niveau. All dies hat sich auf das gesamte Wirtschaftsgeschehen ausgewirkt. Heute ergibt sich ein positives Gesamtbild der Langhe (beziehen wir in diesem Zusammenhang das Roero, aber auch die Gegend von Bra und das Moscato-Gebiet mit ein), die Region ist wirtschaftlich äußerst interessant und viel versprechend. Ein Bild, oder besser gesagt eine Realität, in der kompetente Weinbauern, Landwirte und Gastronomen agieren, denen es – den Traditionen in Keller und Küche treu bleibend – gelang, alte Osterie und Gasthöfe wiederzubeleben und in beliebte Ziele der bürgerlichen Bildungsreisenden der 50er-Jahre zu verwandeln, oder die neue Angebote im Agriturismo schufen. Neben der Tradition, die in nach wie vor veranstalteten oder oft mit philologischer Sorgfalt wieder aufgegrif-fenen Messen und Festen neu auflebt, bringt der Unternehmergeist dem Gebiet bedeutende Industriebetriebe: Ferrero in der Süßwarenindustrie, den Textil- und Bekleidungskonzern Miroglio, das Verlagshaus San Paolo, Mondo Rubber sowie die Industriebetriebe für Kunststofflaminate Abet und Arpa in Bra. Daneben gibt es eine Schattenwirtschaft, die von kleinen Produzenten in den Bereichen Süßwaren und Käse, Obst und Gemüse sowie Konserven gestellt wird. Das Spitzenprodukt ist nach wie vor der Wein, bringt er doch besser als alle anderen die wirtschaftlich-kulturelle Identität dieser Landstriche zum Ausdruck. Aber in die Langhe zu fahren bedeutet auch, eine andere, facettenreiche Vielfalt zu entdecken.

Paola Gho

Mergel, Ton, Sand

Stellen wir uns die gesamte Geschichte des Planeten Erde auf ein einziges Kalenderjahr, dessen Ausklang wir als ideellen Anlass zum Feiern betrachten, komprimiert vor: Wann mögen da jene Böden entstanden sein, die den blumigen Asti Spumante hervorbringen, mit dem wir uns zuprosten? Vorgestern wär's gewesen, am 29. Dezember um vier Uhr nachmittags (erdgeschichtlich entspräche dies 30 Millionen Jahren). Davor war da noch das Tethysmeer, dessen Wasser den südwestlichen Zipfel jenes Meeresarms fluteten, der heute die Po-Ebene bildet; damals war dies eine vom Alpenbogen mit seinen bereits einigen hundert Meter hohen Gipfeln begrenzte Bucht. Die Küste des Beckens von Alba verlief entlang einer Linie zwischen Ceva und Montezemolo und folgte dann dem Spigno im heutigen Bormida-Tal; genau diese Linie wird heute als südliche Grenze der Langhe betrachtet.

Eine Klippe aus kristallinem Gestein, bevölkert von Küstenmollusken, Seeigeln und zahlreichen Korallen, die auch kleine durchlöcherte Riffe anlegten, kann bei Dego betrachtet werden. Sie zeugt von glasklarem sauerstoffreichem Wasser, das einige Dutzend Meter tief war und dessen Temperatur niemals unter 20 °C sank. Aus dem dahinterliegenden Gebirge, das mit tropischer Vegetation überzogen war, führten Flüsse grobe Sedimente aus Kies und Geröll heran. Dies belegen die oligozänen Konglomerate der Molare-Formation, die entlang dem gesamten Südrand der Hügelzone auftreten und in der Ebene der Piana Crixia gut zu erkennen sind. Die Erosion formte hier im Laufe der Zeit den berühmten «Pilz».

Die aneinander reibenden Kontinentalplatten führten zu einer progressiven Vertiefung des Meeresarms. Der Meeresgrund, der am Höhepunkt dieses Phänomens in einer Tiefe von 600–800 Metern lag, nahm in einem Zeitraum von knapp 20 Millionen Jahren langsam, aber beständig schlick- und sandförmige Ablagerungen auf, die sich im Wasser absetzten.

Auf diese Weise entstand eine Reihe geologischer Formationen, die sich durch Struktur und Korngröße der Gesteinskomponenten, je nach Alter und Lage im marinen Lebensraum sowie in Bezug auf die Entfernung zur Küste stark voneinander unterscheiden. Neben vorrangig sandigen Ablagerungen (Monesiglio-Formation) gibt es welche, die sich durch eine rhythmische Abfolge von Ton- und Sandschichten kennzeichnen (Cortemilia-, Murazzano- und Lequio-Formation), aber auch homogenere, fast ausschließlich aus tonartigem Material bestehende Bildungen wie die Cessole-Formation, die in einem Zeitraum entstanden ist, der in der Literatur unter dem Begriff «Langhium» (vor 18–15 Millionen Jahren) geführt wird.

Die feineren Sedimente, die in der Folge jenen kompakten bläulichen Mergel bilden sollten, dessen Ansammlungen lokal als *tòv* bezeichnet werden, zeugen von Ablagerungen aus einem offenen und tiefen Meer. Darauf stürzten regelmäßig gewaltige submarine Schuttmassen, die durch unvorstellbar großen Druck oder tellurische Kräfte in Bewegung gesetzt wurden. Sie verwandelten die auf der Kontinentalplatte angehäuften Sandmassen in Sturzbäche, die sich über die stillen Meeresgründe ergossen. Aus diesen Sandschichten, die durch die Last der nachfolgenden Sedimente zusammengedrückt und von den kohlensauren Salzen des Meerwassers verfestigt wurden, bildeten sich schließlich Sandsteintafeln, jene Steine, mit denen

Generationen heimischer Bauern ihre Unterkünfte gebaut und schier unendliche Reihen von Mäuerchen aufgestellt haben, um die Hänge der Hügel im Bormida- und Belbo-Tal zu begrenzen.

Die mächtigen, über 2000 Meter dicken Sedimente aus dem Miozän bilden den Zentralkörper der Langhe. Sie sind sehr arm an paläontologischen Zeugnissen; die wenigen sporadisch auftretenden Fossilien, die zu finden sind (Foraminiferen, Pteropoden, Haizähne), und insbesondere die Abdrücke auf der Unterseite der Sandsteinplatten bestätigen die weiter oben erläuterten vorzeitlichen Umweltbedingungen.

Die jüngste geologische Formation, die längs des West- und Nordrands der Langhe zu Tage tritt und den Flusslauf des Tanaro von Farigliano nach Castagnole Lanze bis auf das Stück La Morra–Verduno begleitet, besteht aus so genanntem Sant'Agata-Schlick aus dem Tortonium. Diese tonige, feine und homogene Struktur weist auf eine Sedimentierung aus einem noch offenen Meer hin. Im höheren Teil der Formation stößt man häufig auf Schieferungen, die hie und da bescheidene Ansammlungen gut erhaltener Fossilien aufweisen. Haizähne und vollständige Skelette von Säbel- und Laternenfischen zeugen von permanent tiefem Meerwasser. Einschlüsse von Blättern (von Palmen und Lorbeergewächsen) belegen ferner, dass die Küste nicht weit weg gewesen sein dürfte. Zu jener Zeit (vor ungefähr acht Millionen Jahren) begannen die Sedimente aus dem vorhergehenden Miozän aufzusteigen: Nach 20 Millionen Jahren «Tragzeit» hatte die Tethys die Langhe zur Welt gebracht.

«Plötzlich» (nach geologischen Begriffen) veränderte ein neues Ereignis die Landschaft. Der ständige Druck der afrikanischen Platte gegen die europäische führte zur Isolierung eines Seitenarms der Tethys: Das erste Mittelmeer im wahrsten Sinne des Wortes entstand, ein geschlossenes, von den Ozeanen völlig abgetrenntes Meer. Daraus ergab sich, dass das heutige Gebiet des Monferrato und der Langhe langsam angehoben wurde, was zur Entwicklung eines Lagunenstreifens entlang dem Südrand des Meeresarms, der heutigen Po-Ebene, führte. Das regelmäßig in diese Randbecken einfließende Meerwasser verdunstete fast völlig und verwandelte sich in eine mit Mineralsalzen übersättigte Lösung; da die Süßwasserzufuhr aus dem Hinterland fehlte, kristallisierten diese Salze am Lagunenboden aus und bildeten ein Verdunstungsgestein, in dem Gips das allseits vorherrschende Mineral ist. In diesen Laken, die eine Salzkonzentration von bis zu zehn Prozent erreichen konnten, überlebten nur sehr wenige, besonders gut angepasste Organismen wie einige Libellenarten und ein Fisch namens Aphanius crassicaudus. Das Fehlen zersetzender Mikroorganismen begünstigte andererseits perfekte Versteinerungen all dessen, was das offene Meer zufällig in die Lagune schwemmte oder der Wind vom Land brachte, selbst Fossilien empfindlichster Lebensformen entstanden. Die plattigen Mergelböden, die sich mit den Gipsbänken über den gesamten Streifen erstrecken, der sich von Cherasco über Santa Vittoria, Monticello, Scaparoni, Guarene Castagnito bis Magliano zieht, enthalten zahllose bestens erhaltene Fossilien: verschiedene Fischarten, Insekten aller Ordnungen, zahlreiche Blätter und Flügelsamen, sogar seltene Blumenkronen. Termiten und heute für tropische Zonen typische Pflanzen (Palmen, Zimtbäume, Magnolien, usw.) sind Zeichen eines entschieden wärmeren Klimas als heute.

Genauso «plötzlich» verursachten vor zirka fünf Millionen Jahren die wechselseitigen Plattenbewegungen zwischen Afrika und Europa eine Trennung des

Marokkanischen Riffs von der Bätischen Kordillere: Die Meerenge von Gibraltar öffnete sich. Das Wasser des Atlantiks ergoss sich ins Mittelmeerbecken. Die Abschnitte der Langhe und des Monferrato ragten weiterhin aus dem Wasser, dazwischen lag das so genannte pliozäne Becken von Asti, das einen flachen Meeresarm zwischen dem Golf von Alessandria und jenem von Cuneo bildete. Im Westen zeugt das Roero davon, wo sich die kontinentalen Sedimente aus dem Spätmiozän mit pliozänen Tonen überlagern, die durch ihre Struktur und ihren paläontologischen Gehalt darauf verweisen, dass sie sich in einem mindestens einige hundert Meter tiefen Meer abgelagert haben. Von diesen Tonböden gelangt man stufenweise zu Sand- und Schotterschichten, die vielfach Muschelfossilien in außerordentlicher Konzentration einschließen, was auf eine Sedimentierung im Küstenbereich in einer Tiefe von wenigen Dutzend Metern unter Einfluss starker hydrodynamischer Energien (Wellenbewegungen und Gezeitenströmungen) schließen lässt.

Eine derartige Gesteinsabfolge zeugt von einem weiteren, endgültigen Rückzug des Meeres durch neuerliche Kompressionsschübe gegen Norden, die das gesamte Territorium kontinuierlich anhoben. An Stelle der lauen Wasser breitete sich in der Po-Ebene eine sumpfige Maremma aus, in der verwundene Flussmäander Wiesengebiete und Uferwälder durchzogen. Dort weideten Mastodonten, Elefanten, Wildschweine und Hirsche, auf die Hyänen und Geparden lauerten.

Aber der Rückzug des Meeres, die stetige Nordwärtsbewegung unter dem Druck der afrikanischen Platte und eine allgemeine Klimaverschlechterung vor zirka 1,5 Millionen Jahren veränderten die Landschaft weiter. Das Quartär war angebrochen, und seine wiederholten Vereisungszeiten führten zum Aussterben der pliozänen Tier- und Pflanzenwelt bzw. zu deren Abwanderung nach Süden; Fauna und Flora arktischen Ursprungs machten sich breit.

Rasch modellierte sich die Landschaft, wie wir sie heute kennen. Das Flachland wurde ständig durchschnittlich um einige Zehntelmillimeter pro Jahr angehoben sowie durch Wasserläufe erodiert, die in nordwestlicher Richtung mit dem Tanaro zusammenflossen und auf Höhe von Carignano in den Po mündeten. In der letzten Zwischeneiszeit vor ungefähr 70–80 000 Jahren verschoben sich die Flussläufe nach Nordosten, und so veränderte sich auch die Bahn des Tanaro. Er teilte auf seinem Weg nach Osten die Gegend um Alba und trennte schließlich die Hügel der Langa von jenen des Roero.

Entlang dem Hauptfluss siedelte sich schließlich dieses neue, seltsame Wesen an, das am Zusammenfluss von Cherasca und Tanaro seine Hütten errichtete. Und es begann, die Wälder in jenen Boden zu verwandeln, auf dem es später Wein anbauen sollte. Aber all dies ist in den letzten 60 Sekunden dieser schicksalhaften mitternächtlichen Stunde passiert, die wir immer wieder feierlich begehen.

Oreste Cavallo

Langhe und Roero

Regionen
Orte
Adressen

ALBA UND UMGEBUNG

Alba, Diano d'Alba, Montelupo Albese, Rodello, Sinio

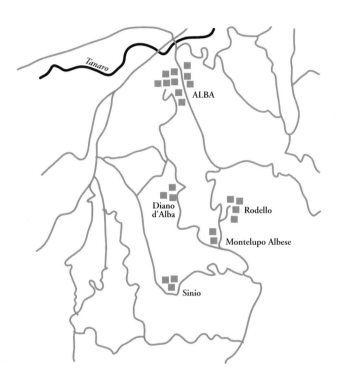

Geschichte mit Geschmack

Die Hauptstadt der Langhe, des Weins und der Trüffel sollte um ihrer selbst willen besucht werden. Neben den gastronomischen Highlights, die absolut jedem Geschmack etwas bieten, findet man zahlreiche historische und künstlerische Attraktionen. Alba ist eine Stadt antiken Ursprungs, die bereits zur Zeit der Römer wohlhabend und sehr aktiv war. Vieles erinnert heute noch an *Alba Pompeia*: Reste der Mauern, der Kanalisation und der Pflasterung sowie Gräber, Grabbeigaben, Grabsteine und Inschriften, aber auch die gesamte Anlage der Altstadt. Weiter findet man viele Zeugnisse des Mittelalters, der Zeit der «hundert Türme». In dieser Periode wurden die typischen Ziegelbauten errichtet, im umliegenden Hügelland entstanden neue Siedlungen, das Land wurde kultiviert.

Alba

Alba, die Hauptstadt der Langhe, liegt nicht auf einem Hügel. Hier öffnet sich die Landschaft gleich einem Amphitheater und gibt eine kleine Ebene am Ufer des Tanaro frei. Nördlich des Flusses ist die Landschaft wieder eingepfercht. Das wellige Hügelland des Roero stößt hier auf die Berge der Langhe. Mittendrin liegt Alba wie ein Schiff in der Brandung, während der Tanaro gemächlich in Richtung Asti weiterfließt.

In Alba findet man internationale Konzerne wie Ferrero (Schokolade), Miroglio (Textilien), San Paolo (Graphiken) und Mondo Rubber (Gummiwaren). Bekannt ist die Stadt jedoch für ihre großartigen Weine, die weiße Trüffel und die hervorragende Küche. Gleichzeitig ist sie auch im positiven Sinne «provinziell», da sie die angenehmen Seiten des Provinzlebens pflegt und kultiviert. So wird sie zu einer «kleinen Heimat», einem einzigartigen und un-

nachahmlichen Mikrokosmos. Dank des Hinterlandes, in dem die Traditionen seit Jahrhunderten gepflegt werden, hat die Stadt selbst nach so langer Zeit ihre Wurzeln nicht verloren, auch wenn diese Gefahr speziell nach dem Zweiten Weltkrieg sehr groß war.

Das historische Zentrum von Alba ist eines der interessantesten im unteren Piemont. In der *città delle cento torri* (Stadt der hundert Türme), wie Alba auch genannt wird, stößt man häufig auf ein Schild mit der Aufschrift *torre abbassata*. Die Türme, die nach wie vor stehen, findet man rund um die Piazza del Duomo, die das antike Stadtzentrum darstellt. Hier befand sich einst das Forum Romanum. Insgesamt gab es zwei Perioden, die als Glanzzeiten von Alba bezeichnet werden können: die Römerzeit und das Mittelalter.

Das bereits in der Jungsteinzeit besiedelte Gebiet war anschließend ein liguri-

Die aus der Römerzeit stammende Anlage der Altstadt von Alba ist heute noch erhalten. Hauptsächlich wird das Zentrum jedoch von mittelalterlichen Türmen und Kastellen sowie den warmen Farben der Ziegelbauten geprägt.

MARKTLEBEN

Armando Gambera

An einem späten Dezembertag vor einigen Jahren legte eine liebenswürdige kleine Frau aus London eine Blume an den Fuß des Denkmals von Giordano Bruno, zwischen den Gemüseständen des Campo dei Fiori in Rom. Auf der Piazza del Duomo von Alba gibt es samstags im bunten Markttreiben keine Denkmäler, die auf Blumen warten, nicht in der Via Maestra, nicht auf der alten Piazza delle Erbe hinter dem Dom, nicht auf der Piazza San Giovanni und auch nicht in der Via Cavour – all dies sind Orte, die sich dem allwöchentlichen Geschäftemachen verschrieben haben. Aber nach Alba ist die Frau aus London trotzdem gekommen, denn hier, im Getümmel der Marktschreier und im lauten Geschwätz, hat sie Cesare Pavese, den Schriftsteller ihres Herzens, am besten verstanden, dessen Werke ihren Weg aus dem dunstigen Alba bis ins neblige London gefunden haben.

Eigenartig, dass einen gewisse römische Begegnungen immer wieder auf Märkte führen. Vielleicht kommt es daher, dass wir dort, besser als auf jedem anderen öffentlichen Platz, den «Nährboden» einer Stadt, eines Volkes kennen lernen können. Nach Alba kommt jeder aus den Langhe, vom Großvater bis zum Enkel. Hören Sie den Menschen einfach zu und schauen Sie ihnen in die Augen. Die breite Sprache aus Monforte und La Morra wechselt mit dem leicht ligurischen Tonfall aus Bossolasco ab. Die Blicke sind jene tiefen und langen der Hügel, gewohnt, von Hang zu Hang, von Hof zu Hof zu springen. Ja, diesen Menschen muss man ins Gesicht schauen: Sie feilschen mit dem Blick, dann mit Gesten, gesprochen wird wenig. Ist es Schüchternheit oder eine Art piemontesischer Apartheid? Doch viele der Jungen haben die Sonne des Südens in ihren Augen, und der hiesige Dialekt mischt sich mit süditalienischen Elementen. Auch das ist die Langa der Jahrtausendwende, überschwänglich – und hat sich doch eine jahrhundertealte Begriffswelt und althergebrachte Gewohnheiten erhalten.

Neben dem Dom gibt es noch immer die *acciugai*: Der Handel mit tiefgekühlten Fischen und Meeresfrüchten konnte ihnen nichts anhaben. Hier wird ein Stück alter Langa bewahrt, einer Zeit, in der Salzsardellen, Blaufisch in Essig, Thunfisch in Öl, gebackene, mit Lorbeerblättern konservierte Sardinen *(fricon)* die einzigen bekannten Fischspeisen waren. Die Alten beäugen jene Meereswesen mit ihren Tentakeln und Fühlern noch immer mit Argwohn und würden sie nicht für alles Gold der Welt kosten. Für sie gibt es nur den Fisch aus dem Tanaro.

Auf der Piazza San Giovanni befindet sich ein großer Stand mit Militärklamotten: Hemden, Hosen, Militärjacken nach Belieben, die man in den Langhe zum Arbeiten auf dem Feld und in den Weinbergen trägt. Diese robusten Stoffe waren schon längst da, als es noch keine Jeans gab – wie wohl auch ihr dickwanstiger Verkäufer. Es gibt auch den Tellermarkt auf der Piazza San Giovanni. «In dem Laden am Tellermarkt kaufte ich ihm für vier Kreuzer Apfelkompott und für sechs Kreuzer eingelegte Fische», erzählt Agostino, die Hauptfigur in *La malora* (Das Verderben) von Beppe Fenoglio, dem Schriftsteller aus Alba. Dieses Bisschen schenkte er seinem im Internat eingesperrten Bruder Emilio.

Wie ein Instrument in einem Orchester wirkt der Markt in Romanen mit. «Auf Märkte zu gehen gefiel mir, und es war auf einem Markt, wo ich meine Verurteilung erfuhr.» Auf dem Marktplatz von Niella wird bestimmt, wie Agostinos junges Leben verläuft: Hier kommt es zum Vertrag mit Tobia del Pavaglione, dem er von nun an als Laufbursche dienen sollte.

In Alba wie in Niella wirbt man heute keine Arbeiter mehr an. Auch unterm Wetterdach am Viehmarktplatz wird nicht mehr um die für ihre Keulen berühmten Kälber gefeilscht; der Viehhandel musste an den Stadtrand weichen.

Auf der Piazza Savona machen zur Zeit der Weinlese keine Karren mit vor Trauben überquellenden Bottichen mehr Halt, um unter der Sonne darauf zu warten, dass die Händler einen Marktwert nannten: Der Preis wurde spät genannt und fiel karg aus, also hieß es sofort verkaufen, da der Most sonst zu gären begonnen hätte. Die Wagen halten nicht mehr, die Händler unter den Bogengängen sind geblieben.

Wenn sich im Herbst der Duft der Trauben verflüchtigt, regiert jener der Trüffel auf dem überdachten Mercato della Maddalena in der Via Maestra. Der Knolle ist im Oktober eine eigene Messe gewidmet. Das Verhandlungsritual um die *trifola* steht und fällt mit dem Riechen und Abtasten. Hinter der Trüffel verbergen sich weiße Furchen und ausgetretene Wege im Mondlicht, freudige Blicke von Mensch und Hund.

Es sind die Menschen und die dichten Momente des Alltags, die eine geborene Polin aus London beim Marktbesuch verzaubern. Vielleicht entdecken wir sie eines Tages zwischen den Marktständen auf der Piazza del Duomo wieder, wie sie an einem Samstagmorgen dem in Alba verlorenen und wiedergefundenen «Geist der Langhe» mit einer Blume huldigt.

sches Dorf und wurde später von den Galliern und den Römern besetzt. Im Jahre 89 verkündete Pompeus Strabo eine Gemeinde nach lateinischem Recht: Von diesem Zeitpunkt an hieß sie Alba Pompeia; zehn Jahre später wurde sie Munizipium Romanum. Die ursprüngliche polygonale, quasi achteckige Anlage beherrscht immer noch das historische Zentrum. Der Ursprung der römischen Mauern, die man bereits im 19. Jahrhundert untersucht hatte, wurde durch archäologische Grabungen bestätigt, einige Teile wurden auch wieder aufgebaut. Im Zuge dieser Grabungen ist man auch auf Reste des Kanalnetzes, der Pflasterung, Überreste einer römischen Straße, Gräber und Grabbeigaben sowie Grabsteine mit Inschriften gestoßen. (Um diese zu sehen, empfiehlt sich ein Besuch des Museo Civico.)

Mit dem Fall des Römischen Reiches begann auch in Alba eine Zeit des kulturellen Niedergangs. Im Anschluss an die Invasionen der Langobarden und der Franken zerstörten im 10. Jahrhundert die Sarazenen die Stadt. Erst im 12. Jahrhundert setzte wieder ein Aufschwung ein. Das Stadtgebiet wurde abgegrenzt, die politische und administrative Struktur langsam gestärkt. Die römische Stadt verändert ihr Aussehen, da Alba auf den alten Strukturen neu erbaut wird. Die achteckige Anlage der Stadtmauern bleibt jedoch erhalten, Geschlechtertürme und Klöster werden errichtet. Eine wesentliche Entwicklung ist der Einsatz von Ziegeln, die auch als Straßenpflasterung Verwendung finden. Die umliegenden Hügel werden ebenfalls besiedelt; es entstehen neue Dörfer, das Land wird erschlossen, und Weinstöcke werden gepflanzt. Die Stadt erhält eine Verfassung. Alba wird von großen Familien regiert, die durch den Handel an die Macht kamen. Die Klöster San Francesco und San Domenico spielen ebenfalls eine wesentliche Rolle.

Gelangt man auf der Hauptstraße, die nach Turin, Asti und Bra führt, nach Alba, kann man das Auto bequem auf der großen Piazzale Medford parken. Hier ist auch der Ausstellungs- und Kongresspalast, in dem sich die Touristeninformation befindet. Daneben das Gericht, ein imposantes Werk der Architekten Gabetti und Isola, das aus Langhe-Stein errichtet wurde.

Über die Via Cavour, die zur Piazza Risorgimento oder del Duomo führt, gelangt man in die Altstadt. Hier fallen besonders das Casaforte Riva sowie die Loggia dei Mercanti auf. Auf der linken Seite des Platzes befindet sich das Rathaus, das auf römischen Grundmauern errichtet wurde. Die Fresken an den Wänden des Stiegenaufgangs stammen aus der Kirche San Domenico. Man sieht unter anderem eine Pietà aus dem 14. Jahrhundert sowie eine *Adorazione dei Magi*. Im Sitzungssaal findet man wichtige Gemälde: die *Vergine col Bambino con santi e donatrici* von Macrino d'Alba (1501); eine *Madonna col bambino tra San Giuseppe e Sant'Anna* sowie das *Concerto*, das Mattia Preti zugeschrieben wird.

Den Abschluss des Platzes bildet ein Haus mit hübscher Backsteinfassade. Von hier aus hat man einen guten Blick auf den San Lorenzo gewidmeten Dom. Der 1486 unter der Schirmherrschaft und Leitung von Bischof Novelli begonnene Bau wurde 1517 abgeschlossen. Im Zuge der im 16., 17. und 19. Jahrhundert durchgeführten Restaurierungsarbeiten hat die gotisch-lombardische Struktur zahlreiche Veränderungen erfahren. Besonders bemerkenswert ist das hölzerne Chorgestühl von Bernardino da Fossato aus dem Jahre 1512. Im Hauptschiff sieht man eine «Verurteilung San Lorenzos» von Claudio Francesco Beaumont aus dem Jahre 1766.

Von der Piazza del Duomo gelangt man in die Via Vittorio Emanuele II., auch *via Maestra* genannt, welche die gesamte Altstadt durchläuft. An diesem Treffpunkt für den nachmittäglichen Spaziergang sind die verschiedensten architektonischen Stilrichtungen vereint. Die Casa Fontana (oder Casa Do) präsentiert einen typischen Fries der Renaissancezeit aus gebrannten Fliesen: Sänger, Damen und Kavaliere tanzen zwischen Blumengirlanden. Weiter sind der Palazzo Serralunga (an der Kreuzung mit der Via Belli) sowie der Palazzo der Fürsten Belli erwähnenswert.

Die interessantesten Sakralbauten sind die den Heiligen Cosma und Damiano geweihte Kirche, von Carlo Francesco Rangone aus Montelupo 1760 erbaut, und die ihr gegenüberliegende, Maddalena geweihte Kirche von Bernardo Vittone mit einer rustikalen Backsteinfassade und einem hölzernen Chor. Beide beherbergen Ausstellungen. Letztere, die auf das 13. Jahrhundert zurückgeht, gehörte dem Orden der Umiliati: 1448 errichtete Margherita von Savoyen hier ein Dominikanerkloster mit mehreren Kirchen und einem Kreuzgang.

Die Via Maestra mündet in die Piazza Umberto I., hier bereits Piazza Savona genannt. In der Via Calissano, einer Querstraße der Via Maestra, befinden sich die vor kurzem restaurierte gotische Kirche San Domenico sowie das in der zweiten Hälfte des 19. Jahrhunderts von Busca im neoklassischen Stil errichtete Gymnasium Govone. Aus der gleichen Zeit und vom gleichen Architekten stammt auch das daneben liegende, interessant restaurierte Teatro Sociale. Der schönen Kirche wird meist weitaus mehr Beachtung geschenkt: Die vorherrschenden gotischen Elemente zeigen sich vor allem in der Fassade und im Portal mit den eleganten Sandsteinsäulen und den alternierenden Backsteinstreifen. Das heute als Konzert- und Ausstellungssaal adaptierte Gebäude geht auf das ausgehende 13. Jahrhundert zurück. Die drei Schiffe innen, mit Kreuzgewölben und zylindrischen Säulen, haben mehrere Stilrichtungen durchlaufen.

Weiter erwähnenswert sind noch der Palazzo dell'Ospedale San Lazaro, der auf den Ruinen des mittelalterlichen Kastells (18. und 19. Jahrhundert) errichtet wurde, sowie das Priesterseminar (17. bis 19. Jahrhundert) und der Bischofssitz (15. bis 16. Jahrhundert).

Sehr empfehlenswert ist ein Besuch der Kirche San Giovanni Battista auf der Piazza Elvio Pertinace, in der zahlreiche Kunstwerke aufbewahrt werden, unter anderem eine *Madonna col Bambino* (1377) von Barnaba da Modena sowie eine *Vergine col Bambino tra Sant'Agostino e Santa Lucia* aus der Werkstatt Macrinos (links neben dem Hauptaltar). In der Via Toti, zwei Schritte von der Piazza Savona, findet man das Stadion Mermet, in dem das für diese Region typische Ballspiel *pallone elastico* ausgetragen wird.

Anreise

Alba erreicht man über Asti (Ausfahrt Asti Ost oder West von der A 21) auf der *statale* 231.

ALBA
Einwohner: 29 865
Höhe: 172 Meter

INFORMATIONEN

Ufficio turistico
Via Vittorio Emanuele 19
Tel. 0173 362807

Consorzio turistico
Langhe Monferrato Roero
Piazza Medford 3
Tel. 0173 361538

Turismo in Langa
Associazione Turistica
Arci Nova
Via Cavour 16
Tel. 0173 364030

Itinera
Via Pierino Belli 27 f
Tel. 0173 363480

Ente Turismo Alba Bra
Langhe e Roero
Piazza Medford 3
Tel. 0173 35833

Trekking in Langa
Ostello delle Langhe
San Rocco Seno d'Elvio
Tel. 0336 610255

ÜBERNACHTEN

I Castelli
Corso Torino 14/h
Tel. 0173 361978
Vier Sterne, 3 Suiten,
84 Zimmer mit Bad, TV,
Klimaanlage, Safe. Restaurant,
Bar, Tiefgarage, zwei
Konferenzräume, Nutzung
von Fitnesseinrichtungen und
Kinderbetreuung ist möglich.
Preise: Einzelzimmer
L. 135000–145000,
Doppelzimmer
L. 180000–200000, Suite
L. 230000–250000
Ein modernes Hotel, mit jegli-
chem Komfort ausgestattet
(Zimmer mit Schallschutz,
Safe). Ausgezeichnetes
Frühstück. Behinderten-
gerechte Zimmer.

Leon d'oro
Piazza Marconi 2
Tel. 0173 440536 · 441901
Zwei Sterne, 15 Zimmer mit
Bad.
Preise: Einzelzimmer mit Bad
L. 70000, ohne Bad L. 50000,
Doppelzimmer mit Bad
L. 100000, ohne Bad L. 70000
Zentrale Lage in der Altstadt,
bietet ansprechende Zimmer
zu günstigen Preisen. Großer
Parkplatz auf dem Platz vor
dem Hotel.

MotelAlba
Corso Asti 5
Località Rondò
Tel. 0173 363251
Drei Sterne, 94 Zimmer mit
Dusche. Bar, Konferenzraum,
Swimmingpool, Parkplatz.
Preise: Einzelzimmer L. 95000,
Doppelzimmer L. 135000
An der *statale* nach Asti,
bequeme Zufahrt, gastfreund-
lich und komfortabel.

Piemonte
Piazza Rossetti 6
Tel. 0173 441354
Zwei Sterne, 10 Zimmer mit
Bad. Restaurant, Bar, Parkplatz
im Hof.
Preise: Einzelzimmer L. 60000,
Doppelzimmer L. 115000
Schöne Lage gleich hinter
dem Dom, bietet einfache,
gemütliche Zimmer.

Savona
Via Roma 1
Tel. 0173 440440
Drei Sterne, 99 Zimmer mit
Bad, davon 6 Minisuiten mit
Whirlpool.
Restaurant, Bar, Konferenz-
raum, Parkplatz.
Preise: Einzelzimmer L. 90000,
Doppelzimmer L. 130000,
Suite L. 170000, Frühstück
L. 15000
Traditionsreiches Hotel in der
Altstadt, bequeme Zufahrt.
Die Zimmer sind komfortabel.

Azienda agrituristica Paitin
Località Rivoli 17
Tel. 0173 363123
5 Apartments und ein
Doppelzimmer, alle mit Bad
(ein Zimmer mit Kochnische).
Preise: Doppelzimmer
L. 120000, Frühstück inbegriffen
Für Freunde der ländlichen
Umgebung bietet Paitin
Zimmer auf einem Bauernhof
aus dem 18. Jahrhundert
inmitten von Weinbergen.
Kochgelegenheit im
Gemeinschaftsraum.
Weitläufiger Garten, Solarium,
Mountainbike-Verleih.

Azienda agrituristica
Reiné-La Meridiana
Località Altavilla 9
Tel. 0173 440112
2 Apartments mit je zwei
Zimmern mit Bad und großer
Terrasse, 4 Zimmer mit Bad.
Preise: Doppelzimmer
L. 110000–120000,
Apartment L. 140000
Auf einem Hügel im Grünen
gelegen, mit wunderschönem

Panoramablick auf die Stadt
Alba, geschmackvoll eingerich-
teter Gutshof der gehobenen
Klasse. Herzliche Gastfreundschaft und vielfältiges Freizeitangebot: Swimmingpool,
Bogenschießen, Billard. Im
September bietet sich die
Traubenkur an, eine The-
rapieform aus den Langhe
nach alter Tradition.

SOL
Strutture Ospitalità Locale
Associazione Piccole
Strutture Ricettive Langhe
Monferrato Roero
Piazza San Paolo 3
Tel. 0173 363236
Eine Vereinigung, die durchrei-
senden Touristen Auskünfte
über private Unterkunftsmög-
lichkeiten in Alba und den
Langhe bietet: Zimmer,
Apartments, Bauernhöfe,
«bed and breakfast».

ESSEN

Daniel's Al pesco fiorito
Corso Canale 28
Tel. 0173 441977
Sonntag Ruhetag, außer im
Herbst
Betriebsferien: 3 Wochen im
August, 1 Woche zwischen
Weihnachten und Neujahr
Plätze: 120
Preise: L. 60 000 ohne Wein
Kreditkarten: die gängigsten
Eine verlässliche Adresse, wo
Sie gut zubereitete typische
Gerichte der Region Langhe
genießen können: in Essig ein-
gelegte Zucchiniblüten mit Ei,
*carne cruda all'albese, agnolotti
dal plin* und *finanziera.* Dazu
erlesene piemontesische Weine
sowie Weine der besten Lagen
anderer Regionen.

Il Vicoletto
Via Bertero 6
Tel. 0173 363196
Montag Ruhetag
Betriebsferien: Mitte Juli bis
Mitte August

KÜNSTLER IN DER LANGA

Folco Portinari

Kaum jemand wird vermuten, dass es in diesem so widerspruchsreichen und spannungsgeladenen 20. Jahrhundert in den Langhe eine aktive Künstlerpräsenz auf höchstem internationalen Niveau gegeben hat. Und doch ist hier ein Stück Kunstgeschichte durchgezogen, auch wenn die Zeugnisse davon durch die Bequemlichkeit der Behörden rar und zufällig gesammelt sind. Vieles ist verloren und dem Vergessen geweiht. Wehe dem, der sich selbst aus der Erinnerung streicht …

Hier ist kein Platz für enzyklopädische Genauigkeit, Anregungen und kurze Notizen sollen zu Wegen in die Erinnerung führen. Man könnte mit einem Aufstieg in die Alta Langa beginnen, hinauf nach Bossolasco, wo sich drei bedeutende Maler niedergelassen haben, die aus ihrer Heimatstadt Turin hierher zum Arbeiten kamen. Da gab es Felice Casorati (1886–1963), ein «Klassiker», seelenverwandt mit dem jüngeren Francesco Menzio (1889–1979), Mitglied der «Gruppe der Sechs» und zwischen Neoimpressionismus und Fauvismus angesiedelt. Menzio war Wegbegleiter Enrico Pauluccis (1901–1999), der in jenen stürmischen späten 20er-Jahren der Dritte im Bunde oben in Bossolasco war. Vielleicht steht gerade Paulucci den Langhe am nächsten, hat er doch diese Hügellandschaft zum beständig wiederkehrenden Thema seiner üppig fauvistischen Malerei auserkoren.

In Alba geschieht Aufregendes, die Stadt rückt zwischen 1956 und 1961 in den Mittelpunkt des europäischen Kunstgeschehens, doch ohne dass auf den Straßen der Stadt, in den Salons, den Banken, bei gesellschaftlichen Anlässen ingendjemand etwas davon bemerkt hätte. Pinòt Gallizio (1902–1964), ein zu Anthropologie und Kunst übergewechselter Apotheker, war es, der Alba dieses außerordentliche Prestige verschaffte. Nachdem er 1955 in Albissola eher zufällig Asger Jorn, den dänischen Maler der Gruppe Cobra, getroffen hatte, schlug Pinòt Gallizio der Stadt Alba vor, den Kongress der Internationalen Bewegung für ein bildnerisches Bauhaus zu veranstalten. So kam es, dass sich 1956 in Alba anlässlich des ersten Kongresses der Freien Künstler unter dem Vorsitz von Christian Dotremond Künstler aus acht Nationen einfanden – mit dabei unter anderem Jorn, Karel Appel, Gil J. Wolman, Ettore Sottsass jr., Pravoslav Rada, Jan Kotik, Klaus Fischer, Enrico Baj – und eine Bewegung ins Leben riefen, die Alba fünf Jahre lang ins Zentrum des Interesses rücken sollte. Entstanden sind die Situationistische Internationale und das Laboratorio Sperimentale, das Pinòt Gallizio gemeinsam mit Piero Simondo organisierte und zu dem auch ein Informationsblatt erschien, das von Elena Verrone geleitete *Eristica*. Das Haus Nummer 2 der Via XX Settembre wurde zu einer einzigartigen Stätte der Forschung, der Begegnung und der Planung. So erarbeitete etwa der Holländer Constant (eigentlich hieß er Anton Nieuwenhuys) einen Bebauungsplan für Alba und entwarf das Zigeunerlager am Ufer des Tanaro.

Diese mit Leidenschaft ausgeführten Arbeiten gaben weiteren Initiativen Auftrieb und ermöglichten internationale Kontakte. So wurden in einer großen Schau der Accademia Filarmonica Letteraria im Jahr 1962 Werke von Antoni Tàpies, Cy Twombley, Onishi, Bluhm und Shiraga gezeigt; die von Parisot geleitete Zeitschrift für Avantgardekunst, *I quattro soli*, wurde gegründet – und Fontana durfte das Plakat für die Trüffelmesse entwerfen … Jorn, Appel, Tàpies und Constant sind Namen, die in der Kunstgeschichte ihren Platz gefunden haben, aber auch mit Alba verbunden sind (Jorn beherrschte den lokalen Dialekt früher als das Italienische), den Vergesslichkeiten der Kleinstadt zum Trotz.

Pinòt Gallizio passte sehr gut in diese Runde, war er doch ein außerordentlicher Maler mit großer Vorstellungskraft wie auch sublimer «Unschuld», doch mit seiner Verschmitztheit und der ihm eigenen Intelligenz war er alles andere als naiv. Pinòt Gallizio ist durch die Welt gezogen und hat ihr die Geschichte seiner Farben und Zeichen geschenkt, die märchenhafte und verspielte, damals noch mögliche Erzählung einer neu auflebenden Menschheit. Ja, in den Fünfzigern gab es in Alba noch jemanden, der an die Erneuerung des Menschen und seines Umfelds glaubte. Das darf nicht in Vergessenheit geraten.

Plätze: 40
Preise: L. 80 000–90 000 ohne
Wein
Kreditkarten: alle
Eine der ersten Adressen in
der Hauptstadt des Trüffels,
elegant und komfortabel. Die
Küche bietet moderne
Variationen typischer regiona-
ler Spezialitäten unter
Verwendung exzellenter
Zutaten. Probieren Sie
Kabeljausalat, *carne cruda*,
ravioli dal plin, Risotto. Unter
den Hauptspeisen Lammkarree
mit Kräutern, Taube mit
Trüffeln, Perlhuhn mit
Rosmarin. Reiche Auswahl an
Käsen und ausgezeichneten
Desserts. Erlesene nationale
und internationale Weine.

Osteria dell'Arco
Piazza Savona 5
Tel. 0173 363974
Sonntag und Montagmittag
geschlossen
Betriebsferien: 4 Wochen im
August
Plätze: 50
Preise: L. 40 000–45 000 ohne
Wein
Kreditkarten: alle
In der Osteria dell'Arco wer-
den traditionelle Gerichte
serviert – *carne cruda in insa-
lata*, gefüllte Paprikaschoten,
Gemüseauflauf mit *fonduta*,
tajarìn, agnolotti dal plin, in
Rotwein geschmorter Braten,
Perlhuhn mit Rosmarin – und
gelungene neue Kreationen
wie marinierter Flussaal mit
Gemüse, Kaninchenklöße,
Kalbsnuss in Salz mit eingeleg-
ten Cocktailtomaten und
während der Saison köstliche
Eier mit Trüffeln aus der
Schmorpfanne. Eigene
Dessertkarte mit *bonet*,
Schokoladetorte, Nougat-
Honig-Pudding. In dem schönen, gut gekühlten Weinkeller
sind alle großen piemontesischen Weine und solche
anderer Regionen vertreten.

Osteria Italia
Frazione San Rocco Seno
d'Elvio 8
Tel. 0173 441547
Mittwoch Ruhetag, ausgenom-
men im Oktober
Betriebsferien: im Januar und
im August
Plätze: 50
Preise: L. 35 000–40 000 ohne
Wein
Kreditkarten: Visa, CartaSì,
Mastercard, Eurocard
Ein Lokal, das dem Begriff
Osteria gerecht wird, für
einen Imbiss mit Wurst und
Käse oder für eine ganze
Mahlzeit mit russischem Salat,
agnolotti (in eine Serviette
gehüllt serviert), *cisrà, tajarìn*,
Schmorbraten in Arneis oder
Kaninchen. Nicht sehr
umfangreiche Auswahl an
lokalen Weinen. Zentrale Lage
am Hauptplatz dieses
Ortsteils.

Osteria La Libera
Via Pertinace 24 a
Tel. 0173 293155
Sonntag und Montagmittag
geschlossen
Betriebsferien: 2 Wochen im
Februar und im August
Plätze: 40
Preise: L. 38 000–45 000 ohne
Wein
Kreditkarten: die gängigsten
Eine Osteria mit angenehm
modernem Ambiente, kleinen
Tischen im Eingangsbereich
für den schnellen Imbiss und
zwei Speisesälen für komplet-
te Mahlzeiten. Die Speisekarte
bietet den Jahreszeiten ent-
sprechend Kaninchensalat,
carne cruda, Kalbfleischsülze,
Gemüseauflauf, *tajarìn* und
agnolotti dal plin, Gnocchi, *fon-
duta*. Große Auswahl an köstlichen Desserts, zahlreiche
Käsesorten. Gut sortierter
Weinkeller, vor allem mit
Spezialitäten aus der Umgebung.

APERITIF UND IMBISS
Vincafè
Via Vittorio Emanuele 12
Tel. 0173 364603
Café-Wein-Bar, wo neben
einer reichen Auswahl an
offenen Weinen herrlich duf-
tender Kaffee der Rösterei
Ponchione aus Asti geboten
wird. Kleine Häppchen mit
Wurst und Käse.

EINKAUFEN

FLEISCH- UND
WURSTWAREN
Albacarni
Via Vittorio Emanuele 19
Hochwertiges Kalbfleisch aus
Alba, Barolo- und Trüffelsalami,
Trüffelwurst und in der Weih-
nachtszeit Ochsenfleisch aus
Carrù.

Macelleria Asteggiano
Strada Cauda / Ecke Corso
Piave
Fleisch von Rindern der
Piemonteser-Rasse von den
Höfen kleiner Züchter aus
der Umgebung, kann nach
jeder Art tranchiert werden.

EINGEMACHTES OBST
Mariangela Prunotto
Strada Osteria 14
Birnen der Sorte Madernassa
in Zuckersirup, Marillen in
Nebbiolo, Williamsbirnen in
Brachetto, Pfirsiche in
Moscato. Gute Konfitüren und
der klassische *cognà*, ein mit
Äpfeln, Birnen, Quitten, Hasel-
und Walnüssen eingekochter
süßer Traubenmost, der zu
Käse und Polenta serviert
wird.

SÜSSIGKEITEN
Cioccolateria Elisa
Piazza Pertinace 9
Die Cioccolateria Elisa, deren
Produktionsstätte sich derzeit
noch in Piobesi d'Alba befin-
det, aber bald nach Torre
Bormida übersiedeln wird, hat
dieses kleine Geschäft auf der

Piazza Pertinace eröffnet, wo Sie all jene süßen Spezialitäten finden, die diesen Namen berühmt gemacht haben: die Haselnusstorte, die *albesi al barolo*, die *nisulot* und tausend andere Leckereien.

Io, tu e i dolci
Piazza Savona 12
Beppe Scavino ist sicher einer der besten Konditoren in Alba. Zu seinen Spezialitäten zählen der *torrone al cioccolato*, verführerisch weiche Mousses und *goffi*, exzellente Süßigkeiten aus Schmelzschokolade, Marron-glacé-Creme sowie Pralinen mit gerösteten Haselnüssen und Alkoholfülle.

Pasticceria Maria Grazia
Corso Italia 6
Den Nusskuchen, die *torronata*, die Napoleontorte, die Sachertorte, die Baisers und das Salzgebäck sollten Sie probiert haben.

Pettiti
Via Vittorio Emanuele 25
Eine Konditorei mit Café, in welcher, unterstrichen durch die geschmackvolle Jugendstileinrichtung, ein Hauch der Jahrhundertwende zu spüren ist. Probieren Sie die Marrons glacés, das Feingebäck und süße Trüffel.

GRAPPA
Distilleria Santa Teresa
Corso Canale 105
Mussotto d'Alba
Tel. 0173 33144
Die Familie Marolo destilliert 20 unterschiedliche Grappa-Arten aus Trester verschiedenster Rebsorten des Piemonts, darunter Arneis, Moscato, Barolo und Barbaresco. Verkauf im Betrieb und Besichtigungen nach Voranmeldung.

BIOLOGISCHE PRODUKTE
La Zuppa di zucca
Via Coppa 4
Weißbrot und Vollkornbrot aus dem Holzofen, Obst und Gemüse aus biologischem Anbau, Marmelade, Reis, Hülsenfrüchte und Getreide, verschiedene Sorten von Öl und eine reiche Auswahl an Käsen, von Ziegenkäse aus Serole bis zum Bettelmat, vom Castelmagno bis zum Casciotta aus Urbino.

TRÜFFELN UND DELIKATESSEN
Mercato del cortile della Maddalena
Via Vittorio Emanuele
Von Oktober bis Dezember wird hier im Cortile della Maddalena der traditionelle Trüffelmarkt abgehalten, Treffpunkt von Trüffelsuchern und Händlern.

Gastronomia Petiti
Via Alberione 3
Wer köstliche hausgemachte Spezialitäten der Langhe mit nach Hause nehmen will, findet hier alles, angefangen von den typischen Antipasti (*vitello tonnato*, Paprikaschoten getunkt in *bagna caoda*, Salat aus *tuma*-Käse) bis hin zur frischen Pasta (*tajarìn* und *agnolotti dal plin*).

Aldo Martino
Via Vittorio Emanuele 27
Geschäft mit exzellenter Auswahl an Gemüse und Frühobst; in der Saison auch Trüffeln aus Alba sowie Pilze.

Tartufi Ponzio
Via Vittorio Emanuele 26 d
Ein Trüffelhändler historischer Prägung (Trüffeln aus Alba werden hier das ganze Jahr über konserviert angeboten). Dieses Feinschmeckergeschäft führt auch frische Pasta wie *agnolotti dal plin* und *tajarìn* sowie verschiedene Käsesorten.

Polleria tartufi Elio Ratti
Via Vittorio Emanuele 18 b
Gefüllte Ziegenkitz-Keule, Hühnerfleischrouladen, Kaninchen mit Kräutern, Perlhuhn mit Pflaumen und viele andere kochfertige Köstlichkeiten. Gute Auswahl an lokalen Käsespezialitäten und weiße Trüffeln während der Saison.

WEIN UND SPEZIALITÄTEN
Burdese
Via Vittorio Emanuele 13
Reiche Auswahl an Grappa aus dem Piemont, Essig- und Weinsorten und zahlreiche andere Spezialitäten: Süßigkeiten, eingelegte Früchte, Honig und Maisgebäck.

Drogheria Carosso
Via Vittorio Emanuele 23
Eines der ältesten Geschäfte in Alba, in dem Sie kulinarische Spezialitäten und Weine aus ganz Italien finden: Torrone, kandierte Früchte, Marmelade, Schokolade, Polentamehl aus Steinmühlen. Darüber hinaus eine reiche Auswahl an Weinen und Destillaten aus Alba.

Enolibreria I Sapori del Gusto
Via Vittorio Emanuele 23
Bücher und Gaumenfreuden, eine ungewöhnliche Kombination mit zahlreichen Berührungspunkten. Weine (auch mit Ausschank), Destillate, Haselnusstorten, Maisgebäck, Pilze, Trüffeln, eingelegte Produkte. In der Buchabteilung wird spezielles Augenmerk auf die Bereiche Wein, Gastronomie und Tourismus gelegt.

Enoteca del Centro
Via Roma 8
Im neu entstandenen Einkaufszentrum finden Sie ein Spektrum der besten Weinerzeugnisse der Langhe. Gute Auswahl an Grappa und

Destillaten und speziell im Winter lokale Spezialitäten in Gläsern oder Dosen.

Enoteca Fracchia
Via Vernazza 9
Nur wenige Schritte von der Piazza del Duomo entfernt hat die Enoteca von Rita Fracchia ihren Sitz in einem revitalisierten Palazzo. Im Erdgeschoss befindet sich der Verkaufsraum, in den Kellerräumen ruhen die großen Jahrgänge bei richtiger Temperatur. Das Sortiment ist sehr umfangreich und umfasst nicht nur Weine aus Alba. Die Preise sind angemessen, und Freundlichkeit wird in diesem Geschäft groß geschrieben. Verkostungen auf Anfrage.

Enoteca I Castelli
Corso Torino 14/c
Eine Enoteca in der Einkaufsgalerie des gleichnamigen Hotels. Hier finden Sie typische Erzeugnisse der Langhe und eine reiche Auswahl an Weinen, vor allem aus dem Piemont.

Enoteca Terra Gentile
Via Cavour 5 a
In den niedrigen, dunklen Laubengängen der Casa Sacco, einem der prachtvollsten mittelalterlichen Palazzi in Alba, bietet diese Enoteca einheimische Produkte, vor allem Weine: darunter große Marken aus der Umgebung, aber auch Weine aus der Toskana und andere bemerkenswerte Produkte.

Grandi vini
Via Vittorio Emanuele I a
Eine elegante, gepflegte Weinhandlung mit reicher Auswahl der besten Marken von Alba.

'l crotin
Via Cuneo 3
Diese Enoteca, die unweit der Via Maestra und der Piazza

Savona liegt, wird mit großer fachlicher Kompetenz von Bruno Dellatorre geführt. Sie bietet eine intelligent zusammengestellte Auswahl an Weinen aus Alba und eine bemerkenswerte Sammlung an Grappa-Sorten.

Peccati di gola
Via Cavour 11
Geführt als Enoteca (mit einer guten Auswahl an Weinen aus Alba), aber auch als Feinkostladen: Sie finden Trüffeln und Salami, Maismehl aus Steinmühlen, Torrone und lokale Käsesorten.

KAFFEE, EIS, APERITIF

Caffè Calissano
Piazza Duomo 3
Hier können Sie in die Atmosphäre des alten Piemonts eintauchen. Vergoldete Stuckverzierungen, antike Spiegel und Messingarbeiten verleihen diesem gegen Ende des 19. Jahrhunderts gegründeten Café neuen Glanz und führen die Besucher auf die Spuren großer Literaten und Weinproduzenten (die Familie Calissano ist eine hoch angesehene Winzerdynastie).

Bar Roma
Via Alberione 3 b
Das Sahneeis ist legendär, aber versuchen Sie auch die Geschmacksrichtungen Nocciola, Cassata, Schokolade und die Sorbets. Im Sommer erfrischen Eisbecher mit Früchten.

Caffè Rossetti
Piazza Rossetti 4
Machen Sie hier, gleich hinter dem Dom, eine Pause und genießen Sie eine gute Tasse Kaffee. Empfehlenswert auch die verschiedenen Eissorten.

Caffè Tiffany
Corso Langhe 76
Bacio bianco ist die Spezialität des Hauses, wo Sie noch mit

einem mit großer Sorgfalt selbst bereiteten Eis verwöhnt werden.

WEINKELLEREIEN

Silvano ed Elena Boroli
Frazione Madonna di Como
Tel. 0173 35865
Die Familie Boroli führt das Weingut Bompè in Madonna di Como und vor allem Brunella, eines der gefragtesten Weingüter des Barolo, mit einer wunderschönen Herrschaftsvilla und sechs Hektar des großen Cru Villero. Besonders hervorzuheben sind der Dolcetto d'Alba und der Moscato d'Asti (wunderbar der Aureum) aus Madonna di Como, weiter der Barolo und der Barbera aus Alba.

Fratelli Ceretto
Località San Cassiano 34
Tenuta la Bernardina
Tel. 0173 282582
Das Weingut der Brüder Bruno und Marcello Ceretto ist ohne Zweifel einer der weltweit bekanntesten Betriebe der Langhe. Hohe Investitionen und eine sorgfältige Imagepflege, darunter bemerkenswerte Initiativen wie der «Premio Ceretto Langhe», der für Esskultur vergeben wird, tragen dazu bei. Zu der klassischen Palette der Weine der Umgebung, angeführt von Barolo und Barbaresco, gesellen sich der Blangé, ein überaus populärer Weißwein, und neue Weine aus dem Gut Bernardina, wo nicht-einheimische Rebsorten angepflanzt wurden. Kein Direktverkauf an Private.

Gianluigi Lano
Strada Basso 38 bis
Tel. 0173 286958
Dolcetto, Barbaresco und Barbera, das sind die in diesem Weingut hergestellten Weine. Der Betrieb wurde

DIE SÄKULARISIERTE SCHULE VON MICHELE COPPINO

Paola Gho

Ich habe mich gefragt, welche Auffassung die Leute in Alba von Michele Coppino haben und wie sie sich mit dieser Person auseinander setzen, die nicht unbedingt zu den bekanntesten gehört. Ein Heimatkundler hat mir einen Nachsatz gezeigt, den Coppino zur Würdigung des «Königsmarsches», *Marcia Reale*, von Giuseppe Gabetti (1832) schrieb. In seinen Worten zu dieser Verherrlichung des Risorgimento liegt die ganze Welt der Musen, der Helden, der aufgewiegelten Herzen des 19. Jahrhunderts, aufrichtig und doch historisch verklärt. Andere wiederum sehen ihn lieber bereits als Minister, der um seine Langhe mit all ihrer Not wegen der die kulturellen Unterentwicklung der Landbevölkerung besorgt ist.

Michele Coppino, Minister für Alphabetisierung und für die Verweltlichung des Unterrichts? Seine Laufbahn ist sinnbildlich für jene Jahre, in denen die politische Klasse Italiens versuchte, die Probleme des soeben geborenen Einheitsstaats zu lösen. Sie schreckte nicht davor zurück, sich Leute aus dem Provinzbürgertum zu holen oder sie gar aus den bescheidenen, aber integren Schichten der ländlichen Bevölkerung zu rekrutieren. Coppinos Weg führte ihn von seiner Heimatstadt Alba (wo er 1822 in eine nicht gerade wohlhabende Familie geboren wurde) an die Oberschule am Reale Collegio in der Provinz, zum Lehrstuhl für italienische Literatur an der Universität Turin und 1861 zum Rektorat. Politisch war er als Abgeordneter 15 Legislaturperioden lang tätig, schließlich übte er unter mehreren Regierungen, von 1867 bis 1888, das Amt des Ministers für Öffentliche Bildung aus.

Damals betrug die Analphabetenrate Italiens über 74 %, rechnet man auch die funktionalen Analphabeten mit ein, sind es sogar mehr. Der neue Staat verfügte zwar über aus dem Jahr 1859 stammende Gesetze, die das Schulsystem ordnen sollten, doch gravierende strukturelle Mängel behinderten deren Umsetzung. Auch mussten die Bewohner des neuen vereinten Staates Italien zu «echten Italienern» erzogen werden, daher setzte sich die politische Debatte jener Jahre mit der Professionalität des Lehrpersonals auseinander, das zumeist von schlecht bezahlten, kulturell unbedarften niedrigen Beamten gebildet wurde. Die Suche nach einem neuen Bildungsmodell für den jungen Staat führte zwangsläufig zu politischen und ideologischen Konfrontationen, wobei die fortschrittlichen, im Grunde weltlich orientierten Instanzen der historischen Linken schließlich in einem stark positivistisch geprägten Klima die Oberhand gewannen.

Das Coppino-Gesetz aus dem Jahr 1877 kann als eine erste, wenngleich nicht alles entscheidende Stufe auf dem Weg zur Lösung des Schulproblems gesehen werden. Die institutionellen Aspekte seiner Reform sind schnell aufgezählt: Anwesenheitspflicht in den ersten beiden Grundschuljahren, Geldbußen für säumige Eltern und Gemeinden (bis 1911, als sie vom Staat übernommen wurden), waren die Grundschulen den Gebietskörperschaften unterstellt), Abschaffung der geistlichen Direktoren in den Mittelschulen, kein Katechismus in den Lehrplänen, Einrichtung von Abend- und Sonntagsschulen für Mädchen.

Das sei nicht genug, meinten damals einige Zeitgenossen dazu (der mit den Reformen in Süditalien befasste Gelehrte Pasquale Villari wetterte schon lange gegen die Kurzsichtigkeit der führenden Klasse, eine Schulpflicht vorzuschreiben, ohne Straßen für den Schulweg zu bauen, man strafte die Familien, ohne sie aus ihrer materiellen Misere zu befreien). Ungenügend und im Grunde konservativ, bekräftigen heute viele Historiker. Diskussionen zur Geschichtsschreibung sind hier wohl fehl am Platz, doch es kann durchaus interessant sein, den einen oder anderen Aspekt des Coppino-Gesetzes hervorzuheben: Dass Begriffe zu den Pflichten der Menschen und Bürger in den Lehrplan des primären Bildungswegs aufgenommen wurden, lässt auf jeden Fall «heimatverbundene» Pädagogik und Erziehung zu sozialem Denken erkennen, aber auch den Entschluss, bürgerlich-weltliche moralische Bildung zu garantieren. Die Bestätigung der Staatlichkeit der Grundschule und der – mit zwei Jahren sicherlich knapp bemessenen – Schulpflicht tätigte zumindest eine präzise ideologisch-politische Aussage. Nicht umsonst erhitzte das Gesetz die Gemüter innerhalb der katholischen Kirche, die ihre Privat- und Bekenntnisschulen und insbesondere ihr Bildungsmonopol bedroht sah.

Mit der Kirche mussten die Liberalen, und damit auch Coppino, weiterhin rechnen: 1888 gab der Minister aus Alba Anweisungen, dass in der Grundschule neben den Grundfesten der bürgerlichen auch jene der religiösen Moral unterrichtet werden sollten. Die Jahre der antiklerikalen Kämpfe und der harten Konflikte mit der Kirche waren überwunden, und eine Annäherung zwischen Katholiken und Liberalen reifte heran.

Anfang der 90er-Jahre aufgenommen. Empfehlenswert ist
der im Barrique gereifte
Barbera.

Luigi Penna e figli
Località San Rocco
Seno d'Elvio 96
Tel. 0173 286948
Ein Familienbetrieb, dessen
Stärke in der günstigen
Preisgestaltung liegt.
Hervorragend der Dolcetto
d'Alba Bricco Galante.

Armando Piazzo
Località San Rocco
Seno d'Elvio 31
Tel. 0173 35689
Einer der größten landwirt-
schaftlichen Betriebe der
Gegend, der eine breite
Palette an Weinen aus den
Langhe anbietet, in einer ehr-
lichen, eher rustikalen Version
und zu angemessenen
Preisen.

Pio Cesare
Via Cesare Balbo 6
Tel. 0173 440386
Dieser Name ist eng mit der
Geschichte des Barolo ver-
knüpft. Der Winzer hat
Besitzungen in Treiso und
Serralunga und stellt neben
den Klassikern Barolo und
Barbaresco auch innovative
Weine wie den Piodilei und
einen im Barrique ausgebau-
ten Chardonnay her.

Poderi Colla
Località San Rocco
Seno d'Elvio 82
Tel. 0173 290148
Die Brüder Colla leiteten
lange Zeit hindurch die histo-
rischen Kellereien von
Prunotto di Alba und über-
nahmen vor einigen Jahren
diesen neuen Betrieb. Aus
den Weingärten in namhaften
Lagen (u.a. Bussia für den
Barolo und Roncaglia für den
Barbaresco) stammt ihr
Barbaresco, Barolo, Barbera,
Dolcetto und Freisa.

Prunotto
Località San Cassiano 4 g
Tel. 0173 280017
Prunotto, heute im Besitz der
Marchesi Antinori, gehört zu
den ersten Adressen unter
den einheimischen Winzern.
Die Stärke liegt in den
Klassikern wie dem Barbera
d'Alba Pian Romualdo, dem
Barbaresco Montestefano,
dem Nebbiolo d'Alba
Occhetti, aber auch in Neu-
heiten wie dem Barbera
d'Asti Costamiole und dem
Barbera Fiulòt.

Francesco Rinaldi e figli
Via Umberto Sacco 4
Tel. 0173 440484
Auch dieser Name ist
untrennbar mit der Geschichte
der Weinproduktion in den
Langhe verbunden. Die Crus
Brunate und Cannubbio
garantieren große Reben für
die Baroloherstellung.

Fratelli Rivetti
Località Rivoli 27 b
Tel. 0173 34181
Eine gute Adresse für den
Kauf der klassischen Weine
aus Alba. Besonders geschätzt
wird der Dolcetto Vigneto del
Mandorlo.

Mauro Sebaste
Via Garibaldi 222 bis
Frazione Gallo
Tel. 0173 262148
Mauro Sebaste produziert –
teils aus Trauben eigener
Weingärten, teils aus gekauf-
ten – die klassischen Weine
der Langhe.

FESTE, MESSEN UND VERANSTALTUNGEN

Vinum
23. April bis 2. Mai
Palazzo delle mostre dei
congressi
Bei der Vinum werden zum
ersten Mal im Jahr die Weine
aus der Produktion von Alba

vorgestellt, im Besonderen die
Weine des letzten Jahrgangs,
die für den Genuss reif sind.
Ausstellung, Verkostung, Verkauf, dazwischen Tagungen
und folkloristische Veranstaltungen.

**Palio degli Asini
e Giostra delle Cento Torri**
Erster Sonntag im Oktober.
Im Mittelalter hielten die
Edelmänner der benachbar-
ten Stadt Asti ihren Palio
direkt vor den Mauern der
belagerten Stadt Alba ab. Die
bittere Pille wurde geschluckt,
aber die Rachegedanken
schwelten unter der Asche
weiter und brachen 1932
wieder hervor, als Asti der
Nachbarstadt Alba neuerlich
Schmach zufügte, indem sie
diese zu ihrem Palio einlud,
die Einladung jedoch in letzter
Minute wieder zurücknahm.
So entstand dieses spöttische
Rennen, bei welchem Esel
statt Pferde an den Start gingen. Diese Veranstaltung findet jedes Jahr statt und wird
von einem prachtvollen
Umzug in historischen
Kostümen eingeleitet.

**Fiera Nazionale del Tartufo
bianco d'Alba**
Im Oktober.
Bei dieser Veranstaltung dreht
sich alles um die weiße Trüffel
aus Alba, auch wenn sie nur
höchst sparsam angeboten
wird. Aber vor allem in den
Restaurants genießt man die
Trüffel gerne, wenn es die
Brieftasche erlaubt. Auch der
kulturelle Aspekt mit den
Bereichen Kunst und Literatur
aus Alba kommt nicht zu kurz.
Angesichts der Besucher-
massen und der steigenden
Preise ist ein Besuch in der
Region Langhe und deren
Hauptstadt wohl eher zu ruhi-
geren Zeiten zu empfehlen.

Kaiser für drei Monate

Livio Berardo

Publius Helvius Pertinax wurde in *Alba Pompeia* am 1. August 126 nach Christus geboren. Alba war die Stadt seiner Mutter. Sein Vater, der in *Vada Sabatia* (Vado Ligure) Ländereien und eine Textilwerkstätte besaß, war ein *libertus*, also ein befreiter Sklave, Schutzbefohlener eines Ex-Konsuls, Lollianus Avitus. Dank dieses Rückhalts konnte Pertinax die Grammatikschule des gefeierten Sulpicius Apollinaris besuchen. Nachdem er festgestellt hatte, dass der Lehrberuf ein brotloser war, trat er mit dem Rang eines Zenturio ins Heer ein.

Hervortun konnte er sich im Krieg gegen die Parther, den Lucius Verus und Marc Aurel anführten. In der Provinz Mösien wird er *praefectus alae*, also Befehlshaber einer berittenen Truppenabteilung. Danach war er mit der Verpflegung der Truppen in der Emilia beauftragt. Schließlich gelangte er ans Kommando der Rhein-Flotte in Germanien, wo seine Mutter verstarb, die ihn auf all seinen Auslandsmissionen begleitet hatte. Er bekleidete hohe Ämter in Dakien, Rätien und Norikum, Marc Aurel erhob ihn zum Senator und setzte ihn als Statthalter von Syrien ein. Unter Commodus wurde er nach einer anfänglichen Phase der Ungnade nach Britannien und danach als Prokonsul nach Afrika entsandt. Zwei weitere Male war er Konsul.

Inzwischen hatte der Rausch der Macht Commodus verblendet: Da er mit dem Senat verfehdet war, versuchte er mit allen Mitteln, sich beim Plebs einzuschmeicheln. Sich als Reinkarnation des Herkules ausgebend, hatte er vor, am 1. Januar 193 als Gladiator verkleidet die Arena zu betreten. Seine Hofschranzen, allen voran Laetus, Befehlshaber der Prätorianer, billigten eine derartige Schmähung der Amtshoheit nicht und ließen ihn von einem Sklaven strangulieren. Danach bot Laetus Pertinax die Krone an. Pertinax sprach zu den Soldaten und wurde am 31. Dezember 192, im Alter von 66 Jahren, zum Kaiser ausgerufen. Die Staatskasse war nach den wahnwitzigen Ausgaben Commodus' völlig leer. Pertinax ließ alle Luxusgegen-stände versteigern, zahlte mit dem Erlös Lohnrückstände und brachte Mittel zur Straßensanierung auf. Die Ausgaben des Hofes reduzierte er um mehr als die Hälfte, die Genügsamkeit Marc Aurels war ihm Vorbild. Er wollte nicht, dass ihm sein Sohn automatisch im Amt folgte und meinte immer: «Wenn er sich verdient gemacht hat …» Unter Commodus hatte die militärische Disziplin sehr gelitten: Pertinax versuchte, diese wieder zu stabilisieren und wählte die Devise *militemus* (lasst uns kämpfen). Damit brachte er die Prätorianer gegen sich auf, und 300 Soldaten – von Laetus aufgewiegelt – stürmten den Palast. Pertinax trat ihnen mutig entgegen und hielt eine Rede, mit der er die Gemüter zunächst beruhigen konnte. Aber ein Soldat namens Tungro brach das Zögern und stieß ihm eine Lanze mitten in die Brust. Wie Cäsar bedeckte Pertinax sein Gesicht mit der Toga, als er starb. Es war März 193, vor 14 Tagen waren die Iden gewesen.

Pertinax' Herrschaft war von viel zu kurzer Dauer, als dass man komplexe Analysen erstellen könnte. Wer die Licht- und Schattenseiten dieser Person bewerten möchte, muss sich mit der *Historia Augusta* und ihren anekdotenhaften Ergüssen im Klatschspaltenstil des Kaiserzeitalters begnügen. So schreibt unter anderem Julius Capitolinus: «Pertinax … war ein alter Mann von ehrwürdigem Aussehen mit einem langen Bart, krausem Haar, etwas korpulent, leicht dickbäuchig, aber von königlicher Gestalt. So liebenswürdig er sich auch in Worten zeigte, im Grunde war er kleinlich, von fast gemeinem Geiz, sodass er sich als Privatmann mittags immer halbe Salatköpfe und Artischocken kredenzen ließ. Auch als Kaiser … speiste er niemals Fasan und machte diesen nie zum Geschenk. Blieb etwas übrig, so ließ es fürs nächste Bankett aufbewahren.»

Alles in allem war er ein Kaiser, dem es nicht an Redlichkeit, Mut und Eifer mangelte, aber auch nicht an diesem ligurischen (oder doch für die Langhe typischen?) kleinen Laster, dieser gewissen Knausrigkeit.

Diano d'Alba

Im Laufe seiner über 2000-jährigen Geschichte hat Diano zahlreiche Momente erlebt, in denen es Alba an politischer und militärischer Macht übertraf. Davon ist heute nichts mehr zu sehen; vor allem das Kastell, einst das bedeutendste der gesamten Region, wurde komplett zerstört, als die Savoyer 1631 mit dem Vertrag von Cherasco die Herrschaft über die Stadt übernahmen.

Wo einst das Kastell aufragte, steht heute die Kirche San Giovanni Battista, die zwischen 1763 und 1770 unter der Leitung des Architekten Carlo Francesco Rangone mit deutlich an den Stil von Filippo Juvarra erinnernden Einflüssen gebaut wurde. Rangone war auch maßgeblich an der Errichtung weiterer Kirchen in der Umgebung beteiligt.

Besonders hübsch ist der Ausblick von einem Felsen oberhalb des Ortes: auf der einen Seite die Barolo-Region vor dem Hintergrund der Berge, auf der anderen Seite die Umgebung von Alba und dahinter das Roero, danach die Barbaresco-Region und die Ausläufer der kahlen Hügellandschaft des oberen Teils der Alta Langa.

Diano selbst teilt sich in drei recht unterschiedliche Zonen: in die Altstadt, wo sich die erste Siedlung befand – hier beginnt die ertragreiche Weinbauzone des Dolcetto di Diano; in das Industriegebiet Ricca und schließlich in das Talloria-Tal, wo die Nebbiolo-Traube kultiviert wird, die die Wirtschaft von Gallo Grinzane prägt.

Anreise
Wenige Kilometer nach Alba verlässt man den Corso Enotria in südwestlicher Richtung.

DIANO D'ALBA
Einwohner: 2967
Höhe: 496 Meter

ÜBERNACHTEN

Ai Tardi
Via San Sebastiano 81
Tel. 0173 69403
Drei Sterne, 4 Doppelzimmer und 3 Einzelzimmer mit Telefon, TV, Kühlschrank. Restaurant, Bar, Parkplatz, Swimmingpool im Freien. Preise: Einzelzimmer L.65000, Doppelzimmer L.80000
Behagliche Unterkunft an der Ortseinfahrt, auf Wunsch Halbpension (L.65000). Vor allem in den Sommermonaten empfehlenswert (u.a. wegen des Pools im Freien).

Azienda agrituristica Simone Castella
Borgata Lopiano
Via Alba 18
Tel. 0173 69170
5 Zimmer mit Bad und WC, 13 Betten.
Preise: Doppelzimmer L.70000–90000 (inkl. Frühstück).
Dieser umgebaute Bauernhof, nur wenige Schritte von der Ortschaft entfernt, bietet ansprechende Zimmer und eine schöne Terrasse mit Blick über die Region.

Azienda agrituristica Marco Savigliano
Borgata Lopiano
Via Madonnina 1
Tel. 0173 69196
2 Miniapartments mit Bad und WC, jeweils 4 Betten.
Preise: L.40000 pro Person, Frühstück inbegriffen
Küchenmitbenützung ist möglich in diesem Betrieb, der selbst guten Dolcetto und Barbera herstellt (die man Sie gerne probieren lässt). Ländliches Frühstück mit Marmelade, Käse und Wurst.

ESSEN

Langhet
Frazione Valle Talloria
Via Cane 31
Tel. 0173 231751
Montag Ruhetag
Betriebsferien: unterschiedlich
Plätze: 40 + 40 in der Vineria
Preise: L.40000 ohne Wein
Kreditkarten: alle
Dieses Lokal zeigt zwei Gesichter: die Vineria, ein Ausschank gleich im vorderen Bereich, und dahinter das Restaurant. In der Vineria werden Käse und Wurst, *crostini*, *vitello tonnato*, Sardellen in Kräutersauce

oder ein Teller *tajarìn* oder Gnocchi aufgetischt. Ein vollständiges Abendessen bietet Ihnen die Trattoria, wobei spezielles Augenmerk auf die traditionellen Gerichte der Langhe gelegt wird (die klassischen *primi*, herrliche Fleischgerichte wie gebratenes Perlhuhn und Lammkoteletts). Gute Weinkarte. Das Langhet liegt im Ortsteil Valle Talloria, an der Straße, die entlang der Talsohle von Gallo d'Alba nach Sinio führt.

EINKAUFEN

FLEISCHWAREN
Italo Portinaro
Via Marconi 17
Fleisch von kleinen Züchtern aus der Region Langhe. Ausschließlich von Rindern der Piemonteser-Rasse, vorwiegend Kühe und Ochsen. Sehr zu empfehlen sind die Wurstspezialitäten: Schweinswürste, rohe und gekochte Salami. Auch sonntags geöffnet.

ALTE MÖBEL
Aldo Giordano
Via Cortemilia 72
Frazione Ricca
Bei Giordano können Sie alte Möbel, manchmal auch echte Antiquitäten zu vernünftigen Preisen finden.

WURSTWAREN
Salumificio Barile
Frazione Ricca
Via Alba-Cortemilia 89 b
Ein Handwerksbetrieb, in welchem rohe und gekochte Salami, Schweinskochwurst und Schweinswürste von Tieren aus eigener Zucht hergestellt werden.

WEINE
Bottega comunale dei Sorì di Diano
Via Umberto I 11
Tel. 0173 69191

Das Angebot der Bottega comunale umfasst die Weine sämtlicher Produzenten des Ortes. Geöffnet vom 1. März bis zum 30. Dezember (von 11 bis 19 Uhr). Degustationen möglich. Dienstag Ruhetag.

WEINKELLEREIEN

Abrigo Fratelli
Via Moglia Gerlotto 2
Tel. 0173 69104
Dieser Familienbetrieb bietet eine kleine Produktion aus eigenen Weingärten.

Giovanni Abrigo
Via Santa Croce 9–10
Tel. 0173 69129
Hier können Sie Dolcetto di Diano zu moderaten Preisen erstehen.

Claudio Alario
Via Santa Croce 23
Tel. 0173 231808
Mit dem Dolcetto di Diano von den Crus Costa Fiore und Montagrillo hat Matteo Alario einen Spitzenwein produziert. Sehr gut auch der Barbera d'Alba Valletta.

Fratelli Boffa
Via Cortemilia 142
Tel. 0173 612055
Die Brüder Mauro und Ferruccio Boffa füllen seit wenigen Jahren mit gutem Erfolg ihren Diano Sorì Parisio ab.

Bricco Maiolica
Frazione Ricca
Via Bolangino 7
Tel. 0173 612049
Der Betrieb von Angelo Accomo, berühmt auch wegen seiner Kälberzucht der Piemonteser-Rasse, hat sich vor allem mit seinem Diano Sorì Bricco Maiolica und dem Nebbiolo d'Alba Il Cumot durchgesetzt. Aber auch die anderen Weine aus seiner

Produktion sind beachtenswert.

Camparo
Via Carzello 21 bis
Tel. 0173 231777
Dieser Betrieb wurde nach der Lage Sorì Camparo benannt, auf die sich das Etikett dieses angenehmen Diano d'Alba bezieht. Gute Adresse auch für den Kauf guter Tischweine zu günstigen Preisen.

Sergio Casavecchia
Via Roma 2
Tel. 0173 69205
Der absolute Spitzenreiter unter den Dolcetto-Sorten dieses Betriebs ist der Diano Sorì Bruni, ein Cru von bestem Ruf.

Produttori Dianesi
Via Santa Croce 1 bis
Eine kleine Gruppe von Weinbauern aus Diano schloss sich vor einigen Jahren zusammen und zeichnet sich durch besonders gelungene Weine aus. Ihre Produkte sind frisch und angenehm und passen zu allen Speisen.

Paolo Monte
Via Abelloni 7
Tel. 0173 69231
Aus der Vigna Vecchia von Paolo Monte stammt ein gut strukturierter Diano d'Alba, der auch mit der Lagerung über einige Jahre nicht an Charakter verliert.

Il Palazzotto
Via Alba 3
Tel. 0173 69234
Ein kleiner Betrieb, dessen Meisterstück der Diano Sorì Cristina ist. Bestechend auch das gute Preis-Leistungs-Verhältnis.

Cantina della Porta Rossa
Piazza Trento e Trieste 5
Tel. 0173 69210
Nicht nur Diano d'Alba (von den besten Lagen der Gegend),

DER DOLCETTO

Massimo Martinelli

In der Langa steht man von Geburt an im Banne des Dolcetto: Er ist bereits als Traube allgegenwärtig, die so genossen werden muss, dass ihre Haut unter den Zähnen zerplatzt und sich der Geschmack süß und blumig im Mund entfaltet. Und dann erst als Wein auf allen Tischen, von den verbindlich-schicken zu den einfach-bescheidenen, und jeder hat eine Geschichte dazu zu erzählen.

Die Rebsorte ist sehr alt und tief mit dieser Gegend verwurzelt, passt sie sich doch auch den höheren Hügellagen an, wo die Winde heftiger sind. Der Stock zeichnet sich durch kräftigen Wuchs aus, der Traubenansatz ist eher spärlich, die Farbe der Stiele spiegelt gelegentlich ins Rötliche, die Trauben sind rundlich, violett, fleischig und von mittlerer Größe und Konsistenz. Die Blätter verfärben sich im Herbst rotbraun und bringen Farbnuancen in die Hügel, die jenen der Palette aufmerksamer und feinsinniger Maler würdig sind.

Die Trauben wurden früher für Traubenkuren verwendet; aufgrund ihres geringen Säuregehalts waren sie auch für empfindliche Mägen verträglich und galten lange vor der Erfindung von Energy-Drinks und Vitaminpillen als wohltuendes Stärkungsmittel. Nützte man anderswo die heilende Wirkung des Wassers, so fuhr man in dieses Hügelland, um mit den Früchten des Dolcetto zu kuren.

Wie alle Reben bevorzugt der Dolcetto entsprechende Böden und Ausrichtungen, um sich bestens entfalten zu können, dabei ist er schon relativ früh (um den 20./25. September) reif, was Probleme wie Fäulnis oder Infektionen gar nicht erst aufkommen lässt. Vom Ertrag her ist er mittelmäßig, unreife oder trockene Trauben und Beeren sollten bei der Lese ausgeschieden werden. Die angenehm zu verlesenden und zu kelternden Trauben werden gemaischt, entrappt und schließlich für sechs bis acht Tage vergoren, um den natürlichen Zucker in Alkohol umzuwandeln, wozu ein paar Mal Umpumpen pro Tag das Seinige beiträgt. Nach dem Abstich des Mostes und dem Pressen des Tresters ruht der Jungwein und klärt für etwa zehn Tage; dann erfolgt der erste Abstich, um den Wein vom Hefetrub zu trennen und die malolaktische Gärung einzuleiten. Es ist ein zarter Wein, der aufmerksam zu verfolgen ist, um äußere Geruchseinflüsse zu vermeiden. Im Allgemeinen wird relativ früh gefüllt, der Wein kommt im Frühjahr in den Verkauf. Aber da hat er schon seinen ersten Auftritt hinter sich, wenn er während der Wintermonate mit der *bagna caoda*

harmoniert, das starke Aroma und den markanten Duft von Knoblauch und Sardellen mildert.

In den Annalen der Gemeinde Dogliani scheint ein präziser Hinweis auf den Dolcetto vom 28. August 1593 auf ... was ist seitdem nicht alles geschehen! Er wird nach den jeweiligen Anbaugebieten klassifiziert: Dolcetto delle Langhe Monregalesi – Mondovì, Vicoforte, Briaglia; Dolcetto di Dogliani – Dogliani und Farigliano; Dolcetto d'Alba – mit dem größten Einzugsgebiet vom Tanaro-Tal ins Belbo-Tal. Vergessen wir aber nicht die Herkünfte aus dem Südpiemont: Dolcetto d'Asti, Dolcetto d'Acqui, Dolcetto di Ovada.

Wie schmeckt nun dieser Wein? Dazu ein paar Hinweise zur Degustation.

Man gieße ihn mit fester und sorgfältiger Hand in große Gläser (enge Kelche wirken traurig ...), damit er im breiten Kelch drehen kann, dabei violette Wellen formt und allein durch seine Farbe erfreut. Schon zeigen sich die lebendigen Töne des rubinroten Weines mit veilchenblauen Reflexen, die an ausgereifte Kirschen erinnern. Auch die Klarheit ist ein Anziehungsgrund, gleich dem schönen Kleid einer aparten Frau. Die Nase ist ein Triumph, mit intensiven und vollen weinigen Duftnoten, in denen Pflaume, Kirsche und Bittermandel hinter der an Pfeffer erinnernden Würze zu erkennen sind. Ein intensiver, kräftiger und direkter Duft mit wenigen Nuancen; die konzentrierte Essenz der Weinigkeit. Im Geschmack ist er trocken und angenehm herb, mit einem Hauch von Säure und rustikal-attraktivem Tanningehalt. Gewinnend und gesellig ist er, ein Wein für die Freundschaft und das Beisammensein im Zeichen der Schlichtheit und Spontaneität, er kann aber auch – wenn richtig provoziert – seine Klasse zeigen.

In den Langhe ist er ein zu allen Anlässen beliebter und geschätzter Wein. Man trinkt ihn am Morgen, zum Frühstück, um den Tag zu begrüßen und in Schwung zu kommen (die Brotzeiten am Feld waren legendär, als man das erste frische Gemüse «in Öl badete» und dazu ofenfrisches Boot aß, von den Wurst- und Käsespezialitäten ganz zu schweigen!). Mittags soll er die Magensäfte anregen, hier passt er gut zu allem Möglichen; nachmittags kann er eine Alternative zum extravaganten fremdländischen Teezeremoniell sein; dann zum Abendessen – und danach, und noch ein Mal ...

Als ideale Begleiter empfehlen sich geräucherte Fleischwaren, gewisse Antipasti (Salat aus rohem, mit dem Messer geklopften Fleisch,

Sardinen etc.), Pasta (vor allem die *tajarìn*), *pollo alla cacciatora* sowie frische oder nur kurz gereifte Käsesorten.

Im Allgemeinen sollte er (je nach Charakter der Lese) innerhalb von ein paar Jahren getrunken werden; so gefällt er mit seinem Wohlgeruch und seiner kecken Unbefangenheit. In einigen Gegenden experimentiert man mit ausgeklügelten Ausbautechniken (auch im Barrique) und erzielt damit viel versprechende Ergebnisse bei Haltbarkeit und Entfaltung. Wein ist ja kein starres Objekt; er variiert und verändert sich, denn schließlich ist es unser Geschmack, dem er folgt. Es gibt nichts Schlimmeres als vorgefasste und im Lauf der Zeit unveränderliche Dinge! «Alles ändert sich, alles erneuert sich. Auch Gott erneuert sich in tausend Arten.» (John Steinbeck, Wonniger Donnerstag)

Hat man dann auch noch das Glück, ihn mit Blick auf die Landschaft im Herzen der Langhe, auf eines jener Panoramen der Träume und Sehnsüchte, zu kosten, verklärt sich alles in seligem Wohlbehagen.

Prosit.

---

sondern auch die anderen Klassiker der Langhe, vom Barolo bis zum Barbaresco.

Giovanni Prandi
Via Farinetti 5
Tel. 0173 69414
Ein kleiner Betrieb, der vor allem wegen seines großzügig gelagerten Diano von der Lage Santa Cristina von sich reden macht.

Fratelli Savigliano
Valle Talloria
Via Guido Cane 20
Tel. 0173 231758
Ein Dutzend Hektar Weinberge für eine Produktion bester Qualität. Unter den Weinen dieses von den Brüdern Dario und Giuseppe sowie deren Kindern geführten Betriebs sind speziell der Diano Sorì del Sot, der Barbera d'Alba und der Langhe Nebbiolo, weiter die Weißweine Langhe Chardonnay und Langhe Favorita herauszustreichen.

Poderi Sinaglio
Frazione San Rocco Cherasca
Via Sinaglio 9
Tel. 0173 612209
Der Betrieb der Familie Accomo (wenige Meter ragt er in die Gemeinde von Alba hinein) hat sich auf die Klassiker dieser Gegend spezialisiert, allen voran der Dolcetto di Diano d'Alba. Exzellentes Preis-Leistungs-Verhältnis.

Romano e Lorenzo Veglio
Valle Talloria
Via Guido Cane 110
Tel. 0173 231757
Ein Familienbetrieb, der sich durch qualitativ hochwertige Weine zu erschwinglichen Preisen einen Namen gemacht hat.

Giovanni Veglio e figli
Valle Talloria
Via Guido Cane 9
Tel. 0173 231752
Der Diano Sorì Puncia del Bric ist der Spitzenwein dieses Betriebs: 70000 Flaschen pro Jahr, darunter der Barolo di Castiglione Falletto und der Moscato di Serralunga.

FESTE, MESSEN UND VERANSTALTUNGEN

Festa patronale
Am Samstag und Sonntag unmittelbar vor dem 24. Juni, zu Ehren des heiligen Johannes.

Pier Cesare Baretti
Am dritten Samstag im Oktober. Im Rahmen der Zusammenkünfte der Freunde des Weins wird der «Pier Cesare Baretti» verliehen. Dieser Preis, der zum Andenken an jenen Sportjournalisten ins Leben gerufen wurde, der diesem Ort sehr nahe stand, soll dazu dienen, den Namen der Ortschaft Diano und deren Weine mit Größen aus Sport, Kultur, Showbusiness und Nachrichtenwesen zu verknüpfen. Jeder Preisträger erhält als symbolisches Geschenk zwei Reihen der besten Lagen, aus denen im Frühjahr 240 Flaschen Dolcetto DOC gewonnen werden.

Di sorì in sorì
Am Sonntag nach der «Pier-Cesare-Baretti»-Verleihung (dem dritten im Oktober) nimmt man im Zuge einer Rundfahrt Imbisse in den Gutshöfen von Diano zu sich. Man startet mit dem Auto – die Distanzen sind doch beachtlich –, und bei jeder Etappe kostet man eine Speise, von den Wurstspezialitäten als Vorspeise bis zu den abschließenden *dolci*. Jeder Gang wird von Weinen der besten Lagen begleitet.

Montelupo Albese

Die Geschichte von Montelupo ist vergleichsweise jung. Der *mons lupus* wird im 13. Jahrhundert erstmals erwähnt.

Von dem auf einem Hügel gelegenen Dorf genießt man einen herrlichen Ausblick sowohl auf die Gegend von Alba als auch auf das Land um Barolo.

Montelupo ist die Geburtsstadt von Carlo Francesco Rangone, Architekt zahlreicher Kirchen im gesamten Gebiet der Langhe. Auch das 1764 geweihte Gotteshaus dell'Assunta gibt Zeugnis vom Schaffen dieses Künstlers, der zu diesem Zeitpunkt bereits Hauptmann der Befestigungstruppe war.

Anreise

Man erreicht Montelupo, wenn man Alba auf dem Corso Langhe verlässt. Der Ort ist 15 Kilometer entfernt. Nach Ricca biegt man rechts ab.

MONTELUPO ALBESE
Einwohner: 473
Höhe: 390 Meter

ESSEN

Ca' del lupo
Via Ballerina 15
Tel. 0173 617249
Mittwoch Ruhetag
Betriebsferien: im Zeitraum Januar–Februar
Plätze: 120
Preise: L.50000 ohne Wein
Kreditkarten: alle
In einem recht modernen Ambiente (Villa mit Swimmingpool), das Ihnen jedoch einen wunderbaren Panoramablick über das Gebiet der Langhe bieten kann, wird Ihnen eine überaus abwechslungsreiche Speisekarte vorgelegt, die den Jahreszeiten, der Tradition, aber auch den modernen Trends gerecht wird, sodass jeder etwas nach seinem Geschmack finden kann. Von den piemontesischen Speisen empfehlen wir *carne cruda all'albese*, Gnocchi mit Käse, *agnolotti dal plin al rosmarino* oder Kaninchenbraten aus dem Holzofen. Die Weinkarte ist reich an piemontesischen Etiketten. Unter der Woche nur abends geöffnet.

EINKAUFEN

FLEISCH- UND WURSTWAREN
Caviola
Via della Langa 9
Die Familie Caviola, sehr angesehene Weinbauern, sind von jeher auch exzellente Fleischer. Ihre Produkte (von gekochter und roher Salami bis zum Speck, von Schweinshaxe bis zu *grive*, der in Schweinenetz gewickelten Schweinewurstmasse) zählen zu den besten, die Sie in den Langhe finden können. Exzellent auch das frisch geschnittene Fleisch, das ausschließlich von Tieren der Piemonteser-Rasse aus den Höfen der Umgebung stammt.

WEINKELLEREIEN

Ca' Viola
Via Langa 17
Tel. 0173 617570
Beppe Caviola, ein Weinbauer, der sich der allgemeinen Gunst erfreut, stellt eine beachtliche Reihe großer Weine her. Darunter ein überaus vollmundiger Dolcetto d'Alba Barturot, der Langhe Rosso Bric du Luv auf Barbera-Basis und schließlich der einzigartige und gefällige Rangone, der aus Reben des Pinot nero gekeltert wird.

Destefanis
Via Mortizzo 8
Tel. 0173 617189
Ein kleiner Familienbetrieb, der neben beachtlicher Qualität auch ein günstiges Preis-Leistungs-Verhältnis bietet. Ausgezeichnet der Dolcetto d'Alba Vigna Monia Bassa, aber besonders gelungen sind auch der Nebbiolo, der Chardonnay und der Barbera, die das Produktangebot abrunden.

Giorgio Sobrero
Via Mortizzo 17
Tel. 0173 617617
Giorgio Sobrero bestätigt mit seinem Dolcetto die Stärke dieses Weinguts auf den Hügeln von Montelupo. Exzellent die Selektion Bric 'dla Vila. Gute Preisgestaltung.

FESTE, MESSEN UND VERANSTALTUNGEN

Das Fest des Schutzpatrons San Bonaventura am vorletzten Sonntag im Juli. Fest der Madonna in der Cappella dell'Oriolo am 8. September.

Rodello

Die günstige Lage und vor allem das angenehme Klima – es weht immer ein leichter Wind, und niemals ist es drückend heiß – haben Rodello zu einem Urlaubsort werden lassen, sodass in den letzten Jahren viel gebaut wurde. Diese etwas chaotische urbane Situation wird durch den riesigen Gebäudekomplex La Residenza verschärft, der auf der Spitze des Hügels liegt, von dem aus man nach Alba sieht. Die sich im Eigentum der Kirche befindliche Anlage dient als Pensionistenheim und Rehabilitationszentrum. Dennoch ist Rodello ein hübscher Ort geblieben, der ein schönes Panorama und die Möglichkeit für ruhige Spaziergänge bietet.

Auf architektonischem Gebiet sind die Kirchen San Lorenzo, ein Werk von Carlo Francesco Rangone, das zwischen 1776 und 1790 errichtet wurde, und Immacolata Concezione, die der Abt Michele Falletti aus Rodello zu Beginn des 18. Jahrhunderts errichten ließ, besonders erwähnenswert.

Anreise

Man nimmt die Straße, die auf der Höhe von Ricca in Richtung Cortemilia von der *statale* 29 abzweigt.

RODELLO

Einwohner: 882
Höhe: 537 Meter

EINKAUFEN
FLEISCHWAREN

Gian Carlo Castagnotti
Piazza Vittorio Emanuele
Qualitativ hochwertiges
Fleisch aus Zuchtbetrieben
der Alta Langa, in denen
Rinder der Piemonteser-Rasse
gezogen werden, für die traditionellen Rezepte der Region.

BROT
Giovanni Bonino
Via Roma 4
In einem der letzten noch in
Betrieb befindlichen Holzöfen
der Langhe werden aus verschiedenen Mehlsorten aus
biologischer Landwirtschaft
hervorragendes Brot und
Grissini hergestellt. Zu den
Erzeugnissen Boninos zählt
auch ein guter Dolcetto
d'Alba.

WEINKELLEREIEN

Renzo Drocco
Via Montà 15
Tel. 0173 617159
Renzo Drocco, die Seele der
Kellerei Viticoltori, produziert
in seinem Betrieb einen ausgezeichneten Dolcetto d'Alba
mit der Bezeichnung Ert.
Angemessene Preise.

Mossio Fratelli
Via Montà 12
Tel. 0173 617149
Die Brüder Mossio widmen
sich der Produktion von
Dolcetto d'Alba (empfehlenswert ist der Bricco Caramelli)
und dem Ausbau ihrer
Weingärten: eine gute
Adresse, um exzellente
Weine zu angemessenen
Preisen zu kaufen.

**Viticoltori Associati di
Rodello**
Via Montà 13
Tel. 0173 617318

Ein Betrieb im Zeichen des
Dolcetto d'Alba. Die
Viticoltori di Rodello stellen
diesen Wein in verschiedenen
Versionen vor: Neben dem
Basisprodukt, einem korrekten Wein in Herstellungsart
und Preis, gibt es strukturiertere, teurere Selektionen, die
durchaus mit den besten
Dolcetto-Weinen aus den
Langhe mithalten können.

FESTE, MESSEN UND VERANSTALTUNGEN

Festa del grano
Am ersten Sonntag im
August. Festzug alter
Traktoren und Verkostung
von Weinen lokaler Winzer.

Festa patronale
Am zweiten Sonntag im
August. Die fünf Stadtviertel
treten im so genannten *Palio
dei borghi* in Spielen gegeneinander an.

Sinio

Dieser im Schoß des Valle Talloria gelegene Ort besteht aus einer Hand voll Häusern, die sich rund um die Pfarrkirche und die Ruinen des mittelalterlichen Kastells gruppieren. Das Kastell gehörte einst der Familie Carretto aus Monforte und später den Fürsten Vassallo aus Castiglione.

Die Kirche im Barockstil wurde auf den Trümmern einer älteren Anlage von Carlo Francesco Rangone aus Montelupo erbaut und ist dem Schutzheiligen San Frontiniano Martire gewidmet. Die merkwürdige Geschichte, die sich um diesen Heiligen rankt, kann man auf einem Informationsblatt nachlesen, das entweder im Gemeindeamt oder in der Kirche selbst aufliegt. Auch die vor kurzem restaurierte und als Theater verwendete Kirche Confraternita dei Battuti ist erwähnenswert.

Anreise

Auf der *provinciale* von Alba nach Barolo biegt man auf der Höhe von Gallo links in Richtung Grinzane ab und nach einigen hundert Metern rechts in Richtung Valle Talloria.

SINIO
Einwohner: 480
Höhe: 357 Meter

EINKAUFEN

TORRONE
Torrone Piemonte Martino
Località Borgonuovo 1
Der Betrieb, als Torrone Martino seit langem bekannt, befindet sich auf der Straße entlang der Talsohle, vor der Abzweigung nach Sinio. Hier wird der klassische piemontesische Torrone aus Haselnüssen der Sorte Tonda Gentile aus den Langhe hergestellt, deren Aroma und Geschmack besonders intensiv ist. Verkauf im angeschlossenen Laden. Gegen Voranmeldung ist eine Betriebsbesichtigung möglich.

FESTE, MESSEN UND VERANSTALTUNGEN

Festa 'd Sin-i
Verschiedene Feste, eine ganze Woche lang, beginnend am zweiten Sonntag im August. Den Höhepunkt bildet der 14. August mit der notte delle masche, ein Abend mit Liedern, Gedichten und Aufführungen von Theaterstücken in Mundart. In Sinio gibt es eine sehr aktive Laienspielgruppe, die Compagnia del nostro teatro, die alljährlich eine neue Produktion herausbringt und diese nach einer ersten Aufführungsserie im Dorftheater, einem kleinen, aber sehr geschmackvollen, erst kürzlich restaurierten Saal, auch auf den Plätzen der Nachbargemeinden darbietet.

DAS BAROLO-GEBIET

Barolo, Cherasco, Castiglione Falletto, Grinzane Cavour,
La Morra, Monchiero, Monforte d'Alba, Novello,
Roddi, Roddino, Serralunga d'Alba, Verduno

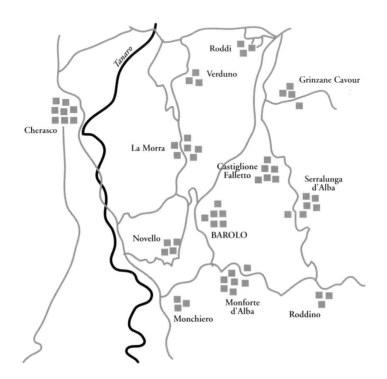

Wein und Gastronomie

Das Land des Königs der Weine. Eine wirklich genussvolle Reise, auf der man sich zwischen Weinbergen und Gütern verlieren kann, um endlich die Plätze kennen zu lernen, an denen einer der größten Rotweine der Welt zu Hause ist. Cannubi und Vigna Rionda, Monvigliero und Bussia – hier findet man all die Namen, die den Barolo berühmt machten. Ab und zu wird die geordnete Geometrie der Weingärten von Kastellen, Türmen, mittelalterlichen Städtchen und kleinen Weilern unterbrochen. Dann ist da noch der Zauber von Cherasco, einem unglaublich faszinierenden Städtchen voller Geschichte und ihrer Monumente. Und schließlich finden wir hier auch noch zahlreiche Osterie und Ristoranti, wo wir uns durch die Speisen kosten können, die ein weiteres wichtiges Motiv für diese Reise des guten Geschmacks darstellen.

Barolo

Inmitten einer breiten, wannenförmigen, vom Weinbau dominierten Landschaft liegt Barolo, der Ort, der dem berühmten Wein seinen Namen gab. Im Gegensatz zu den umliegenden Dörfern liegt er jedoch nicht auf einem Hügel oder einem Kamm (wie der Vorort Vergne, der von einem Kastell dominiert wird), sondern auf einer Art Hochebene, die einem von den umliegenden Erhebungen geschützten Sporn gleicht. Die Stadt sitzt auf dem Felsen, der denjenigen, die von Alba her die alte Straße heraufkommen, gleichsam den Weg versperrt. Seit einigen Jahren gibt es jedoch eine Umfahrung, auf der man den gegenüberliegenden Hang entlang in den oberen Ortsteil gelangt.

Der Name geht auf das keltische *bas reul* (unterer Ort) zurück. Das Gebiet war mit Sicherheit bereits in prähistorischer Zeit besiedelt. In der weiter unterhalb liegenden Conca della Fava wurden Geräte und Waffen aus der Jungsteinzeit gefunden. Im Vorort Vergne hat man 1920 einen römischen Grabstein ausgegraben.

Der Bau des Kastells geht auf das 10. Jahrhundert zurück. Im Anschluss an die Streifzüge der Sarazenen räumte Berengario I. von Provenza den Feudalherren und Klöstern das Recht zur Errichtung von Türmen und anderen Befestigungsanlagen ein. 1250 wurde das Kastell von den Falletti, einflussreichen Kaufleuten und Bankiers aus Alba, gekauft und stand in den folgenden Jahrhunderten im Eigentum von Markgrafen (Girolamo III. im 17. Jahrhundert) und Grafen (Girolamo IV. ab dem 18. Jahrhundert). Die letzten Vertreter dieser Dynastie waren Carlo Tancredi, zweimal Bürgermeister von Turin, und seine berühmte Frau Giulia Vitturnia Francesca Colbert von Maulévrier, eine große Mäzenin und Wohltäterin, die

Die Häuser von Grinzane Cavour gruppieren sich rund um das Kastell. Dieses imposante Bauwerk, das auf das 13. Jahrhundert zurückgeht, wurde im 16. Jahrhundert erweitert und völlig authentisch restauriert. Heute befinden sich hier eine Enoteca Regionale sowie eine ethnographische Sammlung und ein Restaurant.

1864 im Alter von achtzig Jahren verstarb.

Das Kastell, das bis 1971 im Besitz der Gemeinde stand, ist heute ein Fixpunkt im Besuchsprogramm jedes Touristen, der nach Barolo kommt. Das heutige Aussehen ist ein Ergebnis zahlreicher Umgestaltungen und Veränderungen, die im Laufe der Zeit vorgenommen worden waren. Von der mittelalterlichen Burg über den vornehmen Landsitz bis zum christlichen Konvent: das düstere Gebäude spiegelt alle Phasen wider. In einem Flügel ist der Berufsverband der Hoteliers untergebracht, und in den alten Kellerräumen, in denen Gräfin Giulia erstmals den Barolo verkostete, befindet sich heute die Enoteca Regionale del Barolo. Auf dem kleinen Platz vor dem Kastell sieht man die San Donato gewidmete Pfarrkirche, die aufgrund ihrer romanischen Anlage erwähnenswert ist. Die alte Familienkapelle der Falletti wurde später der Öffentlichkeit zugänglich gemacht. Unterhalb des Presbyteriums befinden sich die Gräber der Feudalherren vom Ende des 16. Jahrhunderts bis zum Aussterben des Geschlechts.

Verlässt man den konzentrischen Kreis, in dem sich das Kastell befindet, und fährt die erst nach Novello und dann nach La Morra führende Straße hinauf, gelangt man nach rund einem Kilometer in den Vorort Vergne mit dem in Privatbesitz befindlichen Kastell und dem danebenliegenden alten Oratorium San Pietro delle Viole. Von hier genießt man einen bezaubernden Ausblick auf die Weingärten, in denen die Nebbiolo-Trauben für den Barolo kultiviert werden. Gegen Osten erblickt man die charakteristischen Hügelkämme der Langhe.

Ein Spaziergang, der besonders zu empfehlen ist, führt vom Ort selbst in Richtung Monforte, wobei man erst zum Flüsschen Fava hinuntergeht, um dann wieder auf den Boschetti hinaufzusteigen, ein Hügel, der auf der einen Seite von Weingärten und auf der anderen von einem geheimnisvollen Wald mit alten Eichen bedeckt ist. Anschließend kann man diesen rund eineinhalb Kilometer langen Spaziergang noch auf dem Hügelkamm fortsetzen, bis man beim Abstieg in das kleine Dörfchen Aie Sottane gelangt.

Anreise

Auf der Straße Richtung Gallo rund 13 Kilometer südwestlich von Alba.

BAROLO
Einwohner: 682
Höhe: 301 Meter

ÜBERNACHTEN

Hotel Barolo
Via Lomondo 2
Tel. 0173 56354
Drei Sterne, 31 Doppelzimmer mit Bad, TV und Telefon, einige mit Whirlpool. Bar, Restaurant, Parkplatz.
Preise: Einzelzimmer L. 90 000, Doppelzimmer L. 140 000, Frühstück L. 10 000
Betriebsferien: 3 Wochen im Februar
Kreditkarten: alle gängigen

Gleich bei der Ortseinfahrt, wenige Schritte von den Weingärten entfernt gelegen, mit wunderbarem Blick auf die umliegenden Hügel. Professionalität und Herzlichkeit sind die Markenzeichen der Familie Brezza, die das Hotel leitet. Die Zimmer sind mit antiken Möbeln aus dem Piemont eingerichtet, jedes ist nach einem der großen Barolo-Crus benannt.

Albergo del Buon Padre
Frazione Vergne
Via delle Viole 30
Tel. 0173 56192 · 560013
Zwei Sterne, 9 Zimmer mit Bad und WC.

Restaurant vom Hotel getrennt.
Preise: Einzelzimmer L. 55 000, Doppelzimmer L. 85 000
Betriebsferien: ein Monat ab Weihnachten und vom 15. bis zum 30. Juli
Der Ortsteil Vergne liegt auf einem Hügel zwischen Barolo, La Morra und Narzole, nur wenige Kilometer von den beiden erstgenannten Orten entfernt, in der Nähe des Castello della Volta und der ländlichen Kapelle San Pietro delle Viole. Das neu errichtete, in die umliegenden Weingärten eingebettete Hotel bietet seinen Gästen eine wunderbar ruhige Lage.

DER BAROLO

Carlo Petrini

«Der Hauptcharakter dieses Weins ist sein Bouquet, das ihn von allen anderen unterscheidet, dann der Alkoholgehalt, die vielfachen Säuren, die ihn äußerst haltbar und für den Export über den Äquator hinaus als geeignet erscheinen lassen.» So beschrieb Lorenzo Fantini vor mehr als einem Jahrhundert den Barolo. Dieser hatte schon damals unangefochten die Führerschaft unter den italienischen Weinen eingenommen, was neben der Förderung durch das Haus Savoyen vor allem jenen wertvollen Studien und Untersuchungen zu Weinbau und Kellertechnik zu verdanken war, die in diesem kleinen Teil des Piemonts auf theoretischer und praktischer Ebene durchgeführt wurden. Bereits damals versuchte man, eine Klassifizierung der besten Lagen nach französischem Vorbild einzuführen, einige Namen wie Cannubi und Brunate konnten sich tatsächlich im vorderen Spitzenfeld behaupten.

Dem aufmerksamen Betrachter wird nicht entgangen sein, wie viel Zeit die umfassende Erschließung des Potenzials dieses Weins und dieser Region, die durchaus als Burgund oder besser noch als Côte d'Or Italiens bezeichnet werden darf, doch gekostet hat. Aber erst in den letzten Jahren konnte durch den Druck der umsichtigsten Erzeuger und der weitsichtigen Consorzi eine Weingesetzgebung erwirkt werden, die Qualität und Seriosität wahrt. Im Konkreten geht es um das Gesetz Nr. 164 aus dem Jahr 1992, das nun im DOCG-Bereich des Barolo erste Früchte trägt, da die Regelungen über die Aufteilung in Subzonen von Seiten der Gemeinden angenommen wurden. Slow Food verweist nicht ohne Stolz darauf, dass sich die lokalen Behörden beim Anlegen der Weinbergkarten im Wesentlichen an den von Slow Food 1990 herausgegebenen *Atlante delle grandi vigne di Langa* gehalten haben.

Das wechselhafte Schicksal des Weines ist eng mit der Entwicklung des von Verbrauchern und Produzenten beeinflussten Geschmacksbildes verbunden. Der Barolo hat für diese Entwicklung bezahlt, aber auch für die fehlende Flexibilität bei den Erzeugungstechniken und das typisch piemontesische Faible für einige nicht unbedingt positive Merkmale – im Besonderen den hohen Tanningehalt. In den letzten 40 Jahren musste der Barolo obendrein den ungebremsten Siegeszug des Barbaresco hinnehmen. Verschwunden sind auch nach und nach jene legendären Namen, die dem Barolo zu seiner Größe verholfen hatten, charismatische und dynamische Unternehmer wie Cappellano aus Serralunga, Cavalier Burlotto aus Verduno und Bressano aus Fontanafredda. Aber seit die nachkommenden Generationen mit Entschlossenheit und dem Mut zu Investitionen gut überlegte Entscheidungen treffen, lassen die guten Ergebnisse nicht auf sich warten. Die Liste der hervorragendsten Hersteller bestätigt längst anerkannte Persönlichkeiten wie die Brüder Ceretto oder die beiden Conterno, wartet aber auch mit viel versprechenden Neuentdeckungen auf: Stellvertretend seien hier Scavino, Altare, Clerico und Voerzio angeführt.

Das rechte Ufer des Tanaro, wo die Nebbiolo-Traube für den Barolo wächst, bringt nach wie vor aufmerksame und auch um die Wichtigkeit des Details wissende Weinerzeuger hervor; viele von ihnen sind Bauernsöhne aus der Region mit frisch erworbenen Önologendiplomen, alle werden von einem ausländischen Markt angeregt, der durch sein steigendes Interesse in den letzten Jahren einen Boom herbeiführte. Maßgeblich dafür waren einige Größen der Weinszene und die glückliche Tatsache, dass in den 90er-Jahren mehrere außerordentliche Jahrgänge aufeinander folgten.

In Zeiten einer solchen Renaissance ist es schwierig, wenn nicht gar unmöglich, den Steckbrief des neuen Barolo zu verfassen oder zumindest einige seiner Facetten oder die Widersprüche zwischen Alt und Neu aufzuzeigen: Vielleicht leben wir in einer Zeit, in der die gelebte Toleranz der Zukunft dieses Weins nur zum Vorteil gereichen kann. Besucht man dann die Kellereien und plaudert man mit den Winzern, so stößt man auf vollkommen unterschiedliche Überzeugungen, Denkschulen und Techniken. Wer den Individualismus der Einwohner der Langhe kennt, der weiß, dass so viele Kenntnisse wohl kaum auf einen Nenner zu bringen sind. Aber vielleicht ist gerade die Verschiedenheit ein Zeichen wahren Reichtums, denn der Barolo aus Serralunga wird immer strukturierter sein als sein Bruder aus La Morra, jener aus Verduno immer völlig anders geartet als der aus Monforte und so weiter. Nach und nach wird – zuerst im Bewusstsein der Winzer, dann wohl auch in den notwendigen Gesetzen – eine Karte, wie sie die Alten immer verfochten haben, neu entstehen. Man wird wieder von Cannubi, Bussia, Brunate und Rocche sprechen und so dem Land seine verdiente Rolle zurückgeben. Das Spiel der Jahrgänge, der Gemeinden, der Weingärten und der Winzer soll Kenner und Liebhaber des guten Weines noch viele Jahre faszinieren.

Agriturismo Il Gioco dell'oca
Via Crosia 46
Tel. 0173 56206
0338 599426
7 Zimmer mit Bad.
Preise: Doppelzimmer
L. 110000, Frühstück inbegriffen. Die Zimmer sind gepflegt und gemütlich, jedes einzelne besitzt eine ganz persönliche Note. Die Gemeinschaftsräume strahlen rustikale Eleganz aus. Die Küche steht den Gästen zur Verfügung, in der warmen Jahreszeit kann auch der Grillplatz genutzt werden. Reichliches Frühstück mit Naturprodukten aus der Gegend. Privatparkplatz, Spielplatz für Kinder, Mountainbiking.

ESSEN

Brezza
Via Lomondo 2
Tel. 0173 56191
Dienstag Ruhetag
Betriebsferien: 20 Tage im Zeitraum Februar–März
Plätze: 150
Preise: L. 55000–60000 ohne Wein
Kreditkarten: alle
In Gourmetkreisen eine der ersten Adressen in der Region Langhe. Die Küche der Familie Brezza (am Herd steht Frau Mariuccia) prägen klassische Spezialitäten der Region, beginnend mit den *tajarìn* und den *agnolotti dal plin* über Schmorbraten in Barolosauce bis Hasenpfeffer oder Wildragout. Der temperamentvolle Oreste bedient die Gäste bei Tisch und empfiehlt gerne gute Eigenbauweine (wobei die Auswahl an Marken der Region Langhe sehr umfangreich ist). Das Lokal, Nachfolger des alten «Brezza» im Ortszentrum, ist heute dem Hotel Barolo angeschlossen.

I Cannubi
Via Alba 20
Tel. 0173 566402
0368 216218
Donnerstag Ruhetag
Betriebsferien: 2 Wochen im August
Plätze: 50 + 50 im Freien
Preise: L. 35000–45000 ohne Wein
Kreditkarten: alle
Wenige Kilometer von der Ortschaft entfernt auf der Straße nach Alba trifft man auf diese Osteria, deren Name auf den historischen Cru Cannubi zurückgeht, der sich auf dem davor liegenden Hügel erstreckt. Mit seiner Einrichtung, die ein eher karges Ambiente mit rustikalen Elementen auflockert, spricht das Lokal vor allem junges Publikum an. Die Küche hat sich den traditionellen Gerichten der Gegend verschrieben, überrascht aber mit wirklich gelungenen, keineswegs alltäglichen Kreationen. Lassen Sie sich von einer mit dem Messer geklopften *insalata di carne cruda*, den *tajarìn* oder den *agnolotti dal plin* verführen und wählen Sie als krönenden Abschluss Panna cotta oder ein anderes phantasievolles Dessert. Gute Weinauswahl.

La Cantinella
Via Acquagelata 4 a
Tel. 0173 56267
Montagabend und Dienstag Ruhetag
Betriebsferien: im August
Plätze: 40 + 20 im Freien
Preise: L. 38000–60000 ohne Wein
Kreditkarten: alle außer AE
Im Namen dieses Lokals findet man bereits den ersten Hinweis auf Nella Cravero, die Inhaberin, die dem Ambiente mit seinem Rohziegelgewölbe eine familiäre Note verleiht. Einfach wie eine Osteria, mit authentisch-traditioneller Küche, die eine große Auswahl an Spezialitäten der Region Langhe bietet: *vitello tonnato*, russischen Salat, *tajarìn*, Gnocchi, Risotto in Barolosauce, Kaninchen mit Paprikagemüse, *bonet*. Viele Weine aus der Umgebung.

La Cantinetta
Via Roma 33
Tel. 0173 56198
Donnerstag Ruhetag
Betriebsferien: 3 Wochen im Februar
Plätze: 40 + 16 im Freien
Preise: L. 45000–50000 ohne Wein
Kreditkarten: die gängigsten
Der Koch der Cantinetta frischt die klassischen Rezepte mit modernen Akzenten auf. Die Karte umfasst *vitello tonnato*, Paprikagemüse mit Sardellen, Gnocchi mit Castelmagno, einem piemontesischen Schimmelkäse, und Ente in Barolo. Angemessene Weinauswahl.

Locanda nel Borgo Antico
Piazza del Municipio 2
Tel. 0173 56355
Mittwoch und Donnerstagmittag geschlossen
Betriebsferien: 3 Wochen im Zeitraum Februar–März und im gesamten Juli
Plätze: 40
Preise: L. 75000 ohne Wein
Kreditkarten: alle
Massimo Camia eröffnete im Herzen der Ortschaft Barolo dieses kleine, aber anmutige Restaurant. In seiner Küche kreiert er interessante Gerichte auf der Basis traditioneller Rezepte mit naturbelassenen Zutaten aus der Gegend, immer der Saison entsprechend. Nur als Beispiele seien folgende Speisen genannt: gefüllte Zucchiniblüten, Suppe aus roten Rüben und Kaninchen, *ravioli di fonduta* mit cremiggeschmolzenem Fontina-Käse, *finanziera*, geschmorte Kalbszunge, glacierte Tauben-

brust, warmer Haselnuss-
kuchen. Große Auswahl an
Weinen – mit einer eigenen
Weinkarte nur für Barolo-
Weine, angemessene Preise.

EINKAUFEN

FLEISCHWAREN
Franco Sandrone
Via Roma 41
Der derzeitige Besitzer,
Franco Sandrone, hat die
historische Fleischerei der
Domherren übernommen
und stellt auch weiterhin jene
Salami- und Hartwurst-
spezialitäten her, für die das
Geschäft stets berühmt war.
Eine Kostprobe wert sind die
Würste aus Schweinefleisch
oder aus einer Schweine- und
Kalbfleischmischung. Ebenfalls
empfehlenswert: wunderbares
Kalbfleisch und Hühner aus
der Region.

BROT, SÜSSIGKEITEN
Panetteria Cravero
Piazza Castello 3
Bei Guglielmo Cravero
bekommen Sie wunderbare,
handgerollte Grissini, knusprig
und fettfrei im Holzofen
gebacken. Seine Schwester
Daniela bäckt zartes Kranzge-
bäck mit Zitronengeschmack,
der Teig dazu besteht aus
meliga, einer Mischung aus
Weizen- und Maismehl, und
wird nach einem alten Rezept
der Langhe bereitet.
Empfehlenswert ist auch die
Nusstorte. Gute Auswahl an
lokalen Spezialitäten.

WEIN
**Enoteca Regionale del
Barolo**
Piazza Falletti
Tel. 0173 56277
Öffnungszeiten: 10–12.30,
15–18.30
Donnerstag Ruhetag
Geschlossen im Januar
In den Kellereien aus dem
19. Jahrhundert, in welchen

die Markgräfin Giulia Falletti
den ersten Barolo aus der
Taufe hob, hat die Enoteca
Regionale einen würdigen Sitz
gefunden und bietet eine
reichliche Auswahl an Etiketten
des Barolo-Gebietes.

Enoteca Bacco
Via Roma 87
Tel. 0173 56233
Gutes Sortiment an unter-
schiedlichen Barolo-Lagen
und gastronomischen Erzeugnissen aus der Gegend – vom
Torrone zu den *paste di meliga*, sowie Weingläser, Führer
und Landkarten. Geöffnet:
jeden Tag außer Mittwoch.

WEINKELLEREIEN

Fratelli Barale
Via Roma 6
Tel. 0173 56127
Alle großen Rotweine aus
den Langhe, vom Barolo über
den Barbaresco bis zum
Barbera. Besonders hervorzuheben sind der Dolcetto
d'Alba und der Nebbiolo
d'Alba aus dem Cru Bussia.
Nicht zu vernachlässigen auch
die Weißweine: Chardonnay
und Arneis.

Enrico Bergadano
Via Alba 26
Tel. 0173 56177
Pier Carlo Bergadano leitet
diesen kleinen Familien-
betrieb, der über Weingärten
im Gebiet von Sarmassa
(daher der Barolo Mandorla)
und in Bussia di Monforte
(von dort stammt der
Dolcetto d'Alba) verfügt.
Weine, bei denen der lokale
Charakter besonders stark
hervortritt.

Giacomo Borgogno e figli
Via Gioberti 1
Tel. 0173 56108 · 56344
Eine der historischen
Kellereien, die über ein einzig-
artiges Lager alter Barolo-

Jahrgänge verfügt. Das
Herzstück der Sammlung bilden die Etiketten des Barolo
Classico: In Erwartung des
neuen Barolo Classico kann
man derzeit den Jahrgang
1993 oder noch besser 1990
und 1989 verkosten.
Empfehlenswert auch
Barbera, Dolcetto d'Alba
sowie der Barolo Chinato.

Giacomo Brezza e figli
Via Lomondo 4
Tel. 0173 56191 · 56354
Fast 25 Hektar umfasst die
Anbaufläche für eine Serie
erlesener Weine mit traditioneller Note. Der von Enzo
Brezza geführte Betrieb verfügt über wertvolle Weinberge
im berühmten Cru von
Cannubi (von dieser Lage
stammt neben dem Barolo
ein bemerkenswerter Barbera
d'Alba). Das Sortiment umfasst auch den Langhe Freisa
und den Dolcetto d'Alba.

Bric Cenciurio
Via Roma 24
Tel. 0173 56317
Der Betrieb begann ursprüng-
lich mit den klassischen
Weinen aus dem Roero, die
aus den Weingärten von
Castellinaldo und Magliano
Alfieri (Arneis, Barbera d'Alba
und der aromatische Birbet)
stammen, inzwischen wurde
das Repertoire auch auf die
Region Langhe ausgeweitet.

Damilano
Via Alba-Barolo 122
Tel. 0173 509187
Eine der historischen Kellereien
in Barolo, die nach der Übernahme durch die junge Generation beachtliche Erfolge
erzielt. Alle Klassiker der Langhe,
angeführt vom Barolo.

Marchesi di Barolo
Via Alba 12
Tel. 0173 564400
Die Palette der Weine ist ein-
drucksvoll wie die Größe des

Grundbesitzes dieses Betriebs, des größten im Ort: Neben Barolo werden Dolcetto, Barbera, ein Barbaresco und einzelne Weißweine abgefüllt. Die historischen Keller sind einen Besuch wert, vor allem die Sammlung der großen Jahrgänge ab dem letzten Jahrhundert. Zu Ehren der Jahrtausendwende wurde ein großer Barolo '90, der Millenniumswein, abgefüllt, aber der Barolo Estate '93 steht ihm um nichts nach.

Bartolo Mascarello
Via Roma 15
Tel. 0173 56125
In ihm steckt der Weinbauer, der Prediger und der Polemiker: Und doch ist Bartolo Mascarello sich selbst stets treu geblieben, seine Produktion trägt immer seine unverkennbare Handschrift. Er besitzt die Fähigkeit, dem Barolo eine klassische Note zu verleihen, seine Weine sind voll und geschmeidig und bewahren ihre Eigenschaften über lange Zeit hinweg. Traditionelle Herstellungstechniken und große Weingärten, das sind die Grundvoraussetzungen für die Barolo-Weine, die erst auf den Markt gebracht werden, wenn sie den richtigen Reifegrad erlangt haben. Weitere gelungene Produkte: Barbera d'Alba, Dolcetto d'Alba und Freisa.

Pira e figli
Via Vittorio Veneto 1
Tel. 0173 56247
Zweieinhalb Hektar Weingärten im Herzen der Cannubi sind Chiara Boschis Kapital, die mit ihrem Barolo ein Höchstmaß an Qualität erreicht hat: ein warmer, gehaltvoller Wein mit moderner Note, der jedoch seiner Vergangenheit immer gerecht wird, ein wahres Vergnügen

für Gaumen und Nase, geeignet, um mehrere Jahre in der Flasche zu reifen.

Giuseppe Rinaldi
Via Monforte 3
Tel. 0173 56156
Giuseppe Rinaldi ist eine lokale Größe: ein offener Mann, der sein Herz auf der Zunge trägt, ein kritischer Geist, mit dem jedes Gespräch zum Vergnügen wird. Wie es auch ein Vergnügen ist, seinen Barolo zu verkosten, einen kräftigen, starken Wein, in dessen nachhaltigem Charakter sich die starke Bindung zum Boden und zur klassischen Herstellungstechnik widerspiegelt. Ein Wein, der einer langen Reifung bedarf, um sich voll zu entfalten. Zu den Weingärten zählen besonders prestigeträchtige: Cannubi San Lorenzo, Brunate, Le Coste, kurz gesagt: die Besten.

Luciano Sandrone
Via Alba 57
Tel. 0173 56239
Das Bravourstück der Kellerei ist der Barolo Cannubi Boschis, der seine Vorrangstellung konstant hält. Daneben gibt es einen hervorragenden Nebbiolo d'Alba Valmaggiore aus den Weingärten des Roero und einen Dolcetto d'Alba.

Giorgio Scarzello e figli
Via Alba 29
Tel. 0173 56170
Die Familie Scarzello bewirtschaftet fünf Hektar Anbaufläche, wo aus Nebbiolo-, Barbera- und Dolcetto-Reben etwa 20 000 Flaschen pro Jahr abgefüllt werden. Das Juwel der Produktion ist der Barolo Vigna Merenda, aber auch der Dolcetto d'Alba ist ein sehr gelungener Wein.

Tenuta La Volta
Località La Volta 13
Tel. 0173 56168

Neben dem Castello della Volta verarbeitet die Familie Cabutto die Trauben aus eigener Produktion, wobei besonders auf die klassische Note Wert gelegt wird: wie bei dem Barolo Vigna La Volta, der nach alten Methoden gekeltert wird. Erwähnenswert auch der Barbera Bricco delle Viole und der Langhe Rosso Vendemmiaio.

Vajra
Via delle Viole 25
Località Vergne
Tel. 0173 56257
Aldo und Milena Vajra besitzen Weingärten in den Crus von Fossati und Bricco delle Viole. Aus ihrem Keller im Ortsteil Vergne gehen der Barolo Bricco delle Viole und der Dolcetto d'Alba Coste & Fossati hervor, weiter Barbera d'Alba, Langhe Chardonnay und Langhe Nebbiolo.

FESTE, MESSEN UND VERANSTALTUNGEN

Festa del vino Barolo
Am zweiten Sonntag im September. Verkostungen von Barolo-Weinen in den speziell dafür geöffneten Kellern.

Presentazione ufficiale della nuova annata del Barolo
In der ersten Maiwoche. Verkostungen von Barolo-Weinen jenes Jahrgangs, der nach dreijähriger Reifung zum Verkauf gelangt.

Festa di San Martino
Dritte Woche im November. Verkostung von Barolo-Weinen kurz nach dem Abstich.

La grafica nel castello
Im Frühjahr. Ausstellung graphischer Werke im Castello Comunale Falletti.

Cherasco

Ebenso wie die meisten anderen Ortsnamen, die auf -sco enden, ist Cherasco ein Wort ligurischen Ursprungs und scheint auf *cairum*, befestigte Ebene, zurückzugehen. Der Name ist jedoch wesentlich älter als die 1243 gegründete Stadt. Die Nähe von Pollenzo, einem großen römischen Zentrum, lässt darauf schließen, dass es zuvor in diesem Gebiet einige römische Siedlungen gegeben hat. Immer wieder werden Zeugnisse jener Zeit entdeckt, die zumindest auf die Existenz einiger *villae* hinweisen.

Die Gründung der Stadt steht in Zusammenhang mit dem Markgrafen Manfredi Lancia, dem Vikar Kaiser Friedrichs II., der dort, wo die Flüsse Tanaro und Stura zusammenfließen, eine Befestigungsanlage an der Hochebene errichten ließ, um die verbündete Stadt Alba zu schützen. Der offizielle Grund war die Verteidigung der Auswanderer aus der nahe gelegenen Stadt Bra, die zusammen mit Asti gegen Alba verbündet war. So wird es in der am 12. November 1243 besiegelten Urkunde angegeben.

Im Vergleich zu anderen mittelalterlichen Städten ist Cherasco ungewöhnlich regelmäßig angelegt. Die Straßen stehen im rechten Winkel zueinander, auch die im 16. Jahrhundert zerstörten und im 17. Jahrhundert wieder aufgebauten Bastionen, die im 19. Jahrhundert neuerlich abgerissen wurden. Im Norden der Stadt sind noch Reste davon zu sehen. Hier führt ein romantischer Spaziergang, der ein besonders ansprechendes Panorama bietet, an den alten Mauern der Befestigungsanlagen vorbei. Man sieht auf die beiden unterhalb fließenden Flüsse und auf sanfte Hügel. Setzt man den Weg entlang den Befestigungsanlagen fort und biegt anschließend in die am Rande des Tanaro-Tals verlaufende prachtvolle Allee mit riesigen Platanen

ein, gelangt man zu einem weiteren Aussichtspunkt, zum Bischofspalast, der Mitte des 14. Jahrhunderts von den damaligen Herren Mailands erbaut wurde. Das aktuelle Bauwerk ist in Wirklichkeit das Resultat der jüngsten Restaurierungsarbeiten, die dem Maler und Architekten Alfredo D'Andrade und seinen Assistenten zu verdanken sind.

In Cherasco gibt es jedoch auch noch Mittelalterliches zu sehen: den Bürgerturm, die Fassade der Kirche San Pietro mit dem Campanile, den Campanile der Kirche San Gregorio und die Fassade von San Martino sowie zahlreiche Häuser, die größtenteils gotische Elemente aufweisen. Ein Beispiel dafür sind die Bögen, die im Zuge der Restaurierung des Palazzo Civico entdeckt wurden. Der Palazzo Brizio di Veglia (Via Vittorio Emanuele 128–130) ist am besten erhalten; vom Palazzo Lellio verblieb dagegen nur eine Fensterreihe mit Spitzbögen und einer typischen Dekoration, die in das moderne Sparkassengebäude integriert wurde. Auch wenn die Kirche San Pietro im Laufe der Zeit grundlegend verändert wurde, hat sie dennoch die Faszination romanisch-gotischer Architektur bewahrt und erinnert an den typischen Charakter weitaus bekannterer Bauwerke (beispielsweise der Kathedrale von Modena).

Die Renaissance hat in Cherasco keine wesentlichen Spuren hinterlassen. Die Erklärung dafür liegt in der besonders dramatischen Zeit vom 15. bis Mitte des 16. Jahrhunderts, als die Stadt eine Fremdherrschaft nach der anderen erlebte (die Orléans und Savoyer, die Franzosen, die Spanier und wiederum die Franzosen, dann nochmals die Savoyer, die aufgrund ihres Bündnisses mit den Spaniern eine Reihe von französischen Angriffen auslösten). Erst mit Emanuele Filiberto stabilisierte sich die Lage, sodass sich die Stadt auf den glanzvollsten Abschnitt ihrer Geschichte vorbereiten konnte.

Die Zeit des Friedens, der durch Emanuele Filiberto und später Carlo Emanuele I. gesichert wurde, brachte dem Piemont einen bemerkenswerten Aufschwung im Bauwesen. Die herrschenden Klassen – Klerus und Adel – ließen zur Demonstration ihrer Macht in der nunmehr jeden Geschmack beherrschenden Stilrichtung, dem Barock, bauen. Dessen lokale Erscheinungsform ist weniger imposant als die ursprüngliche römische, hat aber denselben dramaturgischen Effekt, der ja ein besonderes Merkmal dieser Architektur ist. So verändert die Stadt nach und nach ihr Aussehen. Aufgrund ihrer strategischen Lage wird Cherasco in dieser Zeit zu einer der bevorzugten Städte des Hofes und gleichsam ein Barockjuwel. Dieser Eindruck blieb bis heute erhalten, wenn auch stellenweise durch architektonische Sünden getrübt. Zu Beginn des 17. Jahrhunderts erhielt Cherasco neue, von Ascanio Vizzotti geplante Stadtmauern, um den neuen militärischen Anforderungen gerecht zu werden.

Von den zahlreichen Bauwerken dieser Zeit ist besonders der Palazzo Salmatoris in der Via Vittorio 29 erwähnenswert. Er war Schauplatz wichtiger historischer Ereignisse. 1631 tagte hier der Kongress, welcher der Stadt den Frieden brachte, 1706 wurde an diesem Ort das Leichentuch Christi aufbewahrt, und 1796 diktierte ebendort Napoleon den Savoyern seine Bedingungen für die Rückgabe des Gebietes. Wie auch bei den meisten anderen herrschaftlichen Bauten in Cherasco ist das Äußere des Palazzo Salmatoris eher karg, während das Innere reich dekoriert und mit breiten Laubengängen sowie Prunktreppen, Höfen und Gärten ausgestattet ist. Besonders bedeutsam sind die Werke des Malers Sebastiano Taricco, dessen große und imposante

Fresken zahlreiche Gebäude schmücken, sowohl in Cherasco, wo der Maler seinen Wohnsitz hatte und Bürgermeister war, als auch in anderen Städten wie Bra, Chieri, Mondovì, Narzole, Savigliano und Turin. In der zweiten Hälfte des 18. Jahrhunderts wurde der Palazzo von Benedetto Nicolis aus Robilant restauriert. Ihm ist auch die Fassade zu verdanken.

Ebenfalls in der Via Vittorio befinden sich der Palazzo Chanaz sowie der Palazzo del Carretto. Erwähnenswert ist auch der Palazzo Gotti di Salerno in der Via Ospedale mit einem herrlichen Portal mit kunstvoll geschnitztem Tor. Hier schuf Taricco den Freskenzyklus *La Sapienza*, den man als sein Meisterwerk bezeichnen könnte. In diesem Gebäude befindet sich heute das Museo Adriani, das aus der Sammlung des 19. Jahrhunderts eines Gelehrten aus Cherasco hervorgegangen ist. Dieser begeisterte sich für Antike und Mittelalter und sammelte unermüdlich Münzen, Inschriften und verschiedene Raritäten.

So wie das Museo Adriani uns ins 19. Jahrhundert zurückversetzt, als Cherasco bereits zu einer verschlafenen Provinzstadt verkommen war und bei seinen Gelehrten Begeisterung für das Andenken an die Geschichte weckte, führen uns die Gemälde von Taricco, die vermutlich anlässlich der Hochzeit eines wohlhabenden Bürgers entstanden sind, den Prunk der Cherasco prägenden Barockzeit vor Augen. In diesem Zusammenhang spielt vor allem die sakrale Architektur eine bedeutende Rolle.

Besonders interessant ist die Kirche Sant'Agostino, die 1672 auf Anregung der Brüderschaft der Disciplinati Bianchi, die den Flagellanten nachfolgten, entstanden ist. Das Projekt wurde von Giovenale Boetto aus Fossano, einem militärischen Würdenträger, geleitet und innerhalb von fünf Jahren verwirklicht. 1677 konnte die Weihe

NAPOLEON IN CHERASCO

Gina Lagorio

An der Spitze seiner – nach 15 Tagen Marsch und siegreichen Schlachten gegen die savoyisch-österreichischen Truppen – abgekämpften Soldaten erreichte Napoleon Cherasco. Der liebe Gott schien ihre Siege nicht gutzuheißen, denn sie mussten von heftigem Regen völlig durchnässt durchs mittelalterliche Stadttor ziehen. Es war der 25. April, ein Tag der Befreiung auch für Napoleon, denn endlich konnte er beweisen, was er wert war. Nicht dem Feind, der hatte ihn auf den Schlachtfeldern von Montenotte, Millesimo, Dego und Mondovì allzu gut kennen gelernt, sondern den misstrauischen Politikern zu Hause in Frankreich. Er war noch keine 27, etwas ungeschlacht, und Luxus war ihm lange ein Fremdwort gewesen, dem er mit Verachtung begegnete; seit er Josephine kannte, schätzte er ihn ebenso sehr, wie er sich nach ihr sehnte. Aber er erkannte instinktiv, ob Wahres in den Dingen war, ob zur Schau gestellte Grandeur nur Schein war oder echt. Der junge General wurde still und dachte über etwas nach, während er die bemalten Gewölbe des Palazzo Salmatoris betrachtete. Ein geschäftiger Edelmann, der ihn begleitet und seinen Truppen Quartier zugesichert hatte, erzählte ihm, dass hier zur Zeit der Pest vor 150 Jahren das Grabtuch Christi aufbewahrt worden war. Napoleon hatte die betreffenden Dokumente im Palazzo gesehen, sie wurden selbst wie Reliquien aufbewahrt: Alles war mit wertvollen Stoffen und Materialien ausgekleidet, die Wände waren so gestaltet, dass der ganze Raum wie eine himmlische Urne aussah. Auch sein Schlafzimmer war mit Fresken und kostbaren Vorhängen geschmückt – das schönste, das er je gehabt hatte. Dies hätte Josephine, die er geheiratet und gleich wieder allein gelassen hatte, in Verzücken versetzt, dachte er.

Hier hatte der spätere Kardinal Mazarin 1631 – damals noch in Diensten des Vatikans – den Frieden unterzeichnet, der den Erbschaftskrieg um Mantua beendete. Napoleon musterte den gut, aber einfach gekleideten Edelmann, der ihm in bestem Französisch von den denkwürdigen Ereignissen der Stadt erzählte, und verabschiedete ihn brüsk. Er hatte sich entschieden. Noch in dieser Nacht würde er Vittorio Amedeo III. seine Bedingungen diktieren, schon der Name Cherasco sollte dem Haus Savoyen den Vorteil des Friedens vor Augen führen. Davor würde er aber seinen zermürbten Soldaten etwas Selbstvertrauen einimpfen.

Ich habe mich gefragt, ob Napoleon für seinen Aufruf denselben Tonfall verwendet hätte, wenn er ihn in einem Zelt und nicht in den prachtvollen Räumen des Palazzo Salmatoris geschrieben hätte: «Jeder brennt darauf, den Ruhm des französischen Volkes weit hinaus zu tragen … Jeder will in sein Dorf zurückkehren und stolz sagen können: Ich war Teil der Armee, die Italien eroberte!»

Er hatte sich nur kurz Schlaf gegönnt, kaltes Licht drang durch den Vorhang. Vom offenen Fenster aus blickte er auf die breite Straße, die den Ort teilte. Das Städtchen lag verlassen da, im milchigen Weiß des Morgenlichts leuchtete ihm das andere Gesicht des Ruhmes entgegen: die Leere, das Nichts, die Eitelkeit der Geschichte. «… in sein Dorf zurückkehren», wäre er selbst jemals in ein Dorf wie dieses zurückgekehrt? Ferne Stationen der Kindheit tauchten auf, zwischen flammendem Ginster, dem Meer, Felsen und vom Wind gekrümmten Bäumen – nur für einen Augenblick. Napoleon kehrte dem Ort den Rücken zu und schloss das Fenster. Sollte diese Begebenheit je geschehen sein, würde sie den Triumph jenes Traumes verkörpern, der dort begonnen hatte und von Tag zu Tag mehr Wirklichkeit wurde; Ruhm war das Ziel dieses Korsen, nicht jener seiner Heimatinsel, sondern der Ruhm Frankreichs.

In wenigen Stunden würde er wieder erwachen, und dann dürfte er nicht vergessen, diesen Piemontesen zu sich rufen zu lassen, von dem man sagte, er folgte ihm malend auf die Schlachtfelder. Bagetti, ja Bagetti hieß er.

Aber nicht einmal Napoleon hätte sich an jenem Morgen im Jahre 1796 vorstellen können, dass aus der Sammlung der Originalaquarelle dieses Zeichners und Chronisten später teuer bezahlte Drucke gezogen werden sollten, so teuer, wie heute die Dienste der besten Reporter der Welt bezahlt werden. Und auch nicht, dass eine komplette Serie des Feldzuges von 1796 ein knappes Jahrhundert später die Wände des Waffensaals im Palazzo der Markgrafen Del Carretto zieren würde, auf den er jenen Morgen geblickt hatte. Der letzte Besitzer, Monsignore Costamagna, ausgerechnet einer jener – Napoleon so verhassten – «terribles» der Kirche, trug sie dort zusammen, nachdem er sie in liebevoller Kleinarbeit in ganz Europa aufgespürt hatte.

Selbst in einer Stadt, die sich ihm mit der präzisen Struktur eines römischen Militärlagers erschlossen hatte, würde Napoleon den Klerus im Auge behalten müssen – was für eine Verschwendung an Gold und Edelsteinen musste in den Kirchen herrschen, deren Apsiden er

über den Dächern in den Nebeln des frühen Morgens treiben sah! Aber er hatte noch genug Zeit, um die saftige Zitrone, den Kirchenstaat, auszupressen …
Jetzt drängten andere Angelegenheiten. Die von seinem Aufruf aufgestachelten Truppen hatten sich versammelt, Napoleon grüßte sie unter dem Bogen, den Boetti der

Madonna del Rosario errichtet hatte, die von dort oben die Stadt beherrscht. Zu ihren Füßen legte der nervöse Grauschimmel, dessen Maul vom straffen Zug des künftigen Empereurs blutig war, dampfend eine Menge Pferdeäpfel hin, um die sich die Bürger nach dem Abzug der Truppe balgten. Ein guter Dung, gerade recht für ihre Gemüsegärten.

---

stattfinden. Der einfache Stil der Fassade trägt die Handschrift Boettos; jedoch liegt die wirkliche Leistung in der perfekten Abstimmung mit dem benachbarten Arco del Belvedere, ebenfalls ein Werk dieses Architekten. Die Geschichte jenes Bauwerks, eines typischen Beispiels für den ausladenden barocken Stil, ist äußerst interessant, da sie uns eines der wichtigsten Ereignisse des 17. Jahrhunderts näher bringt: die große Pestepidemie von 1630, von der Cherasco verschont blieb. Mit der Errichtung dieses Bauwerks löste die Stadt ein Gelübde an die Madonna ein. Die Ausführung der von Boetto erstellten Pläne erwies sich als sehr mühselig. Fertig gestellt wurde das Bauwerk von Domenico Petiti, einem Bewohner Cherascos. Die ursprünglichen hölzernen Statuen wurden im 19. Jahrhundert ausgetauscht.

Cherasco litt also nicht unter der Geißel der Pest wie das restliche Piemont und fast ganz Europa. Dieser Tatsache verdanken wir heute eine der kuriosesten Episoden der Geschichte dieser Stadt, deretwegen sie 1631 für die Verhandlungen zwischen den verschiedenen Parteien im Krieg um Monferrato ausgewählt wurde. Hier trafen die Bevollmächtigten Frankreichs und Spaniens, des Habsburgerkaisers sowie der Fürsten von Mantua und Monferrato zusammen. Im Kreise dieser Mächtigen befand sich auch Giulio Mazzarino, ein junger Diplomat, dem später eine glanzvolle Karriere beschieden sein sollte.

Den Wirren eines anderen Krieges ist hingegen das Bauwerk zu verdanken, das

man als die Perle des sakralen Barock in Cherasco bezeichnen könnte, nämlich die Kirche Santa Maria del Popolo, 1693 begonnen und 1709 fertig gestellt. Augustinermönche haben den Bauschutt eines zerstörten Turmes verwendet, um mit der Errichtung der Kirche zu beginnen. Nach der von Vittorio Amedeo gegen den König von Frankreich erlittenen Niederlage hatten in ganz Piemont und daher auch in Cherasco die Befestigungsanlagen demoliert werden müssen. Die Kirche ist übrigens auch ein Werk von Sebastiano Taricco. Das imposante Gebäude mit dem prächtigen Inneren, das fast zur Gänze mit Stuckarbeiten ausgeschmückt ist, vermittelt jenen anmutigen Überschwang, der bereits das Rokoko des 18. Jahrhunderts ankündigt. Dies ist Domenico Beltramelli zu verdanken, der schon bei der Kirche der Battuti Bianchi in Bra mit Taricco zusammengearbeitet hatte.

Mit der Kirche Santa Maria del Popolo sind wir nun endgültig im 18. Jahrhundert angelangt. Als Sebastiano Taricco 1710 in Turin verstarb, hatte sein Geburtsort innerhalb Savoyens bereits eine Bedeutung erreicht, die über das Militärische hinausging. Neben der jahrhundertealten Tradition der Seidenspinnerei blüht die Woll- und Baumwollindustrie auf. Wie in allen anderen bedeutenden Handelszentren dieser Zeit finden wir auch in Cherasco eine jüdische Gemeinde. Laut der Volkszählung aus dem Jahre 1761 umfasst sie elf Familien mit insgesamt 56 Mitgliedern. Im Laufe dieses Jahrhunderts entsteht zwischen der Via Vittorio und der Via Ospedale ein jüdisches Viertel. Die Synagoge legt davon noch Zeugnis ab.

Die wirtschaftliche Blütezeit, die allerdings auf die herrschenden Klassen beschränkt bleibt, zeigt sich in einer regen Bautätigkeit, die bereits im 17. Jahrhundert eingesetzt hat. Es entstanden immens viele Bauwerke, von denen einige bereits im 19. Jahrhundert und auch noch in jüngster Zeit wieder verschwanden. Zudem wurden bereits bestehende Bauwerke restauriert und erweitert, wie die Kirchen San Gregorio, San Martino, San Pietro, die noch aus der Zeit der Stadtgründung stammten. Viele der wertvollen Einrichtungsgegenstände sind jedoch verloren gegangen, ein Teil ist noch am ursprünglichen Platz verblieben und ein weiterer wurde in der Kirche San Pietro, die immer öffentlich zugänglich war, zusammengetragen. Deshalb wirkt ihr Inneres heute sehr überladen.

In dieser Zeit werden auch viele herrschaftliche Paläste errichtet, die allesamt so wirken, als wollten sie die prunkvolle Ausstattung im Inneren hinter ihrer eher nüchternen Fassade verbergen. Diese Bescheidenheit wird lediglich durch die prunkvollen Portale und schmiedeeisernen Balkone (besonders schön beim Palazzo Roella, an der Kreuzung Via San Pietro und Via Salmatoris) durchbrochen. Oft jedoch befanden sich an der Fassade farbenprächtige Malereien, die fast alle verloren gingen oder mit wenig Rücksicht auf das Original restauriert wurden. Die verschiedensten Künstler schließen sich der Tradition von Sebastiano Taricco an. Der geschickteste unter ihnen ist vermutlich Pier Paolo Operti aus Bra. Zwei weitere Profanbauten entstanden während dieser Zeit: das Krankenhaus, das Vittone zugeschrieben wird, sowie ein Waisenhaus, in dem sich heute die Mittelschule befindet. 1750 erleben die Bürger die ersten Anzeichen eines beginnenden Verfalls:

Die Präfektur von Cherasco wird abgeschafft. Ein weiterer Hinweis auf den einsetzenden Niedergang ist der Bau eines religiösen Prunkbaus, der Kirche der Madonna delle Grazie oder Madonnina, ein Werk des Architekten Nicola Vercellone. Die Fassade wurde in verschiedenen Etappen errichtet und im 19. Jahrhundert fertig gestellt. Sowohl der Campanile als auch die Kirche selbst weisen noch den ursprünglichen achteckigen Grundriss auf, der an Vittones Werk Santa Chiara in Bra erinnert. Allerdings verfügt das an sich anmutige Gebäude über verkleinerte Proportionen, die auf die Notwendigkeit einer kostengünstigeren Bauweise schließen lassen.

In der Tat sollten nun schwere Zeiten anbrechen für die alten Herrscher und ihre Stadt selbst. Mit dem Niedergang der führenden Klasse war auch das Schicksal der Stadt besiegelt. Selbst der Bogen, der zu dieser Zeit auf der Porta Narzole errichtet und auf jenen von Boetto abgestimmt wurde, wirkt durch die einfache Ausführung eher provinziell. Vor seinem etwas melancholischen Niedergang sollte Cherasco jedoch noch eine kurze Blütezeit erleben, die in Zusammenhang mit dem Mann steht, der zwei Jahrhunderte prägte: Napoleon.

Am 25. April 1796 fielen die Franzosen in Cherasco ein und brachten den neuen Wind der Revolution mit. General Bonaparte richtete für zwei Tage seinen Stützpunkt im Palazzo Salmatoris ein und diktierte dem Heer der Savoyer seine Bedingungen für einen Rückzug. (Der Waffenstillstand wurde direkt von Cherasco aus verkündet.) Heute ranken sich noch zahlreiche Legenden um seinen Aufenthalt in Cherasco. So auch die Geschichte von der ältesten Platane in der Viale del Castello, die angeblich als Symbol für den Frieden gepflanzt worden war. Weiter erzählt man von einem Imbiss mit Kringel und Muskateller, den ihm die Mönche zubereitet hatten. Das

Bett, in dem er geschlafen haben soll, befindet sich heute noch im Palazzo Fracassi. Der Franzose brachte auch neue Ansichten in Mode. So löste sich Fürst Carlo Salmatoris, ein von seiner Heimatstadt überaus begeisterter Historiker, aufgrund der durch die Franzosen erzwungenen Ernüchterung von seinem nationalistischen Gedankengut.

Nach der Revolution fand Cherasco niemals wieder zu seinem alten Glanz zurück, sodass selbst der Adel, der früher eine so große Liebe für die Stadt gehegt hatte, sich allmählich von ihr abwandte. Der Palast der Vorfahren blieb zwar gerade noch in den Händen der Familie, die jedoch immer seltener dorthin zurückkehrte, und so begann er zu verfallen. Oft wurde er auch den Bürgern überlassen, die zumeist nicht richtig damit umzugehen wussten und sehr wenig Respekt vor den alten Mauern zeigten, ein andermal wollte man so manch ehrwürdiges Gemäuer zur Gänze räumen, ja sogar abreißen lassen. Erst in jüngster Zeit änderte sich die Einstellung der Bewohner von Cherasco, sodass mit der Restaurierung und Erhaltung der Gebäude begonnen werden konnte. Heute herrscht in der Stadt eine etwas verschlafene Atmosphäre. Sie erinnert an eine alte Dame, die schon bessere Zeiten gesehen hat.

Anreise

Mit dem Auto: auf der *statale* Cuneo-Alba, Abfahrt Roreto oder auf der *provinciale* Alba-Pollenzo. Bei der ersten größeren Kreuzung folgt man den Schildern. Mit dem Zug: Die Altstadt ist rund einen Kilometer vom Bahnhof Cherasco (Linie Turin-Bra-Ceva-Savona) entfernt.

Cherasco
Einwohner: 7040
Höhe: 288 Meter

Museen

Palazzo Salmatoris
Via Vittorio Emanuele II
In diesem historischen Palazzo, in welchem einst Napoleon logierte, werden heute Ausstellungen moderner und zeitgenössischer Kunst veranstaltet, die immer einen weiten Besucherkreis ansprechen. Manchmal locken große Namen wie Picasso und De Pisis, aber besonderes Echo ernten häufig gerade jene Ausstellungen, die den Highlights der zeitgenössischen Kunst aus Cherasco (Romano Reviglio) und aus dem Piemont gewidmet sind: allen voran Ruggeri und Soffiantino.

Übernachten

Al Cardinal Mazzarino
Via San Pietro 48
Tel. 0172 488364 · 487914
2 Zimmer mit Bad, Satelliten-TV, Minibar, Modem-Anschluss. Salon, Bibliothek, Garten.
Preise: L. 280 000 (L. 200 000 Einbettzimmer)
Kreditkarten: alle
Eine historische Unterkunft im Herzen von Cherasco, wo das Ehepaar Russo zwei Zimmer – das Kardinalszimmer und das Äbtissinnenzimmer – von seltener Schönheit gestaltet hat. Von der eigenen Terrasse blickt man über die Dächer und Türme von Cherasco und auf den darunter liegenden Garten der Karmeliter. Die antiken Möbel und historischen Betten, dekoriert mit wertvollen Stoffen, wie auch die Bilder an den Wänden schaffen den luxuriösen Rahmen für eine Atmosphäre, die aus der perfekten Symbiose von familiä-rer Gastfreundlichkeit und Professionalität entsteht. Das Frühstück, das in der eleganten Bibliothek serviert wird, besteht aus sorgfältig gewählten Produkten aus der Umgebung: Egal, ob Sie Süßes oder Salziges wählen, Sie liegen sicher richtig. Phantastisches Beerenobst, angemessene Preise.

Hotel Napoleon
Via Aldo Moro I
Tel. 0172 488238
Drei Sterne, ein Einzelzimmer und 21 Doppelzimmer mit TV, Klimaanlage, Telefon und Minibar. Restaurant, Parkplatz innen.
Preise: Einzelzimmer L. 90 000, Doppelzimmer L. 150 000, Frühstücksbuffet inbegriffen
Betriebsferien: 15 Tage im August
Kreditkarten: alle außer AE
Ein neu gebautes Hotel außerhalb der Stadt, an der Straße Richtung Narzole. Das Restaurant bietet neben der normalen Speisekarte ein Degustationsmenü mit

Schnecken, dem berühmtesten Produkt Cherascos. Gute Auswahl an lokalen Weinen.

ESSEN

Osteria della Rosa Rossa
Via San Pietro 31
Tel. 0172 488133
Mittwoch und Donnerstag Ruhetag
Betriebsferien: den ganzen August und 10 Tage im Januar
Plätze: 45
Preise: L. 40 000 ohne Wein
Kreditkarten: alle außer AE und DC
Hier in den heimeligen Räumen der Rosa Rossa, der ältesten Osteria in Cherasco, fühlen Sie sich in alte Zeiten zurückversetzt. Unter den Gerichten der traditionellen Küche finden Sie gebratene und gedünstete Schnecken, Gardaseeforelle, *tartra*, eine Suppe mit Kutteln und Kichererbsen, *tajarìn*, Gnocchi mit Castelmagno, Kaninchen mit Paprikagemüse und Hachse in Barolo. Gut sortierte Käsetheke und Weine zu korrekten Preisen.

Osteria La Lumaca
Via San Pietro / Ecke Via Cavour
Tel. 0172 489421
Montag und Dienstag Ruhetag
Plätze: 45
Preise: L. 38 000–40 000 ohne Wein
Betriebsferien: Juli
Kreditkarten: die gängigsten (außer AE und DC)
Ein ungezwungenes, angenehmes Lokal, wo Sie mit gebratenen und gedünsteten Schnecken, *tajarìn* mit Schneckensugo, *agnolotti dal plin* und Risotto in Barolo nach alten Rezepten, verschiedenen Braten, Huhn und Kaninchen verwöhnt werden. Gutes Sortiment an lokalen Käsesorten und zum krönen-

den Abschluss Panna cotta, *bonet*, Pfirsiche in Moscato und Mürbteigkuchen. Reiche Auswahl an Weinen, nicht nur aus der Umgebung, die Sie auch glasweise verkosten können.

EINKAUFEN

SÜSSIGKEITEN, SCHOKOLADE UND EIS
Pasticceria Barbero
Via Vittorio Emanuele 74
Eine Konditorei, in der das Flair der Jahrhundertwende noch lebendig ist, hochberühmt vor allem wegen der Baci di Cherasco, die nach einem alten Rezept von Marco Barbero, einem der Gründer, zubereitet werden: Es handelt sich um geröstete Haselnüsse aus den Langhe, überzogen mit Schmelzschokolade. Die heutige Betriebsleitung, die Nachfolger der legendären Schwestern Barbero, halten sich treu an die Originalrezepte für Marrons glacés und mürbe Mehlspeisen.

Pasticceria Ravera
Via Cavour 17
Walter Ravera zählt zu den besten Konditoren und Schokoladeherstellern: Genießen Sie seine *Baci di Cherasco*, den *torrone al cioccolato*, mürbe oder gefüllte Mehlspeisen und andere Leckereien.

Gelateria da Renato
Via Vittorio Emanuele 55
Cremeeis, Schokoladeeis und zahlreiche andere Sorten wie auch erfrischende Fruchtsorbets.

SCHNECKEN
Euro Helix
Via Sant'Iffredo 20 a
Im Betrieb von Gianni Avagnina, dem Direktor des Internationalen Instituts für

Schneckenzucht, werden die berühmten Schnecken aus Cherasco gezüchtet, verarbeitet, konserviert und verkauft.

Cherubino Germanetto
Frazione Bricco
Tel. 0172 495535
Der Betrieb züchtet Schnecken und verkauft diese im Einzelhandel. Im Sommer gibt es die wandernden *camminanti*, im Winter die *opercolate*, die sich in ihr Haus zurückziehen.

WEINE
Enoteca La Lumaca
Via Cavour 8
Die Enoteca von Lorenzo Viassone wartet mit einer beachtlichen Auswahl an Weinen aus den Langhe und regionalen Spezialitäten auf, vom Brot aus dem Holzofen über Käse wie den Robiola di Roccaverano bis zu den hausgemachten Marmeladen aus eingelegten Früchten; und dazu die berühmten Schnecken aus Cherasco auf tausenderlei Arten, tiefgefroren, in Dosen und sogar aus Schokolade. In der Bar werden Mehlspeisen aus der Konditorei Converso aus Bra verkauft.

ANTIQUITÄTEN UND KUNSTHANDWERK
Fratelli Berardelli
Via Isorella 14

Romano Garino
Via Einaudi 3

Ernesto Genesio
Via Monte di Pietà 19

Silvio e Dario Genesio
Via San Pietro 9

Felice Passone
Via Ferraretto 7
Das Restaurieren antiker Möbel hat in Cherasco eine lange Tradition. Oben stehend finden Sie einige gute

Adressen für Liebhaber des Antiquariats.

FESTE, MESSEN UND VERANSTALTUNGEN

Flohmarkt

Drei Sonntage im Jahr – am ersten Sonntag im April, am zweiten Sonntag im September und am ersten Sonntag im Dezember – wird in den Arkaden und Gässchen der Stadt ein Antiquitäten-markt abgehalten. Tausch und Verkauf von alten Drucken, Stilmöbeln, Porzellan, antiken Kunstgegenständen und unterschiedlichstem Trödel. Der Markt zählt zu den berühmtesten des Piemonts: etwa 600 Verkaufsstände für mehr als 20 000 Besucher. Im Laufe der letzten Jahre entstanden weitere Veranstaltungen spezifischerer Natur wie der Markt für antiquarische Bücher, für Modellbau und altes Spielzeug.

Rassegna nazionale di elicicoltura

Cherasco ist berühmt für seine Schneckenzucht. Der dritte Samstag und der dritte Sonntag im September sind Konferenzen und Fachtagungen über die Schneckenzucht und einer Verkaufsmesse dieser Tiere für die Gastronomie und für Zuchtzwecke gewidmet. Die Gäste werden mit dem klassischen Schneckenomelett nach einem typischen Rezept aus Cherasco verwöhnt.

Castiglione Falletto

Wer die Serpentinen nimmt, die von Alba in das alte Dorf hinaufführen, wird überall (durch Landschaft, Umgebung und Menschen) auf die uralte Tradition des Weinbaus hingewiesen. Das Dorf wird von einer ebenso großartigen wie unheimlichen Festung mit drei zylindrischen Ecktürmen und einem großen Mittelturm dominiert. Das ganze Gebiet zählt zum Ursprungsgebiet des Barolo sowie auch des Dolcetto und des Barbera d'Alba.

Die ersten Aufzeichnungen über das Kastell gehen auf das Jahr 1001 zurück. Damals belehnte Otto III., Kaiser von Deutschland und König von Italien, den Turiner Markgrafen Odaldengo Manfredi mit diesem und einigen anderen Gebieten. Das Kastell diente militärischen Zwecken. Sein Name sowie der Name des Dorfes selbst änderte sich, als Bertoldo Falletti 1225 Lehensherr des Markgrafen von Monferrato wurde, den sieben Jahre später Kaiser Friedrich II. zum Vogt ernannte. Auch heute noch zeugen die Festungen von Castiglione Falletto zusammen mit denen von Serralunga, Barolo und Volta von der Macht, die dieses Geschlecht hier jahr-hundertelang innehatte. Ab 1860 gehörte das Kastell, das nun nicht mehr militärisch genutzt wurde, den Grafen Vassallo di Castiglione. Eine in den Mauern gefundene römische Stele zeigt Schusterwerkzeug, woraus hervorgeht, dass das Gebiet bereits im ersten Jahrhundert n. Chr. besiedelt war. In der Nähe der Burg ist noch die Pfarrkirche San Lorenzo erwähnenswert, die gerade durch ihre einfachen architektonischen Linien und ihre bescheidene Ausstattung auffällt. Im Inneren findet man Fresken des Malers G. Cavallo. Auch die Sant'Anna geweihte Kapelle der Confraternita dei Battuti ist einen Besuch wert.

Ein lieblicher und erholsamer Spaziergang entlang den Festungsanlagen führt auch zur Piazza, die an Festtagen immer noch Schauplatz des traditionellen Faustballspiels ist.

Anreise

Auf der Straße Richtung Barolo rund zwölf Kilometer von Alba entfernt. Castiglione Falletto beherrscht den Hügelkamm zwischen Serralunga und Barolo.

CASTIGLIONE FALLETTO

Einwohner: 614
Höhe: 350 Meter

ÜBERNACHTEN

Albergo Residence Le Torri
Via Roma 29
Tel. 0173 62961
8 Apartments mit einem oder
zwei Schlafzimmern,
Wohnzimmer, Bad, mit oder
ohne Küche. 8 Zimmer
mit Bad und WC, Telefon.
2 Mansardenzimmer.
Parkplatz vor dem Haus oder
in der Privatgarage.
Preise: Doppelzimmer
L. 130000, Apartment
L. 230000
In einem vor wenigen Jahren
restaurierten Adelspalais im
Ortszentrum haben zwei
junge Unternehmerinnen
einen der historischen Hotel-
betriebe der Langhe über-
nommen. Die Residence bietet acht Apartments: vier mit
zwei Schlafzimmern und
Wohnzimmer und vier mit
einem Schlafzimmer, Wohn-
zimmer und Küche. Sehr stimmungsvoll die zwei neuen
Mansardenzimmer mit einem
atemberaubenden Blick über
die Langhe. Restaurant im
Erdgeschoss.

ESSEN

Ristorante Le Torri
Piazza Vittorio Veneto 10
Tel. 0173 62930
Mittwoch Ruhetag
Betriebsferien: 2 Wochen im
Zeitraum Januar–Februar
Plätze: 100
Preise: L. 50000 ohne Wein
Kreditkarten: alle
In diesem Palazzo aus dem
18. Jahrhundert skizzierte der
Chemiker und Botaniker
Ferdinando Vignolo Lutati die
erste Karte der großen
Barolo-Lagen, vor allem jener
in seiner Geburts- und

Heimatgemeinde Castiglione
Falletto. Viele typische
Gerichte der Langhe,
ansprechende Weinkarte.

EINKAUFEN

ESSIG
Gigi Rosso
Strada Alba-Barolo 20
Der Langarolo ist ein hausge-
machter Essig, den Claudio
Rosso aus Dolcetto-, Barbera-
und Nebbiolo-Trauben her-
stellt, die nach der Orléans-
Methode vergoren und bear-
beitet werden und dann im
Betrieb «Sapori di Cascina» in
Holzfässern reifen. Zu finden
in den Kellereien von Gigi
Rosso.

WEINKELLEREIEN

Azelia
Strada Alba-Barolo 27
Tel. 0173 62859
Die Weinkellerei von Luigi
und Lorella Scavino zählt zu
den interessantesten im
Barolo-Gebiet. Sie punkten
mit ihrem Bricco del Fiasco
(einem großen Barolo), dem
Bricco Oriolo di Montelupo
(einem mächtigen Dolcetto
d'Alba) und dem Weinberg
San Rocco di Serralunga
d'Alba, einer Gegend mit spezieller Eignung für den Barolo.
Nicht zu versäumen der
Barbera d'Alba Vigneto Punta.

Cascina Bongiovanni
Via Alba-Barolo 4
Tel. 0173 262184
Aus den Reben seiner drei
Hektar Weingärten stellt der
Leiter des jungen Betriebs,
Davide Mozzone, mit
Unterstützung seines Vaters
einen soliden Barolo und den
Falletto her, einen Rotwein
der Langhe, der aus einem
Verschnitt aus Barbera,
Nebbiolo und Cabernet
Sauvignon entsteht.

Empfehlenswert auch der
Dolcetto d'Alba.

Brovia Fratelli
Via Alba-Barolo 54
Tel. 0173 62852
Ein Anbaugebiet mit einer
Fläche von etwa 10 Hektar
ergibt eine jährliche Produk-
tion von 40000 Flaschen.
Allen voran der Barolo – vom
Momprivato über den
Rocche dei Brovia bis zum
Villero –, aber auch alle ande-
ren Klassiker: der berühmte
Dolcetto d'Alba Solatìo, der
ausschließlich in großen Jahr-
gängen aus überreifen Trauben
gekeltert wird, Barbera d'Alba
und Langhe Freisa.

Cavallotto Fratelli
Località Bricco Boschis 40
Via Alba-Monforte
Tel. 0173 62814
Aus den Weingärten in der
Lage Bricco Boschis, auf deren
Gipfel die Kellerei ihren Sitz
hat, stellt die Familie Cavallotto mehrere Barolo-Arten
her, Weine, die fest in der Tradition verankert, majestätisch und
langlebig sind. Der Betrieb ist wegen seiner Sammlung an alten
Jahrgängen, aber auch wegen
seiner anderen Weine (die alle
zu korrekten Preisen angeboten werden) und nicht zuletzt
wegen seiner Gastfreund-
lichkeit einen Besuch wert.

Monchiero Fratelli
Strada Alba-Monforte 58
Tel. 0173 62820
Die Familie Monchiero hebt
sich durch ihre qualitativ
hochwertigen Weine zu güns-
tigen Preisen ab. Die Produk-
tion besteht hauptsächlich aus
Barolo, Barbera d'Alba und
Dolcetto d'Alba.

Gigi Rosso
Strada Alba-Barolo 20
Tel. 0173 262369
Barolo Arione di Serralunga,
Dolcetto di Diano d'Alba,
Barolo Sorì dell'Ulivo, das sind

die Aushängeschilder dieses Betriebs, der die gesamte Palette von Weinen der Langhe abdeckt. Gutes Preis-Leistungs-Verhältnis.

Paolo Scavino
Strada Alba-Barolo 59
Tel. 0173 62850
Enrico Scavino hat es unter den Weinbauern der Langhe zu wahrer Größe gebracht. Empfehlenswert sind seine Barolo-Weine – Cannubi, Bricco del Fiasco, Rocche dell'Annunziata di La Morra –, aber auch der Dolcetto d'Alba und der hervorragende, im Barrique gereifte Barbera. Die Kellerei ist beispielhaft für Funktionalität und Geschmack in der Ausstattung.

Cantine Terre del Barolo
Strada Alba-Barolo 5
Tel. 0173 262053
Diese Genossenschaft wurde 1958 gegründet und besteht aus mehr als 500 Mitgliedern, die Hunderte von Hektar Weingärten besitzen. Eigene Tafeln weisen auf die von der Genossenschaft bearbeiteten Crus hin, die die gesamte Palette der Weine der Langhe vom Verduno Pelaverga bis zum Barolo abdecken. Die neue Verkaufsstelle an der Straße von Alba nach Barolo ist großzügig angelegt und leicht erreichbar. Die Preise aller Weine sind erschwinglich.

Vietti
Piazza Vittorio Veneto 5
Tel. 0173 62825
Große Barolo-Weine wie Villero, Rocche di Castiglione, Brunate und Lazzarito, der herrliche Barbera d'Alba Scarrone und der Barbaresco Masseria sind die Juwele dieser Kellerei. Die Familie Vietti produziert auch guten Barbera d'Asti, aus Weingärten in der Ortschaft Agliano Terme, einem der anerkannten Grands Crus dieses Weins.

FESTE, MESSEN UND VERANSTALTUNGEN

Confraria
Im Mai werden im Schloss und in der Cappella di Sant'Anna Fachgespräche abgehalten, während in den Weinkellern Maler ihre Werke in Einzelausstellungen präsentieren können. Im Allgemeinen handelt es sich um piemontesische Künstler, es kommen aber auch Künstler aus anderen italienischen Regionen und aus dem Ausland zum Zug.

Festa patronale
Letzte Woche im Juli. Abendveranstaltungen mit Tanz und Mundarttheater.

Canta Caussagna
Die ersten zwei Wochen im September. Umzüge mit Chorgesang und Aufenthalten in den Weinkellern.

Grinzane Cavour

Die Gemeinde hat zwei Ortsteile, Gallo und Grinzane Cavour. In Gallo findet man Kunsthandwerk und Industrie, vor allem Nougat wird hier hergestellt. Die Architektur dieses Teils ist weniger ansprechend und erinnert eher an die Peripherie einer Großstadt als an ein Dorf in den Langhe. Wesentlich schöner ist hingegen die Altstadt von Grinzane Cavour, die rund um das Kastell liegt.

Diese aus dem 13. Jahrhundert stammende Burg wird von einem Turm beherrscht, der sich vom restlichen Gebäude abhebt. Die Anlage des imposanten Backsteinbauwerks ist trapezförmig. Vier Blöcke stehen ungleichmäßig um einen unbedeutenden Innenhof. Im 16. Jahrhundert wurden die beiden hübschen zylindrischen Türmchen angebaut. Aus der gleichen Zeit stammt die Kassettendecke des Ballsaals mit 157 bemalten Täfelchen.

Nach verschiedenen Eigentümern (den Markgrafen von Vasto, Busca, Monferrato usw.) ging das Kastell auf den Grafen Camillo Benso di Cavour über, der es zu einem Produktionszentrum für Wein aus Alba machte. Gemäß dieser Tradition verfolgt der Orden der Cavalieri del Tartufo e dei Vini d'Alba das Ziel, zwischen diesen geschichtsträchtigen Mauern, in denen sich heute eine Enoteca Regionale sowie ein interessantes ethnographisches Museum und ein Restaurant mit Degustationssaal befinden, vor allem die heimische Gastronomie zu fördern.

Anreise

Von Alba auf der *provinciale* Richtung Barolo. In Gallo biegt man links ab und gelangt nach wenigen Kilometern nach Grinzane.

GRINZANE CAVOUR
Einwohner: 1791
Höhe: 183–310 Meter

ESSEN

Ristorante Castello
Castello di Grinzane
Tel. 0173 262172
Dienstag Ruhetag
Betriebsferien: Januar
Plätze: 90
Preise: L.60000–70000 ohne Wein
Kreditkarten: alle
Die einstige strenge Residenz des Grafen Cavour beherbergt heute die Enoteca Regionale dei Vini Piemontesi und die Vereinigung der Cavalieri del Tartufo di Alba. Im eleganten Saal des Restaurants werden die klassischen Gerichte der Langhe serviert, von *caponet* bis Hasenpfeffer, von *tajarìn* bis *finanziera*, von Pasteten bis zur Panna cotta. Dabei wird in der Küche ein Stil gepflegt, bei welchem die Tradition den Geschmack und die Wahl der Gerichte prägt.

Trattoria Nonna Genia
Località Borzone 1
Tel. 0173 262410
Mittwoch Ruhetag
Betriebsferien: 15 Tage im Januar, 15 im Juli
Plätze: 40
Preise: L.40000 ohne Wein
Kreditkarten: alle
Der Name der Trattoria geht auf ein altes Kochbuch zurück, dessen Rezepte in den 70er-Jahren von Luciano de Giacomi, dem Großmeister des Weinbaus und der Gastronomie von Alba,

zusammengetragen wurden. Das Lokal ist in einem alten, revitalisierten Bauernhaus untergebracht, das an der Straße liegt, die von Gallo d'Alba in das Hügelland der Langhe führt. Die Familie Marengo – Dario in der Bedienung und seine Gattin Renata in der Küche – zaubert leichthändig und kompetent verschiedenste Gerichte der einheimischen Küche auf den Tisch. Nach den Antipasti (im Speziellen kleine Omeletts und Salate je nach Saison) geht man zu *tajarìn* und Ravioli, Kaninchen in Wein, Huhn und Perlhuhn und schließlich zum unwiderstehlichen Birnendessert über. Gute Weinkarte.

Osteria La Salinera
Via IV Novembre 19
Tel. 0173 262915
Dienstag Ruhetag; nur mittags geöffnet, Samstag und Sonntagabend nur gegen Reservierung
Betriebsferien: im Zeitraum Juli–August
Plätze: 25
Preise: L.30000–35000 ohne Wein
Kreditkarten: die gängigsten
Eine Küche mit Hausmannskost, die nicht enttäuscht: Je nach Jahreszeit beginnt man mit Paprikaschoten in *bagna caoda* oder Omelets mit frischen Kräutern, dann folgen *tajarìn* und *agnolotti dal plin*, Hasenpfeffer und Schmorbraten in Barolo. Den krönenden Abschluss bilden Pfirsiche mit Amaretto, *semifreddo al torrone* und Haselnusstorte. Im Saal bedient Sie Bruno, in der Küche verwöhnt Sie

Luciana Manzone. Zu dieser kleinen Trattoria gehört auch ein Lebensmittelgeschäft, in welchem Weine, lokale Spezialitäten und Souvenirs angeboten werden. Die Speisekarte ist an der Wand angeschlagen, den passenden Wein wählt man vom Regal.

EINKAUFEN

SÜSSIGKEITEN
Pasticceria confetteria Marengo
Frazione Gallo d'Alba
Via Garibaldi 30
Die Spezialität des Hauses ist eine ausgezeichnete Haselnusstorte. Sie können auch den Torrone Sebaste kaufen, der nur wenige hundert Meter entfernt hergestellt wird (probieren Sie die mit Schokolade überzogene Version).

GRAPPA
Distilleria Montanaro
Frazione Gallo d'Alba
Via Garibaldi 6
Seit 1885 wird hier Grappa di Barolo aus Trestern von Nebbiolo aus Barolo destilliert. Der alte Dampfdestillierkolben produziert pro Jahr durchschnittlich 150000 Liter, wobei auch Trester von Dolcetto, Nebbiolo da Barbaresco und anderen Weinbergen der Langhe verarbeitet werden. Direktverkauf im Betrieb. Besichtigung nach Voranmeldung.

LOKALE SPEZIALITÄTEN
Al tartufo d'oro
Via Piana Gallo 16
Salziges, Konserven, Marmeladen, Süßigkeiten: ein

umfangreiches Repertoire an Spezialitäten aus den Langhe.

Cantina del Conte
Via Castello 13
Nur wenige Schritte vom Castello entfernt bietet die Familie Pelissero in ihrem Geschäft neben Weinen auch andere Köstlichkeiten aus den Langhe: Trüffeln, Pilze, in Öl eingelegten Robiola-Käse, Haselnusstorte, Torrone, Honig, Marmeladen und anderes.

WURSTWAREN
Salumeria Badellino
Via Garibaldi 124
Wurstspezialitäten aus den Langhe, von der gekochten Salami bis zu den *cacciatorini*, aber auch eine gute Auswahl an Weinen und Essig.

WEINE
Enoteca Regionale Piemontese Cavour
Castello di Grinzane
Tel. 0173 262159
Dienstag Ruhetag
Öffnungszeiten: 9–12;
14.30–18.30 (im Sommer) –
9–12; 14–18 (im Winter)
Die Enoteca beherbergt die Sammlung piemontesischer Weine, die der Orden der Cavalieri del Tartufo e dei Vini d'Alba zusammengetragen hat. Das Herzstück besteht aus der Selektion des Ordens, einer jährlichen Serie der besten Weine, die die Langhe zu bieten haben.

WEINKELLEREIEN

Le Ginestre
Via Grinzane 15
Tel. 0173 262910
Ein Betrieb an der Straße, die zum Castello von Grinzane Cavour hinaufführt, der neben einer kleinen Produktion von Barolo, Barbaresco und Chardonnay vor allem auf Dolcetto d'Alba, Barbera d'Alba und Langhe Nebbiolo spezialisiert ist.

Giovanni Grimaldi
Via Parea 7
Tel. 0173 262094
Zu den Produkten dieser Kellerei zählen die Klassiker unter den Weinen des Langhe-Gebiets: Dolcetto d'Alba, Barbera d'Alba, Langhe Nebbiolo, Barolo.

FESTE, MESSEN UND VERANSTALTUNGEN

Premio Grinzane Cavour
Jedes Jahr Ende Mai bildet das Castello Cavour den prachtvollen Rahmen der feierlichen Abschlussveranstaltung des Premio Grinzane Cavour für italienische Erzählungen und Übersetzungen fremdsprachiger Werke dieser Gattung. Die sechs Finalisten, drei für die italienische Literatur und drei für die fremdsprachige, stellen sich hier in den Langhe dem Urteil zweier Jurys; eine besteht aus Kritikern, die zweite ist eine Gruppe von Studenten aus elf italienischen und sieben ausländischen Schulen (Prag, Moskau, Paris, Brüssel, New York, Buenos Aires, Salamanca), die schließlich die Sieger küren. Das Mitwirken der Studenten aus höheren Schulen, die nach der Lektüre der sechs von der Jury vorgeschlagenen Texte ihre Sieger wählen, ist das absolut Innovative an dieser Preisverleihung. Die SEI (Internationale Verlagsgesellschaft) und die Gemeinde Alba haben diesen Wettbewerb im Jahre 1982 ins Leben gerufen und auch Nebenbewerbe geschaffen, die einem internationalen Preis, Übersetzungen und Debüts neuer Schriftsteller gewidmet sind. In den Tagen, in denen der Wettbewerb stattfindet, werden auch Round-Table-Gespräche geführt und verschiedene Tagungen abgehalten.

Fiera Gallese
Erste Woche im September. Im Ortsteil Gallo wird jedes Jahr eine Woche mit verschiedenen Festivitäten mit Feuerwerk, gastronomischen Abenden und Tanzveranstaltungen auf der Piazza organisiert.

Selezione vini dell'Albese
Im Oktober kürt der Orden der Cavalieri del Tartufo e dei Vini d'Alba im Castello Cavour die Sieger der «Selezione dei grandi vini doc e docg dell'Albese».

La Morra

Von dem auf einem mächtigen Vorgebirge liegenden La Morra blickt man auf der einen Seite über den Po und die Ausläufer der Alpen mit Monviso; auf der anderen Seite über die Rebhügel, die in gigantischen Wellen ein Amphitheater von ungewöhnlicher Schönheit bilden: Der Blick von der höher gelegenen Piazza des Ortes ist atemberaubend.

Einer der ersten Historiker des Ortes, der Landkurator Don Rubino, begann Anfang des 19. Jahrhunderts die römischen Wurzeln seines Heimatortes zu erforschen. Findet sich in so unmittelbarer Nähe des majestätischen Pollentia und des glorreichen Alba Pompeia nicht auch irgendeine Spur, die auf das frühere Imperium schließen lässt? Und doch war es erst zu Beginn des zweiten Jahrtausends, als die Bürger Albas aus der Ebene von Roddi die Hänge von La Morra erschlossen und bebauten, dass man von einem richtigen Dorf sprechen kann. Dieses *Villa Murre* wurde in einem Dokument vom 10. Oktober 1201 erstmals urkundlich erwähnt. Die Bewohner, die sich hauptsächlich mit der Viehzucht beschäftigten (Murra bedeutet «Tiergehege»), konnten auf das Benediktinerkloster San Martino in Marcenasco sowie das nahe gelegene Kloster San Biagio herabblicken, während weiter unterhalb auf einem Sporn in der Ebene von Alba eine Ansammlung von Hütten und das kleine Fort Serra dei Turchi dem Namen nach noch an die bereits drei Jahrhunderte zurückliegenden Überfälle der Sarazenen erinnerten. Auf dem gegenüberliegenden Hang in Richtung der Hochebene, auf der bald die Stadt Cherasco entstehen sollte, befand sich das Kastell von Ripalta, und noch weiter, am Ufer des Tanaro, war die Hafenzitadelle Manzano zu sehen.

In der zweiten Hälfte des 13. Jahrhunderts fielen Alba und somit auch La Morra unter die Herrschaft des Karl von Anjou. Murra wird 1269 seinem Ritter Sordello da Goito vermacht, der übrigens in Dantes *Fegefeuer* in der Figur des Spielmanns seinen Platz findet. Im Jahre 1340 erwirbt Pietrino Falletti von Robert von Anjou, dem König von Neapel, das Land von Murra für dreitausend Gulden. 1402 werden Statuten erlassen, die das Leben in der Gemeinde regeln. In einem Artikel dieser Gesetze taucht erstmals das Wort *nebiolium* auf und zeigt, wie alt die Geschichte des Weinbaus in dieser Region ist.

Im 15. Jahrhundert stand die Gemeinde erst unter der Herrschaft der Markgrafen von Monferrato und anschließend der Herzöge von Mailand. Mit der Ankunft Karls V. von Spanien musste La Morra einmal die Schikanen der spanischen, dann wieder der französischen Truppen ertragen, die in den Häusern und Kirchen des Ortes untergebracht waren. In dieser Zeit wurde im Auftrag des französischen Gesandten auch das Kastell von La Morra abgerissen. Mit dem Frieden von Cherasco im Jahre 1631 fiel die Bevölkerung des Ortes unter die Herrschaft der Savoyer.

Das historische Zentrum weist nach wie vor den charakteristischen mittelalterlichen Grundriss in Form eines Fächers auf, der auf der Piazza Castello zusammenläuft. Hier, wo sich der Blick über der Landschaft der Langhe verliert, liegt der ideale Ausgangspunkt für einen Rundgang. Vom alten Kastell sind heute nur mehr die Fundamente des Glockenturms (1709), einst das Wahrzeichen des Ortes, zu sehen. Gegenüber befindet sich die Bronzestatue des *Vignaiolo del mondo* (1972), ein Werk des Turiner Künstlers Antonio Munciguerra. Daneben eine

Marmorbüste von Giuseppe Gabetti, dem Komponisten des *Marcia Reale*, der hier lebte und begraben ist. Gleich in der Nähe, unterhalb des Pfarrhauses, liegt die Cantina Comunale. Die plastische Fassade der San Martino geweihten Pfarrkirche (1699), ein berühmtes Werk aus dem Barock von Michelangelo Garove, dominiert die ganze Straße. Im Inneren, das aus einem einzigen breiten Schiff besteht, befindet sich ein wertvolles Altarbild von Giovanni Carlo Aliberti (1715), eine *Madonna con Bambino e i santi Martino e Crispino*. Auf dem kleinen Platz neben der Pfarrkirche fallen der Palazzo del municipio (1765) und die Chiesa della Confraternita di San Rocco (1749) auf. Im Inneren der Kirche sind die beiden Bilder der Seitenaltäre sowie ein großes Fresko zu erwähnen, alles Werke von Pietro Operti (1750). Weiter von besonderem Interesse sind: die Chiesa della Confraternita di San Sebastiano mit dem großzügigen und erst kürzlich restaurierten Campanile (1766); das ehemalige Krankenhaus (1829) sowie die Casa Boffa (15. Jahrhundert) in der Via Ospedale; schließlich der Palazzo Falletti-Cordero in der Via XX Settembre sowie die Befestigungsanlagen und die mittelalterlichen Stadtmauern.

Auf den Wänden des Laubengangs des ehemaligen Marktes auf der Piazza Martini kann man eine Malerei von Riccardo Assom aus Villasellone (1982) bewundern, die dem Wein gewidmet ist. Auf der Piazza Vittorio Emanuele ist an der Vorderseite des Laubenganges, unter dem jeden Montag ein Markt abgehalten wird, ein ungewöhnliches Fresko mit zwei Figuren zu betrachten: Ceres, die Göttin des Überflusses, verkörpert La Morra, daneben sieht man Merkur, den Beschützer der Kaufleute. Das Werk (1939) geht auf Giovanni Savio zurück, einen Dekorateur aus La Morra, der in der ersten Hälfte des 20. Jahrhunderts tätig war. Geht man auf der Via Roma weiter, gelangt man in die Vorstadt, wo man in der Kapelle Santa Brigida Fresken aus dem 15. Jahrhundert bewundern kann.

Im Vorort Annunziata ist das romanisch-barocke Bauwerk des ehemaligen Benediktinerklosters San Martino von Marcenasco erwähnenswert, die heutige Chiesa dell' Annunziata (Campanile und Apsis aus dem 15. Jahrhundert, Fassade von Michelangelo Garove). Im Zuge von Restaurierungsarbeiten wurden Fresken aus dem 15. bis hin zum 19. Jahrhundert freigelegt. Im Boden vor dem Hauptaltar wurden ein römischer Grabstein und einfache Säulen, von denen vorwiegend die Steinpfeiler erhalten sind, gefunden. In den Kellergewölben ist das Museo Ratti dei Vini d'Alba untergebracht.

Besonders hübsch ist ein Spaziergang auf den Bricco del Dente (553 Meter), wo man von der Bergkapelle aus einen schönen Rundblick genießen kann.

Anreise

Von Bra fährt man in Richtung Pollenzo und fährt anschließend über die Tanaro-Brücke sowie durch den Vorort Rivalta. Oder man fährt über Moglia in Richtung Cherasco. Der Ort ist auch von Alba aus über die Via Gallo zu erreichen.

LA MORRA
Einwohner: 2607
Höhe: 513 Meter

MUSEEN UND KULTURZENTREN

Museo Ratti dei Vini d'Alba
Abbazia dell'Annunziata
Frazione Annunziata
Tel. 0173 50185
Öffnungszeiten: von Montag bis Samstag gegen Voranmeldung. Sonntags geschlossen.
Das Museo Ratti dei Vini d'Alba befindet sich in den Kellern des Benediktinerklosters von San Martino di Marcenasco aus dem 17./18. Jahrhundert. Der Eingang liegt neben der Kirchenfassade auf dem kleinen Platz, wo auch geparkt werden kann. Das Museum erzählt die Geschichte des Weinbaus, der Reben und Kellereien der Umgebung, belegt durch alte, im Weinbau verwendete Gerätschaften, Übersichten über die Rebsorten und Karten der Weinberge dieses Gebietes. Die Sammlung wird von Renato Ratti betreut, einem profunden Kenner der Weine aus der Gegend um Alba.

ÜBERNACHTEN

Italia
Via Roma 30
Tel. 0173 50609 · 50310
Zwei Sterne, 10 Zimmer mit Bad, TV, Telefon und Minibar. Restaurant.
Preise: Einzelzimmer L. 85 000, Doppelzimmer L. 100 000 bis 150 000, Frühstück L. 12 000
Dienstag Ruhetag von Juli bis Oktober immer geöffnet
Betriebsferien: ein Monat im Zeitraum Januar–Februar
Kreditkarten: die gängigsten außer DC
An der Hauptstraße des Ortes gelegen, Restaurant im Erdgeschoss, Hotelbar und Freiluftbereich für den Sommer.

Azienda agrituristica Ca' Bambin
Frazione Santa Maria
Borgata Crissante 68
Tel. 0173 50785
4 Zimmer mit Bad.
Preise: Doppelzimmer L. 90 000, Frühstück inbegriffen
Freundliches Ambiente, Ausstattung der Zimmer mit alten piemontesischen Möbeln, Frühstück mit hausgemachten Marmeladen, Torten und Mürbteigkuchen, Wurst und Käse. Mountainbikes stehen für Ausflüge zur Verfügung.

Azienda agrituristica Cascina Ballarin
Frazione Annunziata 115
Tel. 0173 50365
4 Zimmer mit Bad. Parkplatz im Hof, Garten.
Preise: Einzelzimmer L. 60 000–70 000, Doppelzimmer L. 75 000–85 000, Frühstück L. 10 000
Betriebsferien: Wintersperre von November bis Februar
Am Fuße des Hügels von La Morra auf der Straße von Alba nach Barolo. Frisch renovierte Zimmer, Frühstück mit hausgemachter Marmelade und Torten, Wurst und Käse. Mountainbike-Verleih.

Azienda agrituristica Erbaluna
Frazione Annunziata
Borgata Pozzo 43
Tel. 0173 50800 · 509336
2 Doppelzimmer, 3 Dreibettzimmer, alle mit eigenem Bad, Mitbenützung von Küche und Wohnzimmer.
2 Miniapartments mit Küche und Bad.
Preise: Doppelzimmer L. 90 000, Dreibettzimmer L. 110 000, Miniapartment L. 110 000
Betriebsferien: vom 1. Dezember bis zum 15. März

Dieser Betrieb stellt Wein aus biologischem Anbau her und liegt an der Straße, die von La Morra nach Alba führt. Die Zimmer bieten ländlichen Charme, die Atmosphäre ist familiär. Mountainbike-Verleih.

Azienda agrituristica La Cascina del Monastero
Frazione Annunziata 112 a
Tel. 0173 509245
5 Doppelzimmer mit Bad, 2 Miniapartments.
Preise: Doppelzimmer und Miniapartment L. 110 000–130 000
Dieser Bauernhof, einst Besitz des Klosters von Annunziata, am Fuße des Hügels von La Morra an der Straße von Alba über Annunziata nach La Morra gelegen, verfügt über schöne, gut eingerichtete Zimmer mit großem Bad. Großzügiges Platzangebot im Freien als Parkplatz und zur Freizeitgestaltung, ein Ausstellungsraum mit landwirtschaftlichen Geräten und ein Lesezimmer. Frühstück mit lokalen Spezialitäten. Drei Plätze für Camper. Mountainbike-Verleih.

Azienda agrituristica Il Gelso
Borgata Croera 34
Tel. 0173 50840
3 Ein-Zimmer-Apartments mit je 2 Betten, Kochnische, Bad und WC. Ein Apartment mit 2 Schlafzimmern, Küche, Bad und WC. Ein Zimmer mit 4 Betten und Bad. Ein Gesellschaftsraum, in welchem Gruppen zu Mittag essen können (bis zu 20 Personen) oder für Verkostungen von Eigenbauweinen.
Preise: pro Bett L. 35 000
Die Familie Oberto bietet Ihnen die Möglichkeit eines richtigen Urlaubs am Bauernhof, mit allen typisch ländlichen Aktivitäten eines alten landwirtschaftlichen Betriebs, inklusive Trüffelsuche. Ebenfalls

im Preis inbegriffen ist der prachtvolle Panoramablick über das Barolo-Gebiet.

ESSEN

Belvedere

Piazza Castello 5
Tel. 0173 50190
Sonntagabend und Montag geschlossen
Betriebsferien: Januar und Februar
Plätze: 180
Preise: L. 80000–90000 ohne Wein
Kreditkarten: alle
Dieser seit Jahrzehnten gut eingeführte Gastbetrieb gründet seinen Ruf nicht auf neuen Kreationen, sondern bleibt fest in der Tradition verankert. Freuen Sie sich daher auf eine Reihe von Klassikern, auf höchstem Niveau zubereitet und serviert: *tajarìn* mit Leber- oder Pilzsugo, *agnolotti* mit Bratensauce, Risotto in Barolo oder mit Wachteln, Kalbsbraten und Schmorbraten, im Ofen überbackenes Ziegenkitz, Hasenpfeffer, Fasan und Perlhuhnragout. In der entsprechenden Jahreszeit regiert die weiße Trüffel. Große Käseauswahl und eindrucksvolle Enoteca in den Kellergewölben, wo vor über hundert Jahren die Fässer von Giuseppe Tarditi lagerten, einem der Väter des Barolos. Die Enoteca kann besichtigt werden.

Osteria del Vignaiolo

Frazione Santa Maria 12
Tel. 0173 50335
Mittwoch und Donnerstagmittag geschlossen, kein Ruhetag im Oktober
Betriebsferien: im Januar
Plätze: 45
Preise: L. 45000 ohne Wein
Kreditkarten: die gängigsten
Ein kleines Restaurant, ruhig und gemütlich, in dem

Luciano Marengo seine niveauvollen heimischen Gerichte mit einigen Anleihen aus anderen italienischen Regionen bereichert. Zu den beliebtesten Gerichten zählen *vitello tonnato*, Gemüseaufläufe, *tajarìn*, *agnolotti dal plin*, Risotto, Gnocchi, Perlhuhn mit Oliven und Lamm mit Artischocken. Gute Käseauswahl und Weinkarte mit besonderem Augenmerk auf Barolo und Barbaresco.

Azienda agrituristica
Fratelli Revello

Frazione Annunziata 103
Tel. 0173 50276
Sonntagabend geschlossen
Betriebsferien: von Mitte Dezember bis Mitte Februar und drei Wochen im Zeitraum Juli–August
Plätze: 55
Preise: L. 37000–47000 ohne Wein
Kreditkarten: die gängigsten
Gemüseaufläufe je nach Saison, *insalata di carne cruda*, *vitello tonnato* nach altem Rezept, täglich frische *tajarìn* mit Lebersugo, *agnolotti dal plin* mit Bratensaft, *finanziera* in Barolo, im Ofen überbackenes Kaninchen, Haselnusstorte, gefüllte Pfirsiche und *zuppa inglese* in einer für La Morra typischen Version. Also kurz gesagt, das gesamte Repertoire der Küche der Langhe, nach alter Tradition zubereitet und wirklich empfehlenswert. Die Weine sind hauptsächlich aus dem hoch angesehenen Eigenanbau. Es stehen auch zwei Gästezimmer zum Preis von L. 90000 pro Person zur Verfügung.

Osteria Veglio

Frazione Annunziata 9
Tel. 0173 509341
Dienstag und Mittwochmittag geschlossen
Betriebsferien: Januar, unterschiedlich im August

Plätze: 40
Preise: L. 55000 ohne Wein
Kreditkarten: alle außer DC
Die berühmte Osteria Veglio, die lange Zeit geschlossen war, zeigt sich nun im neuen Kleid. In der Küche regiert Franco Gioelli, der gekonnt den traditionellen Gerichten eine moderne Note verleiht, vor allem beim Anrichten. So findet man neben dem klassischen, mit dem Messer geschnittenen Kalbstatar Pfifferlinge auf sämiger Kartoffelcremesuppe oder Lammkoteletts in Kräutern. Gute Weinkarte, reichliche Auswahl an Käsesorten, einladendes Ambiente mit einer schönen Terrasse mit Blick auf das Barolo-Gebiet, für ein stimmungsvolles Nachtessen an schönen Sommerabenden.

IMBISS

Associazione
Amici della Vineria

Borgata Serra dei Turchi 88
Gianni Gagliardo, ein bekannter und sehr aktiver Weinproduzent aus La Morra, hat diese Vineria eröffnet, die jeden Abend ein warmes Gericht, verschiedene Antipasti wie Sardellen in Kräutersauce und *vitello tonnato*, Würste, eine ansehnliche Käseauswahl und mürbe Mehlspeisen auf der Karte hat. Dazu werden Weine aus dem eigenen Keller, aber auch solche anderer Winzer aus den Langhe und ausgewählte ausländische Weine kredenzt.

Vin Bar

Via Roma 46
Mit großer Fachkompetenz und Freundlichkeit führt Marisa Montanaro mit Unterstützung ihres Bruders Piero und ihres Sohnes Gian dieses Lokal, die erste Wein-Bar, die es in den Langhe gegeben hat. Es versteht sich von selbst, dass die Stärke des Lokals in den Weinen liegt

Barolo Chapel

Alessandro Monchiero

Architektonisch erinnert sie an kleine Pfarr-kirchen auf dem Lande, gebaut wurde sie zu Beginn des 20. Jahrhunderts, um den am Feld vom Hagel überraschten Bauern Zuflucht zu bieten. Die Kapelle wurde nie geweiht, und so verfiel sie im Lauf der Zeit, ließ die Sonne der Langa ein, die sich ohne grelle Kontraste in den Spalten der verwitterten Steine verkroch.

Das Kirchlein wurde von den Brüdern Ceretto, Besitzer des ertragreichen Bricco von Brunate im DOC-Anbaugebiet des Barolo, aus der Vergessenheit geholt und restauriert und ragt nun dominant in den Himmel. Es hat nur wenige Übergangsmonate erlebt, bevor es eine endgültige und einschneidende Metamorphose erfuhr: den Eingriff des amerikanischen Malers Sol LeWitt. Nachdem er die Geometrie von Primärfarben und Grundformen ein Leben lang zerlegt und neu zusammengesetzt hatte, legte der minimalistische Objekt- und Konzept-künstler in La Morra an, wo er im Auftrag von Bruno und Marcello Ceretto seine Farbfelder auf die Wände einer Kapelle übertrug. Wäre er Einheimischer und an die bäuerliche Philo-sophie dieses Landes gewohnt, er wäre er-schaudert beim Unterfangen, die Landschaft der Langa und die Sonne herauszufordern, die sich dort nie zuvor gesehenen Farbtönen und Abstufungen erhebt. Die amerikanische Kunst, von Andy Warhol bis Jackson Pollock und darüber hinaus, findet aber Gefallen am so genannten Unmöglichen, sie liebt es, die euro-päischen «Götter» herauszufordern, ob sie nun dabei triumphiert oder scheitert.

LeWitt hat sich nach bester amerikanischer Manier nicht im Geringsten den Nuancierungen der Landschaft, dem luftigen Flimmern des Lichts im Grün und Braun der Hügel gewidmet: Konsequent ist er mit seinem Rot-in-Rot, Gelb-in-Gelb verfahren; wie muss er aber in diesem letzten Juli des Jahrtausends gegen die im Sommerlicht lodernde Natur gekämpft haben. Geistig gekämpft natürlich, denn körperlich setzt LeWitt nur den Zeigefinger ein, um seine Malergehilfen zu unterweisen: «Hier gehört ein Blau hin, dort ein Rot.»

Die «Barolo Chapel», wie sie die in Scharen herbeiströmenden Pilger aus Übersee nennen, thront heute in Brunate. Sie möchte Matisse gerecht werden, doch vergebens: Es fehlt ihr die Wärme der Provence und des Mittelmeers, zur Schau gestellt werden «nur» der arabische Manierismus einer feuerwerksartigen Fassade und einer Apsis, die mit ihren schreienden Längsstreifen etwas zu zirkusartig wirkt.

Im Inneren erschließt sich einem die Arbeit eines anderen fremden Künstlers, jene David Tremletts, eines Weltenbummlers aus England. Die Farben zerfließen in weichen Pastelltönen, belebt vom Licht, das durch die eleganten Fenster aus Murano-Glas dringt. Hier ist die Sonne gut aufgehoben, und der Dialog mit ihr ermöglicht es, den Innenraum voll auszukosten. Herrlich die Decke, die der Künstler in den wei-chen Tönen einer Geist und Materie beleben-den Abstraktheit modelliert hat, ein Kleinod für Kunstgourmets. Tremlett wollte nicht den Säbel des amerikanischen Kollegen ergreifen: Reisen hilft zu verstehen, und in der Kunst mildert es das Draufgängerische. Er hat das Florett seiner Handwerkerhände verwendet und ein Gleich-gewicht in verschwommenem Orange und Rosa gefunden, das trotz der an sich unruhigen Kombination auf den Betrachter aber beruhi-gend wirkt. Der Apsis, diesmal der konkaven Fläche im Inneren, kommen die deutlichsten Brüche zu: Himmel und Erde teilen sich den Raum an einer die Wand hochkletternden Linie, die vielleicht den Hang eines Hügels in La Morra simuliert.

Soll eine Wahl wie die der Brüder Ceretto Beifall finden? Zumindest zwei Faktoren spre-chen dafür. Erstens investiert nach Jahrzehnten, in denen entsetzliche Betonhütten die Langa verpesteten und säulenbestückte Villen («Töchter» eines jüngeren Palladio) wie Pilze aus den Hügeln schossen, endlich wieder jemand in die Sanierung und Aufwertung bestehender Gemäuer und erweist somit der Förderung des Gebiets einen guten Dienst. Zweitens ist der mit Tremlett und LeWitt vereinbarte Preis gerecht und beispielhaft. Künstler, die sich für gewöhnlich nur beim Rascheln von Dollar- oder Pfundnoten in Bewegung setzen, eilen nach La Morra, betört von einem ganz anderen Salär: von einer Ration Barolo auf Lebenszeit. Die Künstler werden von verständigen Mäzenen ausgewählt: Die Zeit belohnt (fast) immer den, der eine künstlerische Ausdrucksweise der Gegenwart versteht und sie der trägen Wiederholung sicherer und konventioneller Stilelemente vorzieht.

(mit zahlreichen Produkten aus den Langhe und aus dem Roero, die mit mäßigen Aufschlägen verkauft werden), dazu werden aber auch Imbisse mit Ziegenkäse, Kräuterspeck, verschiedene Wurstspezialitäten und Haselnusstorte serviert.

Vineria San Giorgio
Via Umberto 1
Dieses Lokal, das in den Kellergewölben des ehemaligen Palazzo Gabetti eingerichtet wurde, ist sehr verwinkelt, mit kleinen Räumen und gemauerten Gewölben; reiches Angebot an Weinen aus den Langhe und dem Roero. Die Speisen kosten zwischen L. 8000 und 15000, je nach Art und Größe. Die Weine werden auch offen serviert.

EINKAUFEN

HOLZ
Pietro Barbotto
Via Ferrero 17
Pietro Barbotto ist ein Meister der Holzeinlegearbeiten und stellt dabei die unterschiedlichsten Gegenstände her: Zuckerdosen, Kochlöffel, Pfeifen (eine der Pfeifen erhielt einst Präsident Pertini als Geschenk), Spielzeug, Wappen und vieles mehr. Seine Produktion ist limitiert, ganz nach Inspiration und Laune. Er besitzt keine eigene Werkstatt, sondern nur einen kleinen Arbeitsraum ganz hinten in einem Hof in der Via Ferrero; manchmal findet man ihn auch im Borghetto.

SÜSSIGKEITEN
Panetteria pasticceria Musso
Via Roma 4
Giovanni Cogno ist berühmt für seine *lamorresi al Barolo* und die Haselnusstorte, die in der wenige Schritte entfernten neuen Backstube hergestellt werden. Die alte Bäckerei dient nur mehr dem Verkauf der herrlichen Pralinen und Kuchen.

MEHL
Molino Renzo Sobrino
Via Roma 110
Renzo stellt noch Polentamehl aus Mais der Sorte Ottofile (eine sehr rare Sorte, zu deren Rettung er entscheidend beigetragen hat), aber auch Vollkornmehl und verschiedene andere Sorten her, die Sie, wenn die Mühle geschlossen ist, auch in den Geschäften der Ortschaft erstehen können. Die Herstellung erfolgt noch mit dem alten Mühlstein und der zylindergesteuerten Anlage ganz aus Holz.

KÄSE, DELIKATESSEN
Alimentari Clarita Trinchero
Via Roma 6
Bei Clarita finden Sie Käse aus Cuneo, darunter den ausgezeichneten Robiola di Langa, der die Bezeichnung *toma del venerdì*, Freitags-Toma, trägt, da jeweils an diesem Tag die neue Lieferung eintrifft.

WEINE
Cantina Comunale
Via Carlo Alberto 2
Tel. 0173 509204
Diese Kellerei wird von 46 Winzern aus La Morra betrieben und bietet praktisch die komplette Palette der Weinproduktion von La Morra an. Die Leitung hat Claudio Silvestro inne, unterstützt durch Beppe Giachino. Sie können hier Weine verkosten und kaufen. Den Besuchern wird eine Videovorführung und eine Sammlung der großen Jahrgänge geboten. Der Betrieb wird auch als Fremdenverkehrsbüro und als Rahmen für Vernissagen genützt. Spezielle Abendveranstaltungen mit Wein- und Käseverkostungen.

L'Enoteca
Via Roma 19
Gute Auswahl an lokalen Weinen und gastronomischen Spezialitäten, von Süßigkeiten bis zu eingelegten Pilzen. Verkauf auch via Internet.

Enoteca Gallo
Via XX Settembre 3
Umfangreiche Palette an Weinen aus den Langhe, aber auch Erlesenes aus anderen Regionen, dazu ein großes Angebot an gastronomischen Spezialitäten, die in einem sehr stimmungsvollen Geschäftslokal mit schönen Deckenverzierungen und Holzverkleidungen an den Wänden dargeboten werden.

Bacco e tabacco
Via Umberto 32
Wie schon das Geschäftsschild zeigt, finden Sie hier Zigaretten, aber auch gute Weine, typische Produkte, Souvenirs und Wein- und Gastronomieführer. Verkauf via Internet.

WEINKELLEREIEN

Lorenzo Accomasso
Borgata Pozzo 34
Tel. 0173 50843
Das Meisterstück dieses Betriebs ist der Barolo Vigneto Rocchette, der traditionsgemäß mit langer Reifezeit hergestellt und in einer Menge von knapp 4000 Flaschen abgefüllt wird. Weitere Produkte sind der Barolo Rocche dell' Annunziata, der Dolcetto Rocchettevino und der Barbera.

Crissante Alessandria
Borgata Roggeri 43
Tel. 0173 50834
Der Betrieb wird von Michele und Roberto, den beiden Söhnen Crissantes, geleitet. Sie stellen klassische Weine

her, vom Barolo Roggeri bis zum Dolcetto, aber mit ihrem Rugè, einem im Barrique ausgebauten Rotwein, wagen sie sich auch auf ein neues Gebiet vor.

Elio Altare
Borgata Pozzo 51
Frazione Annunziata
Tel. 0173 50835
Elio Altare ist unbestritten der Wegbereiter der revolutionären neuen Techniken der Weinherstellung in den Langhe, die dem Barolo und der gesamten Weingegend einen neuen Stellenwert und Marktanteile verschafft haben. Seine unermüdliche Experimentierfreude wurzelt in seinem Streben, den Wein zu schaffen, bei dem sich im Glas der Charakter des Bodens in perfekter Harmonie mit dem Trinkgenuss, der Spontaneität und der Ernsthaftigkeit verbindet. Seine Weine sind zu Kultobjekten in der ganzen Welt geworden: Barolo Vigneto Arborina, Vigna Larigi, Vigna Arborina und Langhe La Villa.

Cascina Ballarin
Frazione Annunziata 115
Tel. 0173 50365
Der Familienbetrieb besitzt Weinberge in La Morra und Bussia di Monforte, wo der Barolo Bussia hergestellt wird. Die anderen Weine sind die klassischen, vom Dolcetto d'Alba bis zum Langhe Nebbiolo.

Batasiolo
Frazione Annunziata 87
Località Batasiolo
Tel. 0173 50130 · 50131
Ein großer Betrieb mit fast 50 Hektar Anbaufläche, auf denen eine breite Palette an Weinen hergestellt wird, darunter nicht nur solche aus den Langhe. Zu den Spitzenreitern zählen der Barolo Corda della Briccolina, der

Barbera d'Alba Sovrana und der Moscato d'Asti Boscareto.

Enzo Boglietti
Via Roma 37
Tel. 0173 50330
Ein kürzlich eröffneter Betrieb, der aber aufgrund seiner modernen Note unter Weinkennern bereits einen beachtlichen Ruf aufgebaut hat: Barbera d'Alba Vigna dei Romani, Barolo Vigna Case Nere, Langhe Rosso Buio.

Gianfranco Bovio
Borgata Ciotto 63
Frazione Annunziata
Tel. 0173 50190
Gian Bovio, der Inhaber des Restaurants Belvedere, besitzt Weingärten in Gattere und Arborina und beweist seine Kompetenz auch als Kellermeister. Seine Weine folgen der klassischen Linie: Barbera Regìaveja, Barolo Vigneto Arborina und Vigneto Gattera dell'Annunziata.

Ciabot Berton
Strada per Santa Maria 1
Tel. 0173 50217
Marco Oberto leitet gemeinsam mit seinem Vater Luigi diesen Betrieb mit Weingärten in Roggeri, Rive und rund um die Lage Bricco di San Biagio di Santa Maria. Hochwertige, angenehme Weine von Barolo über Dolcetto d'Alba bis Barbera d'Alba.

Corino
Frazione Annunziata 24
Tel. 0173 50219
Der Betrieb der Familie Corino, geführt von Renato und Giuliano, hat sich innerhalb weniger Jahre zur Spitze der Weinhersteller in der Region Alba hinaufgearbeitet. Höchstes Niveau besitzen der Barbera d'Alba Vigna Pozzo und der Barolo von den Crus Rocche und Giachini.

Dosio
Regione Serradenari 16
Tel. 0173 50677
Eine schöne Kellerei für Weine der klassischen Linie. Vom Barolo Fossati (dem Spitzenwein) über Freisa und Dolcetto Serradenari bis zum Langhe Momenti (aus Nebbiolo- und Barbera-Trauben) und zum Chardonnay Barilà.

Erbaluna
Borgata Pozzo 43
Tel. 0173 50800
Die Kellerei von Severino und Andrea Oberto zählt zu den wenigen Betrieben in den Langhe, die biologischen Anbau betreiben. Besonders gelungen sind der Barolo Rocche und der Barbera d'Alba. Auch als Agriturismo-Betrieb geführt.

Fratelli Ferrero
Frazione Annunziata 12
Tel. 0173 50691
Kleiner Familienbetrieb in den Händen von Renato Ferrero, der die großen Rotweine der Langhe im Repertoire hat, vom Barolo aus den Weingärten der Manzoni bis zum Dolcetto d'Alba.

Gianni Gagliardo
Serra dei Turchi 88
Tel. 0173 50829
Aus seinen Weinbergen in Santa Maria di La Morra, Monticello d'Alba und Montelupo gewinnt Gianni Gagliardo eine große und abwechslungsreiche Palette an Produkten, die von den großen Rotweinen der Langhe bis zu den Weißweinen des Roero reicht. Erwähnenswert sind der Barolo Preve, der Batiè aus Nebbiolo-Trauben und der Weißwein Favorita aus dem Roero, den Gagliardo besonders schätzt.

Silvio Grasso
Cascina Luciani 112
Frazione Annunziata
Tel. 0173 50322
Federico Grasso hat den
Betrieb seines Vaters über-
nommen und bearbeitet die
Weinberge rund um sein
Haus (Bricco Luciani) und in
der Lage Manzoni. Weine mit
angenehmen Merkmalen, bei
denen vor allem der Barolo
Bricco Luciani, der Barolo
Ciabot Manzoni und der
Barbera Fontanile herausragen.

Poderi Marcarini
Piazza Martiri 2
Tel. 0173 50222
Probieren Sie die berühmten
Barolos Brunate und La Serra
sowie den Barbera d'Alba
Ciabot Camerano dieses
geschichtsträchtigen Weinguts,
aber versäumen Sie keinesfalls
den einzigartigen Dolcetto
Boschi di Berri, aus einem
Weingarten wie aus der Zeit
vor dem Reblausbefall, der ein
wirklich einzigartiges Ge-
schmackserlebnis vermittelt.

Mario Marengo
Via XX Settembre 18
Tel. 0173 50127
Eine kleine Kellerei, deren
Ruhm vor allem auf dem
Barolo Brunate beruht, der
anfangs streng klassisch verar-
beitet wurde, jetzt aber durch
die geschickte Verwendung
kleinerer Fässer eine angeneh-
mere Note bekommen hat.
Weitere Weine sind der
Langhe Nebbiolo und der
Dolcetto d'Alba.

Mauro Molino
Borgata Gancia 111
Frazione Annunziata
Tel. 0173 50814
In seinen eigenen Besitzungen
im Ortsteil Annunziata von La
Morra wie auch in gepachte-
ten Weingärten in Monforte
und in Barolo konnte sich
Mauro Molino mit seinem
großartigen Barbera d'Alba

Vigna Gattere '96 profilieren,
nicht zu verachten sind aber
auch die Barolo-Weine Vigna
Conca und Gancia, der
Acanzio, ein Verschnitt aus
Barbera- und Nebbiolo-
Trauben, und der Chardonnay
Livrot.

Cordero di Montezemolo
Frazione Annunziata 67 bis
Tel. 0173 50344
Die älteste Kellerei in La
Morra, einst im Besitz der
Gutsherren Falletti, später
ihrer Nachfolger vom Zweig
Cordero di Montezemolo,
liegt heute gleich neben der
berühmten Libanonzeder, die
im Ortsteil Annunziata in den
Himmel ragt. Aus den 28
Hektar Weinbergen stammen
großartige Barolo-Weine
(Enrico VI, Monfalletto),
Barbera, Chardonnay und
Dolcetto.

Andrea Oberto
Via Marconi 25
Tel. 0173 509262
Ein kleiner Betrieb mit großen
Weinen. Andrea Oberto
punktet unter anderem mit
dem Barolo Vigneto Rocche
und dem Barbera Giada,
einem kräftigen, aber durch
die Einwirkung der Fässer
weichen Wein. Gut gelungen
auch der Dolcetto Vantrino
Albarella und der Langhe
Fabio. Die Weingärten liegen
rund um den Gutshof und in
Annunziata.

Fratelli Oddero
Frazione Santa Maria 28
Tel. 0173 50618
Alles dreht sich um den
Barolo in diesem großen und
historischen Betrieb (45 Hektar Weingärten für Barolo
und Barbaresco), zu dem die
Lagen Vigna Rionda, Mondoca
und Rocche dei Rivera zu
rechnen sind. Man findet aber
auch alle anderen Weine der
Langhe, darin inbegriffen die
jüngsten der Reihe, der

Chardonnay und der
Cabernet. Weine mit betont
klassischem Einschlag, sehr
langlebig.

**Renato Ratti Antiche Cantine
dell'Abbazia dell'Annunziata**
Frazione Annunziata 7
Tel. 0173 50185
Der Betrieb, einst im Besitz
von Renato Ratti, einer der
großen Persönlichkeiten im
Zusammenhang mit piemon-
tesischen Weinen und der
Weinkultur im Allgemeinen,
wird heute von seinem Sohn
Pietro und von Massimo
Martinelli geführt, einem wei-
teren Protagonisten in der
Weinszene der Langhe. Die
Spitzenweine der Kellerei sind
die Barolos Marcenasco,
Conca und Rocche, daneben
der Nebbiolo Ochetti di
Monteu Roero und der
Barbera d'Alba. An den
Betrieb angeschlossen befin-
det sich das Museo dei vini
d'Alba.

Fratelli Revello
Frazione Annunziata 103
Tel. 0173 50276 · 50139
Enzo und Carlo Revello
haben die Kellerei modernisiert und produzieren heute
körperreiche Weine, sehr
typisch im Charakter und eng
mit dem Terroir verbunden.
Exzellent sind im Speziellen
der Barbera d'Alba Ciabot du
Re und der Barolo Vigna
Giachini. Die Weingärten liegen im Ortsteil Annunziata,
rund um den Gutshof, der
auch auf Agriturismo eingerichtet ist.

Rocche Costamagna
Via Vittorio Emanuele 10
Tel. 0173 50230 · 509225
Der Betrieb von Claudia
Ferraresi, geführt von ihrem
Gatten Giorgio und dem
Sohn Alessandro, zeichnet
sich durch eine Serie von
Weinen mit traditionellen
Merkmalen aus. Die Familie

besitzt Weingärten in Rocche dell'Annunziata, aus denen der Barolo Rocche und der Barolo Vigna Francesco stammen. Von gutem Niveau sind auch die anderen Weine, darunter der im Barrique ausgebaute Chardonnay.

San Biagio
Borgata San Biagio 98
Frazione Santa Maria
Tel. 0173 50214
Gian Luca und Davide Roggero haben den Stil der Weine ihres Betriebs ein wenig entstaubt und sie geschmeidiger und frischer gemacht. Die Palette umfasst neben den Klassikern dieser Gegend auch den Verduno Pelaverga.

Aurelio Settimo
Frazione Annunziata 30
Tel. 0173 50803
Sieben Hektar Weingärten für das typische Repertoire der Langhe, angeführt vom Barolo Rocche. Der Betrieb besticht auch durch das gute Preis-Leistungs-Verhältnis.

Oreste Stroppiana
Frazione Rivalta
Regione San Giacomo 6
Tel. 0173 50169 · 509419
Oreste und sein Sohn Dario leiten diesen Betrieb auf den Hängen der Hügel zwischen La Morra und Bra. Der Cru San Giacomo, nur wenige Schritte von der Kellerei entfernt, ergibt den Barolo dieses Namens und einen angenehmen Dolcetto.

Mauro Veglio
Borgata Pozzo
Cascina Nuova 50
Tel. 0173 509212
Auf seinen etwa neun Hektar großen Anbauflächen in den Gemeinden von La Morra und Monforte produziert Mauro Veglio große Weine, die in letzter Zeit immer größere Erfolge verbuchen:

Barbera d'Alba Cascina Nuova, Barolo Rocche, Barolo Arborina und Dolcetto d'Alba.

Eraldo Viberti
Frazione Santa Maria
Borgata Tetti 53
Tel. 0173 50308
Mit dem Barbera d'Alba Vigna Clara hat sich dieser kleine und junge Betrieb aus Santa Maria einen Namen gemacht. Die gleiche Frische und Geschmeidigkeit, wenngleich gepaart mit ganz anderen Aromen, sind die Markenzeichen des Barolos, der aus den umliegenden Weingärten stammt. Gutes Preis-Leistungs-Verhältnis.

Osvaldo Viberti
Frazione Santa Maria
Borgata Serra dei Turchi 95
Tel. 0173 50374
Osvaldo Viberti hat vor einigen Jahren die Zügel des Familienbetriebs in die Hand genommen und bringt guten Dolcetto und Barbera d'Alba auf den Markt. Sein erster Barolo ist aus dem Jahr 1996.

Gianni Voerzio
Regione Loreto 1 bis
Tel. 0173 509194
Barbera d'Alba Ciabot della Luna, Barolo La Serra und Langhe Rosso Serra, das sind die Spitzenprodukte des Betriebs von Gianni Voerzio, der auch Langhe Nebbiolo, Langhe Freisa und Dolcetto d'Alba herstellt.

Roberto Voerzio
Strada Cerreto 1
Tel. 0173 509196 · 50123
Roberto Voerzio, überzeugter Verfechter der Lagenweine, stellt drei Barolos aus ebenso vielen bedeutenden Weingärten her: Brunate, Cerequio und La Serra. Aber auch der Barbera d'Alba in den verschiedenen Versionen, der Dolcetto d'Alba und vor

allem der Vignaserra (aus Barbera und Nebbiolo-Reben) sind konstant im Spitzenfeld der besten Weine, nicht nur der Langhe, zu finden.

Feste, Messen und Veranstaltungen

Mangialonga
Letzter Sonntag im August.
Seit 1987 gilt dieses Fest im Spätsommer als großes Stelldichein in der Barolo-Region der Langhe. Am letzten Sonntag im August treffen sich Feinschmecker und Naturfreunde in La Morra zur Mangialonga, einem kulinarischen Spaziergang von etwa drei Kilometern Länge, der sie entlang den Feldwegen, durch die Weingärten, zu den Scheunen der Bauernhöfe und unter die Laubengänge alter Feldkapellen führt. Zu Tausenden nehmen Jung und Alt an diesem fröhlichen Umzug teil. Die Weine aus La Morra fließen in Strömen und man vergnügt sich bei fünf Stationen: die erste mit den Antipasti, bestehend aus Wurstwaren und Dolcetto, die zweite mit dampfenden Tagliatelle mit Barbera, Nebbiolo und Freisa, die dritte mit heißem Kalbsgulasch und Barolo, die vierte mit verschiedenen Käsesorten aus Cuneo, allen voran der Murazzano, wiederum begleitet von Barolo. Zum Schluss gibt es Maisgebäck, Haselnusstorte und Obst mit Moscato d'Asti. Musik und Tanz in der Scheune untermalen und beschließen den Tag.

Premio al Vignaiolo del Mondo
Der Weinbauer und Journalist Massimo Martinelli, eine der führenden Persönlichkeiten in der Compagnia dei Vinaioli, die ihren Sitz in La Morra hat,

organisiert diese Preisverleihung, die alle zwei Jahre jeweils am ersten Sonntag im September stattfindet. Die Prämierung versteht sich als Würdigung der Leidenschaft für den Wein und der mühevollen Arbeit in den Weingärten: Ist es doch kein Zufall, dass die Sieger fast immer Personen sind, deren Tätigkeit im täglichen Kampf darum besteht, dem schwierigen, teilweise sogar «extremen» Boden einen guten Ertrag abzuringen. Als Beispiel sei der Sieger der erstmaligen Verleihung im Jahre 1982 genannt, Giuseppe Gasparini aus Ligurien, der seine Trauben auf den steil zum Meer abfallenden Hängen der Cinque Terre gewinnt; 1984 wurde Hugo Hulst zum Sieger gekürt, ein Holländer, dessen Weingärten unter dem Meeresspiegel liegen; 1992 wurde der Preis Pirmin Heizmann zugesprochen, der wiederum die höchstgelegenen Weinberge der Welt besitzt; 1998 ging der erste Platz an einen Dänen, der auf einem Breitengrad Wein anbaut, auf welchem dies schier unmöglich erscheint. Der Preisverleihung geht ein Umzug voran, der den Wandel der Jahreszeit an Rebe und Wein verkörpern soll, mit Darstellern in Kostümen und Fahnenträgern, am Fuße des Denkmals zu Ehren von Mensch und Weinrebe, das auf der Piazza Castello in La Morra steht. Den prachtvollen Rahmen bildet die wunderschöne, sanfte Landschaft des Weingebietes der Langhe.

Festa del Barolo nella sua terra

In der Woche zwischen dem letzten Sonntag im August und dem ersten im September.
Das Fest zieht sich vom Flohmarkt über die Mangialonga und schließt mit dem Premio al Vignaiolo del Mondo (in den geraden Jahren) oder mit einer ähnlichen Veranstaltung ab. Diese Woche wird von gastronomischen Glanzpunkten, Theater- und Musikabenden getragen. Ein Fixpunkt ist das Abendessen am Mittwoch, das unter den breiten Laubengängen des Marktplatzes stattfindet. Das Fest wird von den umliegenden Lokalen ausgerichtet und sein unbestrittener Star ist ein Wein: der Barolo. Samstagabend darf das Konzert der Band von Giuseppe Gabetti aus La Morra nicht fehlen.

Festa di San Martino

11. November. Im Zuge des Martinifestes wurde in den ländlichen Gemeinden stets der junge Wein verkostet. In La Morra versammelt sich die Gemeinde dazu an den bereit gestellten Tischen, und der Barbera wird zum typischsten aller Gerichte der Gegend ausgeschenkt: dem *gran bollito alla piemontese*, verschiedensten gekochten Fleischsorten, zusammen mit Gemüse geschmort.

Monchiero

Ein Ort in typischer Hügellage, der sich, um an die Handelsrouten angebunden zu sein, bis ins Tal erstreckt. Vom historischen *mons clarus* ist heute nicht mehr viel zu sehen: Alle wirtschaftlichen Aktivitäten konzentrieren sich auf die Straße, die nach Dogliani führt, und der ganze Ort ist von unpersönlicher Architektur geprägt.

Die geographische Lage ist hingegen sehr ansprechend. Monchiero erstreckt sich entlang einer weiten Biegung des Tanaro. Die Landschaft am breiten Fluss zeigt sich speziell an klaren Tagen von ihrer besten Seite. Vom Aussichtspunkt neben der kleinen Kirche Madonna del Rosario im oberen Teil von Monchiero kann man das bezaubernde Panorama genießen.

Noch weniger als vom historischen Kern ist vom Kastell der Carretto aus Monforte erhalten. Der in der Talsohle gelegene Ortsteil wird von einer barocken Kirche (1752) beherrscht, die man von Dogliani kommend sehen kann. Daneben befindet sich ein interessantes Gebäude mit einem Laubengang, das früher einmal als Herberge diente. Parallel dazu das Haus des Malers Eso Peluzzi, der 1985 hier verstarb. Seine Witwe Maria Antonietta pflegt sein Andenken. Auf Bitte zeigt sie gerne die im Haus selbst oder in der nahen Kapelle aufbewahrten Bilder. In der Kapelle befindet sich außerdem eine ständige Ausstellung mit weiteren Werken des Malers.

Anreise

Nach Monchiero, oder besser gesagt in den unteren Ortsteil, gelangen Sie, wenn Sie der Straße folgen, die von der Abzweigung der Talsohle auf der Höhe von Narzole Richtung Dogliani führt. Um zum kleinen Kern des oberen Teiles zu gelangen, fährt man jedoch die Straße Richtung Monforte und biegt wenige Meter nach dem Bahnübergang rechts ab. Dann folgt man den Schildern. Auf der Route Bra-Ceva kann man Monchiero auch mit der Bahn erreichen.

MONCHIERO
Einwohner: 529
Höhe: 235 Meter

EINKAUFEN

BROT
Panetteria Renato Botto
Via Borgonuovo 23
Eine Bäckerei, die sich noch an die alten Traditionen hält. Die Spezialität des Hauses sind weiche *rubatà*, die typischen *paesane* und *monchierini* aus Mürbteig, Schokolade und Mandelgebäck.

WEINKELLEREIEN

Giuseppe Mascarello e Figli
Via Borgonuovo 112
Tel. 0173 792126
Alteingesessener Betrieb mit langer Tradition. Die Weingärten liegen in hervorragenden Lagen, mit Hauptaugenmerk auf den Barolo, der aus den Crus Monprivato, Villero und Santo Stefano di Perno stammt. Ebenfalls exzellent sind der Barbaresco Marcarini, der Dolcetto und der Barbera d'Alba.

FESTE, MESSEN UND VERANSTALTUNGEN

Festa patronale
Das dem Patron San Fedele gewidmete Fest wird am ersten Sonntag nach Ostern begangen.

Fiera della bagna caoda
Zweiter Sonntag im November. Ausstellung und Verkostung von landwirtschaftlichen Produkten, die in die berühmte piemontesische Sauce *bagna caoda* eingetunkt werden können.

DIE LAUTEN UND VIOLINEN
DES LETZTEN PELUZZI

Alessandro Monchiero

Seit wenigen Monaten (sind es gar Jahre?) ist das Jahrhundert der Peluzzi erloschen, jener jungen italienischen Maler, die zu Beginn des 20. Jahrhunderts aus Paris zurückkehrten, die sich alle dem *cézannisme* oder dem Fauvismus verschrieben hatten. Die Geschichte unseres Peluzzi, geboren 1894 in Cairo Montenotte, beginnt wie die vieler anderer. Studiert hat er in Turin, an der Accademia Albertina, wo sein Meister Giacomo Grosso versuchte, ihn zu jenem akademischen Verismus zu erziehen, der damals Lehrauftrag war. Dann begann er sich in der Welt umzusehen, Reisen nach Frankreich wechselten mit Aufenthalten in der Nähe des Städtchens Santuario di Savona ab. 1924 fand in der Bottega di Poesia in Mailand seine erste Ausstellung statt, die Carlo Carrà mit positiven Rezensionen würdigte. Nach der spät-pointillistischen Phase folgten die Jahre der Fresken mit sakralen und historischen Themen. Er schuf Meditationen zu Cézannes «Badenden», introspektive Porträts, Selbstporträts, die Melancholie und ein gewisses Befremden ausdrücken, melodische Landschaften Liguriens voll Anmut: Varigotti, Savona, Montechiaro d'Aqui. Von 1932 bis 1948 nahm er an jeder Biennale in Venedig teil, ebenso an den fünf Quadriennalen in Rom; er stellte in Baltimore und Buenos Aires, Hamburg und Wien, Antwerpen und Paris aus.

Nach dem Zweiten Weltkrieg ließ er sich in Monchiero nieder (wo ihm 1967 die Ehrenbürgerschaft verliehen wurde) und begann die Langa um Dogliani zu erwandern, sich ihr zuerst mit den Sinnen und dann mit dem Pinsel zu nähern. 1963, im Jahr, in dem er Mitglied der Accademia di San Luca wurde, erwarb er das ehemalige Oratorio dei Disciplinati, das er restaurierte und als Atelier benutzte. Hier beginnt – und endet mit seinem Tod im Jahr 1985 – die letzte Periode des Malers Eso Peluzzi, seine paradoxe Rückkehr in die Kindheit oder, besser, sein Ausflug «anderswohin». Ausgangspunkt dieser Reise war wohl ein Bild wie jedes andere, eine verschneite Landschaft, ein Stillleben oder irgendein geknickter, ärmlicher Alter: Nichts deutete darauf hin, was in den späten Siebzigern folgen sollte.

Fern von der Welt und kaum bekannt, dachte Peluzzi über seine Kunst nach. Es ist die Epoche der Violinen, des Höhenflugs eines munteren Achtzigjährigen. Stillleben, über die Giovanni Arpino schrieb: «Ich raunte ihm zu, sie nie aufzuhängen, sondern auf den Boden zu stellen, gegen die Wand, wer sie sehen möchte, knie hin und bete.» Radierungen, leichte, frische Malereien – und bewegte Hommage an den Vater, einen kunstfertigen Geigenbauer. Stückchen handgearbeiteter Violinen, diszipliniert auf den Tisch gelegt oder gegen die Wand gestellt: jene Ordnung, die man vor dem Abendessen schafft, wenn man sein Tagwerk unvollendet niederlegt. Am Morgen findet man sie wieder und löst sie auf, um sein Werk erneut aufzunehmen. Eine Ordnung, die niemandem dient, die nur in der Nacht lebt und sich auf den Leinwänden Eso Peluzzis verewigt zeigt, im letzten Licht, das er einfing.

Mit warmen Farben, Tonabstufungen im Klang der Lauten, verbrachte Peluzzi seine letzten Jahre, gleichgültig gegenüber dem Geschwätz des Marktes, das um ihn herum anwuchs. Mit ihm verschwindet ein weiteres Stück jener unprätentiösen Turiner Schule des 20. Jahrhunderts, die seit Paulucci hartnäckig der aufstrebenden Avantgarde widerstand. All ihnen wird in einer Schrift von Luigi Carluccio gedankt, wobei die Geschichte noch nicht beantwortet hat, ob sein verallgemeinerndes Eingreifen fördernd oder verflachend wirkte. Verhinderte die prinzipielle Verteidigung aller Kunstschaffenden das Entstehen einer kühlen Abstraktheit, oder begünstigte er durch seine Stellungnahme das Überhandnehmen von Dilettanten, der naiven Kunst verfallenen Sonntagsmalern? Für die Kunst der Provinz waren es kämpferische Jahre, aber prickelnd und voller Neugier, die es heute nicht mehr gibt. Ob all diese «Schlachten» gerechtfertigt waren oder nicht, hat Peluzzi gewiss nie bedrückt, stieg er doch als ironischer Mensch ohne Waffen auf die Barrikaden. Er, der für Gemälde, Landschaften und Violinen geboren war, liebte zu sagen: «Es sind die einfachen Dinge, welche die Welt groß machen.»

Monforte d'Alba

Monforte d'Alba ist die letzte Station im Barolo-Gebiet der Langhe. Dieser Ort mit seiner bezaubernden Lage besteht größtenteils aus alten Bauwerken an den Hängen eines schroffen Hügels. Zum Gemeindegebiet zählen die weit verstreuten Vororte Bussia, Manzoni, Ornati, San Sebastiano, Sant'Anna, San Giuseppe, Ginestra, Perno und Castelletto, von denen die meisten durch den Barolo bekannt sind.

Monforte d'Alba ist ein geschichtsträchtiger Ort, der bis in die Römerzeit zurückblickt. Man weiß, dass hier früher eine Siedlung der Römer *(pagus romanus)* und der Langobarden lag. Zur Zeit der Karolinger war Monforte ein Feudallehen. Der Name des Ortes weist bereits auf seine strategische Bedeutung hin *(mons fortis)*, die während der sich über Jahrhunderte ziehenden Auseinandersetzung zwischen den Feudalherren der Region und der Stadtrepublik Alba besonders wichtig war. Das alte Kastell wurde 1028 von Ariberto d'Intimiano, Erzbischof von Mailand, eingenommen, da es zu dieser Zeit als Unterschlupf und Treffpunkt für manichäische Ketzer, die Katharer, diente. Sie wurden besiegt und nach Mailand gebracht, um auf dem Scheiterhaufen zu sterben, falls sie ihrem Glauben nicht abschwören. 1142 ging das Schloss auf den Markgrafen Bonifacio aus Cortemilia über und anschließend auf die Stadtrepublik Alba, die Visconti aus Mailand und auf Kaiser Friedrich I. Schließlich wurde es von den Soldaten des österreichischen Kaisers und des Herzogs Vittorio Amedeo von Savoyen eingenommen. So musste die Festung zahlreiche Besetzungen, Plünderungen und natürlich auch Zerstörungen in Kauf nehmen. Schließlich wure das Kastell durch Carlo Emanuele III. von Savoyen der Familie Carretto übergeben.

Heute ist dieses geschichtsträchtige Bauwerk Adelssitz der Grafen Scarampi del Cairo. Seit 1706 wurde die Burg immer wieder vergrößert und umgebaut. Der das alte Dorf beherrschende architektonische Komplex umfasst einen imposanten romanischen Campanile (13. Jahrhundert) sowie die Kirchen der Confraternita delle Umiliate und der Confraternita Sant' Agostino (14. Jahrhundert). Weiter genießt man von dem bezaubernden Dorf zu Füßen dieser riesigen Anlage aus einen herrlichen Ausblick auf das umliegende Gebirge, vom Pass Cadibona bis zum Monte-Rosa-Massiv.

Die Piazzetta wurde in ein einziges Auditorium verwandelt, das dem Pianisten Horszowski gewidmet ist, der es 1986 auch eröffnet hat. Im Seniorenheim findet man ein Fresko aus dem 15. Jahrhundert, das aus der alten Pfarrkirche stammt. Das heutige Gotteshaus wurde zu Beginn des 20. Jahrhunderts nach Plänen von Giuseppe Gallo in neugotischem Stil errichtet.

Nachdem man den Ort verlassen hat, empfiehlt sich ein Besuch der Vororte Perno und Castelletto: Dabei legt man einige Kilometer zwischen Weinbergen, Schlössern und Kapellen zurück. Einige Fresken aus dem 16. Jahrhundert in der ländlichen Kapelle von Sette Vie, in der Capella dell'Assunta oder in Castelletto sind nicht uninteressant. In der Kapelle Santo Stefano in Perno kann man auch eine wertvolle romanische Apsis aus dem 12. Jahrhundert bewundern.

Anreise

Bis 17 Kilometer nach Alba folgt man der Tanaro-Schnellstraße und biegt auf der Höhe von Monchiero links ab. Der Ort ist fünf Kilometer von der Bahnstation Monchiero-Dogliani auf der Linie Torino-Bra-Savona entfernt.

MONFORTE D'ALBA

Einwohner: 1926
Höhe: 480 Meter

ÜBERNACHTEN

Giardino da Felicin
Via Vallada 18
Tel. 0173 78225
Drei Sterne, 11 Doppel-
zimmer mit Satelliten-TV,
Telefon, Safe und Minibar.
Restaurant, Konferenzraum,
Parkplatz.
Preise: Einzelzimmer
L. 100000, Doppelzimmer
L. 160000
Ein Hotel in ländlicher Umge-
bung, ideal für Personen, die
Ruhe und gutes Essen suchen.
Die Zimmer sind ruhig, nett
und komfortabel ausgestattet
und bieten einen schönen
Ausblick auf die Hügelland-
schaft. Frühstücksraum mit
Terrasse und Blick ins Tal.

Grappolo d'oro
Piazza Umberto 4
Tel. 0173 78293
Zwei Sterne, 14 Zimmer mit
Bad. Restaurant, Bar, Parkplatz.
Preise: Einzelzimmer L. 70000,
Doppelzimmer L. 100000
Kreditkarten: die gängigsten
Die Zimmer sind auf gutem
Niveau, das Restaurant bietet
bodenständige Speisen um
L. 35000–45000 ohne Wein
und eine gute Auswahl lokaler
Etiketten.

Villa Beccaris
Via Bava Beccaris 1
Tel. 0173 78158
Zwei Sterne, 13 Doppelzim-
mer, 9 Luxuszimmer, 1 Suite.
Bar, Enoteca zum Verkosten
von Weinen und lokalen
Spezialitäten, Konferenzraum,
überdachter Parkplatz,
Swimmingpool, Solarium.
Preise: Doppelzimmer
L. 250000–300000, Luxus-
zimmer L. 300000–360000,
Suite L. 400000–500000
Kreditkarten: die gängigsten

Im höher gelegenen Teil der
Ortschaft, am Rande der
Altstadt, liegt dieses Hotel,
das in den Räumen eines
Palazzos untergebracht ist,
welcher sich einst im Besitz
des Generals Bava Beccaris
befand. Die Zimmer sind elegant mit Stilmöbeln und
wertvollen Tapeten ausgestattet, die Suiten haben noch
Originalfußböden, mit Fresken
bemalte Decken und Kamine.
Ein jahrhundertealter Park
bietet im Sommer Abkühlung,
im Winter steht ein klimati-
sierter Wintergarten zur
Verfügung. Ein intimer, warmer
Raum ist als Bar eingerichtet,
die alten Kellergewölbe dienen als Enoteca.

ESSEN

Giardino da Felicin
Via Vallada 18
Tel. 0173 78225
Nur abends geöffnet, Samstag
ganztags, Sonntag mittags;
Montag Ruhetag
Betriebsferien: im Januar und
im Juli
Plätze: 60
Preise: L. 70000–75000 ohne
Wein
Kreditkarten: die gängigsten
Giorgio und Nino Rocca
führen gemeinsam mit ihren
Gattinnen Rosina und Silvia
das von Felicin gegründete
Lokal, das in den 70er-Jahren
in der Gastronomie der
Langhe Kultstatus erreichte
und weiterhin ein erklärtes
Ziel für Gourmets in dieser
Region darstellt. Die Küche
setzt die heimische Tradition
fort, ergänzt sie jedoch mit
einem Schuss Leichtigkeit
durch moderne Variationen
und neue Kreationen. Der
Keller ist bestens sortiert.
Freundliche Atmosphäre.

La Salita
Via Silvano 4–6
Tel. 0173 787196

Montag und mittags
geschlossen
Plätze: 35
Preise: L. 40000 ohne Wein
Dieses Lokal zählt zum
Circolo Arci und ist im
Innenhof eines revitalisierten
Altbaus untergebracht: Im
Erdgeschoss befinden sich der
Eingang und der Weinkeller,
im ersten Stock die Küche
und der Speisesaal. La Salita,
eine gute Kombination aus
Osteria und Weinbar, bietet
eine kleine, aber empfehlens-
werte Speisekarte mit
Gerichten, zu denen man aus
einer geradezu monumenta-
len Weinkarte einen guten
Tropfen aus den Langhe
wählen kann. Die Küche der
Schwestern Scarzello, die
davor in der Rosa Rossa in
Cherasco tätig waren, bleibt
der traditionellen Linie der
Langhe treu.

Trattoria della Posta
Località Sant'Anna 87
Tel. 0173 78120
Donnerstag Ruhetag
Betriebsferien: letzte Woche
im Juli und zweite Hälfte
Februar
Plätze: 45
Preise: L. 38000–60000 ohne
Wein
Kreditkarten: die gängigsten
außer AE und DC
Anfang Juni 2000 wurde der
historische Sitz der Trattoria
della Posta in die neuen
Räumlichkeiten in der Borgata
Sant'Anna verlegt. Die Küche
und die speziellen Merkmale
des Lokals sind gleich geblieben und auch weiterhin tief in
der Tradition der Langhe verankert. Sie finden sämtliche
klassischen Gerichte, allen
voran *tajarìn* und Hachse in
Barolo. Die Weinkarte ist
umfangreich und ausgewogen
und bietet alle großen Barolo-
Lagen. Im Sommer kann man
im Freien sitzen und den
unvergleichlichen Blick über
die Langhe genießen.

Trattoria 'r Osto 'd Pern
Via Cavour 5
Frazione Perno
Tel. 0173 78484
Mittwoch Ruhetag
Betriebsferien unterschiedlich
Plätze: 40
Preise: L.40000 ohne Wein
Kreditkarten: alle
Wir befinden uns hier im Ortsteil Perno, wo sich nur vereinzelte Häuser an den Hügel schmiegen und der auf das Städtchen Monforte herabblickt. Im Ortskern treffen wir auf eine alte Osteria in rustikalem Stil, die durch geschmackvolle Einrichtung und hohe Tischkultur beeindruckt. Lassen Sie sich vom Lokalbesitzer auf sympathische Weise in die traditionelleinfache Landesküche einführen. Bei den Antipasti Artischockenauflauf und Sardellen in Kräutersauce, dann *tajarìn*, serviert in einer Sauce mit Wurststückchen, oder Gnocchi mit Kürbis, als *secondo* Schweinsrippchen, Pfeffersteak und Hasenpfeffer, zum Abschluss *bonet*. In der Weinkarte sind die besten Etiketten der Gegend vertreten, darunter einige große Barolo-Weine.

Osteria dei Catari
Vicolo Solferino 4
Tel. 0173 787256
Montag und Dienstagabend geschlossen
Betriebsferien: zwei Wochen Ende Januar/Anfang Februar
Plätze: 40+16 im Freien
Preise: L.40000–45000 ohne Wein
Kreditkarten: die gängigsten außer DC
Eine Osteria im historischen Zentrum, wo Sie einen kalten Imbiss mit Wurst und Käse oder ein warmes Essen mit verschiedenen traditionellen Gerichten zu sich nehmen können. Gute Auswahl an Weinen.

EINKAUFEN

SÜSSIGKEITEN
Panetteria Viberti
Via Palestro 16
Hier wird auf Bestellung eine klassische Haselnusstorte erzeugt, wie sie schon zu Großmutters Zeiten in den Langhe gebacken wurde.

KÄSE UND WEIN
Enoteca di Monforte
Via Palestro 2
Weine und Grappa aus Alba, Ziegenkäse aus Roccaverano und Murazzano, darüber hinaus auch die Produkte der Antica Dispensa.

IMBISS UND WEINE
Enoteca bar Rocca
Piazza Umberto I 20
Ein altes Geschäft, das zu einer ansprechenden Enoteca umgebaut wurde. Der Ausschank bietet den idealen Rahmen für einen kleinen Imbiss mit lokalen Wurst- und Käsespezialitäten. Gute Auswahl an Weinen aus den Langhe.

WEINKELLEREIEN

Gianfranco Alessandria
Località Manzoni 13
Tel. 0173 78576·787222
Ein kleiner Betrieb für große Weine. Zwei Hektar werden für die Erzeugung von Barolo, eineinhalb für Barbera d'Alba und ein halber für Dolcetto d'Alba genutzt. Der Barbera d'Alba Vittoria zählt zu den Spitzenweinen der Gegend.

Bussia Soprana
Località Bussia Soprana 87
Tel. 039 305182
Silvano Casiraghi und Guido Rossi sind in den Langhe auf mehr als 18 Hektar Anbaufläche in den Lagen Bussia und Mosconi das Wagnis des Weinbaus eingegangen. Ausgezeichnete Erfolge verbuchte neben dem Barolo Bussia und dem Barolo Vigna Colonnello vor allem der Barbera d'Alba Vin del Ross '96.

Domenico Clerico
Località Manzoni Cucchi 67
Tel. 0173 78171
Die Weine von Clerico werden von Kennern längst zu den Klassikern gezählt. Barolo Ciabot Mentin Ginestra, Barolo Pajana und Langhe Rosso Arte (aus Nebbiolo-Trauben) sind stets im Spitzenfeld ihrer Art angesiedelt. Kosten Sie auch den Barbera Trevigne.

Giacomo Conterno
Località Ornati 2
Tel. 0173 78221
Der Barolo Monfortino, der nur in guten Jahrgängen abgefüllt wird, hat diesem Betrieb unter der Leitung von Giovanni Conterno, einem der herausragenden derzeitigen Barolo-Hersteller, zu Ruhm verholfen. Auch seine anderen Weine haben ein hohes Niveau, vom Barbera d'Alba bis zum Langhe Freisa, in einer trockenen, ausgeglichenen Version.

Paolo Conterno
Via Ginestra 103
Tel. 0173 78415
Aus dem großen Cru von Ginestra (sechs Hektar eigene Weingärten) produziert der Betrieb drei Rotweine der Langhe: Barolo, Dolcetto d'Alba und Barbera d'Alba.

Conterno Fantino
Bricco Bastia
Via Ginestra 1
Tel. 0173 78204
Die prachtvolle Kellerei beherrscht Monforte von Bricco Bastia aus. Die Brüder Claudio und Diego Conterno in den Weingärten, Guido Fantino im Keller: drei Stars im Dienste eines Betriebs höchster Güte. Zu den beachtlichsten Weinen zählen Barolo

DIE KATHARER VON MONFORTE

Grazia Novellini

Monforte ist einer der vielen Ortsnamen, mit denen man im Mittelalter befestigte Siedlungen auf Anhöhen benannte. Neben dem Monforte der Langhe gibt es in Italien nur noch Monforte San Giorgio in der Provinz Messina als eigenständigen Ort. Aber der Name findet sich auch in zwei Ortsbezeichnungen in Mailand: Der eine bezieht sich auf die Stadteinfahrt an der Ostseite der spanischen Bastionen, zwischen der Porta Venezia und der Porta Vittoria, der andere auf die Straße, die von dort auf die Piazza San Babila führt. Nicht jeder weiß, dass jenes Monforte just das Monforte von Alba ist, und dass die Benennung auf eine der beschämendsten Episoden der europäischen Geschichte zurückgeht.

Verdankt der *Mons Fortis* der Bassa Langa heutzutage seine Berühmtheit dem Wein und der Küche, der sauberen Luft, dem herrlichen Panorama und der Ruhe, so machten die Bewohner des Dorfes früher als Vorkämpfer bei der Verbreitung der Grundsätze der Katharer von sich reden – und auch bei der Verfolgung spielten sie eine Rolle. Der Name (vom griechischen Wort *kátharos*, rein) bezeichnet eine Gemeinschaft christlicher Sekten, die zwischen dem 11. und 13. Jahrhundert in einigen Teilen Europas auftauchten. Es waren religiöse Strömungen, die sich wahrscheinlich von den erst in Bulgarien, dann auch in Bosnien verbreiteten Bogumilen herleiteten; ihre Anhänger wurden von Rom zu Häretikern erklärt und mit einer Entschlossenheit bekämpft, die zu unglaublicher Gewalt führte.

In den Geschichtsbüchern findet vor allem der Kreuzzug gegen die Albigenser Erwähnung, zu dem 1208 nach dem Mord am päpstlichen Legaten Pierre de Castelnau aufgerufen und der mit solcher Brutalität und Maßlosigkeit geführt wurde, dass selbst dessen Initiator Papst Innozenz III. sich daran stieß. Weniger bekannt, aber fast ebenso gewaltsam, war die Unterdrückung der so genannten albanesischen (von Alba) Katharer, die sich vor allem in Monforte unter der Führung der Lehensgräfin Berta versammelten.

Wie ihre Glaubensgenossen im Rest Europas (die Albigenser im Süden Frankreichs, die Publikaner in Flandern, Bagnolensen bei Mantua, Patavener oder Paterener östlich von Mailand und am Gardasee) beriefen sich auch die Katharer von Monforte auf eine klare Trennung zwischen Gut (Geist) und Böse (Materie). Sie verneinten die Göttlichkeit Christi, den Wert, den die Katholiken der Messe und der Taufe beimaßen, die Existenz des Fegefeuers und den Bildniskult. Sie lebten streng asketisch (Fasten, Bußen, sexuelle Enthaltsamkeit, Verzicht auf Speisen tierischen Ursprungs), betrachteten jeden Landbesitz als Sünde, verurteilten Reichtum und Titel als Werke des Satans und verkündeten die neue Ordnung einer egalitären Gesellschaft, in der es keinen Privatbesitz gab. Es war das Bewusstsein um die brisanten Folgen ihrer Doktrin, das die Unterdrückung in Gang setzte. In Monforte erreichte diese bereits in der ersten Hälfte des 11. Jahrhunderts ihren Höhepunkt, als Ariberto d'Intimiano die Diözese von Alba übertragen wurde, seines Zeichens bischöflicher Herrscher von Mailand, der zu einem der mächtigsten Politiker Norditaliens aufgestiegen war.

Da der von der Gräfin Berta angeführte Widerstand vor Ort nicht zu zerschlagen war, deportierte Erzbischof Ariberto alle Sektenanhänger nach Mailand: Sie wurden außerhalb der Stadtmauern bei lebendigem Leib verbrannt, an einer Stelle, die seit damals – erst Esplanade am Stadtrand, dann Osteinfahrt und Tor zur Verbindung mit San Babila – den Namen Monforte trägt. Die Mailänder, die in den Hügeln der Langa Ruhe und gute Küche suchen, haben das Zeugnis der einst schrecklichen Geschichte ihrer bevorzugten Sommerfrische vor der Nase.

Dann wurde noch das Kastell der abtrünnigen Gräfin Berta in Brand gesteckt und zerstört, das war das Ende der katharischen Bewegung im Piemont. Die heutige Burg, im Besitz der Grafen Scarampi, ist ein schöner Bau aus dem 17. Jahrhundert, der im letzten Jahrhundert umgebaut wurde. Hier, am Gipfel des *Mons Fortis*, zwischen dem Grün des Parks und dem restaurierten Stadtturm, wo im Sommer Konzerte gegeben werden, wo Theater gespielt wird, erinnert nichts an dieses schmerzvolle Kapitel der Intoleranz. Die gleiche heitere Stimmung erfüllt die Gässchen der Altstadt, die Wege die durch vor Reben strotzenden Weinberge, die Cappella delle Sette Vie in Richtung Monchiero mit ihren Fresken oder die Landkirche Santo Stefano im Ortsteil Perno. Warum eine von der Natur derart begünstigte und nachhaltig durch Menschenhand gezeichnete Gegend die Schmach des Fanatismus ertragen musste und wie dieses an Wein und anderen materiellen Dingen fruchtbare Land Menschen hervorbringen konnte, die all dies derart verabscheuten, sind Rätsel, die uns die Geschichte aufgibt, ohne sie zu lösen.

Sorì Ginestra und Barolo Vigna del Gris wie auch der Langhe Rosso Monprà.

Alessandro e Gian Natale Fantino
Via G. Silvano 18
Tel. 0173 78253
Die Brüder Alessandro und Gian Natale besitzen einen schönen Weinkeller in der Altstadt von Monforte und Weingärten in Dardi, wo sie Barolo, Barbera d'Alba und einen interessanten Nebbiolo Passito gewinnen, wobei Letzterer nur in den besten Jahrgängen abgefüllt wird. Der Respekt vor der Natur ist eines der obersten Gebote bei der Führung der Weingärten.

Attilio Ghisolfi
Località Bussia
Cascina Visette 27
Tel. 0173 78345
Eine Reihe beachtlicher Rotweine, wobei besonders der Barbera d'Alba Vigna Lisi '96 und der Barolo Bricco Visette hervorzuheben sind.

Elio Grasso
Località Ginestra 40
Tel. 0173 78491
Eine herrliche Kellerei in der Lage Gavarini, ganz in der Nähe von Ginestra, wo Weine höchster Qualität hergestellt werden: Barolo Ginestra Vigna Casa Matè, Barolo Gavarini Vigna Chiniera, Barbera d'Alba Vigna Martina und Langhe Chardonnay Educato.

Giovanni Manzone
Via Castelletto 9
Tel. 0173 78114
Aus dem Cru Gramolere gewinnt der Betrieb zwei Arten von Barolo, die durch ihre Güte bestechen: den Gramolere und den Gramolere Bricat. Interessant auch der Bricco Serra aus Rossesebianco-Trauben und der

Langhe Rosso Tris aus Nebbiolo-Trauben, weiter Barbera und Dolcetto zu gleichen Anteilen.

Monti
Frazione Càmia
Località San Sebastiano 39
Tel. 0173 78391
Pier Paolo Monti, ein junger Unternehmer aus Turin, hat '96 diesen schönen Betrieb erstanden und alles auf Qualität gesetzt. Aus den Kellereien geht jetzt ein ausgezeichneter Barbera d'Alba hervor, im Jahre 2003 wird der erste Barolo aus der Taufe gehoben.

Pajana
Via Circonvallazione 2
Tel. 0173 78269
Als Renzo Seghesio die wunderschönen Weinberge in Pajana erwarb, übernahm er den Namen dieses Crus auch für seinen Betrieb. Gute Produktion von Barolo, Barbera d'Alba und Dolcetto d'Alba.

Armando Parusso
Località Bussia 55
Tel. 0173 78257
Marco und Tiziana Parusso führen diesen Familienbetrieb mit Leib und Seele. Exzellent der Rosso Bricco Rovella '96, ebenfalls von ausgezeichneter Qualität der Barolo Bussia Vigna Munie und der Barolo Bussia Vigna Rocche, der Barbera d'Alba Bricco Pugnane und der Langhe Bianco Rovella. Die Reben stammen alle aus Lagen an der Gemeindegrenze zwischen Monforte und Castiglione Falletto.

Pianpolvere Soprano
Località Bussia 32
Tel. 0173 78335
Der historische Betrieb der Familie Fenocchio – mit ihrem Spitzenwein, dem Barbera – wurde von Valentino Migliorini vom Weingut Rocche dei

Manzoni aufgekauft. Die neuen Etiketten haben im Jahre 2000 das Licht der Welt erblickt; die Weine davor stammen aus der Zeit vor der Übernahme.

Gianmatteo Pira
Località San Sebastiano 59
Tel. 0173 78538 · 78340
Der an der Grenze zu Dogliani angesiedelte Betrieb verdient wegen seines Dolcetto d'Alba und Dolcetto di Dogliani einen Besuch, aber auch der Barbera d'Alba ist nicht zu verachten, vor allem der aus spät gelesenen Trauben.

Giorgio Pira
Via Cavour 37
Località Perno
Tel. 0173 78413
Alle Klassiker der Langhe, angeführt vom Barolo, aus den mit spezieller Sorgfalt gepflegten Weingärten in den berühmtesten Crus von Monforte; wir befinden uns hier bereits im Ortsteil Perno, einer der begehrtesten Gegenden der großen Barolo-Hersteller.

Poderi Aldo Conterno
Località Bussia 48
Tel. 0173 78150
Aldo Conterno nimmt unter den Stars der Barolo-Herstellung mit seinen drei Barolo-Versionen einen Spitzenplatz ein: dem Gran Bussia Riserva, dem Bussia Soprana und dem Vigna Colonnello, mächtige Weine mit langer Reifung. Für Freunde von Weinen mit mehr Spontaneität gibt es den Freisa Bussianella. Mit dem Barbera d'Alba Conca Tre Pile und dem Nebbiolo Favot kehrt der Betrieb zum strukturierten Rotwein zurück.

Podere Rocche dei Manzoni
Località Manzoni Soprani 3
Tel. 0173 78421

Valentino Migliorini hat einen wirklich beachtlichen Betrieb aufgebaut, nicht nur wegen der Quantität der erzeugten Weine, sondern wegen des insgesamt hohen Qualitätsniveaus. Eine reiche Palette an Weinen: vom Barolo Vigna Big und Barolo Rocche bis zum Bricco Manzoni (Nebbiolo- und Barbera-Trauben), vom Langhe Chardonnay bis zum Pinonero, vom Valentino Brut Zero zum Barolo Cappella di Santo Stefano. Der jüngste in der Reihe ist ein Rotwein, der Quatr Nas.

Podere Ruggeri Corsini
Località Bussia Corsini 106
Tel. 0173 78625
Ein aufgehender Stern in Monforte d'Alba. Loredana Addari und Nicola Argamante erzeugen mit beachtlichen Ergebnissen die Klassiker der Langhe. Empfehlenswert sind der Barolo Corsini und der Barbera d'Alba Armujan.

Ferdinando Principiano
Via Alba 19
Tel. 0173 787158

Der Wein, durch den dieser junge Betrieb berühmt wurde, war vor allem der Barolo Boscareto '93, aber der Barbera d'Alba Pian Romualdo steht ihm in nichts nach.

Flavio Roddolo
Bricco Appiani
Località Sant'Anna 5
Tel. 0173 78535
Das Weingut, ein wunderbarer Boden für Dolcetto d'Alba, liegt an der Straße von Monforte nach Roddino und stellt auch einen großartigen Barbera d'Alba, einen interessanten Nebbiolo d'Alba und einen guten Barolo her.

Fratelli Seghesio
Frazione Castelletto 20
Tel. 0173 78108
Aus diesem Familienbetrieb gehen Weine der gehobenen Klasse hervor: Barolo Vigneto La Villa, Barbera d'Alba Vigneto della Chiesa, Bouquet (Merlot, Cabernet Sauvignon und Nebbiolo) sowie ein Dolcetto d'Alba.

FESTE, MESSEN UND VERANSTALTUNGEN

Musik
In den Monaten Juni, Juli und September werden im Auditorium Horszowski, einem prachtvollen, muschelförmigen Platz am höchsten Punkt der Ortschaft, unter dem alten Glockenturm Konzerte klassischer Musik aufgeführt. Im September Liedermacher und Jazz.

Pallone elastico
In den Sommermonaten werden auf der alten Piazza del balon Faustball- und nächtliche pantalera-Turniere abgehalten. Versionen des traditionellen Ballspiels pallone elastico.

Festa del paese
Am vierten Sonntag im August.

Kunsthandwerk
Am dritten Sonntag im November. Markt mit wertvollen kunsthandwerklichen Gegenständen.

Novello

Novellum Albensium Pompeianorum oder «neue Siedlung der Bewohner von Alba Pompeia» lautet der ursprüngliche Name dieses Ortes, der auf die in den ersten Jahrhunderten des zweiten Jahrtausends errichteten Novae Villae (neue Städte) zurückgeht. Der alte Kern ist jedoch noch älteren Ursprungs und stammt mit Sicherheit aus der Zeit der Römer.

Novello besteht aus einer Hand voll Häusern, die sich auf einem Hügelkamm über dem Tanaro-Tal zusammenkauern.

Die urbane Entwicklung vollzog sich entlang der Via Principale; hier reihen sich öffentliche und private Gebäude aneinander. Man betritt den Ort durch das mittelalterliche Tor mit dem Uhrturm. Neben dem Turm befindet sich die Pfarrkirche San Michele Arcangelo (1761–1783), die nach Plänen von Francesco Gallo errichtet wurde. Die hohe, schlanke Backsteinfassade hat wenig Ähnlichkeit mit den sonst für den Künstler typischen Werken. Diese Kirche ist im neoklassischen Stil des späten 18. Jahrhunderts mit gewissen Stilmerkmalen des 16. Jahrhunderts erbaut. Das geräumige und majestätische Innere mit dem Grundriss eines griechischen Kreuzes besteht nur aus einem einzigen Schiff mit einer 34 Meter hohen Kuppel im Zentrum. Interessant sind der Altar aus verschiedenfarbigem Marmor, das Kruzifix sowie eine hundertjährige Orgel des berühmten Orgelbauers Vittino aus Centallo, die nach wie vor funktionstüchtig ist. Auf der Piazza befindet sich neben der Pfarrkirche die Chiesa della Confraternita di San Giovanni (1750–1756), deren Fassade ein kleines Barockjuwel darstellt.

Folgt man der Via Principale und quert die Piazza del Municipio, gelangt man zum Kastell, das die Umgebung beherrschend auf einem Felsen liegt. Es war jahrhundertelang Sitz der Grafen Carretto. Als Enrico Guercio, der später in Jerusalem gekreuzigte Stammvater der Grafen, vom Aufbegehren seiner Lehensherren erfuhr, tröstete er sich mit dem Gedanken, dass ihm Novello nach wie vor die Treue hielt. Aber von der Burg Enricos ist heute so gut wie nichts mehr zu sehen: An ihrer Stelle wurde ein von Gian Battista Schellino aus Dogliani geplantes neues Schloss errichtet, dessen Bau 1880 abgeschlossen wurde. Der Autodidakt Schellino war Vertreter eines eklektischen Historismus. Der triumphierende neugotische Stil wird aber durch Backsteine abgeschwächt. Das Ganze erinnert an ein wagnersches Bühnenbild.

Im Inneren kann man drei Säle besichtigen: den venezianischen Saal, den Jagdsaal und das Schlafzimmer. Alle Räume sind im Stil der Epoche eingerichtet. Im Anschluss an die Salons des späten 19. Jahrhunderts, die Allara Nigra, der Dame des Hauses, zu verdanken sind, gelangt man heute in ein großes Restaurant, das vor rund 40 Jahren angebaut wurde.

Anreise

Von Alba nimmt man die *provinciale* Richtung Barolo und biegt wenige Kilometer vor Barolo rechts ab. Kurz danach gelangt man nach Novello.

NOVELLO
Einwohner: 910
Höhe: 471 Meter

ÜBERNACHTEN

Hotel Barbabuc
Via Giordano 35
Tel. 0173 731298
Drei Sterne, 10 Zimmer mit Telefon, Bad und WC. Innenhof mit Garten, Bar, Konferenzsaal, Parkplatz auf der angrenzenden Piazza. Preise: Einzelzimmer L. 140000, Doppelzimmer L. 165000, Rustikales Frühstücksbuffet L. 15000–24000 Ein kleines Hotel mit Charme, das in einem Palazzo aus dem 19. Jahrhundert untergebracht ist. Allgegenwärtig zwischen Büchern, Bildern und schönen Keramikgegenständen der gute Geschmack der Hotelmanagerin Maria Beccaria. Die Zimmer sind mit antiken Möbeln und modernen Designerstücken ausgestattet, jeweils harmonisch auf eine Farbe abgestimmt; zauberhafter Garten im Innenhof; die Terrasse dient zugleich als kleines Solarium. Üppiges Frühstück mit Marmeladen, Käse- und Wurstspezialitäten. Auf der angrenzenden Piazzetta liegt das Restaurant Barbabuc (50 Plätze, Dienstag Ruhetag, Preise etwa L. 50000 ohne Wein).

Albergo Al Castello da Diego
Castello di Novello
Tel. 0173 744011
Geschlossen vom 12. Dezember bis 10. März Drei Sterne, 7 Doppelzimmer mit Bad, 3 Suiten, jeweils mit 2 Doppelzimmern, Wohnzimmer und Bad. Restaurant, Bar, Parkplatz. Preise: Doppelzimmer L. 140000, Suite L. 200000 (für zwei Personen), Frühstück L. 15000–20000 In einem Schloss aus dem 19. Jahrhundert. Besonders komfortabel sind die Suiten, deren Decken mit Fresken verziert und die mit Stilmöbeln eingerichtet sind. Sonnenterrasse mit Privat- und Gemeinschaftsbereichen.

Abbazia Il Roseto

Via Roma 38
Tel. 0173 744016
Preise: Doppelzimmer
L. 110000, großes Doppel-
zimmer L. 130000, mit
Frühstück
Urlaub auf dem Bauernhof:
Anna Demichelis bietet ihren
Gästen sechs Zimmer mit
Bad und WC in einem restaurierten Bauernhof gleich bei
der Ortseinfahrt. Schöne,
geräumige Zimmer, die einst
zu einem Kloster gehörten,
sehr geschmackvoll eingerichtet und dekoriert. Parkplatz
mit Videoüberwachung.

EINKAUFEN

SÜSSIGKEITEN
Panetteria Manzone
Via Giordano 7
Die berühmten *paste di meliga*, ein trockenes Maisgebäck,
das zum Tee oder zu Dessertwein gereicht wird.

WEIN
Bottega Comunale del vino
Via Roma 1
Öffnungszeiten: Samstag und
vor Feiertagen: 15–18. Sonn-
und Feiertag: 10–12; 15–18
(an anderen Tagen telefonische Voranmeldung bei der
Gemeindeverwaltung unter
0173 731147)
In einem großen Saal aus
dem 18. Jahrhundert, in dem
sich ehemals die Kapelle und

die Krypta der darüber liegenden Pfarrkirche befanden,
können Sie heute unter den
Produkten von etwa 20
Weinbauern aus Novello
wählen. Degustation und
Verkauf.

WEINKELLEREIEN

Elvio Cogno
Località Ravera 2
Tel. 0173 744006
In ihren eigenen Weingärten
rund um den Gutshof ziehen
Walter Fissore und seine
Gattin Nadia die Trauben für
ihre Qualitätsweine. Barolo
Ravera, Barbera Bricco del
Merlo, Dolcetto d'Alba Vigna
del Mandorlo, Langhe Rosso
Montegrilli und ein spezielles
Gustostück, der Nas-cetta, ein
einzigartiger Weißwein aus
einer aus Novello stammen-
den Traube, die dieser Betrieb
wiederentdeckt hat.

Le Strette
Via le Strette 2
Tel. 0173 744002
Die Brüder Daniele, Flavio
und Mauro führen seit einigen
Jahren diesen kleinen, gut ausgestatteten landwirtschaftlichen Betrieb. Heute gibt es
im Handel den Barbera
d'Alba Pezzole und den
Dolcetto Rocca dei Bergera,
während man auf den Barolo
Bergeisa noch einige Jahre
wird warten müssen. In klei-

nen Mengen wird auch der
Nas-cetta, ein typischer Weißwein aus Novello, hergestellt.

Giovanni e Roberto Stra
Località Ciocchini 5
Tel. 0173 731214
Dieser Familienbetrieb kann
mit exzellenten Weinen aus
den Langhe aufwarten. Gut ist
der Dolcetto, der zu mäßigen
Preisen angeboten wird, der
Barolo und der Barbera.
Erwähnenswert ist auch der
im Barrique ausgebaute Brajas
(aus Nebbiolo- und Barbera-
Trauben).

FESTE, MESSEN UND VERANSTALTUNGEN

Fiera di Santa Lucia
Zweite Woche im Dezember.
Schaf- und Ziegenschau und
kulinarische Abende mit speziellen Gerichten aus den
Langhe sowie Degustationen
von Weinen aus Novello. Im
Zuge der Festivitäten wird
den Bürgern, die ihren 80.
Geburtstag gefeiert haben, für
ihre Treue zu Grund und
Boden der Preis Fedeltà alla
terra verliehen.

InsellaMangiando
August. In der ersten Woche
findet ein Reitertreffen statt,
in der zweiten Ausflüge zu
Pferd mit verschiedenen
Stationen, die kulinarische
Highlights bieten.

Roddi

Der Name kommt vom keltischen *raud* oder *rod* und bedeutet Fluss. Hier ist eindeutig der Tanaro gemeint. In der Römerzeit war Castrum Rhaudium ein strategisches Zentrum zwischen Alba Pompeia und dem großen Pollentia. Laut Überlieferung wurden auf dem großen Plateau zwischen Roddi und Pollenzo zwei berühmte Schlachten geschlagen: die von Campi Raudi im Jahre 101 v. Chr., in der Marius die Zimber besiegte, und weiter jene von Pollenzo, in der Flavius Stilicho mit Erfolg (allerdings dem letzten des zerfallenden Reiches) 403 n. Chr. die Goten Alarichs in die Flucht schlug.

Die Geschichte von Roddi zur Römerzeit sowie in den Jahrhunderten danach ist eng mit jener Albas verbunden. Nachdem der Ort erst unter der Herrschaft des Bischofs von Asti stand und anschließend an verschiedene Familien, darunter auch die Pico aus Mirandola, als Lehen übergeben wurde, fiel er 1631 durch den Vertrag von Cherasco zusammen mit 73 anderen *comuni* endgültig an die Savoyer.

Roddi liegt in ansprechender Lage rund sieben Kilometer von Alba entfernt. Dahinter erstreckt sich das Hügelland bis Verduno und La Morra, davor liegen Wiesen, Äcker und der träge dahinfließende Tanaro. Roddi ist ein mittelalterliches Dorf, dessen Straßen strahlenförmig ins Zentrum führen. Die Häuser des historischen Ortskerns sind entlang der Straße angeordnet, die in Serpentinen zum Kastell hinaufführt. Dieses hohe und imposante, massive Bauwerk, dessen Grundmauern auf die erste Jahrtausendwende zurückgehen, ist ein gutes Beispiel für die mittelalterliche Bauweise von Befestigungsanlagen, ähnlich der architektonisch noch ausgefeilteren Burg von Serralunga d'Alba. Die Türme sind eng mit der Gesamtstruktur verbunden. Einer davon stammt aus dem 12., der andere aus dem 15. Jahrhundert. Das Kastell, das im Inneren mit teils mittelalterlichen Objekten reich dekoriert ist, steht aber kurz vor dem Zerfall.

Weiter sind der teilweise abgetragene Glockenturm aus dem 13. Jahrhundert sowie die Pfarrkirche Assunta im späten Barockstil erwähnenswert. Letztere bietet mit ihrer geradlinigen und zierlichen Fassade einen beeindruckenden Hintergrund zur ruhigen und einfachen Piazzetta del Municipio. Im Jahre 1527 weilte Gian Francesco della Mirandola, Enkel des großen Humanisten und Philosophen Giovanni Pico, in diesem Schloss.

Bis vor kurzem gab es in Roddi eine ganz spezielle Institution: Die 1880 von Antonio Monchiero, genannt Baròt I., gegründete so genannte «Universität der Trüffelhunde». Sein unter dem Namen Baròt II. bekannter Sohn baute das Projekt weiter aus. Mit seinem Tod im Jahre 1960 erlosch die Tradition.

Roddi ist auch für das *pallone elastico*, das typische Ballspiel der Langhe, bekannt und hat nicht zufällig einen der größten Spieler aller Zeiten hervorgebracht, nämlich Beppe Corino, der 1962 Staatsmeister in der ersten Division war. Die geräumige Sporthalle des Ortes steht in der Via Sineo und ist von einem Bollwerk alter Häuser in der darüberliegenden Via Carlo Alberto umgeben.

Eine Hinweistafel in der Via Sineo, in der sich der Palast der Familie gleichen Namens befindet, klärt uns über deren wichtigste Mitglieder auf: Sebastiano, der 1706 als Hauptmann an der Belagerung Turins beteiligt war; Francesco Antonio, der 1796 zusammen mit Bonafous und Ranza Mitbegründer der Jakobinerrepublik von Alba und 1821

Revolutionär wurde, sowie Riccardo, der zweimal Minister und dreißig Jahre lang prominenter Vertreter der Linken war, erst im subalpinen Parlament und später im Parlament des Italienischen Königreiches.

Im unteren Teil des Ortes hat in den letzten zehn Jahren eine beachtliche industrielle und wirtschaftliche Entwicklung stattgefunden.

Anreise

Von Alba über die *provinciale* Richtung Barolo biegt man in San Cassiano rechts ab und trifft nach wenigen Kilometern links auf eine Straße, die den Berg hinaufführt. Von Bra aus fährt man zuerst durch Pollenzo und dann entlang einem ehemaligen Handelsweg der Savoyer, auf dem man nach wenigen Kilometern rechts abbiegt.

RODDI

Einwohner: 1294
Höhe: 284 Meter

ÜBERNACHTEN

Enomotel il Convento
Via Cavallotto 1
Tel. 0173 615286
Drei Sterne, 27 Doppelzimmer, alle mit Bad, TV und Telefon. Enoteca, Restaurant, Bar, Parkplatz.
Preise: Einzelzimmer
L. 75 000–95 000,
Doppelzimmer
L. 110 000–160 000
Kreditkarten: die gängigsten
Das Hotel liegt an der Auffahrt zur Straße, die entlang der Talsohle von Barolo nach Alba führt, wenige Kilometer von Roddi entfernt. Ausgangspunkt für Ausflüge in die benachbarten Ortschaften.

Agriturismo Cascina Barin
Località Toetto 21
Tel. 0173 615159
16 Betten
Preise: L. 40 000 pro Person, ohne Frühstück
Durch den intelligenten Umbau ist der Charme dieses alten Gutshofes erhalten geblieben. Die Zimmer wurden durch Kassettendecken, schmiedeeiserne Betten und einige elegante Antiquitäten aufgewertet. Beim opulenten Frühstück werden Sie mit Fladenbroten und typischen Salami- und Käsespezialitäten verwöhnt.

ESSEN

La Crota
Piazza principe Amedeo 1
Tel. 0173 615187
Montagabend und Dienstag geschlossen

Betriebsferien: ein Monat im Zeitraum Juli–August
Plätze: 60
Preise: L. 40 000–50 000 ohne Wein
Kreditkarten: die gängigsten
Danilo Lorusso ist ein Meister der Küche der Langhe und rundet seine Gerichte mit kreativen Einfällen ab. Dazu werden Weine, speziell aus der Region Langhe, gereicht. Bei so manchem Risotto- oder Schmorbratenrezept ist der savoyische Einfluss unverkennbar. In der entsprechenden Saison stehen Wildgerichte und Trüffeln auf der Speisekarte.

FESTE, MESSEN UND VERANSTALTUNGEN

Das Fest des Schutzpatrons wird in der letzten Woche im August gefeiert.

Roddino

Liegt auf der Spitze eines abwechselnd mit Dolcetto und Nebbiolo bewachsenen Hügels. Roddino stand lange Zeit unter der Herrschaft der Markgrafen von Saluzzo; sie errichteten hier ein Kastell, von dem heute nichts mehr zu sehen ist. Die im Stil des 15. Jahrhunderts erbaute Pfarrkirche Santa Margherita, die ein wertvolles Baptisterium enthält, wurde 1928 durch einen eigenartigen Turm erweitert. Eine weitere Kirche dieser Pfarre verfügt über eine Kapelle mit romanischer Apsis aus dem 12. Jahrhundert, errichtet auf den Trümmern eines Benediktinerklosters auf einer Anhöhe mit herrlichem Ausblick.

Neben dem Weinbau stützt sich die lokale Wirtschaft auf die Viehzucht, wobei man von den lang gestreckten Weiden des Talloria-Tals profitiert.

Anreise

Ungefähr auf halbem Weg zwischen Monforte und der Abzweigung nach Pedaggera, von der aus man in die Alta Langa kommt, liegt Roddino rund 10 Kilometer von Dogliani und 23 Kilometer von Alba entfernt.

RODDINO
Einwohner: 371
Höhe: 610 Meter

EINKAUFEN

BROT
Panetteria Marcarino
Località Corini 3
In Roberto Marcarinos Bäckerei findet man sechs Arten von Brot aus Sauerteig, das unter Verwendung von Steinmühlenmehl aus biologischem Anbau hergestellt wird. Probieren Sie auch das Vollkornbrot in klassischen Formen und die von Hand gerollten Grissini. Alle Spezialitäten werden im Holzofen gebacken. Es handelt sich eigentlich nicht um ein Geschäft, sondern um eine Bäckerei, die ihre Produkte durch Zustellung vertreibt; die Produkte von Marcarino finden Sie auch in makrobiotischen Geschäften.

FESTE, MESSEN UND VERANSTALTUNGEN

Mataria 'd Langa
Dritte Woche im Juli. Ein Musikfestival in den Langhe. Tausende von Jugendlichen strömen nach Roddino, um vier Tage lang die Konzerte zu besuchen. Es treten die beliebtesten Künstler der italienischen Musikszene auf, vor allem jene, die eine weniger kommerzielle Richtung verfolgen. Das Publikum löscht seinen Durst mit Bier und Dolcetto.

Festa di San Lorenzo
Am 10. August, im Ortsteil San Lorenzo.

Serralunga d'Alba

Serralunga ist ein typisches Beispiel für ein Dorf mit mittelalterlichem Kastell als Mittelpunkt. Die Tatsache, dass der alte Ortskern noch ziemlich intakt ist, der Ausblick sowie die Ruhe machen Serralunga zu einem Plätzchen, das man unbedingt gesehen haben muss.

Der Weg zum Kastell hat besonders in den Nachmittagsstunden suggestive Wirkung. Dann kommen die warmen Töne der Backsteine am besten zur Geltung. Die Burg geht auf das späte Mittelalter zurück, als die Markgrafen del Vasto, dann die Familie Carretto und schließlich das Haus der Saluzzo einen auf dem Hügelkamm positionierten Turm zur Übermittlung von Nachrichten mittels Leuchtsignalen an andere Adelssitze benutzten. 1340 beschloss der neue Lehensherr, Pietro Falletti, den Turm durch ein stärkeres Bollwerk zu ersetzen. Diese Burg, die von den Einwohnern der Region aufgrund der drei hohen Türme als *tre ciòche* bezeichnet wird, wurde nach Kriterien des Festungsbaus errichtet, die noch keine Feuerwaffen kannten. Die Höhe des Gebäudes war nicht nur zum Auskundschaften der Umgebung gedacht, sondern sollte auch mögliche Belagerer abschrecken, ebenso wie der Graben, der früher die gesamte Anlage umgab, sodass diese nur über eine Zugbrücke zugänglich war. Außerdem ermöglichte die kreisförmige Anordnung der Wohnhäuser seinen Bewohnern, sich innerhalb kurzer Zeit zurückzuziehen.

Der einfache viereckige Grundriss verbindet den kreisförmigen Turm mit dem quadratischen Hof, während ein drittes Türmchen vom nordwestlichen Rand hervorragt. Der Wohnbereich ist durch Doppelbogenfenster gekennzeichnet, die noch teilweise Zinnen und Schwebebögen aus staufischer Zeit aufweisen. Dies sind die einzigen dekorativen Elemente des ziemlich nüchternen Gebäudes. Der zweistöckige Zubau aus dem 16. Jahrhundert dient heute als Herberge. 1950 wurde das Kastell auf Initiative von Luigi Einaudi, dem damaligen Präsidenten der Republik, in konservativem Stil restauriert und steht heute im Eigentum der Republik. Die Anlage kann besichtigt werden.

Anreise

Nach Serralunga, das rund 20 Kilometer von Alba entfernt ist, gelangt man, wenn man die *provinciale* Richtung Barolo nimmt. Nach Gallo stößt man auf eine Abzweigung, die über eine herrliche Panoramastraße in den Ort führt.

SERRALUNGA D'ALBA
Einwohner: 491
Höhe: 414 Meter

ÜBERNACHTEN

Italia
Piazza Cappellano 3 a
Tel. 0173 613124
Zwei Sterne, 8 Zimmer mit Bad und Telefon.
Preise: Einzelzimmer L. 60000, Doppelzimmer L. 100000

In dieses historische Hotel kamen zu Beginn des vorigen Jahrhunderts die Gäste im September zur Traubenkur. Heute präsentiert es sich als einfache Unterkunft zu mäßigen Preisen. Der Inhaber ist Giacomo Anselma, eine Persönlichkeit von Rang und Namen: Traubenmakler, Winzer und Gastwirt. Im Speiselokal werden Sie mit der unverfälschten Küche aus den Langhe und Hausweinen verköstigt.

ESSEN

Cascina Schiavenza
Via Mazzini 4
Tel. 0173 613115
Dienstag und an den Abenden von Feiertagen geschlossen
Betriebsferien: Juli
Plätze: 40

DER DUFT DER WEISSEN TRÜFFEL

Giovanni Goria

Der Duft nach Trüffeln ist Duft nach Piemont – nach den Langhe, nach den Böden von Alba und Monferrato. Ein Piemonteser, dem das Aroma der weißen Trüffel in die Nase fährt, dicht und reif, beschwörend und ein wenig sinnlich, erdverbunden und doch vornehm und begehrlich, erhält gleichsam einen elektrischen Schlag. Er denkt wohl an eine große alte Feuerstelle irgendwo in einem Bauernhäuschen der Langa, umgeben von nassem Novembergras, modrigem Geruch regennasser Wälder, edelfauler Pilze und feuchten Laubs. Der Geruch des Nebels vermischt sich mit dem Rauch des Holzfeuers, über dem feine *tajarìn* mit einem *soffritto* aus Fleisch und Innereien zubereitet werden (man zerlege dazu ein fettes Huhn und verwende die noch ungelegten Eier gleich mit). Die gelbe weiche piemontesische *fonduta*, Rebhühner oder Perlhühner in *salmì* (noch ein beglückender Duft nach Leber, Wacholder, zerlassener Butter, angebratenen Zwiebeln und Marsala), mit Knoblauch und Öl eingeriebene, in der Glut gesengte Steinpilzkappen und andere Köstlichkeiten umschmeicheln und tragen die Trüffel. Wie schön und gesellig ist ein Trüffelmahl in den Hügeln um Alba und im Monferrato, kein Bankett der Haute Cuisine kann da jemals mithalten.

Der Zauber der weißen Trüffel aus Alba nährt sich ein wenig aus dem Mysterium, das ihre Entstehung und Vermehrung umgab, es war ein ewiger Streit, der von den Römern über die Araber und die Renaissance bis in unsere Tage Gelehrte entzweite und erzürnte. Plinius der Ältere und Laertius Licinius, Apicius und Columella, Martial und Juvenal, Galen und Avicenna liefern uns kluge und heute überspitzt wirkende Abhandlungen; der eine gelangt zum Urteil, die Knolle entstünde im «Fluss aus den Bäumen, zu deren Wurzeln er sich sammelt», der andere sieht den Ursprung im Boden selbst und im Morast durch natürliches Keimen, wieder andere im Donner oder im Regen oder im Blitz oder im Schnee oder in dessen Schmelze, wenn sich das Erdreich erwärmt … Schön aber ist, dass Juvenal die Trüffeln sprechen lässt «Semina nulla damus, nec semine nascimur ullo – sed quid nos mandit, semen habere putat?» («Wir geben keinen Samen, noch werden wir aus Samen geboren – aber wer immer uns auch verzehrt, vermeint fruchbar zu sein.»), was auch der Glaube früherer Tage war, und Monsignor Pisanelli meint in seiner Abhandlung *De' cibi et del bere*, gedruckt 1589 in Carmagnola, dass «von den Trüffeln … die weißen weiblich sind

… sehr von Nutzen, da sie den Gaumen verwöhnen, die Samenflüssigkeit mehren und die Lust auf Beischlaf steigern … auch sehr blähend sind sie». Diesen Volksglauben über die erstaunliche aphrodisische und potenzsteigernde Wirkung akzeptiert noch heute ein jeder, oder tut zumindest so als ob, was nicht wenig zum Erfolg des wunderbaren Pilzes beiträgt.

Aber noch verwunderlicher ist seine perfekte Symbiose mit der Natur, dem Boden, der Landwirtschaft der Langhe, den Düften und Aromen der althergebrachten typischen Küche der Region, die wir der «Kultur unserer Mütter» verdanken. Ich meine, die Trüffel muss hier verzehrt werden, nicht losgelöst von ihrem kulinarischen oder überlieferten Kontext, obwohl sie heute von den teuersten Gourmettempeln in Mailand, Paris, Frankfurt und New York frenetisch gesucht (und teuer bezahlt) wird. Eher Chauvinisten als Feinschmecker waren die französischen Trüffelkundler, die im vorigen Jahrhundert durch die Lobpreisung ihrer schwarzen Trüffel des Périgord (in Wahrheit ein ziemlich fades und jämmerliches Gewächs, höchstens zum Füllen geeignet) einem doch tatsächlich weismachen wollten, dass die weiße Trüffel aus dem Piemont «… nur nach Knoblauch schmeckt, weswegen sie für einfache Speisen verwendet wird … ob ihres Geruchs, in dem sich Knoblauch, Zwiebel, Schalotte und stinkender Käse vermengen …». Andererseits wissen wir, dass die Fürsten von Acaia unsere weißen Trüffeln so schätzten, dass sie diese bereits 1308 als begehrte Gaben an Bona von Bourbon schickten. Davor noch sandte man aus dem alten *Pollentia* gute Trüffeln und gutes Schweinefleisch nach Rom. Ein nettes Detail am Rande: 15 Jahrhunderte vor der Erfindung der Gabel kannten die Römer bereits die Trüffelreibe, um die Knolle in feinsten Scheibchen über ihre Speisen zu reiben, was bis heute so gehandhabt wird. Die Könige von Frankreich waren regelrecht versessen auf Trüffeln, insbesondere Ludwig XV. und Ludwig XVIII.; Carlo Emanuele III. von Savoyen ließ 1751 acht Hunde und zwei *trifolao* (Trüffelsucher), die Brüder Vacchina aus Treiso, kommen, um Trüffeln aus den Wurzeln der Eichen im Park von Windsor zu holen … Es heißt, sie hätten auch welche gefunden, die aber ohne Geschmack und Geruch waren. Auch auf deutschen Höfen und in Wien schätzte man die Trüffel sehr. Graf Luigi Malabaila di Canale brachte um 1736–40 Maria Theresia im Auftrag der Savoyer «42 Pfund Trüffeln aus Alba», gute Rothühner und «Käse aus Kuh- und Schafsmilch», wobei es sich wohl um den heute so geschätzten *toma* aus der Langa handelte.

Nachdem Vittorio Pico (Turin, 1787) den *Tuber Magnatum Pico* genauestens studiert hatte, entwickelte die Agrarbotanik Techniken zur «Besporung» der Bäume, in deren Wurzelwerk die Trüffeln wachsen. Die Pappel bringt die weißen, glatten *bianconi* hervor, am Fuß der Eiche sammelt man gräulich-braune, haselnussfarbene Knollen, die als die aromatischsten gelten. Weide, Platane, Buche, heimischer Nussbaum, Ahorn – fast überall im Piemont entstanden Zuchten und Wäldchen, die «kultivierte» Trüffeln beziehungsweise Trüffeln «auf Nummer sicher» liefern sollten. Heute wird das Sammeln in fremdem Terrain – sofern dieses nicht von Netzen oder Zäunen umgeben ist – vom Staat und von der Region geregelt, die «Trüffelsucherscheine» ausgibt. Und natürlich fordert der Fiskus vom ersten Moment an (vom alten nächtlichen Sammler mit seinem Hund, letzterer steuerbefreit, zum Wanderer bis zum Käufer aus erster Hand) die Mehrwertsteuer ein, mit nicht unbeträchtlichen Komplikationen …

Rezepte

Es gibt derer Hunderte, denn die geheimste Eigenschaft der Trüffel ist es, nicht mit den pflanzlichen Aromen der Küche (Kräutern und Gewürzen) in Konflikt zu treten und sich wunderbarerweise sowohl süßen und zarten Düften (auf Rührei) als auch stärkeren und pikanteren Aromen *(bagna caoda)* anzupassen. Was sie nicht verträgt sind Essig, Zitrone, Zucker und Brühe (aber es gibt diese Suppe aus Steinpilzen und *trifole* …) sowie rohes Gemüse (und da gibt es noch diesen Salat aus Sellerie- oder Artischockenherzen mit Parmesan, Olivenöl und Trüffeln …).

Eine seltene alte Vorspeise: Schöne, in Salz eingelegte rote spanische Sardellen gut waschen und bis auf zwei entgräten, diese beiden mit etwas Öl, Haselnüssen und einem Stückchen Trüffel zerstampfen, dieses *bagnetto* über die restlichen Sardellenfilets verteilen, noch eine Prise zerbröselte Haselnüsse darüber, etwas Petersilie, Majoran – und schon wähnt man sich als Feinschmecker im Himmel.

Als *primo*: Tagliatelle aus den Langhe, Nudelteig aus Eiern und sonst nichts, al dente kochen, in guter Butter (nicht im Einheitsbrei aus der EU) mit etwas Knoblauch, Rosmarin und Salbei schwenken; darüber kommen etwas zerbröselter *toma* aus der Langa und reichlich Trüffelraspel.

Als *secondo*: Eine Hand voll Geflügel- und Kaninchenleber mit einer geschnittenen Schalotte in Butter anbraten, mit Marsala und Rum ablöschen, mit schwarzem Pfeffer abschmecken und mit Trüffelspänen krönen (das Gericht nennt sich «alla Cavour»)!

Preise: L. 40 000 ohne Wein
Kreditkarten: die gängigsten
Fast wie zu Hause. Und in einem Zuhause sind wir, jenem der Familie Schiavenza, die nicht nur eine gute Küche bietet, sondern auch gute Weine produziert, die Sie zu den hausgemachten, mit dem Nudelholz ausgewalzten und mit dem Messer geschnittenen *tajarìn*, zu den *agnolotti dal plin*, dem *vitello tonnato*, dem *bollito*, den gefüllten Pfirsichen, den Birnen in Wein und dem Sorbet von Barolo Chinato (das einzige Zugeständnis an die moderne Küche) genießen können. Schlichtes Ambiente mit wenigen Tischen und einer Terrasse mit Blick über die Weingärten.

IMBISS
Bar Centro Storico
Via Roma 6
Unterhalb des Kastells befindet sich ein kleines Lokal mit wenigen Tischen, wo Sie einen Teller mit Käse- oder Wurstspezialitäten und ein gutes Glas Wein zu sich nehmen können. Gute Auswahl an Weinen, sowohl zur Konsumation im Lokal als auch für den Verkauf.

EINKAUFEN

WEIN
Bottega del vino
Via Foglio 1
In der von den Weinbauern aus Serralunga geführten Vineria können Sie Weine aus den Weinbergen der Umgebung probieren (die zu den besten im gesamten Barolo-Gebiet zählen). Die Bottega del vino organisiert die Veranstaltung Degustar per vigne, eine kulinarische Wanderung durch die großen Lagen von Serralunga, die jedes Jahr am dritten Sonntag im Juni abgehalten wird. Das Lokal ist von Dienstag bis Sonntag geöffnet. Betriebsferien sind von Dezember bis März.

La Contrada
Via Roma 48
Dieses kleine Geschäft hat viele geschmackvolle Dinge in seinen Regalen. Von den Fotografien, die der Inhaber Franco Giaccone im Gebiet der Langa di Serralunga aufgenommen hat, bis zu den Essig-Spezialitäten des Onkels Cesare Giaccone, eines

namhaften Gastwirts aus Albaretto Torre, den Haselnusstorten, Grappe di Marolo, den Produkten aus der Dispensa di Monforte, dem Barolo Chinato, dem *torrone* und den Langhe-Weinen.

L'infernòt del castel
Via Roma 2
Große Auswahl an lokalen Weinen, Grappe und Feinkost, darunter auch Wurst- und Käsespezialitäten. Nicht versäumen sollten Sie den Barolo Chinato di Cappellano.

Weinkellereien

Luigi e Fiorina Baudana
Borgata Baudana 43
Tel. 0173 613354
Ein kleiner Betrieb, der aus den Weingärten von Baudana und Cerretta seinen Dolcetto und Barbera d'Alba, Langhe Chardonnay und natürlich Barolo gewinnt.

Gabutti di Franco Boasso
Borgata Gabutti 3 a
Tel. 0173 613165
Der Betrieb von Franco Boasso verwandelt die vier Hektar Anbaufläche in Gabutti in Barolo, Dolcetto d'Alba, Barbera d'Alba und auch Moscato d'Asti.

Giuseppe Cappellano
Via Alba 13
Tel. 0173 613103
Dieser Betrieb wurde von Giuseppe Cappellano, einem großen Kenner der besten Barolo-Lagen, gegründet, dessen Ruf vor allem auf seinem Barolo Chinato basierte. Heute leitet Teobaldo Cappellano den Betrieb. Neben dem weltberühmten Barolo Chinato stellt er den Barolo Otin Fiorin Collina Gabutti, den Barbera d'Alba Gabutti, den Langhe Rosso Augusto und den Nebbiolo d'Alba her.

Fratelli Stroppiana
Via Mazzini 10
Tel. 0173 613102
Erfreuliche Neuigkeiten aus der Cascina Cucco der Brüder Stroppiana. Ein Weingut mit großen Anbauflächen in den besten Lagen von Serralunga. Die neue Produktion von Weinen, die aus den Trauben der letzten Ernten des Jahrhunderts stammen, verdient spezielle Aufmerksamkeit.

Fontanafredda
Via Alba 15
Tel. 0173 613161
Die riesigen Weingärten ziehen sich über den Hügel von Fontanafredda, der von den alten Kellergemäuern aus dem 19. Jahrhundert und dem Gutshof von Bela Rosin dominiert wird. Der geschichtsträchtige Ort erinnert an die Savoyer, ist aber gleichzeitig ein guter Nährboden für moderne Weintechnik (mehrere Millionen Flaschen pro Jahr). Sie finden hier alle Weine der Langhe, Weißweine und Spumante. Die wohlklingende Reihe der Barolo-Arten aus Serralunga: Lazzarito, La Villa, La Rosa, La Delizia. Gegen Voranmeldung kann der Betrieb besichtigt werden.

Ettore Germano
Località Cerretta 1
Tel. 0173 613528 · 613593
Sergio Germano steht an der Spitze dieses Familienbetriebs mit Weinbergen in Cerretta und in Pra di Po. Ein bemerkenswertes Niveau erreichen der Barolo Cerretta und der Dolcetto d'Alba Pra di Po. Die beachtliche Struktur und die moderne Note prägen den Barbera d'Alba Vigna della Madre und den Langhe Rosso Balau, einen bisher unbekannten Verschnitt aus Dolcetto und Barbera, der in kleinen Fässern reift.

Vigna Rionda di Massolino
Piazza Cappellano 6
Tel. 0173 613138
Der Weinberg Vigna Rionda di Serralunga zählt zu den wichtigsten Crus des Barolo. Weine mit fester Struktur, vom Aushängeschild des Betriebs, dem Barolo Vigna Rionda mit klassisch-majestätischem Charakter, über den Barolo Parafada bis zum Barolo Vigneto Margheria.

Luigi Pira
Via XX Settembre 9 bis
Tel. 0173 613106
Ein junger Betrieb, der mit Weinen aus großen Lagen punktet: Vigna Rionda, Marenca und Margheria.

Feste, Messen und Veranstaltungen

Degustare per vigne
Am dritten Sonntag im Juni. Spaziergang durch die Weingärten zum Kennenlernen der großen Barolo-Weine am Ort ihres Ursprungs.

Chi è di scena
Von Ende Juli bis Anfang August. Drei Abende zum Entdecken unterschiedlicher Gattungen von Musik und Theater.

Festa patronale
Dritter Sonntag im August. Tanzveranstaltungen und kulinarische Abende.

Festa della vendemmia
Erste Woche im September. Im Weingut Fontanafredda wird die Traubenernte mit Kulturveranstaltungen und Gesangsdarbietungen in der Scheune gefeiert.

Concerto di Natale
Am Abend des 26. Dezembers. Gospels und Spirituals in der Kirche von San Sebastiano.

Verduno

Der keltische Ursprung des Ortes zeigt sich in seinem Namen. *Verdum* bedeutet blühender Hügel. Unmittelbar in der Nähe des historischen Zentrums mit den wichtigsten Bauwerken liegt eine Blumenwiese als Aussichtspunkt, der zwar nicht ganz mit dem berühmteren des nahe gelegenen La Morra mithalten kann, doch auch von hier ist fast das gesamte Gebiet der Langhe zu überblicken. Es ist kein Zufall, dass Verduno auch «Wachposten der Langhe» genannt wird.

Von der Römerzeit zeugen die Spuren im nahe gelegenen Pollenzo sowie die vielen archäologischen Funde im Ortsgebiet selbst. Hier wurden Grabsteine, Altäre und Münzen entdeckt. Einige Überlieferungen besagen, dass das Gebiet zwischen Verduno und Roddi Schauplatz der berühmten Schlacht von Campi Raudi war, in der Marius 101 v. Chr. die Zimber besiegte.

Alle nennenswerten Objekte Verdunos liegen rund um die malerische Piazza Castello. Auch das Rathaus ist nicht weit. Das im 19. Jahrhundert von Carlo Alberto erworbene Kastell, das zu einem berühmten Sitz der Savoyer wurde, ist eines der zahlreichen architektonischen Zeugnisse im Stile Juvarras. Heute steht es im Eigentum der Familie Burlotto, die es zum Teil als Hotel und Restaurant nutzt. Auch die Kirche im späten Barockstil erinnert an die Schule von Juvarra. Besonders das majestätische und imposante Innere vermittelt dem Besucher den würdevollen Eindruck der Religiosität des 17. Jahrhunderts. Hier kann man ein Altarbild von Sebastiano Taricco sowie eine dem Heiligen Beato Valfrè gewidmete Ikone sehen – ein Werk von Agostino Cottolengo, einem Bruder des Heiligen.

Neueren Datums ist die 1940 geweihte Wallfahrtskirche, die an der Stelle des einstigen Geburtshauses von Beato Valfrè errichtet wurde. An der Ortseinfahrt findet man die Chiesetta della Madonnina, in die eine aus dem 16. Jahrhundert stammende Säule eingeschlossen ist.

Sebastiano Valfrè ist einer der berühmten Söhne des Ortes, der bei der Belagerung von Turin im Jahre 1706 als moralischer und religiöser Helfer in die piemontesische Überlieferung einging.

Anreise

Verduno ist 12 Kilometer von Alba, 9 von Bra, 42 von Asti, 55 von Cuneo und 60 von Turin entfernt. Man gelangt (auch mit dem Linienbus) von Alba über die Via Roddi und die *provinciale* Richtung Barolo in den Ort oder von Bra über Pollenzo auf der *provinciale* in Richtung La Morra, wobei man auf der Höhe von Rivalta, einem Vorort von La Morra, links abbiegt.

VERDUNO
Einwohner: 486
Höhe: 381 Meter

ÜBERNACHTEN

Real Castello di Verduno
Via Umberto 19
Tel. 0172 470125
Zwei Sterne, 11 Zimmer mit Bad und WC, 2 Suiten.

Parkplatz, Restaurant, Garten.
Preise: Doppelzimmer
L. 170000–200000, Suite
L. 300000
Geöffnet von März bis November
Das Hotel ist in einem Flügel des Schlosses, einer ehemaligen Residenz des Königs Carlo Alberto, untergebracht, die dann vom Barolo-Spezialisten G. B. Burlotto übernommen wurde, dessen Erben auch heute noch den Betrieb leiten. In diesen Gemäuern ist die Erinnerung an die savoyische Vergangenheit noch lebendig. Die stimmungsvollen Zimmer sind mit Stilmöbeln eingerichtet. Weitere fünf große Zimmer im Gästehaus. Ein jahrhundertealter Park rundet das Bild ab. Ein Raum ist Kunstausstellungen gewidmet.

ESSEN

Real Castello di Verduno

Via Umberto I 9
Tel. 0172 470125
Plätze: 40
Preise: L. 70000–80000 ohne
Wein
Kreditkarten: alle
Dieses Schloss ist eine der
Geburtsstätten der
traditionellen Küche der
Langhe. Drei Schwestern
zeichnen für Küche und
Bedienung verantwortlich:
Lisetta, Gabriella und Lilli. In
dem schönen Speisesaal aus
dem 19. Jahrhundert oder in
dem langen, angrenzenden
Saal können Sie Zunge mit
Gemüsegarnierung, Hirn in
Sauce, eine *minestra del bate 'l
gran*, *giura* (Kuhschmorbraten)
oder eine Haselnusstorte
nach einem altem Rezept des
Hauses genießen. Gute Wein-
karte mit Weinen aus Alba.
Reservierung unbedingt
notwendig.

John Falstaff

Via Commendatore
Schiavino I
Tel. 0172 470244
Montag Ruhetag
Betriebsferien: I.–10. August
und im Januar
Plätze: 30
Preise: L. 60000–80000 ohne
Wein
Kreditkarten: alle
Ein Restaurant mit genau
umrissener Struktur: erlesene
Zutaten aus den Langhe und
dem Piemont, mit großer
Sorgfalt ausgewählte und
gepflegte Weine – die in der
darunter liegenden Enoteca
zu sehen sind. Die Küche ist
kreativ, bleibt aber prinzipiell
in der Tradition verwurzelt.
Probieren Sie *tartrà* mit
Trüffeln, Hasenbraten in
Barbera, Taube mit Rüben und
mousse di torrone. Auch
Fischgerichte.

La Cascata

Zona Gurei
Tel. 0172 470126
Montagabend und Dienstag
Ruhetag
Betriebsferien: 26. Dezember
bis Mitte Januar
Plätze: 600
Preise: L. 40000 ohne Wein
Kreditkarten: alle
Ein Restaurant für Bankette
und Gruppen, es gibt aber
auch kleinere Räume für ein
ruhiges Abendessen mit
Gerichten der regionalen
Küche. Reichhaltige Wein-
karte.

EINKAUFEN

FLEISCH- UND WURSTWAREN

Fava
Via Umberto 34
Kalbfleisch aus dem Piemont
aus kleinen Zuchtbetrieben,
Barolo-*cacciatorini*, Pelaverga-
Salami, das sind nur einige
der Spezialitäten dieses
Geschäftes.

WEINKELLEREIEN

Fratelli Alessandria

Via Beato Valfrè 59
Tel. 0172 470113
In einem schönen Gebäude
aus dem 18. Jahrhundert stellt
dieser Betrieb seinen Barolo
Monvigliero (aus der Spitzenlage von Verduno) und den Pelaverga her. Unter den anderen
Weinen ist der frische Favorita
empfehlenswert. Eine gute
Adresse zum Kauf von Qualitäts-
wein zu günstigen Preisen.

Bel Colle

Frazione Castagni 56
Tel. 0172 470196
Eine breit gestreute Palette
von Weinen aus den Langhe
und dem Roero: Verduno
Pelaverga, Barolo, Arneis,
Langhe Favorita, Barbera
d'Alba und Dolcetto d'Alba.

Antonio Brero

Via Vittorio Emanuele II 17
Tel. 0172 470216
Unverfälschte, süffige Weine,
darunter der Verduno
Pelaverga.

Andrea Burlotto

Via Laneri 6
Tel. 0172 470152
Traditionelle Weine. Neben
dem Verduno Pelaverga gibt
es Barolo, Dolcetto d'Alba
und Barbera d'Alba.

Commendator G. B. Burlotto

Via Vittorio Emanuele 28
Tel. 0172 470122
Marina Burlotto führt den
Betrieb derzeit gemeinsam
mit ihrem Gatten. Zu den
Weinen dieses Betriebs zählen
der Verduno Pelaverga, die
Barolo-Weine Monvigliero,
Neirane und Cannubi und der
Sauvignon Dives.

Castello di Verduno

Via Umberto I 9
Tel. 0172 470284
Hier treffen Barolo und
Barbaresco aufeinander:
Gabriella und Lisetta
Burlottos Betrieb wurde mit
dem Weingut Franco Biancos,
des Gatten Gabriellas aus
Barbaresco, zusammengelegt.
Ein beachtliches Repertoire
an Weinen aus den Langhe.

La cantina

Regione Olmo
Tel. 0173 77278
Der Weinkeller wird von Aldo
Dellatorre geleitet, der
Verduno Pelaverga, Dolcetto
d'Alba und Barolo erzeugt.

FESTE, MESSEN UND VERANSTALTUNGEN

Rock di vino

Am 8. September, am Fest
des Schutzpatrons, gibt es
Rock- und Pop-Konzerte
für junge Leute.

DAS BARBARESCO-GEBIET
Barbaresco, Neive, Treiso

Der kleine Bruder

Neben dem Barolo gedeiht hier der andere große Rotwein der Langhe. Dieses ebenfalls unnachahmliche Produkt der Nebbiolo-Traube stammt aus einem kleinen Gebiet, das von der unmittelbaren Umgebung Albas (nämlich vom im Vorort San Rocco entspringenden Flüsschen Seno d'Elvio) bis Neive reicht. Unsere Route schlägt die Orte Barbaresco und Neive als Ausgangspunkte vor.

Man verliert sich in den Rebbergen eines Weines, der lange Zeit im Schatten seines großen Bruders gestanden war und der sich heute vollständig emanzipiert hat. Der Barbaresco präsentiert sich nun als üppiger, eleganter und langlebiger Wein. Ein Besuch der Keller und Restaurants wird dies mehr als bestätigen. Unsere Route verwöhnt überdies mit unvergesslichen Landschaftsbildern.

Barbaresco

Das hoch gelegene Barbaresco mit seinem imposanten Turm bietet eine phantastische Aussicht. Der fast genau an der Spitze des Tanaro-Tales gelegene Ort liegt in einer geologisch interessanten Formation: im so genannten *strato tortoniano*, der durch die Erosion des Flusses freigelegt wurde. Die an Mineralsalzen reichen Lehm- und Mergelschichten lassen wenig Feuchtigkeit eindringen und ergeben so einen für den Weinbau besonders günstigen Boden.

Der erst von den Ligurern und anschließend von den Römern besiedelte Ort (Letzteren verdankt er sein Kanalsystem) erhielt seinen Namen vermutlich von den Sarazenen oder *barbareschi*, die im 10. Jahrhundert in den Langhe einfielen.

Der Turm von Barbaresco ist das Wahrzeichen des Ortes. Vor dem 36 Meter breiten Bauwerk, das mit römischen Steinen und Quadern durchsetzt ist, trifft die Hauptstraße mit sämtlichen Nebenstraßen zusammen und folgt dann entlang dem Hügelkamm einer Doppelreihe von mitunter sehr schönen alten Häusern.

Die San Giovanni Battista gewidmete Kirche stammt aus dem 18. Jahrhundert. Im Inneren befinden sich ein Chorgestühl und ein reich geschmückter Altar aus mehrfarbigem Marmor. Im Ort selbst weist vieles auf das wichtigste Handelsprodukt, den Wein, hin; so auch die Kirche San Donato aus dem 19. Jahrhundert, die nach der Renovierung in die *Enoteca Regionale del Barbaresco* umgewandelt wurde.

Anreise

Barbaresco ist eine Station der Bahnlinie Cavallermaggiore-Cantalupo. Mit dem Auto erreicht man den Ort auf der *statale* 231 Asti-Alba, von der man bei Baraccone abzweigt.

In der Nähe von Treiso liegt die herrliche Schlucht Le Rocche dei sette fratelli. Erosion hat ihr die Form eines Amphitheaters verliehen. Daneben kursieren kleine Legenden über ihre Entstehung. Während des Zweiten Weltkriegs war die Gegend Schauplatz von Partisanenkämpfen.

BARBARESCO

Einwohner: 645
Höhe: 274 Meter

ÜBERNACHTEN

Vecchio Tre Stelle
Frazione Tre Stelle
Via Rio Sordo 13
Tel. 0173 638192
Drei Sterne, 8 Doppelzimmer,
ein Einzelzimmer, mit Bad,
Minibar, Telefon, Fernsehen.
Restaurant, Bar, Parkplatz.
Preise inkl. Frühstück:
Einzelzimmer L. 95000,
Doppelzimmer L. 135000
Betriebsferien: den ganzen
Januar und 2 Wochen Mitte
Juli
Kreditkarten: alle
Einfach und gemütlich, guter
Ausgangspunkt, um die
Hügellandschaft des Bar-
baresco zu erkunden. Ein
Restaurant, das sich ganz der
Tradition und den Jahres-
zeiten verschrieben hat.

Cascina delle rose
Località Tre Stelle
Via Rio Sordo 17
Tel. 0173 638292 · 638322
3 Doppelzimmer mit Bad und
Telefon, 2 Ein-Zimmer-
Apartments und 2 Zwei-
Zimmer-Apartments mit
Kochnische. Garten, Parkplatz.
Preise mit Frühstück:
L. 150000 für das Doppel-
zimmer, von L. 160000 auf-
wärts die Ein- oder Zwei-
Zimmer-Apartments
Kreditkarten: alle außer DC
Ein Agriturismo-Betrieb – mit
Obst-, Gemüse- und Wein-
anbau – mit wenigen, komfor-
tablen Zimmern in prachtvol-
ler Umgebung. Ein Restaurant
ist nicht vorgesehen, es gibt
jedoch einen Aufenthaltsraum
mit Kochnische.

ESSEN

Antica torre
Via Torino 8
Tel. 0173 635170
Sonntagabend und Montag
geschlossen
Betriebsferien: 3 Wochen im
August
Plätze: 90
Preise: L. 45000–50000 ohne
Wein
Kreditkarten: keine
Im Lokal der Familie Albarello
genießen die Gäste piemontesische Küche mit allen klassischen Gerichten und ab und
zu auch ausgefallenere
Speisen. Unter den Antipasti
bestechen *vitello tonnato*, mit
dem Messer zerkleinertes
carne cruda, süß-sauer ange-
machter Schweinskopf und
russischer Salat. Dann die
tajarìn und unter den *secondi*
Hasenpfeffer, gebratenes
Perlhuhn, im Winter *frisse* und
batsoà. Zum würdigen Ausklang können Sie *bonet* oder
Panna cotta wählen.
Zahlreiche gepflegte Weine,
quer durch das Repertoire
des Barbaresco.

Antiné
Via Torino 34 a
Tel. 0173 635294
Mittwoch Ruhetag
Betriebsferien: Januar
Plätze: 30 + 8 im Freien
Preise: L. 60000 ohne Wein
Kreditkarten: alle außer DC
Restaurant mit modernen
Trends beim Ambiente, bei
der Ausstattung und bei den
Speisen, wobei spezieller
Wert auf die leichte Küche
gelegt wird. Die Speisekarte
umfasst die klassischen *ravioli
dal plin* und *tajarìn*, Risotto
mit Radicchio, Kaninchen in
Barbaresco, Ente mit Honig,
ausgelöste Wachteln. Be-
schließen Sie Ihr Mahl mit
einem *mousse di castagne*,
einem Pflaumenkuchen mit
Vanillesauce oder *bonet*.
Weinkarte von gutem Niveau.

Rabajà
Via Rabajà 9
Tel. 0173 635223
Donnerstag Ruhetag
Betriebsferien: zweite
Februarhälfte und 10 Tage
im August
Plätze: 60
Preise: L. 50000–60000 ohne
Wein
Kreditkarten: alle
Rustikales, aber gepflegtes
Ambiente. Die Küche orien-
tiert sich an den Jahreszeiten
und an der Tradition. Unter
den Antipasti bestechen die
gefüllten Paprikaschoten und
Kaninchensalat mit Pilzen.
Dann die klassischen *tajarìn*,
Ravioli in Butter und Salbei,
im Sommer Risotto mit
Kürbisblüten, Kaninchen in
Barbaresco. Etwa 300 Etiket-
ten, hauptsächlich aus den
Langhe und aus dem Roero;
gute Auswahl an Barbaresco.

EINKAUFEN

GRAPPA

Distilleria del Barbaresco
Via Bricco Albano 3
Tel. 0173 635217
Diese Brennerei wurde auf-
grund einer Initiative der
Winzer von Barbaresco und
Umgebung gegründet und hat
sich dank der unbestrittenen
Qualität ihrer Produkte
durchgesetzt. Aus den
Destillierkolben kommt
Grappa von einigen der
bekanntesten Kellereien aus
Barbaresco, angefangen von
Gaja über die Marchesi de
Gresy bis zur Genossen-
schaftskellerei Produttori del
Barbaresco und I Paglieri.

WEINE

**Enoteca Regionale del
Barbaresco**
Via Torino 8 a
Tel. 0173 635251
Mittwoch Ruhetag
Öffnungszeiten: 9.30–13;
14.30–18

Betriebsferien: Januar und
10 Tage im Juli
Die Kirche von San Donato
aus dem 19. Jahrhundert
bildet den Rahmen für die
Enoteca Regionale del
Barbaresco, die mehr als 120
Etiketten aus 80 Betrieben
umfasst (90 % der gesamten
Barbaresco-Produktion). Die
Enoteca ist in verschiedene
Zonen unterteilt: Das Mittel-
schiff ist der Geschichte des
Barbaresco gewidmet
(Schautafeln, Fotografien und
verschiedene Dokumente
erzählen die Geschichte des
Weins und seiner Herstel-
lung); im rechten Schiff befin-
den sich das Flaschenlager
(Erdgeschoss) und das
Sekretariat (erster Stock); im
linken finden schließlich die
Verkostungen und der Verkauf
statt.

WEINKELLEREIEN

Cascina Morassino
Via Ovello 32
Tel. 0173 635149
Barbaresco (mit dem Cru
Ovello), Dolcetto, Barbera
und Nebbiolo sind die
Klassiker der Langhe, die in
diesem Betrieb abgefüllt wer-
den. Die Leitung unterliegt
Roberto Bianco und seiner
Familie.

Carlo Boffa
Via Torino 17
Tel. 0173 635174
Der Betrieb der Familie Boffa
ist ein klassisches Beispiel
eines Winzerbetriebs der
Langhe: Der Spitzenwein ist
der Barbaresco, gefolgt vom
Dolcetto d'Alba und dem
Nebbiolo Langhe.

La Ca' Nova
Via Ovello 1
Tel. 0173 635123
Aus dem Cru Montefico
gewinnen die Brüder Rocca
den gleichnamigen Barbaresco

und den Bric Mentina, beides
Spitzenweine. Der Betrieb
stellt auch einen Dolcetto
d'Alba her.

Ca' Romé
Via Rabajà 36
Tel. 0173 635175 · 635126
Der Betrieb von Romano
Marengo stellt interessante
Weine wie den Barbaresco
Maria di Brun, den Barolo
Rapet (aus Weingärten in
Serralunga), Barbera d'Alba La
Gamberaja und Da Pruvé,
einen Verschnitt aus Barbera
und Nebbiolo, her.

Tenute Cisa Asinari
Via Rabajà 43
Tel. 0173 635221 · 635222
Der von Alberto De Gresy
geführte Betrieb hat seine
Lorbeeren vor allem aufgrund
der drei Crus von Barbaresco
geerntet, in denen seine
Weinberge liegen: Gaiun,
Camp Gros, Martinenga.
Weitere fünf Hektar mit den
Rebsorten Sauvignon,
Chardonnay, Barbera und
Cabernet ergänzen die
Produktion; aus Palazzina in
der Gemeinde Treiso stam-
men die Trauben für den
Dolcetto d'Alba Monte
Aribaldo.

Giuseppe Cortese
Località Rabajà 35
Tel. 0173 635131
Ein kleiner, aber interessanter
Betrieb, der aus seinen fünf
Hektar großen Weingärten in
Rabajà den gleichnamigen
Barbaresco, Dolcetto Trifolera,
Barbera d'Alba Morassina,
Langhe Nebbiolo und Langhe
Chardonnay gewinnt.

Gaja
Via Torino 36 a
Tel. 0173 635158
Der Betrieb von Angelo Gaja,
das unbestrittene Aushängeschild des italienischen Weins
in der ganzen Welt, bietet
eine Palette von Weinen, die

ob ihrer guten Qualität beein-
drucken. An der Spitze ste-
hen die großen Crus des
Barbaresco – San Lorenzo,
Sorì Tildìn und Costa Russi –,
aber auch der Chardonnay
Gaia & Rey, der Cabernet
Sauvignon Darmagi und zwei
Barolo-Weine (Sperss von
Anbauflächen in Serralunga
und ein Barolo von der Lage
Cerequio in La Morra). Die
Kellereien können nur nach
frühzeitiger vorheriger
Anmeldung besichtigt wer-
den. Kein Direktverkauf an
Private.

Carlo Giacosa
Via Ovello 8
Tel. 0173 635116
Ein traditioneller Betrieb, der
die gesamte Palette der regionalen Weine erzeugt und zu
fairen Preisen verkauft.

I Paglieri
Via Rabajà 8
Tel. 0173 635109
Der Betrieb von Alfredo
Roagna wird wegen seines
herrlichen Barbaresco
Riserva, des Opera Prima,
eines Verschnittes von
Nebbiolo-Weinen verschiede-
ner Jahrgänge, wegen des
Barolos aus den Lagen
La Rocca und La Pira di
Castiglione Falletto und
wegen des Chardonnay
Langhe Silea geschätzt.

Cascina Luisin
Località Rabajà 23
Tel. 0173 635154
Roberto Minuto ist in die
Fußstapfen seines Vaters Luigi
getreten und führt den Betrieb mit Überzeugung und
Sachverstand. Die Qualität
der erzeugten Weine ist
immer gut: Barbaresco, angeführt vom Cru Rabajà, Barbera Asili und Dolcetto Trifula.

Moccagatta
Via Rabajà 24
Tel. 0173 635152 · 635228

Die Brüder Franco und Sergio Minuto pflanzen in der Gegend von Rabajà die Rebsorten Nebbiolo, Dolcetto, Barbera und Chardonnay. Das Meisterstück des Betriebs sind die Barbaresco-Weine Bric Balin und Vigneto Cole und der Basarin, der aus Neive stammt. Auch der Dolcetto d'Alba und der Barbera d'Alba überzeugen, gefolgt von einem teilweise im Barrique ausgebauten Chardonnay (Buschet).

Montaribaldi
Località Nicolini
Via Rio Sordo 30
Tel. 0173 638220
Die Familie Taliano verfügt über 16 Hektar Anbaufläche und bringt eine umfassende Serie von Weinen modernen Stils hervor. Neben dem Barbaresco und den klassischen Rotweinen der Langhe bietet der Betrieb auch ausgezeichnete Weißweine (Roero Arneis und Langhe Chardonnay).

Walter Musso
Via Domizio Cavazza 5
Tel. 0173 635129
Die fünf Hektar Weingärten liegen teilweise in den besten Lagen der Gegend, Pora und Rio Sordo, die auf den Etiketten der beiden Barbaresco-Weine aufscheinen. Die Kellerei wird vom Jungunternehmer Walter geführt, der auch Chardonnay, Freisa und Dolcetto erzeugt.

Produttori del Barbaresco
Via Torino 52
Tel. 0173 635139 · 635119
Dieser Genossenschaft ist es zu verdanken, dass vor mittlerweile mehreren Jahrzehnten der Name und die Qualität

des Barbaresco wieder aufgewertet wurden. Die Kellerei verarbeitet die Traubenernte von mehr als 60 Genossenschaftsmitgliedern und produziert einfachen Barbaresco wie auch Barbaresco aus Einzellagen (u.a. Asili, Rabajà, Rio Sordo, Pajé) und Langhe Nebbiolo. Alle Weine haben eine hervorragende Qualität und werden in einem guten Preis-Leistungs-Verhältnis angeboten.

Albino Rocca
Via Rabajà 15
Tel. 0173 635145
Dieser Betrieb wird zu Recht zu den Spitzenerzeugern der Langhe gezählt. Barbaresco in zwei Versionen – der traditionelle Vigneto Loreto und der im Barrique ausgebaute Vigneto Brich Ronchi – und die gesamte Palette an regionalen Weinen: Nebbiolo, Dolcetto Vignalunga und Barbera Gepin. Abgerundet wird das Programm durch den Weißwein La Rocca aus Cortese-Trauben.

Bruno Rocca
Via Rabajà 29
Tel. 0173 635112
Zwei Versionen von Barbaresco – der Rabajà, bereits ein Klassiker in der Typologie, und der Coparossa – sowie eine ganze Reihe anderer guter Produkte: Dolcetto d'Alba Vigna Trifolé, Nebbiolo Langhe, Barbera und Chardonnay Cadet.

I Ronchi
Via Rabajà 14
Tel. 0173 635156
Gut sind die Klassiker der Langhe, im Speziellen der Barbaresco vom Cru Rabajà.

La Spinona
Via Secondine 22
Tel. 0173 635169
Der Gutshof La Spinona zählt wie Ghiga und Albina zum Betrieb Pietro Berrutis, der insgesamt etwa 25 Hektar Anbaufläche umfasst. Weine nach traditionellem Schlag: Barbaresco, Chardonnay und Dolcetto d'Alba.

Cantina del Pino
Via Ovello 15
Tel. 0173 635147
Renato Vacca stellt ausgeglichene, elegante Weine her: Dolcetto, Barbera d'Alba, Freisa und natürlich Barbaresco.

Rino Varaldo
Via Secondine 2
Tel. 0173 635160
Rino und sein Bruder Michele haben den Familienbetrieb modernisiert und sich ganz der Verarbeitung ihrer eigenen Trauben verschrieben. Neben den Barbaresco-Weinen verdienen der Dolcetto und der Freisa besonderes Lob.

FESTE, MESSEN UND VERANSTALTUNGEN

Barbaresco a tavola
Ende April / Anfang Mai, an zwei aufeinander folgenden Freitagen. Die Restaurants der Umgebung versuchen, sich in der Zubereitung eines speziellen Gerichts gegenseitig zu übertrumpfen und kredenzen dazu 20 verschiedene Barbaresco-Weine.

Sotto la torre di Barbaresco
Zweite Julihälfte. Musikalische Workshops mit Studenten des Konservatoriums, die in der Ortschaft auftreten.

DER BARBARESCO

Gigi Piumatti

Die Geschichte des Barbaresco beginnt gegen Ende des 19. Jahrhunderts mit der Ankunft von Domizio Cavazza in der Langa, einem Professor aus Modena, der nach Alba übersiedelt war, um eine Weinbauschule zu gründen. Domizio Cavazza kann als Vater dieses außerordentlichen Weins betrachtet werden. Ihm ist auch die Gründung der Cantina Sociale del Barbaresco, einer der ersten Genossenschaftskellereien Italiens, im Jahr 1893 zu verdanken.

Nach mehr als 100 Jahren ist der Barbaresco bestens für das dritte Jahrtausend gerüstet, was der hohen Qualität der Produktion und einer Reihe geglückter Jahrgänge (von 1995 bis 1999) zu verdanken ist, die Experten einstimmig zu den besten des 20. Jahrhunderts zählen.

Er hat einen langen Weg zurückgelegt, dieser vornehme Rote aus den Langhe, der lange unter einer Art Minderwertigkeitskomplex gegenüber seinem berühmteren Bruder, dem Barolo, gelitten hat. Zählten die ersten Jahrzehnte des 20. Jahrhunderts nicht unbedingt zu den glücklichsten – Weltkriege wüteten und die Reblaus zwang zu einer Neubepflanzung der Weingärten –, so wurden 1958 dank der Willenskraft und der Zähigkeit des Landpfarrers Don Fiorino Marengo die Erfahrungen und das Wissen von Domizio Cavazza und der ersten Genossenschaft wiederbelebt. Die Cantina Produttori del Barbaresco entstand, der zahlreiche Winzer aus der Gegend beitraten und die in den 40 Jahren ihres Bestehens zu einem sicheren Anhaltspunkt für die Weinerzeugung der Langhe geworden ist. In den frühen 60er-Jahren wird dem Barbaresco die *denominazione di origine controllata* (DOC) zuerkannt, die mit der Lese des Jahres 1964 in Kraft tritt. Die Produktionsbestimmungen zählen zu den strengsten: Der Barbaresco wird ausschließlich aus Nebbiolo-Trauben gekeltert, die in den Gemeinden Neive, Barbaresco, Treiso und Alba (Ortsteil San Rocco Seno d'Elvio) angebaut werden, und darf erst im vierten Jahr nach der Lese in den Handel gelangen.

Das Schicksal dieses Weins ist in den Jahren, die auf die DOC-Einführung folgen, eng mit Namen wie Angelo Gaja, Pio Cesare, Bruno Giacosa, Ceretto und dem Pfarrer von Neive verbunden, aber erst der große Gastronom Guido Alciati aus Costigliole erkennt in den frühen 70er-Jahren das Potenzial dieses strengen und aristokratischen Roten. Alciati versteht, wie wichtig es ist, die Crus bekannt zu machen: So entsteht der Barbaresco Rabajà 1971 der Cantina Produttori, ein Etikett, das dem Wein Ehre macht und diesen Weinberg als absolut besten des gesamten Gebiets würdigt.

Es folgt die Anerkennung *denominazione di origine controllata e garantita* (DOCG); wir sind nun am Beginn der 80er-Jahre, und endlich kann der Barbaresco national und international dem anderen Großen der Langhe, dem Barolo, das Wasser reichen. Dies ist vor allem das Verdienst von Angelo Gaja und seinen Crus Sorì Tildìn, San Lorenzo und Costa Russi. Die 90er-Jahre stehen im Zeichen der Würdigung der Langhe als Weinbaugebiet: Barolo, Barbaresco und Barbera erlangen weltweites Ansehen und erzielen Preise, die bis dahin fast undenkbar waren. Amerikaner, Deutsche, Österreicher, Schweizer und Japaner gehören zu den größten Verehrern der Weine aus Alba, den Barbaresco und seine besten Erzeuger inbegriffen.

Albino und Bruno Rocca, La Martinenga, Cigliuti, Pasquero, Gastaldi, Nada, La Spinetta und Pelissero sind einige der bemerkenswertesten Winzer der so genannten *nouvelle vague* in den Langhe. In den bedeutendsten Vinotheken der Welt sind ihre Weine mit jeweiligen Lagenbezeichnungen ein Begriff: Santo Stefano, Serraboella, Gallina, Sorì Tildìn, Rabajà, Rio Sordo, Asili, Bricco di Treiso und Rombone, bedeutende Namen, die an die Böden erinnern, auf denen die Nebbiolo-Traube wächst und reift; sie verleiht diesem Wein Eleganz und Vielschichtigkeit, die auch dem internationalen Prestige förderlich sind, welches mit gut zwei Millionen Flaschen pro Jahr gepflegt wird.

Für eine eingehendere Auseinandersetzung mit dem Barbaresco und den Weinbergen, die ihn hervorbringen, hat Slow Food Editore den *Atlante delle vigne di Langa* (deutsch bei Hallwag) herausgebracht. Es handelt sich um ein ausführliches Verzeichnis zur Geografie der großen Roten der Langa, das auch die Böden und das Klima der einzelnen, über die Jahre hinweg den Ruhm der beiden großen Rotweine begründenden Lagen beschreibt.

Neive

Nach Neive gelangt man am besten entlang den herrlichen Nebbiolo-Weingärten, welche die Straße von Alba Richtung Barbaresco säumen. Vor allem die herbstliche Farbenpracht bietet einen unvergesslichen Anblick.

Kurz nach Barbaresco hat man eine Sicht auf ganz Neive, jenen kleinen Ort zu Füßen des Hügels, auf dem das historische Zentrum steht. Diese ungewöhnliche Raumaufteilung hat einerseits zu einer Teilung des Ortes geführt, andererseits die Altstadt vor den Unbilden der Urbanisation bewahrt.

Im Altertum gehörte die Siedlung (deren Name sich ableitet von *Gens Nevia*, möglicherweise einem Dichter aus dem 2. Jahrhundert v. Chr., der eine Geschichte in Versen sowie eine Reihe von Komödien verfasste) dem Stamm der Camillia. Davon zeugen einige römische Grabsteine. Mit dem Mittelalter kamen die Barbaren, und in der Folge kämpften Alba und Asti um die Stadt, die 1195 in den Besitz von Manfredi I. di Busca überging. Dieser ergab sich 1198 der Stadt Alba. 1235, im Anschluss an den Frieden zwischen Asti und Alba, wurde Neive von Asti erworben und fiel 1387 an Galeazzo Visconti und anschließend an seine Tochter Valentina, die Frau Ludwigs von Orléans. Nach einer Reihe verschiedenster Herrscher wurde die Stadt 1796 bei Napoleons erstem Italien-Feldzug besetzt. Als der Kaiser nach Elba verbannt wurde, fiel Neive wieder an das Haus Savoyen.

Um die Altstadt zu besichtigen, empfehlen wir, das Auto auf dem ersten freien Parkplatz entlang des Hügels abzustellen, da der mittelalterliche Kern keine Rücksicht auf den modernen Verkehr nimmt. Ein guter Ausgangspunkt für einen Rundgang ist der kleine Platz, auf dem sich das Rathaus befindet – eigentlich die Rathäuser, nämlich das alte und das neue Gebäude. Die teilweise mit Kopfsteinpflaster versehene Straße, die sich zwischen den Häusern dahinschlängelt, führt zur spätbarocken Pfarrkirche Santi Pietro e Paolo, die mit Stuckarbeiten aus dem 18. Jahrhundert geschmückt ist. Papst Gregor VII. verlieh der Pfarre Privilegien, was auf die Bedeutung dieser Städte schon zur Jahrtausendwende hinweist. Ein weiteres schönes Beispiel für piemontesischen Barock ist die Confraternita di San Michele, in deren Oratorium sich ein Orgelkasten aus dem 18. Jahrhundert befindet.

Der gesamte Ortskern von Neive ist jedoch sehenswert. Man findet zahlreiche Palazzi (Palazzo Cotto, Palazzo Borgese, Palazzo Bongioanni, Palazzo Cocito, la Casaforte Cotto), schöne Steinhäuser und kunstvoll restaurierte Holzportale. Die rundum verlaufende Straße führt an gepflegten Gärten vorbei und ermöglicht einen Blick in die schöne Landschaft.

Auch die Sakristei der Abtei Santa Maria del Piano aus dem 12. Jahrhundert ist einen Besuch wert. Sie befindet sich im Vorort Borgonuovo, der an der Straße Richtung Mango liegt. Hier ist auch ein ehemaliges Kloster zu sehen, oder besser gesagt, was davon übrig ist: eine Seitenmauer und ein romanischer Glockenturm. Eine weitere Mauer weist eindeutig auf die Römerzeit hin.

Anreise

Neive ist mit der Bahn gut erreichbar. Auf der Linie Cavallermaggiore-Cantalupo kann man bei der Station Castagnole Lanze (unmittelbar nach dem Ort selbst) Richtung Alessandria oder Asti weiterfahren. Reist man auf der *statale* 231 von Alba mit dem Auto an, nimmt man im Vorort Baraccone die Abzweigung nach Barbaresco-Neive.

NEIVE

Einwohner: 2937
Höhe: 308 Meter

ÜBERNACHTEN

Locanda La Contea
Piazza Cocito 8
Tel. 0173 67126
4 Dependancen, 6 Doppelzimmer, alle mit TV und Minibar. Restaurant, Parkplatz.
Preise ohne Frühstück: Doppelzimmer oder Dependance L. 175.000
Kreditkarten: alle
Ein altes Adelspalais mit Blick auf die anmutige Piazzetta Cocito. Gleich neben dem berühmten Restaurant, mit wenigen ruhigen und komfortablen Zimmern.

Locanda Reale
Borgonuovo
Corso Romano Scagliola 13
Tel. 0173 67091
Zwei Sterne, 8 Doppelzimmer mit Bad. Restaurant, Bar.
Preise: Doppelzimmer L. 75.000
Kreditkarten: die gängigsten
Einfaches, ansprechendes Ambiente.

ESSEN

La cantina del Rondò
Frazione Rondò
Località Fausoni 7
Tel. 0173 679808
Montag und Dienstag Ruhetag
Betriebsferien: Januar
Plätze: 45 + 30 im Freien
Preise: L. 40.000 ohne Wein
Kreditkarten: alle außer AE
Francarlo Negro hat ein Plätzchen für Weingenießer geschaffen, das sich erklärterweise am Stil einer Osteria aus längst vergangenen Zeiten orientiert. Der alte Keller wurde mit viel Geschmack und Liebe zum Detail adap-

tiert. Die gleiche Aufmerksamkeit widmet der Wirt auch der Auswahl der Zutaten und der Zusammenstellung eines Repertoires, das der traditionellen Linie folgt, aber immer wieder mit Überraschungen aufwartet. Das Angebot reicht vom russischen Salat zu den in Butter von der Alm geschwenkten *tajarìn*, von der Leberpastete zur *finanziera*. Dazwischen Imbisse mit Wurst, Käse und Sardellen. Als Alternative zu den Flaschenweinen werden die großen regionalen Weine auch offen ausgeschenkt.

La Contea
Piazza Cocito 8
Tel. 0173 67126
Sonntagabend und Montag geschlossen, kein Ruhetag im Herbst
Betriebsferien: Februar
Plätze: 60
Preise: L. 60.000–90.000 ohne Wein
Kreditkarten: alle
Claudia und Tonino Verro leiten dieses Lokal, das sich im Piemont einen guten Namen geschaffen hat. In den kleinen Räumen aus dem 19. Jahrhundert, mit ihren Stilmöbeln und Fresken an der Decke, umhüllt Sie der Duft der unverfälschten Gerichte der Langhe, die mit besonderer Sorgfalt angerichtet und serviert werden. Hervorragende Ravioli und *tajarìn*, Rindshaxe, Lamm aus dem Ofen, pikantes Kaninchen, in der Saison Pilze und Trüffeln. Reiche Auswahl an Käse und große Weinkarte, darunter eine atemberaubende Vielfalt an Barolo und Barbaresco.

La luna nel pozzo
Piazza Italia 23
Tel. 0173 67098
Mittwoch Ruhetag
Betriebsferien: im Zeitraum Juni–Juli und von Weihnachten bis 6. Januar

Plätze: 30
Preise: L. 65.000 ohne Wein
Kreditkarten: alle
Carne cruda, vitello tonnato, ravioli dal plin und *tajarìn*, Schmorbraten in Barolo, aber auch Auberginen-Quiche, Kabeljau-Auflauf, Lasagne aus Buchweizen. Dies alles bietet Ihnen ein gemütliches Lokal, in welchem die klassische piemontesische Küche eine neue Interpretation erfährt. Beachtliche Weinauswahl.

Squola Alimentare
Località Bricco di Neive
Via Moniprandi 1 a
Tel. 0173 677565
Montag Ruhetag
Betriebsferien: Januar
Plätze: 90
Preise: L. 45.000–50.000 ohne Wein
Kreditkarten: alle
In der ehemaligen Schule der Ortschaft werden traditionelle Gerichte der Langhe serviert, aber auch neue Kreationen. Gute Weinkarte.

EINKAUFEN

SÜSSIGKEITEN
Mario Curletti
Via Tanaro 18
Tel. 0173 677109
Dieser Handwerksbetrieb stellt Torten, Salzgebäck und herrliche Kekse her. Besonders gut sind die Mousses mit Karamell-, Erdbeer- und Pfirsichgeschmack. Geschäft: Via Neive 37, Castagnito.

GRAPPA
Romano Levi
Via Borgo Stazione
Romano ist weltberühmt für seinen Grappa. Seine Flaschen schmücken jene unverkennbaren Etiketten, die Romano selbst mit leicht surrealistischem Einschlag entworfen hat. Aus dem kupfernen Destillierkolben fließt ein kräf-

tiger Grappa nach alter Fasson für wahre Kenner. Es ist nicht gerade einfach, ein paar Flaschen zu erstehen, trennt sich Romano doch gar zu ungern von seinen Geschöpfen.

HONIG, MARMELADE
Cascina Valledoglio
Località Valledoglio 4
Der Honig – von Linden, Akazien, Löwenzahn, Wiesenblumen – ist das Spitzenprodukt des Betriebs von Franco Rossello, aber auch seine Marmeladen sowie *cognà* und *bagna caoda* im Glas sind von guter Qualität.

WURSTWAREN
Salumeria Nannerini
Piazza Italia 17
In einem alten Palazzo aus dem 16. Jahrhundert, direkt auf dem Hauptplatz, hat das Geschäft von Federico Nannerini und Mariella Pola seinen Sitz. Sie können dort unter den Wurstwaren aus eigener Produktion wählen: Von der Decke hängen rohe und gekochte Salami, Hartwurst, Speck, Kochwurst und Würstel.

WEIN UND FEINKOST
Bottega dei Quattro Vini
Piazza Italia
Tel. 0173 677014
Öffnungszeiten: Mittwoch, Donnerstag und Freitag 14–19; Samstag, Sonn- und Feiertage 10.30–13 und 14.30–19; Montag und Dienstag Ruhetag
Betriebsferien: Februar
In den Regalen der Bottega comunale del vino – die ihren Sitz in den alten Kellergewölben der Casa Borgese hat – liegen die Flaschen der Winzer dieser Ortschaft. Barbaresco, Barbera, Dolcetto und Moscato, das sind die vier DOC-Weine aus Neive, die Sie hier verkosten und günstig erwerben können. Es liegt

auch Prospektmaterial über die Gemeinde Neive auf. In der Bottega finden auch Foto-, Gemälde- und Skulpturenausstellungen statt.

Al nido della cinciallegra Enoteca Contea
Piazza Cocito
Tonino della Contea eröffnete diese Enoteca, in der er eine hervorragende Auswahl an Weinen anbietet (mit historischen Jahrgängen und einer Sammlung von Gaja-Weinen, wie man sie kaum anderswo finden wird), Grappa, Robiola-Käse aus Alba, Torrone, Schokolade und in der Saison Trüffeln. Die Weinhandlung verkauft auch Salami, Weine und Grappa aus eigener Produktion.

Enoteca L'Aromatario
Piazza Negro 4
Rita Pastura ist bekannt für ihre Auswahl an lokalen Weinen, Haselnusstorten, Torrone, Maisgebäck, Marmeladen und Gewürzen. Im oberen Stockwerk befinden sich zwei Doppelzimmer mit Bad und WC (L.50000 pro Person).

WEINKELLEREIEN

Piero Busso
Borgata Albesani 8
Tel. 0173 67156
Piero Busso stellt eine Serie von Weinen mit starker Persönlichkeit her: Dolcetto, Nebbiolo, Barbera Vigna Majano, Barbaresco Vigna Borgese und einen gefälligen Weißwein, die Frucht eines Verschnittes von Chardonnay und Sauvignon.

Cantina del Glicine
Via Giulio Cesare 1
Tel. 0173 67215 · 677505
Guter Barbaresco von zwei verschiedenen Crus: der im Barrique ausbaute Marcorino, von dem nur

wenige tausend Flaschen abgefüllt werden, und der Curà. Dazu ein Dolcetto d'Alba mit herrlichem Bukett. Die alten Kellergewölbe stammen aus dem 17. Jahrhundert.

Cascina Crosa
Borgata Crosa 56
Tel. 0173 67376
Der Weinkeller von Pasquale Pelissero ist wegen seines guten Barbarescos und Dolcettos einen Besuch wert. Beide werden zu sehr günstigen Preisen angeboten.

Cascina Vano
Via Rivetti 9
Tel. 0173 677705 · 67263
Bruno Rivetti bewirtschaftet fünf Hektar Anbaufläche, aus der er etwa 15000 Flaschen Wein in bester Qualität gewinnt (Barbaresco, Barbera, Dolcetto und Moscato).

Castello di Neive
Via Castelborgo 1
Tel. 0173 67171
Barbaresco Riserva Santo Stefano und exzellente Dolcetto-Weine aus Einzellagen werden zu absolut günstigen Preisen angeboten.

Fratelli Cigliuti
Località Serra Boella 17
Tel. 0173 677185
Auf nur vier Hektar werden Weine auf höchstem Niveau hergestellt. Renato Cigliuti, einer der großen Namen dieser Gegend, führt das Weingut und den Keller mit Leidenschaft und Sachverstand. Der Barbaresco Serraboella und der Langhe Rosso Bricco Serra sind zwei Top-Weine, gefolgt von Dolcetto und Barbera d'Alba.

Collina Serragrilli
Via Serragrilli 30
Tel. 0173 67174
Aus den Hügeln von Serragrilli stammen die

Trauben, die die Familie Lequio für die jährlich 50 000 Flaschen Wein verarbeitet: Moscato Passito Il Grillo, Barbaresco, Dolcetto und der im Barrique gereifte Grillo Rosso aus Nebbiolo- und Barbera-Trauben.

Fontanabianca
Via Bordini 15
Tel. 0173 67195
Der Betrieb, dessen Trauben aus Weinbergen in der Gegend von Bordini stammen, liefert einen fülligen Barbaresco und einen angenehmen Dolcetto.

Gastaldi
Via Albesiani 20
Tel. 0173 677400
Bernardino Gastaldi, ein stets vom Hang zur Perfektion getriebener Winzer, hat sich mit seinem Dolcetto d'Alba Moriolo vorgestellt und die Qualität seiner Produkte mit dem großartigen Rosso Gastaldi bestätigt, der aus Nebbiolo-Trauben gekeltert wird und lange in Edelstahltanks reift, bevor er in Flaschen abgefüllt wird, aber auch mit dem Barbaresco ist er erfolgreich. Beachtlich ist nicht zuletzt der Weißwein aus den Rebsorten Sauvignon und Chardonnay.

Bruno Giacosa
Via XX Settembre 52
Tel. 0173 67027
Der Name Bruno Giacosa ist ein Fixstern unter den Winzern des Piemonts. Der virtuose Weinbauer stellt Produkte mit traditioneller Note her, die sich durch ihre Langlebigkeit auszeichnen, vom Barbaresco Santo Stefano di Neive e Gallina über den Barolo Collina Rionda und den Rocche di Castiglione bis zum Arneis und dem Giacosa Brut.

Fratelli Giacosa
Via XX Settembre 64
Tel. 0173 67013
Aus 15 Hektar eigenen Weingärten, einige davon in ganz hervorragenden Lagen in Monforte und Castiglione, schöpft dieser beachtliche Betrieb der Langhe seine Produktion: 600 000 Flaschen pro Jahr. Die gesamte Palette der Rotweine der Region um Alba (Barbaresco, Barolo, Barbera Mariagioana, Dolcetto) und der Weißwein Ca' Lunga, eine Mischung der Rebsorten Pinot nero, Riesling und Chardonnay, die in der Alta Langa angebaut werden.

Paitin
Pasquero Elia
Via Serra Boella 20
Tel. 0173 67343
Der Betrieb der Familie Pasquero ist untrennbar mit dem Cru Paitin verbunden, der Spitzenlage, aus der ihre Weine stammen: der exzellente Barbaresco, der Dolcetto d'Alba und nicht zuletzt der Wein, der den Namen des Weinguts trägt und als Aushängeschild des Betriebs gilt. Der Campolive Bianco rundet das Programm ab.

Parroco di Neive
Piazza Negro 7
Tel. 0173 67008
Ein reiches Angebot aller DOC-Weine aus Neive: Barbaresco Vigneto Gallina, Dolcetto d'Alba Basarin, Barbera d'Alba und Moscato d'Asti, alle in überzeugender Qualität und in einer erschwinglichen Preisklasse.

Prinsi
Regione Gaia 6
Tel. 0173 67192
Franco und Ottavio Lequio bauen auf 20 Hektar Fläche die Rebsorten Nebbiolo, Dolcetto, Barbera, Chardonnay, Sauvignon und Cabernet Sauvignon an.

Punset
Regione Moretta 8
Tel. 0173 67072
Marina Marcarino führt diesen Familienbetrieb seit einigen Jahren mit großem Erfolg. Unter ihren Weinen ragt der ausgezeichnete Barbaresco Campo Quadro hervor.

Ugo Lequio
Via del Molino 10
Tel. 0173 677224
Ugo Lequio stellt die klassischen Rotweine der Region her, alle von guter Qualität. Speziell empfehlenswert ist der Barbera d'Alba Gallina.

Sottimano
Località Cottà 21
Tel. 0173 635186
Unter der Leitung von Rino Sottimano ist aus diesem Familienbetrieb ein außerordentlich interessantes Weingut geworden. Lassen Sie sich von den Barbaresco-Weinen Currà Vigna Masué, Fausoni Vigna del Salto und Cottà Vigna Brichet, dem Dolcetto in den Versionen Bric del Salto und Cottà, dem Barbera d'Alba Paiolero und dem Maté überzeugen.

FESTE, MESSEN UND VERANSTALTUNGEN

Festa di San Gervasio
Dritte Woche im Juli. Neben der gleichnamigen Kirche wird jedes Jahr ein ländliches Fest veranstaltet: mit abendlichem Tanz, typischen musikalischen Darbietungen piemontesischer Chöre und – was natürlich nicht fehlen darf – *fritto misto* und *braciolate*, großen Platten mit gebackenem und gebratenen Fleisch.

Neive in festa
Erste Woche im September, ein dreitägiges Fest vor dem Erntebeginn. Die Eröffnung findet freitags mit einem

musikalischen Abend statt, wobei dem Publikum auch kulinarische Genüsse nicht vorenthalten werden. Samstags findet ein Malwettbewerb statt, im Zuge dessen Künstler prämiert werden, die ihre Werke in der Altstadt ausgestellt haben. Am Samstagabend strömen alle Gäste zum Tanz auf die Piazza, wo unter dem Sternenhimmel Polenta und Würste verkostet werden. Den Glanzpunkt der Veranstaltung bildet der Sonntag: Die privaten Gärten von Neive werden für alle geöffnet, es werden typische Gerichte und Weine verkostet, man wohnt den musikalischen Darbietungen von Folkloregruppen bei und besucht abends die Theateraufführung.

Fiera del cappone

Zweite Dezemberhälfte. Zwei Tage lang dominieren Spiel, Degustationen, Theater- und Konzertaufführungen das Stadtbild. Am Sonntag schließlich wird der Kapaunenmarkt mit Tieren aus Zuchtbetrieben der Umgebung eröffnet.

Treiso

An diesem kleinen Ort der Bassa Langa zwischen den Flüssen Tinella und Seno d'Elvio treffen fünf Hügel zusammen. Vom höchstgelegenen Teil des Ortes hat man einen Ausblick über das Barolo-Gebiet bis zum Roero, dessen Dörfer in der Ferne auf den Berghängen schimmern.

Die Geschichte von Treiso reicht fünftausend Jahre zurück. Davon zeugen drei geschliffene Steine aus dem Neolithikum, die im Vorort Pertinace gefunden wurden. In der Römerzeit befand sich hier ein Posten, an dem die aus Savona kommenden Soldaten ihre Pferde wechseln konnten. Alba und Asti kämpften um diese Siedlung, sie war Schauplatz zahlreicher blutiger Schlachten. Im Gleichklang mit dem nahe gelegenen Barbaresco wurde Treiso 1958 zu einer autonomen Gemeinde.

Die Piazza wird von der wuchtigen Pfarrkirche beherrscht. Die Fassade des im neoklassischen Stil mit barocken Elementen gehaltenen Gebäudes besteht aus roten Steinen und ist mit den Statuen von drei Heiligen geschmückt, welche 1773 von Unia di Racconigi geschaffen wurden. Der von Meister Traversa geplante Campanile, vermutlich der interessanteste Teil, stammt aus dem Jahr 1767 und wurde erst hundert Jahre später mit dem restlichen Bauwerk verbunden, um einen Einsturz zu verhindern. Vor der schönen Pfarrkirche steht die Confraternita dei Battuti, ein aufgrund der Vermengung verschiedener Stilrichtungen etwas weniger gelungenes Werk – die klassische Fassade mit dem Tympanon weist gotische Säulen und Spitzbogenfenster auf.

In der Nähe von Treiso liegt eine beeindruckende, durch Erosion enstandene Schlucht in Form eines Amphitheaters. Eine Fabel erzählt von ihrer Entstehung: Dort, wo sich heute die *Rocche dei sette fratelli* befinden, lag einst eine große Wiese. Sie brach unter den Füßen von sieben Brüdern ein, da sie sich wiederholt der Gottlosigkeit schuldig gemacht hatten. Zur Strafe hat sie die Erde verschlungen.

Leider nur allzu realistische Szenen spielten sich allerdings im Zweiten Weltkrieg ab, als hier heftige Partisanenkämpfe stattfanden, in denen viele junge Männer ihr Leben für den Widerstand opferten.

Anreise

Kommt man auf der *statale* 231 aus Alba, nimmt man die Abzweigung Barbaresco-Neive. Letzteres ist rund zehn Kilometer von Treiso entfernt.

TREISO

Einwohner: 756
Höhe: 410 Meter

ÜBERNACHTEN

Il ciliegio

Via Meruzzano 21
Tel. 0173 630126 · 638267
3 Zimmer mit je 4 Betten
und Bad und 4 Apartments
mit je 4 Betten, Bad, Koch-
und Essnische.
Preise mit Frühstück: Zimmer
L. 45 000 pro Person,
Apartment L. 700 000 pro
Woche für zwei Personen,
L. 800 000 für vier Personen.
In der Umgebung herrliche
Wege durch die Hügelland-
schaft für Wanderungen und
Radtouren. Auf dem Hof
besteht die Möglichkeit, Wein,
Obst, Gemüse, Geflügel und
Kaninchen zu kaufen.

Ada Nada

Via Ausario 12
Località Rombone
Tel. 0173 638127
5 Doppelzimmer, alle mit Bad,
in einigen Zusatz- oder
Kinderbett.
Preise ohne Frühstück:
Doppelzimmer L. 95 000
Kreditkarten: die gängigsten
außer DC
Der schöne, umgebaute Hof
aus dem 18. Jahrhundert liegt
inmitten der Weinberge. Die
Gäste können den Weinkeller
besichtigen und die Weine
des Betriebs verkosten. Zum
Frühstück werden Brot und
Marmelade, Torten, Wurst-
und Käsespezialitäten sowie
eingelegtes Gemüse gereicht.

Villa Ile

Strada Rizzi 18
Tel. 0173 362333
3 Zimmer mit Bad.
Preise: L. 50 000 pro Person,
Frühstück L. 10 000
Kreditkarten: die gängigsten
Der Betrieb Ileana Corradinis
stellt Qualitätsweine, Obst
und Gemüse her. Die Einrichtung von Apartments ist
geplant.

ESSEN

La Ciau del Tornavento

Piazza Baracco 7
Tel. 0173 638333
Mittwoch und Donnerstag-
mittag geschlossen
Betriebsferien: Januar
Plätze: 60
Preise: L. 80 000 ohne Wein
Kreditkarten: Visa und CartaSi
Der Besitzer Maurilio brachte
seine Erfahrung und seine
Erfolge mit ein, die er im
«Ciau» in Pinerolo gesammelt
hatte. Ohne große Mühe ist
es ihm gelungen, sich auch in
den Langhe einen Namen zu
schaffen, wo er der lokalen
Küche ein paar Glanzpunkte
aufsetzt, die die Handschrift
des Meisters tragen. Auf der
Speisekarte finden sich mit
Thunfischmousse gefüllte und
mit Lavendelblüten aromati-
sierte Paprikaschoten, *agnolotti* gefüllt mit gekochten
Kartoffeln und Lauch, Barolo-
Risotto mit Wachteln (häufig
wechselnde Speisekarte).
Alternativ werden auch sehr
kreative Speisen angeboten.
Reiche Auswahl an Käse und
gepflegte Weine (Etiketten
aus den Langhe, Weine aus
anderen italienischen Regionen und anderen Ländern).

Osteria dell'Unione

Via Alba 1
Tel. 0173 638303
Sonntagabend und Montag
geschlossen
Betriebsferien: im August
Plätze: 50
Preise: L. 50 000 ohne Wein
Kreditkarten: keine
Die sich selbst treu bleibende
Küche von Pina Bongiovanni
ist kräftig und würzig im
Geschmack. Versuchen Sie
einen der wenigen Tische zu
ergattern und probieren Sie
die Omeletts, die gefüllten
Zwiebeln, Gardaseeforelle,
vitello tonnato, Zunge, *agnolotti
dal plin* oder Kaninchen (im
Winter in Barolo mit Paprika-
schoten, im Sommer in Weiß-
wein mit Kräutern). Der
Weinkeller hält viele gute
Weine aus den Langhe bereit.

Trattoria Risorgimento

Viale Rimembranza 1
Tel. 0173 638195
Montag Ruhetag
Betriebsferien: ein Monat im
Zeitraum Juli–August
Plätze: 50
Preise: L. 40 000 ohne Wein
Kreditkarten: keine
Die klassische Kombination
aus Bar und Trattoria, wie
man sie im ländlichen Bereich
oft antrifft. Die Küche bietet
einfache, deftige und würzige
Speisen nach Art der Langhe.
Kleine Auswahl an lokalen
Weinen.

EINKAUFEN

BROT

Fabrizio Fenocchio
Località Altavilla
Via Rio Sordo 52
Fabrizio Fenocchio bäckt
handgerollte Grissini, knuspri-
ge *paesane*, *campagnole* und
biove: ein Brot ohne Fett
und Zusatzstoffe mit dem
zarten Duft, der sich nur im
Holzofen entfaltet.

WEINKELLEREIEN

Orlando Abrigo

Frazione Cappelletto 5
Tel. 0173 630232
Der Weinkeller wird heute
von Giovanni Abrigo geleitet
und bietet ein komplettes
Repertoire an qualitativ hoch-
wertigen Weinen: Barbaresco,
Dolcetto d'Alba, Barbera
d'Alba Mervisano alla Freisa,
Chardonnay und Moscato
Passito.

EINE GASTRONOMISCHE LEGENDE

Beppe Stella

Groß, hager, stets schwarz gekleidet, breitkrempiger Hut und Spazierstock: Giacomo Morra war der Besitzer des Hotels Savona in Alba. Ein PR-Mann, wie er im Buche steht, der mit einer der genialsten Marketingaktionen des Jahrhunderts genau ins Schwarze traf, denn er «erfand» die Trüffel und die Messe und machte die Stadt Alba in der Welt berühmt. In seinem Lokal konnte man tanzen, die Musik des Duo Fasano hören und über Politik und Literatur diskutieren.

Das legendäre Savona war die Geburtsstätte der Gastronomie der Langhe: An den Tischen des Restaurants und in der Küche erfand Morra die Küche von Alba und den Langhe. Aber nichts entsteht zufällig. Die umliegenden Hügel boten Wild nach Belieben, die Ebene zwischen Alba und Asti war reich an Produkten aus dem Gemüsegarten, und dann gab es vor allem die weiße Trüffel *(magnatum pico)* mit ihrem intensiven Aroma und den angeblich aphrodisischen Kräften. Schließlich das Olivenöl und die Sardellen aus dem nahen Ligurien. Vergessen wir nicht, dass die Einwohner der Langhe ursprünglich Ligurer sind und der Handel mit den Küstengebieten immer florierte. Nicht ohne Grund ist die *bagna caoda* – bei der heißes Öl, Knoblauch und Sardellen so gut mit rohem Gemüse harmonieren – zum kulinarischen Wahrzeichen der Region geworden.

Die Küche dieser Landstriche zaubert noch immer jene von Hand gefertigten *tajarìn* und *agnolotti dal plin* hervor, setzt auf *vitello tonnato* und *carne cruda*, besticht mit Thunfisch, Kaninchen und Forelle, Barolo-Braten und Schmorgerichten, *bonet* und in Wein gekochten Birnen. Als innovativen Beitrag junger Köche gibt es das eine oder andere «modern» geprägte Gericht. Grundlage all dessen sind die Produkte der Langhe und des Piemonts: Weizenmehl und *meliga*, piemontesisches Kalbfleisch, Freilandgeflügel, Süßwasserfische, Pfirsiche und Erdbeeren aus dem Roero, Madernassa- und Martina-Birnen, Murazzano und andere Käsespezialitäten aus den Tälern um Cuneo und aus der gesamten Region.

Die legendäre Küche der Langhe setzt sich dank einer guten Gaststättenkultur fort, die zwar keine Geniestreiche anbietet, aber niemals auf das Niveau einer «Touristenabspeisung» absinkt. Diese Kultur achtet auf die Küche der Gegend und die Wahl qualitativ hochwertiger Zutaten. Oben in Barbaresco findet man eine Osteria, die jedes Jahr einen Bauern der Alta Langa mit der Lieferung frei gehaltener Hühner beauftragt, die nur mit Mais und Korn gefüttert werden; in Treiso kann man nach allen Regeln der Kunst gezüchtete Kaninchen probieren, die mit Paprikaschoten aus dem Gemüsegarten zubereitet werden; an der Grenze zwischen Alba und Treiso werden in einem der letzten Holzöfen große, duftende, weichkrumige *biove* gebacken …

Rezepte
Tajarìn
Zutaten für 8 Personen
1 kg glattes Weizenmehl (Typ 00), 15 frische Eier, 2 Esslöffel kaltgepresstes Olivenöl, Salz

Zubereitung
Mehl auf dem Nudelbrett häufen, 5 ganze Eier und 10 Dotter, Öl und eine Prise Salz hinzugeben. Alles gut vermengen und den Teig sehr dünn ausrollen (mit dem Nudelholz oder einer Nudelmaschine mit Tagliatelle-Aufsatz). Das Teigblatt ruhen lassen, mit etwas Mehl bestäuben und zusammenrollen; mit einem scharfen Messer Streifen abschneiden, um sehr feine *tajarìn* zu erhalten (wer will, kann auch dafür die Nudelmaschine verwenden). Die Tagliatelle ruhen lassen und in siedendem Salzwasser wenige Minuten kochen. Schaum mit der Kelle abschöpfen, Nudeln abseihen, nach Belieben abschmecken und servieren.

Bonet
Zutaten für 8 Personen
0,5 l Frischmilch, 4 frische Eier, 6 Esslöffel Kristallzucker, 2 Esslöffel Kakaopulver, 50 g Amaretti-Kekse, 2 Esslöffel Rum

Zubereitung
Die ganzen Eier in einer Schüssel verquirlen, 4 Esslöffel Zucker, Kakao, zerbröselte Amaretti-Kekse, Rum und Milch hinzugeben. Vorsichtig vermengen. 2 Esslöffel Zucker in einem kleinen Topf erhitzen, bis der Zucker eine haselnussbraune Farbe annimmt, etwas Wasser darüber spritzen (die Masse muss Fäden ziehen) und den Topf bei großer Hitze schwenken. Der Karamell ist fertig, wenn er glasartige Konsistenz hat und noch dunkler geworden ist. Warm gestellte Puddingform mit dem Karamell ausgießen; die Form langsam hin- und herbewegen, damit sich ein gleichförmiger Film bildet, der langsam erhärten soll. Eiermasse hineingeben und die Form im Wasserbad bei 180 °C für 30 Minuten in den Ofen stellen. Abkühlen lassen, stürzen und servieren.

Ca' del Baio

Via Ferrere 33
Cascina Valle Granda
Tel. 0173 638219
Giulio Grasso bietet seine
Weine Dolcetto, Moscato,
Barbera und Chardonnay zu
günstigen Preisen an. Beson-
dere Beachtung verdient der
Barbaresco, der aus Asili, einer
der besten Lagen der
Gegend, stammt.

Fratelli Grasso

Località Valgrande
Via Giacosa 1 b
Tel. 0173 638194
Seit langem bewirtschaften
die Brüder Grasso ihre Weingärten in Valgrande, aber erst
seit wenigen Jahren füllen sie
den Großteil der Produktion
selbst ab. Mit Barbaresco und
Barbera wurden bereits
beachtliche Ergebnisse erzielt.

Il Cravé

Strada Rizzi 2
Tel. 0173 638353
Corrado Meinardi, ein junger
Winzer mit Abschluss an der
Weinbauschule in Alba, hat
den Betrieb von Pietro, sei-
nem Großvater väterlicher-
seits, übernommen. Er stellt
Barbaresco, Dolcetto d'Alba
und Chardonnay her und bie-
tet diese zu angemessenen
Preisen an.

Eredi Lodali

Viale Rimembranza 5
Tel. 0173 638109
Die energische Winzerin Rita
Lodali hat diese Kellerei
umstrukturiert und sich auf
die Auswahl an Trauben aus
den eigenen Weinbergen in
Treiso und Roddi spezialisiert.
Zu ihren Produkten zählen
Barbaresco Rocche dei Sette
Fratelli, Barolo Bric Sant'
Ambrogio, Dolcetto d'Alba,
Barbera d'Alba und
Chardonnay.

Fratelli Molino

Via Ausario 5
Tel. 0173 638384
Dieser Betrieb hat erst vor
wenigen Jahren mit der
Flaschenabfüllung begonnen
und hält sich dabei noch an
traditionelle Herstellungs-
methoden. Zu den Spitzen-
erzeugnissen zählen der
Dolcetto und der Barbaresco
vom Weinberg Ausario.

Ada Nada

Via Ausario 12
Tel. 0173 638127 · 638921
Giancarlo Nada füllt einen
Dolcetto, einen Barbera, den
Langhe Rosso la Bisbetica
(aus einem Verschnitt von
Nebbiolo- und Barbera-
Trauben) und zwei Barba-
resco-Weine aus Einzellagen
ab. Die Weine zeichnen sich
durch ihre hohe Qualität aus.

Fiorenzo Nada

Località Rombone
Tel. 0173 638254
Eines der interessantesten
Weingüter von Treiso.
Fiorenzo und sein Sohn
Bruno stellen wenige Weine
her, die aber qualitativ im
Spitzenfeld liegen: Barbaresco,
den Seifile (eine Mischung der
Rebsorten Barbera und
Nebbiolo, im Barrique ausge-
baut) und Dolcetto d'Alba.

Pelissero

Via Ferrere 19
Tel. 0173 638136 · 638430
Giorgio Pelissero setzt seine
Karten auf große Crus und
auf einen modernen Kellerei-
betrieb. Die Ergebnisse geben
ihm Recht. Probieren Sie den
Barbaresco Vanotu, den
Dolcetto d'Alba Augenta und
den Dolcetto Munfrina, den
Barbera d'Alba Casot und
den Barbera I Piani. Auch der
Freisa und der Grignolino
können mithalten.

Rizzi

Località Rizzi 13
Tel. 0173 638161
Im Betrieb von Ernesto
Dellapiana werden alle für die
Gegend typischen Weine her-
gestellt. Besondere Erwähnung
verdienen der Barbaresco und
der Dolcetto d'Alba aus den
Lagen Fondenta und Sorì del
Noce und nicht zuletzt der
Chardonnay aus dem Cru
Speranza.

Vignaioli Elvio Pertinace

Località Pertinace 2
Tel. 0173 442238
Einige Winzer haben sich zu
diesem Betrieb zusammenge-
schlossen, dessen Produkt-
palette zahlreiche Weine
umfasst, angeführt vom
Dolcetto d'Alba und dem
Barbaresco aus den Crus
Nervo und Castellizzano.

Villa Ile

Località Rizzi 15
Tel. 0173 362333
Dolcetto, Barbaresco und
Garassino, ein im Barrique
ausgebauter Verschnitt, sind
die Spitzenprodukte dieses
Betriebs. Mit guter Qualität
kann auch der Dessertwein
Moscadile aufwarten.

FESTE, MESSEN UND VERANSTALTUNGEN

Im Zeitraum von August und
September findet die Fiera
della vendemmia statt:
eine Verkaufsschau gastronomischer Produkte. Am
15. August wird die Festa
dell'Assunta begangen.

Das Gebiet um Dogliani und die Langhe Monregalesi

Dogliani, Mondovì, Bastia Mondovì, Belvedere Langhe,
Bonvicino, Briaglia, Carrù, Castellino Tanaro,
Cissone, Clavesana, Farigliano, Igliano, Lequio Tanaro,
Marsaglia, Niella Tanaro, Piozzo, San Michele Mondovì,
Somano, Vicoforte

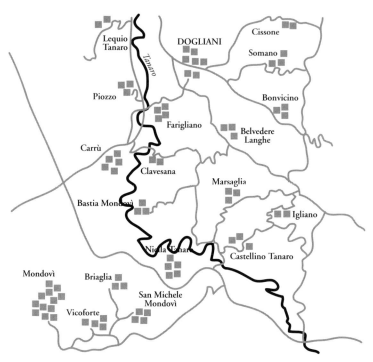

Dolcetto und fette Rinder

Es ist ein Gebiet mit großer landschaft-
licher Vielfalt, das von Dogliani, der
Hauptstadt des Dolcetto, den Tanaro
entlang bis Mondovì verläuft. Hier findet man nicht nur großartige Kunstwerke, wie die eklektische Architektur
von Schellino oder die prachtvolle
Kirche von Vicoforte, sondern auch kleine pittoreske Dörfer, die sich an steile
Hänge klammern. Und die gastronomischen Eindrücke kommen ebenfalls
nicht zu kurz. Neben dem bereits erwähnten Dolcetto von Dogliani, der sich
in den letzten Jahren vom einfachen
Tafel- zum großen Rotwein gemausert
hat, sind auch die fetten Rinder typisch
für diese Gegend. Das Rind ist das
Wahrzeichen von Carrù, hier findet man
einen der ältesten und umtriebigsten
Viehmärkte Italiens. Eine wesentliche
«Rolle» spielt das Vieh auch bei der
Zubereitung des traditionellen *bollito*.

Dogliani

Der Name des Städtchens geht zurück auf das lateinische *duliacus (dulius, duilius)*, was zur Römerzeit den Grundbesitzer bezeichnete; die keltische Wurzel *dol, dolen* würde «Land entlang dem Fluss» bedeuten. Dieser Wortteil ist speziell in Frankreich sehr verbreitet (in der Umgebung von Avignon gibt es ein Dolan).

Die menschliche Besiedlung dieser Stelle mit großem Wasserreichtum und strategischer Bedeutung lässt sich mit Sicherheit erst ab der Eisenzeit nachweisen, also etwa mit dem Beginn des ersten Jahrtausends v. Chr., der so genannten Golasecca-Epoche. Mit Sicherheit aus vorrömischer Zeit stammen Funde, die in der Ortschaft Pile di Valdibà entdeckt wurden; sie sind heute im Museo Gabetti von Dogliani zu sehen. Die ursprüngliche Bevölkerung des Gebietes waren Ligurer, deren Herkunft und Geschichte ziemlich ungewiss ist. Noch weitaus widersprüchlicher ist die Etymologie ihres Namens: das keltische *lly gor* bedeutet «Mann des Meeres», das iberische *illi gor* «Mann der Berge». Von den Latinern wissen wir, dass sie in Stämme aufgeteilt waren: In dem Gebiet, von dem wir sprechen, lebten die Vagienni, im höher gelegenen Tanaro-Tal die Montani.

Die römische Landnahme erfolgte intensiv und fast lückenlos, damit alle Pässe und Meerzugänge kontrolliert werden konnten. Kaiser Augustus sind die Rodung des Gebietes und die Anlage der Weinberge zu verdanken. Das Christentum setzte sich nur langsam gegen die traditionellen keltischen Kulte durch, da auch immer wieder heidnische Völker durchs Land zogen. Später wurde das gesamte Tanaro-Tal von den Sarazenen heimgesucht. In Dogliani gibt es nach wie vor die Dialektausdrücke *giblìn*, *payàn* (heidnisch), *meuije* (Wasser), die eindeutig aus dem Arabischen stammen,

Die einzigartige, monumentale Kathedrale von Dogliani ist geprägt vom Stil des autodidaktischen Architekten Giovan Battista Schellino, der die ganze Stadt mit seinen eklektischen «Zeichen» übersät hat – für den damaligen Geschmack höchst ungewöhnlich. Auf dem Bild ist die Pfarrkirche der Heiligen Quirico und Paolo zu sehen.

sowie Höfe und Ortschaften mit sarazenischen Namen. Anschließend ging der Ort in das Eigentum von Arduin (vgl. *Marca Ardoninica*), Markgraf von Susa, über. Das geschah im Zuge der von König Berengario II. von Italien angeordneten Aufteilung des Landes in die Arduinische, die Obertinische, die Aleramidische und die Anskarische Mark. Die Person, die mit Sicherheit den größten Einfluss auf das mittelalterliche Dogliani ausübte, ist Manfredi I. Lancia, der seinen Sitz im Kastell errichtete und das Land Stück für Stück verkaufte.

Sein Sohn Manfredi II. verließ Dogliani, um Friedrich II. zu dienen, und die Stadt wurde Gegenstand der Kämpfe zwischen Alba und Asti. 1220 traten die Busca-Lancia ihre Feudalrechte an Manfredo II. di Saluzzo ab. Rund dreihundert Jahre lang stand Dogliani dann im Eigentum dieser Familie und erlebte während dieser Zeit einen beachtlichen Aufschwung: «Das Kastell zwischen den Mauern barst aus allen Nähten ... die Geschäfte der Handwerker und Kaufleute mussten nach unten verlegt werden und bildeten so den Ort, der später als Dorf bezeichnet wurde.» (G. Conterno, Dogliani. *Una terra e la sua storia*, Edizioni Amici del Museo di Dogliani, 1986.) Nach der Glanzzeit unter der Herrschaft von Giovanni il Grande di Saluzzo, der auch das Dorf mit einer Befestigungsmauer umgeben ließ und den Einwohnern eine Verfassung in Form der *Statuta Burgi Doliani* vom 6. Juli 1297 gewährte, erlebte das Städtchen eine unruhige Epoche, die von Auseinandersetzungen mit den Sforza gekennzeichnet war. 1431 wurde Dogliani zerstört, und in der schlimmsten Zeit von 1530 bis 1550 war es der Dekadenz des Grafen von Saluzzo ausgeliefert. Allein zwischen 1535 und 1537 wurde der Ort dreimal geplündert und in Brand gesteckt. 1544 besetzten die Franzosen unter Marschall De Brissac die Langhe und zerstörten den Großteil

der Kastelle (La Morra, Monchiero, Novello, Perno, Sinio, Barolo, Dogliani). Von diesem Zeitpunkt an verliert die Stadt ihre Bedeutung: 1598 geht sie schließlich an die Savoyer und bleibt von da an immer mit der Geschichte der Turiner Herrscherdynastie verbunden.

Dogliani, die Wahlheimat des ursprünglich aus Carrù stammenden Luigi Einaudi, ist die Geburtsstadt des Architekten Giovanni Battista Schellino, dessen fünfzigjährige Schaffensperiode ein homogenes und ungewöhnliches Stadtbild bewirkte. Den Werken dieses phantasiereichen wie praktischen «Geometers» liegt der Übergang der Gemeinde vom bäuerlichen Dorf in ein kleines Industriezentrum im ausgehenden 19. Jahrhundert zugrunde.

Schellino verfügte einerseits über das unternehmerische Denken, das die neuen Zeiten erforderten (er leitete nicht nur eine im gesamten Piemont tätige Baufirma, sondern war auch Teilhaber einer modernen Brennerei und trieb mit großer Hartnäckigkeit die Bahnverbindung Dogliani-Monchiero voran), andererseits aber auch über einen gewissen stilistischen Kodex, der sich vollkommen von den Werken seiner Zeitgenossen unterschied. Es mutet seltsam an, dass ein Sohn der Langhe wie er, ein umsichtiger, ja fast misstrauischer Mensch, ein Verfechter des gesunden Hausverstands und des geordneten Lebens, nach und nach jede Kontrolle über seine Projekte verlor und Werke hinterließ, die heute vor allem durch ihre Abweichung von der Norm auffallen.

Dogliani wurde von diesen ins Auge stechenden Werken eines Vertreters der letzten Phase nennenswerter architektonischer Leistungen geprägt. Danach kam die Zeit der Demolierungen und der namenlosen Bauten. Schellino hingegen hat mit seinem eklektischen Stil dieser kleinen Hauptstadt der Langhe eine, wenn auch umstrittene, architektonische

Identität verliehen. Folgen wir der Route seiner Werke, wie sie im Buch *Architettura dell'eclettismo* von Griseri und Gabetti (Einaudi, 1973) beschrieben wird: «Hat man von der Weite eine gute Sicht … sieht man die Kirche der Madonna delle Grazie (eine birnenförmige Kuppel zwischen zwei hellen Türmen) …; und bald nach den Türmchen … die roten Bauten Schellinos auf dem Kastell. Nimmt man die Brücke über den Fluss Rea, erscheint die Chiesa dei Santi Quirico und Paolo wie auf einem Plan. Unterhalb dessen, was vom Karmeliterkloster übrig ist, breitet sich das imposante Bauwerk der Kirche mit der großen, von Backsteinsäulen gesäumten Vorhalle aus. Folgt man der *provinciale*, sieht man weiter vorne auf der rechten Seite das rote und kompakte Krankenhaus. Nach der Kurve der Turm mit den öffentlichen Toiletten; unmittelbar dahinter erscheint das Kastell … mit dem von Schellino mit Zinnen versehenen Turm. Anschließend gelangt man zum Hospiz, das mit gewölbten Säulengängen ausgestattet ist. (Das Gebäude wurde Opfer eines «grauen» Zubaus.) Vor dem Ortsteil Castello erscheint noch die weiße Chiesa dell'Immacolata …, die ein wenig durch den Waschtisch aus Zement verdeckt wird. Setzt man die Fahrt auf der Landstraße fort, sieht man die Mauer des von Schelliano entworfenen Friedhofs: Die Fialen scheinen sich im schattigen Hintergrund zu verlieren. Nach und nach erscheinen … die Säulen, die zum Santuario delle Grazie führen … insgesamt 14, wobei keine wie die andere ist: Der Stil richtet sich nach der Darstellung. Auf halber Höhe bei der Abzweigung nach Farigliano … weiter oben die Barockkirche San Eleuterio, die akrobatisch zwischen zwei hohen von Schellino konstruierten Mauern in Form geschwungener Flügel aufragt … Fährt man die Straße von Riviera noch weiter

hinauf, treten die vorhin erwähnten Säulen auf den steilen Hängen der freien Landschaft noch deutlicher hervor: Hier zwischen den Weinbergen bei der Kirche der Madonna delle Grazie endet die Rundfahrt.»

Sehr plastisch wird hier der Ort mit seinen Bauten des berühmten Architekten beschrieben. So extravagant diese auch sein mögen – «anders als die bereits vorhandenen Strukturen, in die sie sich nicht integrieren, nicht einmal durch eine Übereinstimmung in den Farben oder Materialien» –, wecken sie doch subtile und vielschichtige Emotionen. Sie erinnern an eine Zeit, als man noch nicht ausschließlich darauf bedacht war, utilitaristische Werke zu schaffen, sondern auch ein künstlerisches Risiko einzugehen bereit war, sie erinnern an einen gemäßigten und optimistischen Romantizismus, der auf modernistischen Bestrebungen und dem Vertrauen in die eigenen Fähigkeiten aufbaut.

Man kann nicht leugnen, dass Dogliani insgesamt den Eindruck aristokratischer Reserviertheit, ja beinahe eines gewissen Größenwahns vermittelt. Vermutlich hatte es früher aufgrund seiner geografischen Lage jene Rolle inne, die heute von Alba eingenommen wird: Der jeden Dienstag abgehaltene Markt ist ein Treffpunkt nicht nur für die Kaufleute, sondern für alle Bewohner der umliegenden Dörfer. Doch selbst wenn das Stadtbild sehr bunt und belebt ist und eine Bank auf die andere folgt: Insgesamt herrscht doch eine sehr gesetzte Atmosphäre. Es fehlt die hektische Betriebsamkeit, wie man sie oft auf anderen großen Märkten finden kann, ebenso wie das aggressive Keilen der fahrenden Händler. Im Ort spürt man eine gewisse Melancholie, die aber auch mit der prosaischen Realität einer wirtschaftlichen Rezession verbunden ist; beim wichtigsten Ereignis des Jahres, der Fiera dei Santi, tritt letztere besonders krass zutage. Die letzte

Die Güter des Präsidenten

Giovanni De Luna

Luigi Einaudi kaufte im Jahr 1897, als er gerade 23 Jahre alt geworden war, das Gehöft San Giacomo in Dogliani. Es waren 40 Tagwerke Land. Zwischen 1952 und 1958 schloss der alte Staatsmann, inzwischen über 80 Jahre alt, seinen Landerwerb mit 13 Tagwerken einer Liegenschaft in der Gemeinde Barolo ab. Über einen Zeitraum von 60 Jahren hatte er sich mit weiteren Käufen 250 Tagwerke Ländereien geschaffen, ein Drittel davon waren Weingärten.

Zwischen 1955 (seine siebenjährige Amtszeit als Staatspräsident ging zu Ende) und 1961 (sein Todesjahr) kam er in den Genuss eines seltenen Privilegs. Mit einem Blick vom Haus in Dogliani schien er seine ganze Geschichte betrachten zu können. Seine Biografie lag dort vor ihm, auf jenen Hügeln. Er sah, wie sich das Gelb des Weizens mit dem Grün der Weinberge mischte und die Ordnung der Rebreihen von der Unruhe des Brachlands gebrochen wurde; wie die Geometrie der alten ausgelaugten Weingärten von Wiesen gestört wurde, die vom Tal die Hügel hochstiegen; Häuser standen da, die nicht hätten gebaut werden dürfen. Es war die zerfurchte Landschaft seiner Langa, die ihn fühlen ließ, dass sein Leben allmählich zu Ende ging; und es waren jene Güter, jene Gehöfte, das eigene Hab und Gut, das ihm ein Gefühl heiterer Genugtuung ermöglichte, weil es ihn eine konkrete Bilanz seines Lebens ziehen ließ.

Dieser Bezug zu Grund und Boden erlaubt am besten, den roten Faden in einem wechselvollen Leben zu entdecken, in dem Einaudi 1893 als Schriftsteller debütierte (als Verdi gerade seinen «Falstaff» komponiert hatte) und 1961 seine Feder für immer niederlegte (als «8 ½» von Fellini eben herausgekommen war). Dazwischen lagen großartige Bücher wie sein *Principe mercante*, ein moralisches und geistiges Lehrbuch, das drei Generationen von Studierenden begleitete, das Amt des Finanzministers in den Jahren des Wiederaufbaus, das Staatspräsidentenamt, ein reger Dialog mit den größten Intellektuellen des 20. Jahrhunderts. All dies war stets in ein Universum moralischer Werte eingebettet, das ihn trotz Ruhm und Erfolg niemals seine Wurzeln vergessen ließ. Von 1945 bis 1948 plante er das neue Italien wie ein Landgut, mit Bezug auf das Modell Familie als Hort von Geborgenheit und Traditionen, aber auch als Pol wirtschaftlichen Lebens, als Mikrokosmos der Ordnung und Stabilität, auf dem sich ein vollständiges Sozialgefüge aufbauen lässt. Ein Bild, das nach seinem Tod verschwand.

Möglichkeit, sich mit Lebensmitteln einzudecken, bevor die Lethargie des Winters anbricht – weniger ein Konsumrausch als ein gemäßigter Versuch, das Notwendigste zu erhalten. Bei dieser Messe wird in den überdachten Marktständen eine hervorragende Suppe aus Erbsen und Kutteln verteilt. Hier kann man den wahren Geist der Langhe erst richtig kennen lernen.

Zum Abschluss des Besuches können Sie auch noch auf dem Gut von Luigi Einaudi vorbeischauen, das auf Höhe der Pfarre Annunziata zwischen Monchiero und Dogliani liegt. Dort biegt man links ab und fährt zur Ortschaft San Giacomo hinauf, wo sich seine Villa, das Gut, die berühmten Dolcetto-Weinberge und eine Kapelle befinden.

Von der Piazza Principale Umberto I., die von der bereits erwähnten Pfarrkirche Schellinos beherrscht wird, nehmen Sie dann die charakteristisch enge Via Vittorio Emanuele, die Geschäftsstraße von Dogliani, auf der Sie zur Piazza Confraternita gelangen, die zum Fluss Rea hin offen ist. Hier befindet sich die Chiesa del Santo Nome di Gesù, die zwischen 1722 und 1788 von den *Disciplinati Bianchi* und den *Confratelli Neri* errichtet wurde. Sie ist ein Werk des berühmten Architekten Francesco Gallo.

Auch die von der Familie Einaudi gestiftete Biblioteca Civica, die dem ersten Präsidenten der Republik Italien gewidmet ist, verdient einen Besuch. Sie ist in einem von Bruno Zevi geplanten Gebäude am Ufer des Flusses in äußerst ruhiger und ansprechender Lage (unmittelbar nach der Brücke biegt man rechts ab) untergebracht. Die Fortschrittlichkeit des Projekts erregte einst die

Gemüter, und auch heute noch hat das Bauwerk nichts von seiner Funktionalität oder von seinem Anstrich eingebüßt. Auch die Anlage der Bibliothek selbst ist nicht uninteressant, speziell wegen des innovativen Aspekts, der den Verlag Einaudi veranlasste, ein Buch über die Ausstattung einer Bibliothek mit 5000 Werken herauszugeben.

Weiter ist noch das in einem Teil des Rathauses auf der Piazza San Paolo (neben der Pfarrkirche) untergebrachte Museo Gabetti, das uns die Ortsgeschichte näher bringt, erwähnenswert.

Dogliani verfügt über ein nagelneues Sportstadion, in dem das traditionelle Ballspiel *pallone elastico* ausgetragen wird. Es liegt am Rea-Ufer hinter der Biblioteca Civica. Hier treten die besten Mannschaften gegeneinander an, und während der Lese der Dolcetto-Trauben findet ein wichtiges Turnier statt.

Anreise

Auf der Höhe von Monchiero verlässt man die Talsohle des Tanaro und fährt den Fluss Rea entlang, den man auf der *provinciale* dreimal überquert. Früher waren Monchiero und Dogliani durch eine Straßenbahn verbunden. Offiziell liegt Dogliani auf der Bahnlinie Turin-Bra-Ceva-Savona. Monchiero verfügt jedoch über die einzige Station, die vom Zentrum auch ziemlich weit entfernt ist.

DOGLIANI
Einwohner: 4540
Höhe: 295 Meter

ÜBERNACHTEN

Il Giardino
Viale Gabetti 106
Tel. 0173 742005
Drei Sterne, 8 Doppelzimmer und 4 Einzelzimmer mit TV, Telefon, Minibar.
Preise: Einzelzimmer L. 80 000, Doppelzimmer L. 120 000
Komfortable Zimmer, professionelle Leitung, jedoch gemütliche Atmosphäre: guter Service und angemessene Preise.

Leon d'oro
Via Rovere 34
Tel. 0173 70583
Zwei Sterne, 10 Zimmer.
Parkplatz, Freiluftbereich, Restaurant.
Preise: Einzelzimmer L. 60 000, Doppelzimmer L. 80 000
Nette, komfortable Zimmer, alle mit Bad, mit Blick auf die Altstadt von Dogliani. Gemäßigte Preise, familiäre Atmosphäre. Im Restaurant werden Speisen und Weine aus den Langhe angeboten.

Foresteria Poderi Einaudi
Borgata Gombe 31
Tel. 0173 70414
4 Zimmer, Garten, Parkplatz.
Preise: Einzelzimmer L. 180 000, Doppelzimmer L. 220 000, Suite L. 260 000
Das einstige Landgut des Präsidenten umfasst die Kellereien im Untergeschoss, die adaptierten Räume in der Villa aus dem 17. Jahrhundert, die Zimmer und eine prachtvolle Suite mit Originalfußböden und Stilmöbeln. Vom Gebäude aus können Sie Ihren Blick über die herrlichen umliegenden Weinberge schweifen lassen. Im Preis ist das Frühstück inbegriffen.

ESSEN

Albero Fiorito
Piazza Confraternita 13
Tel. 0173 70582
Mittwoch Ruhetag
Betriebsferien: August
Plätze: 100
Preise: L. 30 000–55 000 ohne Wein
Kreditkarten: alle außer DC
Einer der klassischen Gastronomiebetriebe in Dogliani. Die Küche ist traditionell, das Ambiente strahlt Gemütlichkeit und familiäre Gastfreundschaft aus. Der Keller bietet die besten Weine aus Dogliani. Was zu Allerheiligen nicht fehlen darf: die Kichererbsensuppe *cisrà*.

Le lune dei Barroeri
Borgata Gombe 2
Tel. 0173 736012
Montagabend und Dienstag geschlossen
Betriebsferien: Januar
Plätze: 55 + 30 im Freien
Preise: L. 50 000 ohne Wein
Kreditkarten: die gängigsten
Zu den beliebtesten Speisen zählen *saccottini* mit Pilzen, Spargel oder Trüffeln (je nach Jahreszeit), Gemüseauflauf, Gnocchi aus Kartoffelmehl mit Raschera-Käse, Kalbshaxe in Nebbiolo oder Barbera. Über hundert Weine, hauptsächlich aus dem Piemont.

EINKAUFEN

FLEISCH- UND WURSTWAREN
Bovinlanga
Piazza della stazione 1
19 kleine Züchter der Umgebung haben sich zu dieser

Genossenschaft zusammenge-schlossen, die das Fleisch von nicht gemästeten, sondern mit natürlichem Futter versorgten Rindern der Piemonteser-Rasse verkauft – mit sehr zufriedenstellenden Ergebnissen.

Giuseppe Olivero
Via Marconi 14
Das ist die berühmte Fleischerei Aicardi, die heute von Giuseppe Olivero geführt wird. Das Fleisch ist bekannt wegen seiner gleich bleiben-den hohen Qualität und stammt ausnahmslos von Rindern der Piemonteser-Rasse von Züchtern aus der Umgebung. Probieren Sie auch die gekochte und rohe Salami, die Hartwurst und im Winter die Kochwurst.

EIS
Bar Roma
Via Rovere 1
Das Eis von Remo wird aus erstklassigen Zutaten bereitet und in zahlreichen Geschmacksrichtungen als Frucht- oder Cremeeis ange-boten. Die Spezialität ist das durchzogene Karamelleis.

LOKALE SPEZIALITÄTEN
Griva dispensa e cantina
Via Vittorio Emanuele 7
Reiche Auswahl an Dolcetto di Dogliani und anderen Weinen der Langhe, Grappa, Murazzano-Käse, Wurstwaren, lokalen Spezialitäten und eine große Auswahl an aromati-sierten Essigsorten.

WEIN
Bottega del Vino
Dolcetto di Dogliani
Piazza San Paolo 9
Die Bottega del Vino hat ihren Sitz in den mittelalterli-chen Kellereien des Palazzo Comunale und fasst die besten Hersteller von Dolcetto di Dogliani zusam-men. In den Räumlichkeiten

werden Tagungen und Seminare über die Themen Wein und Gastronomie abgehalten. Öff-nungszeiten: Freitag 15–19; Samstag, Sonn- und Feiertag 9.30–12.30 und 15–19; für Gruppen ist eine telefonische Voranmeldung unter folgen-den Nummern notwendig: 0173 742260 · 70107 · 70210 (September und Oktober immer geöffnet). Kostenlose Verkostungen.

WEINKELLEREIEN

Celso Abbona – Cà Neuva
Regione Santa Lucia 36
Tel. 0173 70668
Familienbetrieb, der sich aus-schließlich der Herstellung von Dolcetto di Dogliani widmet. Interessante Preise.

Marziano ed Enrico Abbona
Via Torino 242
Tel. 0173 70484
Einer der größten Betriebe in Dogliani, der in den letzten Jahren besonders auf Qualität gesetzt hat. Dolcetto (exzel-lent ist der Papà Celso), aber auch Barbera, Barolo und Barbaresco aus eigenen Weingärten in Spitzenlagen.

Francesco Boschis
Frazione San Martino di Pianezzo 57
Tel. 0173 70574
Das Spitzenprodukt ist der Dolcetto Vigna dei Prey, aber auch die Dolcetto-Weine Pianezzo und Sorì San Martino sowie der Barbera Vigna Le Masserie sind sehr gelungen.

Cantina del Dolcetto di Dogliani
Località Mallarino
Via Torino 58
Tel. 0173 792282
Die Trauben dieser Genos-senschaft stammen von etwa hundert Mitgliedern, die sich der Herstellung des Dolcetto

di Dogliani verschrieben haben. Neben den wichtigs-ten Selektionen wie dem Costabella gibt es eine reiche Auswahl an Alltagsweinen.

Quinto Chionetti & Figlio
Borgata Valdiberti 44
Tel. 0173 71179
Dieser Winzer hat als erster bewiesen, dass der Dolcetto di Dogliani das Zeug dazu hat, sich mit den großen Rotweinen der Langhe zu messen. Von seinen beiden Crus in San Luigi, die zu den begnadetsten Weinbergen in Dogliani zählen, gewinnt Chionetti zwei Selektionen, die ins Spitzenfeld dieser Sorte fallen: den Briccolero, ein körperreicher, samtiger Wein, und den San Luigi, der süffiger, aber trotzdem gut strukturiert ist.

Mario Cozzo
Frazione Madonna delle Grazie 68
Cascina Lasagna
Tel. 0173 70571
Probieren Sie bei Mario den guten Dolcetto di Dogliani Pregliasco, der von sehr alten Reben stammt.

Mario Devalle
Frazione Pian del Troglio 31
Tel. 0173 71186
Kleine Dolcetto-Produktion, wobei das Angebot durch einen süßen Brachetto abge-rundet wird. Devalle besticht durch seine Selektion, den Bric Sur Pian, und einen normalen Dolcetto, die zu günstigen Preisen angeboten werden.

La Fusina
Via Santa Lucia 33
Tel. 0173 70488
Aus dem Gut La Fusina stam-men herrliche Dolcetto-Weine ganz nach der Tradition, sowie ein Rotwein der Rebsorte Pinot nero.

DAS PIEMONTESISCHE RIND

Alessandro Monchiero

Von 1985 bis 1995 verringerte sich die Rinderzahl der Piemonteser-Rasse von 600 000 auf 300 000; aktuelle Schätzungen geben Zahlen an, die weit unter diesen Werten liegen. Wir sprechen hier nicht von Kleinstbeständen wie bei der toskanischen Chianina-Rasse, aber die kleinen Betriebe (ca. 15 000), zumeist Familienbetriebe, die diese Tradition fortsetzen, stehen einer immensen ausländischen Konkurrenz gegenüber.

Die Piemontese zeichnet sich durch gute Anpassungsfähigkeit für die Zucht in verschiedenen Höhenlagen aus, ihr Fleisch hat weniger Cholesterin als jenes von Huhn oder Seezunge. Darüber hinaus erbringt die Rasse eine hohe Fleischausbeute von über 70 Prozent. Zur Herkunft des Piemonteser-Rindes gibt es fantasievolle Legenden, einige führen den Ursprung sogar auf über 30 000 Jahre zurück, als sich ein paar lokale Rassen mit asiatischen Zebus kreuzten. Erwiesen aber ist das Jahr 1886 und der Standort: Guarene d'Alba, wo zum ersten Mal ein ziemlich eigenartiger Bulle erschien, wahrscheinlich ein Vorfahre der heute so geschätzten Tiere, mit riesigen Backen und extrem muskulösen Schenkeln.

Dies war eine epochale Wende: Vom Milchtier (im 20. Jahrhundert von den Frisone-Rindern verdrängt) oder Arbeitstier – die Tradition des Ochsen hält man auf der historischen Messe in Carrù seit 1910 hoch – wird die Piemontese schrittweise zu einem reinen Fleischnutzungsrind.

Zur Bestandssicherung und Steigerung des Bekanntheitsgrades hat Slow Food in Zusammenarbeit mit Dottor Sergio Capaldo in Fossano ein innovatives Projekt lanciert. Ein Dutzend Züchter hat sich zu einem Projekt namens «La Granda» zusammengeschlossen und sucht einen neuen Zugang zur Zucht, wobei besonderes Augenmerk auf das Wohlergehen der Tiere gelegt wird. Das beginnt schon beim Futter: Verwendet werden keine Siloprodukte und Futterzusätze, sondern ausschließlich Mais, Gerste, Kleie, Bohnen und Heu. Mehr Platz pro Stück soll den im Freien und in sauberem Umfeld gehaltenen Tieren zukommen, und auch beim Transport sowie beim Schlachten werden beschwerliche Fahrten auf überfüllten Lastwagen vermieden, die Schlachtung erfolgt zur Gänze von Hand. Dann beginnt die schwierigste Arbeit, nämlich die Sensibilisierung der Konsumenten, was vor allem Aufgabe des Metzgers ist. Man sollte sich nicht auf das bequeme Schnitzel versteifen (einer der fadesten Teile der vielen Stücke des Tiers, noch dazu der teuerste), sondern die Bedeutung des Abhängenlassens erkennen. Das heißt, dass man sich an eine andere Farbe als dieses unnatürliche Rosarot gewöhnen muss, das dem Fleisch oft abverlangt wird. Nur mit kompetenten Kunden kann die Piemontese ihre Trümpfe ausspielen und sich durchsetzen. Absolute Gesundheit und unanfechtbare Qualität sind ihre großen Vorzüge, und es wäre ein Armutszeugnis, würde dieses Gut nicht genützt.

Aldo Marenco e Figlio
Frazione Pamparato 25
Borgata Pironi 2
Tel. 0173 721090
Ein Familienbetrieb, der guten Dolcetto di Dogliani zu interessanten Preisen anbietet.

Fratelli Pecchenino
Borgata Valdibà 59
Tel. 0173 70686
Durch diesen Betrieb hat der Dolcetto di Dogliani seinen Stellenwert unter den Weinen des Piemonts erhalten. Versäumen Sie nicht die großartigen Dolcetto-Weine: Sirì d'Jermu, Bricco Botti, Pizabò. Aber auch der Langhe Rosso auf der Basis von Barbera La

Castella und der Langhe Chardonnay Vigna Maestro verdienen Aufmerksamkeit.

Pira
Borgata Valdiberti 69
Tel. 0173 78538
Ein Betrieb mit einer bunt gemischten Produktpalette, die vom Dolcetto di Dogliani Bricco dei Botti bis zum Barbera d'Alba in mehreren Versionen (interessant ist im Speziellen der Vendemmia Tardiva) und dem Dolcetto d'Alba Bricco Botti reicht.

Poderi Luigi Einaudi
Borgata Gombe 31–32
Tel. 0173 70191

Ein historischer Betrieb auf dem Boden von Dogliani, der in den letzten Jahren neue Besitzungen in einem der besten Crus von Barolo, dem Cru Cannubi, erworben hat. Ausgezeichnete Versionen des Dolcetto di Dogliani (I Filari, Vigna Tecc), exzellente Barolo-Weine (Cannubi, Costa Grimaldi) und der Langhe Rosso, der nach Luigi Einaudi benannt wurde und aus einheimischen und internationalen Trauben gekeltert wird.

Bruno e Claudio Porro
Borgata Valdiberti 24
Tel. 0173 70371

Ein weiterer großer Name in dieser Lage, ein originalgetreuer Interpret des traditionellen Dolcetto di Dogliani. Lassen Sie sich nicht die Selektion Ribote entgehen.

Carlo Romana
Frazione Gombe
Località Barroeri
Tel. 0173 76315 · 76316
Der Dolcetto di Dogliani wird hier in verschiedenen Selektionen angeboten. Neben dem einfachen Wein für Liebhaber der süffigen Variante empfehlen wir den körperreichen Bric dij Nòr.

San Fereolo
Borgata Valdibà 59
Tel. 0173 742075
Nicoletta Bocca erwarb 1992 das Weingut San Fereolo in Valdibà di Dogliani. Innerhalb weniger Jahre erzielte sie beachtliche Erfolge, vorerst mit dem Dolcetto di Dogliani San Fereolo, später mit dem Langhe Rosso Brumaio, einer Mischung roter Rebsorten.

San Romano
Borgata Giachelli 8
Tel. 0173 76289

Der von Bruno Chionetti geführte Betrieb hat sich innerhalb weniger Jahre zu einem der interessantesten Weingüter dieser Gegend entwickelt und mischt mit dem einfachen Dolcetto di Dogliani und dem Cru Vigna del Pilone bei dieser Weinsorte ganz vorne mit.

Feste, Messen und Veranstaltungen

Passeggiando ai confini di Castello
25. April. Spaziergang auf den Spuren des Weinbaus und der Gastronomie quer durch die Weingärten und Hügel mit Verkostungen in den Weinkellern.

Fiera della ciliegia
In der letzten Woche im Mai. Verkaufsschau gastronomischer Produkte und kunsthandwerklicher Gegenstände. Verkostung von Torten und Speisen mit Kirschen.

Musici
Im Juli. Musikfestival mit Gospels und Spirituals.

Sagra dell'uva
Zweiter und dritter Sonntag im September. Musik- und Theaterveranstaltungen, Spiele sowie eine große Parade geschmückter Wagen am letzten Sonntag.

Fiera dei Santi
Erste Woche im November. Am frühen Morgen des 2. November wird auf der Piazza die *cisrà* bereitet, die Kichererbsensuppe: eine alte Tradition. Eine ganze Woche lang wird der neue Jahrgang des Dolcetto di Dogliani vorgestellt.

Presepe vivente
Am 23. und 24. Dezember. Im mittelalterlichen Ortskern von Castello wird bei Fackelschein ein eindrucksvolles Krippenspiel zur Aufführung gebracht.

Scollinando, itinerari nella Langa doglianese
Vier Radwanderwege durch die Hügellandschaft um Dogliani. Im Fremdenverkehrsbüro der Gemeinde bekommen Sie eine detaillierte Karte mit Wegbeschreibung.

Mondovì

Mondovì liegt am Ufer des Ellero auf dem letzten Zipfel der Ebene, die den südlichen Teil der Langhe von den Gebirgstälern der Meeralpen trennt. Die Stadt sticht aufgrund ihrer ebenso einzigartigen wie ausgeprägten Zusammensetzung sogar dem weniger aufmerksamen Besucher ins Auge. Die einzelnen Ortsteile von Mondovì unterscheiden sich untereinander vor allem landschaftlich: Mondovì Breo ist ein flaches Gebiet, das sich entlang dem Flussufer ausbreitet. Doch man muss den Blick heben, um eine Reihe von Häusern, Kirchen und steinfarbenen Palazzi ausmachen zu können, die sich in sorgfältiger Anordnung vor dem Himmel abzeichnen: Dies ist das einzigartige Panorama von Mondovì Piazza, einem herrlichen natürlichen Balkon mit Ausblick auf die Hügel und Berge. Es ist eine kleine alte Welt, in der ein hektisches Labyrinth von Straßen im Kontrast zur Feierlichkeit der edlen Palazzi, Türme und Kirchen steht, die den Gipfel des Berges säumen. Nach diesem Monte Regale sind die Einwohner der Stadt (Monregalesi) benannt. Auf halber Straße und halber Höhe, oberhalb von Breo und unterhalb von Piazza, finden wir Altipiano, das moderne Viertel, das sich in Richtung Cuneo und Villanova ausbreitet. Auf einer weiteren Hochebene, am Fuß des Hügels von Piazza, liegen Carassone und im Anschluss daran die Dörfer Ferrone, Borgo Aragno, Borgato und Piandellavalle, die alle eine eigene Identität und eine ihnen eigene Ausdruckskraft aufweisen.

Mondovì ist nicht besonders alt. Seine offizielle Geschichte beginnt 1198, als die Einwohner der weitaus älteren Dörfer Vasco, Vico und Carassone beschlossen, sich vom unerträglichen Joch des Bischofs von Asti zu befreien und auf dem *Mont'd Vì* (Monte di Vico, wo sich heute Piazza befindet) eine neue Stadt zu gründen. Das war anfangs alles andere als einfach: Der unnachgiebige Bischof verbündete sich mit dem Markgrafen von Ceva und unterstellte im Jahr 1200 die nunmehr unterworfene Stadt einem von ihm bestellten Bürgermeister. Im Jahre 1260, nach wiederholten Versuchen, Autonomie zu erlangen, schien sich die Situation im Anschluss an die Eroberung des Gebietes um Cuneo durch die Anjou zu normalisieren. Aber das währte nur kurz: Es kam zu internen Streitigkeiten zwischen jenen, die die Fremdherrschaft unterstützten, und jenen, die den – wenn auch kaum beneidenswerten – ursprünglichen Zustand wieder herstellen wollten. In der Schlacht von Roccavione wurden die Anjou schließlich vertrieben. Die Stadt gelangte neuerlich unter die Herrschaft des Bischofs von Asti. 1274 war für Mondovì, das bis dato noch keine wirkliche Freiheit genossen hatte, der Zeitpunkt gekommen, seine Rechte festzulegen. 1366 folgte ein neuerlicher Machtwechsel: Zusammen mit Cherasco und Cuneo ging auch Mondovì auf Vermittlung Amedeos VI. auf die Visconti über. Dreißig Jahre später hefteten die Acaja ihr Wappen auf die Fahne der Stadt. Nun waren also die Savoyer und Franzosen an der Reihe.

Im Zuge der Französischen Revolution machten die Bürger des Ortes mit den Soldaten Napoleons Bekanntschaft. Diese Zeit hinterließ auch eine unauslöschliche Erinnerung in der Geschichte der Stadt und ihres Gebietes: die Schlacht von Mondovì, ein kleines Steinchen im Mosaik des Krieges zwischen Franzosen und den miteinander verbündeten Österreichern und Sarden, spielte sich in den Anhöhen von Bricchetto und Bicocca bei San Michele ab. Die Generäle Massena und Fiorella führten ihre Truppen gemäß der berühmten strategischen Intuition Bonapartes und waren somit den Sarden unter General Colli und den Österreichern unter Beaulieu überlegen. Das geschah am 21. April 1796. Diese Episode hat das gesamte Gebiet entscheidend geprägt, und noch heute weisen zahlreiche Straßen- und Ortsnamen auf den unaufhaltsamen Feldzug der Franzosen im unteren Piemont hin.

Das 18. Jahrhundert bestimmte das architektonische Antlitz der Stadt. In der ersten Hälfte des Jahrhunderts wirkte hier der berühmte Architekt Francesco Gallo, ein Bürger des Ortes, und schuf zahlreiche nennenswerte Werke. Ihm ist unter anderem die Fertigstellung der großartigen Kirche von Vicoforte zu verdanken. Gallo verlieh Mondovì Piazza ein völlig neues Gesicht und schmückte es mit wertvollen Monumenten wie der Chiesa della Misericordia, der Kirche Santa Chiara und dem Dom. Auch Mondovì Breo erhielt ein besonderes Juwel, nämlich die Kirche San Filippo Neri, die durch Stattlichkeit und malerischen Eindruck begeistert. Auch das Ospedale di Santa Croce und die Kathedrale San Donato sind erwähnenswert.

Ein Rundgang sollte auch noch weitere wichtige Etappen beinhalten: das prächtige Jesuitenkloster (heute Palazzo di Giustizia), den Palazzo Bressani, die reizvolle Kirche San Saverio mit den ungewöhnlichen Gemälden des Jesuiten Andrea Pozzo, die reich geschmückten Säle des Bischofssitzes, die Synagoge und den Turm am Aussichtspunkt (Auskunft zu Besuchszeiten und Führungen unter der Nummer 0174 40389-46999). Mondovì kann aus jeder Epoche kulturelle Leistungen vorweisen: Hier wurde 1472 das erste Buch im Piemont gedruckt, die *Summa Confessionis* des heiligen Antonius. 1560 wurde im Auftrag von Emanuele Filiberto die Universität eröffnet. Heute ist Mondovì vor allem eine moderne Stadt des südlichen Piemonts, die dem nationalen und internationalen Handel offen steht, da sie aufgrund ihrer geografischen Lage zu einem wichtigen Knotenpunkt geworden ist. Metallindustrie, Textilbetriebe und Holzverarbeitung sorgen für wirtschaftliche Entwicklung, während die Herstellung von künstlerischer Keramik, für die Mondovì weithin bekannt ist, in den letzten Jahren neue Impulse erfahren hat.

Erwähnenswert ist auch der Bauernmarkt, auf dem die vielfältigen Produkte der Landwirtschaft der Region angeboten werden. Passiert man die letzten Häuser der Vorstadt in Richtung Carassone, fährt man durch eine liebliche Landschaft in sanften Wellen: Das sind die Langhe Monregalesi, die Wiege des Dolcetto. Mit seinen 22 000 Einwohnern und seiner vielfältigen, achthundert Jahre alten Geschichte ist Mondovì unverzichtbarer Bestandteil einer Reise in das Piemont und nach wie vor ein Tor der Provincia Granda in Richtung Süden.

Anreise

Autostrada A6 Turin-Savona, Ausfahrt Mondovì. Von Cuneo ist der Ort 30 Kilometer auf der *statale* 564 entfernt. Von Savona kann man auch die *statale* 28–29 in Richtung Savigliano-Fossano nehmen. Mondovì verfügt über eine Bahnstation, die von Linien angefahren wird, die aus Turin, Cuneo und Savona kommen.

MONDOVÌ

Einwohner: 21 927
Höhe: 400 Meter

ÜBERNACHTEN

Alpi del mare

Mondovì Altipiano
Piazza Mellano 7
Tel. 0174 553134
Drei Sterne, 35 Zimmer mit
Klimaanlage, TV, Telefon, Safe
und Minibar. Konferenzraum,
Restaurant, Parkplatz.
Preise: Einzelzimmer L. 80 000,
Doppelzimmer L. 110 000
(ohne Frühstück)
Die Zimmer sind komfortabel
eingerichtet, korrekte Bedie-
nung. Das angeschlossene
Restaurant setzt auf die tradi-
tionelle Küche, die Preise
variieren von L. 25 000 bis
L. 50 000 (Montag Ruhetag).

Europa

Mondovì Altipiano
Via Torino 29
Tel. 0174 44388
Drei Sterne, 17 Zimmer mit
Klimaanlage, Satelliten-TV,
Telefon und Minibar, Safe,
Garage.
Preise: Einzelzimmer L. 85 000,
Doppelzimmer L. 120 000
Dieses gute drei Sterne-Hotel
liegt an der *statale* nach Turin
(hinter dem Bahnhof) und ist
leicht zu finden. Die Zimmer
sind komfortabel ausgestattet,
die Preise erschwinglich.

Nuovo Park Hotel

Mondovì Altipiano
Via Delvecchio 2
Tel. 0174 46666
Drei Sterne, 54 Zimmer,
3 Suiten, Restaurant,
Garage, Parkplatz.
Preise: Einzelzimmer L. 90 000,
Doppelzimmer L. 120 000,
Suite L. 180 000
Die funktionell ausgestatteten
Zimmer besitzen schöne
Bäder. Wäschereidienst
(gegen Gebühr) und Möglich-
keit der Nutzung von Sauna

und Whirlpool in einem ange-
schlossenen Fitnesscenter.
Am Morgen Verkauf von
Zeitungen an der Rezeption.

ESSEN

Croce d'oro

Sant'Anna Avagnina
Via Sant'Anna 83
Tel. 0174 681464
Montag Ruhetag
Betriebsferien: 15 Tage im
Zeitraum Juli–August und
10 Tage im Januar
Plätze: 55
Preise: L. 40 000 ohne Wein
Kreditkarten: DC
Dieses Lokal ist beispielhaft in
seiner Ehrlichkeit, Korrektheit
bei Qualität und Preisen, dem
Traditionsbewusstsein bei der
Bereitung der Speisen und
seinem Stil bei der Bewirtung.
Tabletts mit kalten und war-
men Vorspeisen werden wie
bei einem Bankett aufgetischt.
Wählen Sie unter den *primi*
und *secondi*: agnolotti,
Tagliatelle, Gnocchi mit
Raschera-Almkäse, Braten,
bolliti, Kutteln. Je nach Saison
Pilze, Wild und Schnecken.
Neben etwa 50 Weinen aus
den Langhe und dem Piemont
werden auch Weine aus
Ligurien und der Toskana serviert. Nur der Grappa (ausgezeichnete Auswahl) stammt
ausnahmslos aus dem
Piemont.

Osteria dell'Angelo

Mondovì Breo
Piazzetta Comino 6
Tel. 0174 46485
Montag und Dienstagabend
geschlossen
Plätze: 45
Preise: L. 30 000–35 000 ohne
Wein
Kreditkarten: alle außer DC
Dieses Lokal besticht mit soli-
der, traditioneller Küche.
Teigwaren und Desserts sind
aus eigener Produktion.
Serviert werden die typischen

Speisen des Piemonts: Ravioli,
tajarìn, Schmorbraten und
Kaninchengulasch. Dazu kann
man aus einem Angebot von
etwa 50 Weinen, fast aus-
schließlich aus dem Piemont,
wählen.

Il Fiordaliso

Mondovì Breo
Piazza Santa Maria Maggiore 10
Tel. 0174 46088
Sonntag Ruhetag
Plätze: 40
Preise: L. 30 000–35 000 ohne
Wein
Kreditkarten: die gängigsten
Die stets wechselnde
Speisekarte vereint Elemente
der piemontesischen und der
ligurischen Küche. Sämtliche
Pasta ist hausgemacht. Unter
den *secondi* gibt es zahlreiche
Fischgerichte neben den
klassischen Fleischspeisen:
Die Palette reicht von den
Schmorbraten zu den
Kalbshaxen mit Gemüse.
Hausgemachte Desserts
und Weinkarte mit dem
Schwerpunkt Piemont.

Marchese d'Ormea

Mondovì Piazza
Via Carassone 18
Tel. 0174 552540
Montag Ruhetag
Betriebsferien: 2 Wochen
nach Weihnachten und den
ganzen Juli
Plätze: 45
Preise: L. 55 000–65 000 ohne
Wein
Kreditkarten: alle
Dieses Restaurant im oberen
Ortsteil von Mondovì bietet
eine ordentliche heimische
Küche. Zwei elegante, gerä́u-
mige Speisesäle mit wenigen,
nicht zu eng aufgestellten
Tischen. Die Speisekarte setzt
sich aus den Klassikern der
piemontesischen Küche
zusammen: agnolotti dal plin
mit Bratensaft, *tajarìn* mit
Pilzen, *gnocchetti* mit
Raschera-Käse, Lammkeule
aus dem Ofen. Der Keller

umfasst etwa 80 Etiketten, vorwiegend aus dem Piemont, dazwischen gibt es aber auch einige internationale Weine: aus Chile, Australien und Kalifornien.

Rossomattone
Mondovì Piazza
Piazza Maggiore 3
Tel. 0174 553074
Montag und Dienstag
Ruhetag
Betriebsferien: 2 Wochen
nach dem 15. August
Plätze: 120
Preise: L. 30 000–40 000
Kreditkarten: alle
Ein herrliches Lokal in den alten Kellergewölben unter der Piazza Maggiore. Von 18 Uhr bis 1 Uhr nachts geöffnet. Die Speisekarte umfasst nur wenige Speisen, umso umfangreicher präsentiert sich die Weinkarte aus den Langhe und eine hervorragende Auswahl an Käse- und Wurstspezialitäten. Zu den Weinen, die auch offen ausgeschenkt werden, können Sie Sardellen in Kräutersauce, Thunfisch mit Kaninchenterrine oder *vitello tonnato* wählen. Gute hausgemachte Desserts.

EINKAUFEN

FLEISCHWAREN
Fattorie monregalesi
Mondovì Breo
Via Biglia 2
Verkaufsstelle der Genossenschaft, die ihren Sitz in der Gemeinde Ceva hat. Qualitätsfleisch von Tieren der Piemonteser-Rasse aus Zuchtbetrieben in Mondovì, Carrù und Rocca de' Baldi. Die Fattorie monregalesi haben eine weitere Verkaufsstelle in Mondovì (im Ortsteil Sant'Anna Avagnina), in welcher ausschließlich Kalbfleisch verkauft wird.

Macelleria Bruno Graziano
Mondovì Piazza
Via Vico 9
Eigene Verarbeitung von Schinken und Salami und Verkauf von gutem Fleisch aus landwirtschaftlichen Betrieben rund um Mondovì.

SÜSSIGKEITEN
Caffè pasticceria Comino
Mondovì Breo
Via Marconi 1
Historisches Café in Mondovì. Empfehlenswert das Salzgebäck, die *bignole* und zwei weitere Spezialitäten: *copeta* (Creme aus Haselnüssen und Honig zwischen zwei Oblaten) und *risola* (Blätterteigtäschchen mit Marmelade).

Pasticceria Odasso
Mondovì Breo
Corso Statuto 28
Täglich frisch ist das traditionelle Gebäck aus Mondovì – *risole, copete, offelle, monregalesi al rum* –, dazu eine ganze Reihe von Obsttorten, Semifreddi und Mürbteigkuchen.

Pasticceria Zucco
Mondovì Ferrone
Via San Bernardo 25
Die typischen *risole* werden hier nach dem Originalrezept gebacken (dabei wird mit Marmelade aus der Apfelsorte Renette gefüllt). Reiche Auswahl an Schokoladepralinen in der Weihnachtszeit und herrlicher Panettone.

DELIKATESSEN UND WURSTWAREN
Salumeria rosticceria Marchisio
Mondovì Breo
Piazza Battisti 2
Pilze (frisch während der Saison, getrocknet und in Öl eingelegt das ganze Jahr hindurch), Trüffeln, Teigwaren (*tajarìn* und *agnolotti*) und andere kulinarische Spezialitäten.

Macelleria Marchisio
Mondovì Breo
Via Piandellavalle 12
Piemontesisches Fleisch aus Zuchtbetrieben aus Carrù und eine gute Auwahl an Wurstwaren.

EIS
Gelateria Lurisia
Mondovì Breo
Via Luigi Einaudi 2
Eines der besten Eisgeschäfte im Piemont: ausgezeichnet die traditionellen Sorten (ganz besonders Haselnuss), aber auch eigene Kreationen wie die Sorten *grappa di Arneis, bonet*, Panna cotta, *crema di limone*, Pfirsich mit *amaretti*, Salbei. Für Experimentierfreudige und Freunde von ausgefallenen Geschmacksrichtungen empfehlen wir *gelato al raschera*, Eis mit Käsegeschmack.

BROT
Panetteria Forlani & Greborio
Mondovì Breo
Via Beccaria 8
In dieser Bäckerei, die seit 20 Jahren vom Ehepaar Forlani geführt wird, gibt es herrliche Brotspezialitäten wie *rubatà* und Wasserbrot. Auch das Mürbteiggebäck sollten Sie sich nicht entgehen lassen.

WEINKELLEREIEN

Il Colombo – Barone Riccati
Via dei Sent 2
Tel 0174 41607 · 43022
Carlo und Adriana Riccati, unterstützt durch Adrianas Bruder Giuseppe Giusta, sind dank ihrer vier Hektar an eigenen Weingärten und dem Weitblick in ihren Entscheidungen zu Galionsfiguren der Langhe Monregalesi geworden und zählen sicher zu den absolut besten Dolcetto-Produzenten. Empfehlenswert sind der einfachere und fruch-

tige Dolcetto delle Langhe Monregalesi Vigna della Chiesetta und der ausgezeichnete Colombo, ein Cru mit großer Struktur.

FESTE, MESSEN UND VERANSTALTUNGEN

Carlevè 'd Mondvì
Die zwei letzten Sonntage im Fasching und am Faschingsdienstag. Ein Fest, wo Spaß und Ironie nicht fehlen dürfen: Umzüge in Kostümen, allegorisch geschmückte Wagen und Maskenbälle, bei denen der Wein in Strömen fließt und die *bugie*, eine lokale Gebäckspezialität, verkostet werden.

Fiera di primavera
Die erste der großen Veranstaltungen in Mondovì. Die Frühjahrsmesse findet im April statt und lockt alljährlich zehntausende Besucher aus den Regionen Piemont und Ligurien an. Diese Messe besteht bereits seit langer Zeit, hat eine klare landwirtschaftliche Ausrichtung und versammelt heute in Breo Hunderte von Ausstellern. Zu den landwirtschaftlichen Produkten und Geräten haben sich mit der Zeit andere Sektoren gesellt, vom Kunsthandwerk bis zum Gartenbau, vom Tourismus zur Welt der Kunst, der Gastronomie und dem Kunsthandwerk im weitesten Sinn.

Mostra dell'artigianato
In der Woche um den 15. August. Den Rahmen bildet das stimmungsvolle Mondovì Piazza mit seinem malerischen Labyrinth an kleinen Gässchen und den alten Häusern mit den blumengeschmückten Balkonen. In dieser Umgebung werden kunsthandwerkliche Gegenstände der Umgebung ausgestellt: Produkte aus Keramik, Holz und Schmiedeeisen, dazu Kulinarisches, Wein und Bücher. Das Programm wird durch Ausstellungen bildender Kunst bereichert. Ebenfalls im August, jeden Mittwochabend, werden in den Straßen und Plätzen der Altstadt Musikveranstaltungen und verschiedenste Feste abgehalten.

Fiera regionale del tartufo
Das ist das große Herbstereignis in Mondovì: Es regieren die Sinneseindrücke, und man feiert das Beste, das der Gastronomiesektor der Gegend zu bieten hat; Wurstspezialitäten und Fleisch, Käse, Honig und Konserven, typische Süßigkeiten, Dolcetto-Wein, und natürlich werden die wertvollen Trüffeln verkostet. Den Rahmen für diese Veranstaltung, die auch viele ausländische Touristen anzieht, bildet das prachtvolle Mondovì Piazza. Sie findet von Anfang Oktober bis Anfang November statt.

Bastia Mondovì

Wo Tanaro und Ellero zusammenfließen, erhebt sich auf einem der ersten Zipfel der Langa von Murazzano die von weitem sichtbare imposante Pfarrkirche, an der aber nur die lang gezogene Apsis sehenswert ist. Nach den rund zehn Jahre zurückliegenden Restaurierungsarbeiten kann man heute den Fresken aus dem 15. Jahrhundert, die einst die Fassade schmückten, nur noch nachweinen. Auch vom mittelalterlichen Kastell ist heute nichts mehr zu sehen. Allerdings ist Bastia wegen seines herrlichen Freskenzyklus sicherlich einen Besuch wert. Die Kunstwerke sind in der Friedhofskapelle von San Fiorenzo, entlang der Straße nach Niella Tanaro, kurz nach der Ortsausfahrt, zu sehen. Für eine Besichtigung dieser einzigartigen Bilder (siehe Seite 119) wenden Sie sich bitte an Marco Berra, Piazza Pio Forzano (Tel. 0174 60204).

Der von zwei ihn schützenden Wasserläufen umgebene Ort hat eine glorreiche Geschichte, die sich in seinem früheren Namen Alma widerspiegelt. Aufgrund seiner außergewöhnlichen Lage wollten den Ort die Markgrafen von Saluzzo, Ceva und Moferrato sowie die Visconti aus Mailand für sich gewinnen. Gegen Ende des 14. Jahrhunderts fiel er an die Acaja und dann endgültig an die Savoyer. Der Niedergang setzte 1928 ein, als Bastias Bedeutung als wichtiger Eisenbahnknoten zu Ligurien durch die Direktverbindung Turin-Savona über Fossano verloren ging.

Im Zweiten Weltkrieg agierte in dem Gebiet eine erbittert kämpfende Widerstandsbewegung. Auf der *provinciale* in Richtung Murazzano biegt man zum Hügel San Bernardo ab, wo ein Denkmal an die Menschen erinnert, die im Befreiungskrieg ihr Leben lassen mussten.

Ein Obelisk und eine 1951 errichtete Kapelle stehen im Mittelpunkt eines einfachen und streng gestalteten Friedhofs.

Anreise

Bastia wird von der Bahnlinie Turin-Bra-Ceva-Savona bedient und kommt gleich nach Carrù.

BASTIA MONDOVÌ
Einwohner: 603
Höhe: 294 Meter

WEINKELLEREIEN

Pietro Piovano
Via Partigiani 17
Tel. 0174 47083
Die Familie Piovano beherrscht zwei Sorten virtuos: den Dolcetto di Dogliani und den Dolcetto delle Langhe Monregalesi. Ein weiteres Merkmal ihrer Weine ist das günstige Preis-Leistungs-Verhältnis.

Bricco del Cucù
Frazione Bricco 21
Tel. 0174 60153
Der von diesem Familienbetrieb hergestellte Dolcetto di Dogliani Bricco San Bernardo zählt zu den absolut besten seiner Art. Und er wird, wie auch die anderen Produkte des Hauses, fast zu Liebhaberpreisen verkauft.

FESTE, MESSEN UND VERANSTALTUNGEN

Festa di San Fiorenzo
Am zweiten Sonntag im Mai. Die Statue des Heiligen wird in einer Prozession von der Pfarrkirche zur Kapelle San Fiorenzo getragen, wo man einen prachtvollen Zyklus mittelalterlicher Fresken bewundern kann. Am Nachmittag findet ein kulinarischer Spaziergang statt (Verkostung heimischer Spezialitäten).

Ein Ausflug in die Kunst

Augusto Pregliasco

Von Bastia di Mondovì nach Cortemilia – durch die Täler des Tanaro, des Belbo und des Bormida di Millesimo – erschließt sich dem Besucher eine eindrucksvolle und beispielhafte Route auf den Spuren von Kunstzeugnissen des Mittelalters und der Renaissance: Unser Weg führt von der alten Kapelle San Fiorenzo in Bastia zu den Juwelen der Spätgotik und Renaissance von Saliceto.

Wer entlang des Tanaro von Bra nach Mondovì fährt oder von der Ebene um Cuneo in die Langa Richtung Murazzano aufsteigt, wer von einem Abstecher zur interessanten Wallfahrtskirche Vicoforte zurückkehrt und noch einen anschaulichen und faszinierenden Streifzug machen möchte, sollte auf jeden Fall an der Abzweigung Bastia Halt machen, wo ein Besuch der alten Kapelle San Fiorenzo (1472) Pflicht ist: Das Kirchlein weist ein 326 Quadratmeter großes Bildertuch auf und beherbergt somit das größte und wertvollste Dokument der Volkskunst in der gesamten Diözese Monregalese.

Die Kapelle war sicherlich eine der Pilgerstationen auf dem Weg nach Rom, Cluny oder Santiago de Compostela[1]. Ein Bildnis des Christophorus auf der straßenseitigen Kirchenwand lud die Pilger zur Rast ein. Hat man das Portal durchschritten, verharrt man ungläubig angesichts der Erhabenheit der Fresken, die alle Wände verzieren: ein riesiges bildhaftes Manifest, eine bunte «Biblia pauperum». Diese «Poster» müssen wohl insbesondere auf die bäuerlichen Kirchgänger vergangener Zeiten berückend und ergreifend gewirkt haben: das Leben Jesu, des heiligen Antonius[2], des heiligen Florian, die Seligpreisungen des Paradieses, die Höllenstrafen und eine «Anthologie» an Schutzheiligen und Nothelfern. Wer sich näher mit dieser Kapelle auseinander setzen will, kann im Pfarrhaus den aufschlussreichen Text *San Fiorenzo in Bastia di Mondovì* von Andreina Griseri und Geronimo Raineri beziehen.

Wir verlassen Bastia und fahren wieder im Tal Richtung Ceva, dabei passieren wir Niella Tanaro, Lesegno, Ceva, Sale delle Langhe und Sale San Giovanni; Orte, die aufgrund ihrer Kirchen, Kastelle und Kunstwerke allemal einen Besuch wert sind.

Die Juwelen der Spätgotik und Renaissance von Saliceto, wohin wir gelangen, nachdem wir das obere Belbo-Tal durchquert haben und ins Tal des Bormida di Millesimo abgestiegen sind, können durchaus neben der Kirche San Fiorenzo von Bastia im Mittelpunkt unserer Tour stehen.

Die Pfarrkirche San Lorenzo (1510–1580): Der Bau wurde von Kardinal Carlo del Carretto aus Finale Ligure, zu dessen Lehen das Dorf gehörte, veranlasst und ist neben dem Turiner Dom und der Kirche von Roccaverano eines der schönsten Renaissancejuwele im Piemont. Kardinal Bruno, der aus Roccaverano stammte und Schatzmeister bei Papst Julius II. war, schickte aus Rom einen Entwurf aus der Schule Berninis in seinen Heimatort. Diesem päpstlichen Hof gehörte auch Kardinal Carlo del Carretto an: Die Tatsache, dass Roccaverano ein Lehen der del Carretto war, lässt darauf schließen, dass die Fassaden der beiden Kirchen aus derselben Quelle stammen. Die aus Sandstein erbaute Kirche in Saliceto steht heute unter Denkmalschutz, ist allerdings stark vom Verfall gezeichnet. Beachtenswert ist die Fülle der in Stein gehauenen Symbole: ein Pelikan, ein Phönix, ein Salamander, geflügelte Pferde, ein Frosch, eine Schildkröte, ein Adler, Sirenen, Delphine, ein zwei- und dreiköpfiger Janus (von Letzterem gibt es in Europa lediglich zwei weitere Exemplare), eine Rose, ein Weinstock, Füllhörner, eine Säule, Kelche, Musikinstrumente, Fackeln, ein Gitter, ein Tabernakel, Muscheln – Metaphern, die sich vorwiegend auf Christus und die Rettung durch ihn beziehen.

Das Innere der in Form eines lateinischen Kreuzes erbauten Kirche birgt kostbare Bilder: Den heiligen Augustinus in einem kunstvollen Rahmen und weitere vier Werke, die neben zwei wertvollen Kruzifixen in der Sakristei aufbewahrt werden. Die Wandmalereien haben als Motive die Entstehung des Rosenkranzes (eine Kette aus 50 in Kügelchen verwandelten Rosen), die Schlacht von Lepanto, Moses, der die Wasser teilt und ein rettendes Kreuz in der Wüste errichtet, die Geburt Christi (die Hütte mit «fallendem» Dach symbolisiert das Ende des Alten Testaments), die Einführung Christi in den Tempel, die Fußwaschung (Sklaverei war dem jüdischen Volk gestattet, aber es war verboten, sich von Sklaven die Füße waschen zu lassen; Jesus wäscht den Aposteln in einem beispielhaften Akt der Demut die Füße: die Autorität im Dienste des Nächsten), das Letzte Abendmahl und schließlich die Darstellung des Lebens des heiligen Laurentius über das gesamte Gewölbe des Hauptschiffes «seiner» Kirche hinweg. Bemerkenswert auch die in Sandstein gehauenen Friese an den Portalen der Sakristei und der Glockenstube.

Die Kapelle Sant'Agostino (1400): Ehemals Sitz der Bruderschaft Battuti Bianchi, die im

Mittelalter Bestattungen und die berühmte Prozession der Flagellanten am Karfreitag durchführte. Zu sehen sind Fresken mit Attributen der Evangelisten und einiger Kirchenväter, eine wunderbare Prozession (im Hintergrund die zinnengekrönten Mauern des Neuen Jerusalem), der heilige Vinzenz und Johannes der Täufer zu Seiten einer Madonna am Throne mit dem Kinde zwischen dem heiligen Ambrosius und dem heiligen Bernhard (gemalt mit dem Monogramm Christi «JHS» und dem Schriftzug «Manifestavi nomen tuum hominibus»: «Du verbreitetest deinen Namen unter den Menschen»). Weitere Fresken: Franziskanerbrüder, die den Fluss überqueren (der heilige Franziskus auf seinem Weg nach Cortemilia?), ein Reiter mit einem mittelalterlichen, von Mauern umgebenen Dorf im Hintergrund und eine *Natività* mit zwei Symbolen: ein zu einem «Seil» zusammengerolltes Leintuch mit einem engen Knoten in der Mitte (als Zeichen für die Nabelschnur) und ein fächerförmig herabfallendes Leintuch (die leere Gebärmutter). Das Bild weist die gleichen Symbole wie das Bild «Vermählung des G. Arnolfini» von Jan Van Eyck auf, das sich in der National Gallery in London befindet.

Das Kastell von Saliceto wurde im 16. Jahrhundert auf den Ruinen einer alten Festung der Markgrafen del Carretto aus Finale Ligure errichtet. Die dort zu bewundernden Fresken sind stark beschädigt, aber bemerkenswert, mit sehr seltenen Reliefaureolen (*Cristo Pantocratore* in einer Mandorla und eine *Natività*).

Die Kapelle San Martino im Ortsteil Lignere: Dies ist bereits die zweite Siedlung dieses Namens, nachdem die Sarazenen das erste Lignere in den Hügeln zerstört hatten. Es handelt sich um die wahrscheinlich älteste Kapelle der Langa, und sie hat nach San Fiorenzo in Bastia die zweitgrößten Fresken der Diözese. Der romanische Campanile ist denkmalgeschützt. Von unten beginnend kann man seitlich des Altars Fresken der zwölf Apostel sehen, die irdische Kirche darstellend. Der heilige Jakobus der Ältere ist an der Muschel am Mantel und an einem kleinen Dolch erkennbar (er wurde als Verteidiger Spaniens gegen die Ungläubigen angerufen). Neben ihm sehen wir Bruder Johannes, der einen Kelch mit einigen herausquellenden Vipern hochhält, in Bezug auf den versuchten Giftanschlag. Im Mittelbereich sind einige Nothelfer dargestellt: Sebastianus und Rochus gegen die im Mittelalter so häufig auftretende Pest. Diesen beiden Heiligen waren im Allgemeinen die Kirchen an den Toren der Dörfer gewidmet. Der heilige Sebastianus versichert: «Jeder Pfeil, der mich durchbohrt, ist eine Seuche, deren Eintritt ins Dorf ich verhinderte», der heilige Rochus spendet Trost, indem er sein Gewand hochhebt und auf seine Wunden weist: «Seht ihr? Auch ich habe mir die Pest zugezogen. Aber durch Gebete hat mich der Herr geheilt.» Schließlich der heilige Blasius, Nothelfer gegen Halsleiden: Er trägt die Karde, den von den Webern verwendeten Eisenkamm, mit dem er geschunden wurde. In der Mitte tritt der heilige Martin zu Pferde bei der Mantelteilung hervor (Der Mantel des heiligen Martin wurde sorgsam in einem Raum aufbewahrt, der erstmals als «Kapelle» bezeichnet wurde, eben weil er die *cappa*, den Mantel, des Heiligen hütete; vom Wort *cappa* leitet sich also der Begriff Kapelle ab, der fortan für eine kleine Kirche oder den Teil einer Kirche mit Altar – die Seitenkapellen – stand). Der heilige Dominikus mit der Lilie hält das Buch des Ave Maria (er war neben der heiligen Katharina Stifter des Rosenkranzes). Über dem Mittelbereich ist der heilige Martin dargestellt, wie er zur Freude der Ministranten zwei Menschen wachrüttelt; eine weitere Darstellung des heiligen Martin bezieht sich darauf, wie er im deutschen Trier den Kaiser um Gnade für Priscillian anfleht, den Anführer einer asketischen Erweckungsbewegung, hier im Kerker hinter Gitterstäben verbildlicht.

Links neben dem Altar erblicken wir ein Gefecht des heiligen Mauritius, eines römischen Offiziers, hinter ihm die Schar der Märtyrer der Thebäischen Legion. Diese Gruppe christlicher Soldaten hatte sich geweigert, die heidnischen Gottheiten anzubeten, bzw. war – einer anderen Version zufolge – nicht bereit, gegen die Christen zu kämpfen. Daher nahm die gesamte Legion das Martyrium auf sich. Auf der gegenüberliegenden Wand ist – kaum mehr erkennbar – die Benennung von Martin zum Bischof von Tours dargestellt, mit einem vor dem Altar knienden Ritter (wahrscheinlich der Heilige selbst). Das Gewölbe zeigt in der Mitte das Wappen der del Carretto, während in der entfernteren Lünette der von einer Mandorla umgebene Christus Pantokrator zwischen der Muttergottes und Johannes dem Täufer zu sehen ist. In den anderen drei Kappenstücken sind die Evangelisten in Begleitung der Kirchenväter zu sehen: Hieronymus, Ambrosius, Augustinus und Papst Gregorius. Der heilige Augustinus trägt die Geißel, eine Gerte aus Schnüren mit Knoten. Da der Heilige zahlreiche Schriften gegen Häretiker verbreitet hat, soll dieses Fresko wohl unterstreichen, wie er diese metaphorisch peitschte. Die Figur des Gregorius ist sehr gelungen. Auf seinem Haupt sehen wir die päpstliche Kopfbedeckung, Tiara oder

Triregnum genannt, eine dreifache Krone, welche die drei Autoritäten des Papstes symbolisiert: Er sei Vater der Könige, Rektor des Erdkreises und Stellvertreter Christi. Einer anderen Auslegung zufolge stellen die drei Kronen die Streitende Kirche, die Reinigende Kirche und die Triumphierende Kirche dar. Sehr schön die weiße Taube des Heiligen Geistes, die ins Ohr des Gregorius flüstert. Im Mittelalter glaubte man, das Gedächtnis säße im Ohr.

In der kleinen Sakristei wurde vor kurzem eine *Annunciazione* restauriert, unter der zu lesen ist: «MCCCC – DIE III July. Hoc opus fecit fieri Augustinus Pliascus da Honor Dei et Mariae» («Dieses Gemälde ließ Augustinus Pliascus zu Ehren Gottes und Mariä am 3. Juli 1400 anfertigen»). Beim Betreten der Kirche erinnert auf der linken Seite ein viel jüngeres Fresko an den Besuch der Maria bei Elisabeth. Darunter befindet sich eine lateinische Inschrift, die besagt, dass das Fresko von Don Bergallo in Auftrag gegeben wurde; unter ihm wurde der Pfarrsitz von San Martino in Legnore in die Kirche San Lorenzo verlegt. In der Inschrift wird der Pfarrer als *probator*, das heißt als «Beweisermittler» definiert. Der Priester übte damals im Namen des Lehnsherrn auch die Justizhoheit aus. Unter dem Kalkanstrich sind wahrscheinlich weitere Fresken verborgen. Im Falle von Seuchen wurden die Kirchen zu Lazaretten umfunktioniert. War die Gefahr gebannt, wurden die Wände zur Desinfektion mit ungelöschtem Kalk geweißt. Unter dem Triumphbogen erinnert ein Medaillon an die heilige Apollonia (Schutzheilige gegen Zahnschmerzen), die hier mit einer sehr langen, leider fast vollkommen verblassten Zange dargestellt ist, während die heilige Katharina aus Alexandria die Siegespalme trägt. Schließlich können wir noch die heilige Lucia bewundern, die auf einem Teller ihre Augen präsentiert: Sie ist die Schutzheilige der Sehkraft.

Anmerkungen

[1] Santiago de Compostela («Heiliger Jakobus vom Feld des Sterns»), Stadt in Galicien: Der Legende nach zeigte ein Stern jene Stelle an, an welcher der Schutzheilige Spaniens seine letzte Ruhe fand. Santiago, Jerusalem und Rom waren die einzigen drei großen Wallfahrtsorte des Mittelalters, für die vollkommener Ablass gewährt wurde. Als das Grab des Jakobus im Jahr 812 entdeckt wurde, begannen die Arbeiten an der riesigen Kathedrale. Die Tradition verlangte vom Pilger, seinen Weg bis an die Ufer des Ozeans fortzusetzen, zur Gedenkstätte im heutigen El Padrón (wo der Leichnam des Heiligen gefunden worden sein soll, der als erster der Apostel das Martyrium in Palästina erlitt) und zum Wallfahrtskirchlein der heiligen Maria in Finisterre. Die Küste entlang konnten die Pilger an der Mündung des Flusses Ulla große Muscheln sammeln (Kammmuscheln, *Capesante Pecten Jacobaeus*), die dann bei der Heimkehr der greifbare Beweis für die Pilgerfahrt waren. Muscheln solcher Größe findet man an den Küsten des Mittelmeeres nicht, sie sind eine Besonderheit des Atlantiks bei Santiago. Für den Heimkehrer aus Compostela war die Muschel, die er meist an seinen Umhang heftete, ein Zeichen, das ihm Ehrerbietung und Respekt verschaffte. Als Pilger reiste man für gewöhnlich in Gruppen, um sich gegenseitig zu schützen; die für die Pilgerfahrt nötige Ausstattung bestand aus einem breitkrempigen Hut zum Schutz vor Kälte, Sonne und Regen, einer Provianttasche, dem Pilgerstab – einem langen Wanderstock mit einer Eisenspitze, um sich stützen und auch verteidigen zu können – sowie einer Muschel, Symbol des Pilgertums, als Trinkgerät (nicht zu verwechseln mit der Muschel, die der Pilger später aus dem Ozean holen würde). Adelige und Kleriker nahmen die Muschel in ihre Wappen auf: Sie wurde zu einem Symbol des Lebens. Botticelli stellte seine aus dem Wasser geborene Venus in einer großen Muschel dar, in vornehmen Häusern waren sie schmückende Motive. Compostela ist heute noch Wallfahrtsort für Pilger aus ganz Europa. Interessierten sei die Lektüre des Buches «Pilgerwege nach Santiago de Compostela durch Frankreich und Spanien», R. Oursel, Paris 1990, ans Herz gelegt. Der «Jakobusweg» mit allen Pilgerrouten, die durch ganz Europa nach Compostela führen, wurde vom Europarat zum «ersten europäischen Kulturweg» bestimmt.

[2] Kirchen- und Klostermauern waren häufig mit Fresken verziert, die den heiligen Antonius mit dem Ferkel darstellten. So wusste der Pilger, dass er nicht nur Unterkunft, sondern auch ärztliche Hilfe finden würde. Der kräuterkundige Mönch würde ihm seine Gürtelrose (das «Feuer des heiligen Antonius») mit Schweinefett kurieren.

Belvedere Langhe

Auf einer natürlichen Terrasse entlang der Straße zwischen Dogliani und Montezemolo gelegen, bietet Belvedere Langhe genau das, was sein Name verspricht: eine spektakuläre Aussicht auf die Berge der Langhe und die darunter liegende, mit Türmen, Dörfern und Weilern übersäte Ebene. Besonders an klaren Wintertagen ist die Sicht auf die verschneiten Bergkuppen einzigartig; zweifellos eines der schönsten Szenarien im ganzen Piemont.

Infolge dieser faszinierenden Lage stand in Belvedere auch ein großes Kastell; im 17. Jahrhundert zerstörten es die Franzosen. Heute berichtet nur mehr weniges von der Zeit, in der solche exponierten Stellen weitaus wichtigere Funktionen zu erfüllen hatten, als ein herrliches Panorama zu bieten. Eine harte und schwierige Zeit, wenn es stimmt, dass der alte Name des Ortes in Anspielung an die Pest und die Jahrhunderte dauernden Kriege in dieser Region «Malamorte» lautete.

Anreise

Man nimmt die Tanaro-Schnellstraße bis Dogliani, von der man links auf die *provinciale* nach Murazzano abbiegt. Wenige Kilometer nach diesem Ort gelangt man nach Belvedere Langhe.

BELVEDERE LANGHE
Einwohner: 353
Höhe: 639 Meter

ESSEN

Trattoria del Peso
Via Merlati 36
Tel. 0173 743009
Montagabend und Mittwoch geschlossen (Abendessen nur nach telefonischer Reservierung)
Betriebsferien: Ende Dezember und Januar
Plätze: 40–50
Preise: L. 45 000
Kreditkarten: keine
Dieser Betrieb ist das Herzstück der ganzen Ortschaft: Lebensmittelgeschäft, Verkauf von Zeitungen und Tabakwaren, Trattoria, Bar und Hotel (mit etwa 10 Zimmern). Für etwa 20 000 Lire können Sie unter der Woche gut essen, an Sonn- und Feiertagen liegen die Preise etwas höher. Serviert wird das klassische Repertoire der Langhe: von *carne cruda* bis *tajarìn*, von Schmorbraten bis zu den in Wein gekochten Birnen als Dessert.

FESTE, MESSEN UND VERANSTALTUNGEN

Sacra rappresentazione della Passione
Belvedere geht voll in seinem Passionsspiel auf, jener Veranstaltung, für die es weit über die Grenzen der Langhe hinaus berühmt ist; eine stimmungsvolle Prozession, die an vier Abenden in der Osterzeit die letzten Stunden Christi vor seinem Tod darstellt und an der die gesamte Bevölkerung teilnimmt. Die Aufführung bei Fackelschein inmitten der Hügel, die darstellerischen Leistungen der Laienschauspieler und die Dramatik der Geschichte lassen die Abende zu einem unvergesslichen Ereignis werden.

Festa dei Micun di San Sebastiano
Am zweiten Sonntag nach Ostern zieht eine «mysteriöse» Prozession von Männern mit Kapuzen durch das Dorf, es werden große Brotlaibe mit wunderheilender Wirkung verteilt, man erlebt die Erneuerung einer alten Bruderschaft ...

Festa dell'Assunta
Am 15. August geht das traditionelle Dorffest mit Tanz auf dem Tanzboden, Essen und Gesang unter dem Sternenhimmel sowie fröhlich-lärmenden Bocciapartien über die Bühne.

Bonvicino

Dieser Name leitet sich von *bonus vicinus,* guter Nachbar, ab. Angeblich wollten die Dorfbewohner während der Pest von 1630 ihren diesbezüglich guten Ruf wahren und halfen den Einwohnern des benachbarten Belvedere in aufopfernder Weise. Ende des 16. Jahrhunderts fanden die flüchtenden Hugenotten hier Unterschlupf. Vom nahe gelegenen Kastell San Belvedere erging nun jedoch ein Aufruf, zu den Waffen zu greifen und sich gegen «Aufruhr und Verschwörungen der Feinde des katholischen Glaubens» zu verteidigen.

Diese wahrhaft liberale *comune,* die ihren Namen wohl verdient hat, war bereits vor der Jahrtausendwende entstanden. Der interessantere Teil ihrer Geschichte spielte sich nach 1432 ab, als die Visconti aus Mailand sie gewaltsam der Herrschaft der Markgrafen von Monferrato entrissen. Anschließend ging die Gemeinde an die Markgrafen von Saluzzo über und gehörte schließlich

Fürst Domenico Belli aus Alba, einem wichtigen Berater der Savoyer, sowie der Familie Corte, die im letzten Jahrhundert ausstarb.

Der Ort besteht aus einer Hand voll Häuser, die sich um eine kleine Piazza scharen: eine Kirche, ein Bocciaspielplatz, ein Rathaus. Weiter oben befindet sich der Ortsteil Lovera, der auf einer Hochebene gelegen die Langa Monregalese überblickt. Ein stiller Ort, der von der Landflucht gezeichnet ist: In den Sechzigerjahren hatte Lovera noch 300 Einwohner, heute sind es nur mehr an die 30, vor allem ältere Menschen, die vom Anbau der Dolcetto-Trauben und von der Viehzucht leben.

Anreise

Der Ort ist auf der Straße zum Passo della Bossola rund neun Kilometer von Dogliani entfernt und liegt in einem engen und unberührten Tal des Flusses Rea.

BONVICINO

Einwohner: 110
Höhe: 502 Meter

FESTE, MESSEN UND VERANSTALTUNGEN

Das Fest zu Ehren des Schutzpatrons San Giacomo rund um den 25. Juli: drei Tage wird gefeiert – Tanzabende, volkstümliche Spiele –, am Sonntag schließt die Veran-

staltung mit einer Ausstellung von Bildern in den Straßen der Ortschaft. Am ersten Sonntag im Oktober findet das Kastanienfest statt, am 11. November das Fest zu Ehren des Schutzpatrons im Ortsteil San Martino.

Briaglia

Der Name des Ortes ist sehr alt: Briaglia geht vermutlich auf ein Wort keltischen Ursprungs zurück. *Briaka* (die Wurzel *bri* findet man auch im Irischen, wo sie «Hügel» oder «Fels» bedeutet) wurde in der lateinischen Form zu *briaga*. Heute wird angenommen, dass sich hier bereits in vorrömischer Zeit eine Siedlung befand. In jüngster Zeit wurden Grabsteine mit lateinischen Inschriften gefunden, die auf die ersten Jahrhunderte vor Christus zurückgehen. Nach dem Niedergang des Römischen Reiches ist es die mächtige Diözese Alba, welche die politisch-rechtlichen Geschicke des gesamten Gebietes zwischen Tanaro und Stura in die Hand nimmt. Wir sprechen von der Zeit um die Jahrtausendwende, einer wechselvollen und spannenden Epoche: Die Bewohner der benachbarten Dörfer Vasco, Carassone und Vico gründen auf dem Monte Regale die Stadt Mondovì in der Hoffnung, sich dadurch dem Einfluss von Alba entziehen zu können. Aber es soll noch bis zum Ende des 17. Jahrhunderts dauern, bis sie tatsächlich ihre Unabhängigkeit erlangen. Zum Ende des so genannten Salzkrieges erlässt der Savoyer Vittorio Amedeo II. ein Edikt über die Teilung des Gebietes von Mondovì in 13 neue Kommunen, darunter auch Vico (der Name wurde im 19. Jahrhundert auf Vicoforte geändert). Briaglia gehört erst zu Vico, wird aber im Jahr 1796 auf Wunsch des Priesters Don Andrea Borsarelli und der Einwohner eine eigenständige Gemeinde.

Briaglia befindet sich in einer äußerst günstigen geografischen Lage. Der früher für seine Dolcetto-Weinberge auf den *sette bricchi* bekannte Ort ist heute ein Touristenzentrum. Höchst eindrucksvoll ist die kleine Piazza, auf der sich drei Kirchen befinden, darunter die herrliche Pfarrkirche Santa Croce und die Kirche der Confraternita di San Giovanni. Letztere wird heute als Veranstaltungshalle genutzt. Die Straße, die den Ort in zwei Hälften teilt und die Piazza della Serra mit Santa Croce verbindet, bietet eine unvergleichliche Sicht auf die Langhe Monregalesi und auf die von Viso dominierte Bergkette hinter dem Hügel, auf dem Mondovì Piazza liegt.

Anreise

Autostrada A6 Turin-Savona, Ausfahrt Santuario di Vicoforte, dann vier Kilometer auf der *provinciale*. In Mondovì zweigt man von der *statale* 28 Richtung Ceva-Savona nach links ab.

BRIAGLIA
Einwohner: 281
Höhe: 620 Meter

ESSEN

Marsupino
Via Roma 20
Tel. 0174 563888
Mittwoch Ruhetag
Betriebsferien: eine Woche im Januar und im September
Plätze: 80
Preise: L.50 000 ohne Wein
Kreditkarten: CartaSì, Visa

In diesem etwas abgelegenen Winkel können Sie die großartigen von Piervincenzo Marsupino zubereiteten Gerichte probieren: vom gepökelten Schweinsschinken bis zur Kalbshaxe in Barolo, vom Kalbsgekröse mit Artischocken bis zu den *agnolotti* mit Borretsch. Die Weinkarte ist sehr umfassend und legt besonderes Augenmerk auf die jungen Weinbauern aus den Langhe Monregalesi: Auf Wunsch können Sie selbst in den Weinkeller steigen und Ihren Wein wählen.

FESTE, MESSEN UND VERANSTALTUNGEN

Neben dem Fest für den Schutzheiligen San Magno organisiert die Gemeinde am ersten Sonntag im September das Fest Briaglia in fiore: eine Blumenschau, die mit Veranstaltungen zu den Themenbereichen Malerei, Dichtung und Fotografie kombiniert wird.

Carrù

Das für seine *Fiera del bue grasso* (Messe des fetten Ochsen) berühmte Carrù hat auch sonst Besonderes zu bieten – vor allem eine lange Geschichte, in der es immer wieder Kriege und Kämpfe zwischen den Feudalherren, den französischen Invasoren, den Savoyern, den Österreichern und den Truppen Napoleons gab. Zur Zeit der Widerstandsbewegung war der Ort eng mit dem Schicksal des in Martinetto di Torino erschossenen Generals Perotti und des erst 17-jährigen Sohnes der letzten Kastell-Besitzer verknüpft. Gimmy Curreno wurde noch kurz vor der Befreiung von den Faschisten getötet. Von den anderen prominenten Bewohnern des Ortes sind vor allem Luigi Einaudi sowie zwei exzentrische Patrioten, Fiorenzo und Celestino Galli, Revolutionäre von 1821, zu erwähnen. Letztere gingen ins Exil und standen in Spanien und Amerika als Journalisten stets aktiv im Kampf gegen Absolutismus und Despotismus. Während eines unfreiwilligen Aufenthalts in London fand Celestino auch die Zeit, sein allererstes Modell einer Schreibmaschine zu entwickeln, das er «Potenografo» nannte; heute erinnern zwei Grabsteine bei der Ortseinfahrt an die beiden Brüder.

Wenn man zum ersten Mal nach Carrù kommt, hat man den Eindruck, in einem französischen Städtchen zu sein: breite Alleen mit Straßencafés, Bäumen und Plätzen. Die Altstadt wird vom alten Kastell (11. Jahrhundert, mehrere Umbauten) sowie von der Pfarrkirche dell' Assunta aus dem 18. Jahrhundert beherrscht. Auch die Kirchen der Confraternita dei Batù, also der Flagellanti Neri und Bianchi, sind interessant. Das Kastell, heute Sitz der Cassa Rurale e Artigiana, ist ebenso wie die davor befindlichen Palazzi perfekt restauriert.

Carrù ist kein Ort von aufdringlicher Schönheit. Man muss erst nach und nach in beschaulichen Spaziergängen die besondere Atmosphäre kennen lernen. Diese zeigt sich in ungeahnten Details, in versteckten Winkeln, in denen die Zeit stillzustehen scheint, und – wenn Sie Glück haben und den Menschen sympathisch erscheinen – in ganz besonderen Persönlichkeiten. Scheuen Sie sich daher nicht, sich umzusehen, auch wenn Sie mit einigem Argwohn betrachtet werden – schließlich sind wir im Piemont, noch dazu in den Langhe. Hier dauert es einige Zeit, bis man aufgenommen wird. Entdecken Sie die alten Ladenschilder, die Häuser mit historischen Fresken, falschen, aufgemalten Fenstern und schmiedeeisernen Geländern, wie sie heute nicht mehr gemacht werden. (Schauen Sie sich im Speziellen jenes auf der Piazza Duomo an, es lohnt sich.) Genießen Sie auch den Blick auf die Hügel, die plötzlich zwischen alten Bögen auftauchen. (Für Fotofreaks: Stellen Sie sich in der Via della Valle auf und schießen Sie so viele Bilder, wie Sie können!) Dann gibt es noch die Arkaden, die charakteristischen Bars und die einladenden Schaufenster zu bewundern. Carrù muss man zu Fuß erobern.

Wenn Sie dann auch noch die Heimat der Tierzüchter kennen lernen möchten, wo man Verträge per Handschlag abschließt, und wenn Sie herrliche, rekordverdächtige Rinder sehen möchten, dürfen Sie die am zweiten Donnerstag im Dezember abgehaltene *Fiera del bue grasso* auf keinen Fall versäumen. Man sollte bereits im Morgengrauen kommen. Zu dieser Zeit kann man auch noch den Trüffelmarkt *(Mercato dei trifolao)* sehen: eine gute Möglichkeit, um auf einen Schlag die gesamte geschmackliche Bandbreite dieses magischen Landes kennen zu lernen. Zum Mittagessen gibt es dann traditionsgemäß *bollito e salsa*.

Anreise

Von Turin (74 Kilometer) auf der *autostrada* Richtung Savona (beim Bahnwärterhäuschen Carrù); mit der Bahn auf der Linie Savona. Carrù ist eines der Tore zu den Langhe. Daher empfiehlt es sich, die kleineren Straßen, beispielsweise von oder nach Dogliani oder Alba, zu nehmen.

CARRÙ

Einwohner: 3978
Höhe: 364 Meter

ESSEN

Moderno
Via Misericordia 12
Tel. 0173 75493
Dienstag, Montag- und Mittwochabend geschlossen
Betriebsferien: August
Plätze: 80
Preise: L. 50000 ohne Wein
Kreditkarten: Visa
In der Herbst- und Winterzeit wird das herrliche Mastochsenfleisch aus den umliegenden Zuchtbetrieben zu wunderbaren *bolliti misti* verarbeitet, das Lokal ist aber das ganze Jahr hindurch wegen seines guten Repertoires an piemontesischen Spezialitäten empfehlenswert: Kaninchenterrine, *carne all'albese*, *finanziera*, *fonduta* mit Pilzen als Antipasto; dann *tajarìn* in Nebbiolo oder Vollkornpasta mit Lauchcreme, Gnocchi mit Raschera-Käse und *ravioli dal plin*. Gegen Vorbestellung wird ein reichhaltiges *fritto misto* serviert. Weinkarte mit den besten Etiketten der Langhe, die in einem stimmungsvollen Weinkeller gelagert sind.

Osteria del Borgo
Via Garibaldi 19
Tel. 0173 759184
Dienstagabend und Mittwoch geschlossen
Betriebsferien: unterschiedlich
Plätze: 50
Preise: L. 40000 ohne Wein
Kreditkarten: alle

Dieses Lokal in der Altstadt mit warmer, herzlicher Atmosphäre (die Wände sind handbemalt) ist ein typischer Familienbetrieb: Die Mutter Giuseppina steht in der Küche, der Sohn Daniele bedient im Restaurant. Die Speisekarte ist ein Triumphzug der regionalen Spezialitäten: *vitello tonnato* und *carne cruda all'albese* unter den Antipasti, *ravioli dal plin*, *tajarìn* und Gnocchi aus Kartoffelteig als *primo*. Bei den *secondi* schließlich können Sie zwischen *bollito misto*, Kalbsbrust und Kalbshaxe aus dem Holzofen sowie geschmortem Kaninchen wählen. Bei den Desserts sind vor allem *bonet* und Obsttorte empfehlenswert. Recht gute Weinkarte mit Weinen aus den Langhe und aus dem Roero.

Vascello d'oro
Via San Giuseppe 9
Tel. 0173 75478
Sonntagabend und Montag geschlossen
Betriebsferien: den ganzen Juli und die ersten zwei Wochen im Februar
Plätze: 70
Preise: L. 50000–60000 ohne Wein
Kreditkarten: keine
Hier regiert die piemontesische Tradition, bei der Einrichtung – dunkles Holz und antike Möbel – wie auch in der Küche: Vorspeisen vom Wagen (mit dem Messer geklopftes *carne cruda*, Rindfleischsalat), Kuttelsuppe, *tajarìn*, *agnolotti*, *finanziera*, Kaninchenbraten und natürlich das große *bollito misto* mit

unterschiedlichsten Saucen. Der Keller bietet so manchen guten Tropfen aus der Umgebung.

EINKAUFEN

FLEISCHWAREN
Al mio mercato
Via Garibaldi 85
Ein Supermarkt mit wunderbarem Frischfleisch, ausschließlich aus Zuchtbetrieben des Piemonts. Die Fleischerei ist Eigentum der Bovinlanga und gehört zur Genossenschaft Co.Al.Vi.

SÜSSIGKEITEN
Pasticceria Enoteca Dalmazzo
Via Mazzini 19
In der Bäckerei werden *carrucesi* mit Rum oder Haselnussgeschmack, *amaretti* und Marrons glacés angeboten. Wählen Sie dazu in der Enoteca einen Weißwein oder einen Spumante aus dem überaus reich bestückten Keller. Ein wirklich empfehlenswerter Ort im alten Carrù, wo Sie in einem stilvollen Ambiente in die Zeit der Jahrhundertwende zurückversetzt werden.

Pasticceria Reineri
Corso Luigi Einaudi 28
Roberto Reineri ist Fotograf und Bäcker zugleich: An den Wänden können Sie seine Fotos bewundern, in den Vitrinen Semifreddo, Torten (die *campagnola*, ein ganz leichter Biskuitteig mit Rosinen und Schokolade) und Pralinen.

Das Ritual des Bollito

Piero Sardo

Ein *bollito* ist schlicht, gesellig, weiblich. Ein Braten ist manieriert, einsam, phallisch. *Bollito* ist Nahrung, Braten ist Küche. Mit seiner Expansivität stellt der *bollito* eine vollkommene Mahlzeit dar, verlangt als Zutaten lediglich Gemüse, das mit dem Fleisch in der Suppe köchelt. Ein Braten braucht eigens zubereitete Beilagen als Kontrast und muss stets in einer Menüabfolge stehen.

Freud liebte Suppenfleisch bis zur Besessenheit, und seine Haushälterin in der Berggasse bereitete es ihm seinen genauen Anordnungen entsprechend auch drei- bis viermal die Woche zu, wobei höchstens bei den Saucen variiert wurde. Vielleicht sah er seine Leibspeise symbolhaft für das Fruchtwasser; als etwas, das verzehrende Gelüste zu beruhigen vermag, den Mahlzeiten einen rituellen Charakter verleiht, die Sinne besänftigt. Ein Braten regt die Magensäfte an, setzt ein wachsames Bewusstsein voraus, das auf das Erkennen der Saucen und der Zubereitungsarten abzielt. Braten ist beunruhigend, *bollito* hypnotisch, entspannend. Die für einen schönen Suppentopf erforderlichen Handgriffe in der Küche sind banal, erfordern aber ein gewisses Zeremoniell. Einfach und ursprünglich sind auch die Zutaten: Das Fleisch wird weder gebeizt noch gespickt, sondern lediglich mit Wasser, Salz und Suppengrün gekocht. Zeiten und Mittel sind durch althergebrachte Erfahrungen vorgegeben. So soll das Wasser sieden, wenn man die ganze Schmackhaftigkeit des Fleisches bewahren will, kaltes Wasser hingegen ergibt eine vorzügliche Brühe: Das ist alles. In kaum einem italienischen Ort, vor allem im Nordwesten nicht, wird bei der Wahl der Fleischstücke für den *bollito* variiert. In der Emilia findet man vielleicht eine Schweinshaxe, in der Lombardei ein Huhn, aber überall kommen Schenkel fürs Magere, Rippe fürs Gemischte und Kalbskopf fürs Fette in den Topf. Diese vollkommene Dreiheit erfasst auf vorbildlich unveränderliche Weise das komplette Fleischtier. Wo sonst in Italien jedes Dorf sein eigenes Rezept hat, ist die streng einheitliche Art der Zubereitung des *bollito* eine einzigartige Erscheinung.

Erst beim Kreieren der Saucen kann sich der Koch verwirklichen, aber die Saucen sind eine Nebensächlichkeit, eine Draufgabe. In meiner Heimat verzehrte man die gekochten Rindfleischstücke lediglich mit ein bisschen Salz: Das erklärt die grundlegende Bedeutung der Fleischqualität bei der Zubereitung eines guten Suppentopfes. Rind, fettes Ochsenfleisch oder erlesene Kalbskeule vom Piemonteser-Rind. In Carrù feiert man jedes Jahr den Triumph des Gesottenen von fettem Ochsenfleisch, doch für den täglichen Genuss heißt es, dass es kein besseres Fleisch als das fachgerecht gezüchteter piemontesischer Kälber gibt, um Wohlgeruch und vielfältige Geschmacksnuancen in den Topf zu zaubern. Kein anderes Fleisch sieht denn auch in gegartem Zustand so schmackhaft aus: niemals grau, niemals faserig, niemals zerkocht. Die Qualität des *bollito* wird von jener der maßgeblichen Dreiheit bestimmt; Zunge, Kapaun, *cotechino* (Schweinskochwurst) und Schwanz braucht man ferner, um die magischen sieben Stücke des *gran bollito alla piemontese* zu erhalten. Aber wenn Schenkel, Rippe und Kalbskopf – so wie auch die anderen Stücke – nicht von guter Qualität sind, ist der Zauber dahin.

Sich für Suppenfleisch anstatt für Braten zu entscheiden, ist auch eine Art symbolische Wahl, eine Verpflichtung, die weit über den Herdrand hinausgeht, eine Huldigung an die Fleischqualität. Zur krönenden Vollendung muss man dieses Ritual zumindest einmal im Leben in Carrù begehen, der Wahlheimat des piemontesischen «Keulenkalbs».

Rezept

Zutaten für 8 Personen

1 kg Rindfleisch (Brustspitz, Kamm, Tafelspitz, Schenkel oder Ähnliches), ein Hühnchen oder ein kleiner Kapaun, 1 kg Kalbsbrust, 750 g Kalbskopf, eine Schweinskochwurst, eine Kalbszunge, 1 Zwiebel, 2 Möhren, 2 Stück Stangensellerie, 3 oder 4 Schalotten, 2 Knoblauchzehen, 2 Lorbeerblätter, Nelken, Salz, Pfeffer

Zubereitung

Die Rind- und Kalbfleischstücke sowie das Geflügel können gemeinsam in einem Topf gekocht werden, Schweinskochwurst, Kalbskopf und Zunge müssen separat gegart werden. Dazu vier Töpfe bereit stellen. In einem sehr großen Topf das Wasser mit dem Gemüse, den Gewürzen, Salz und Pfeffer zum Sieden bringen. Rindfleisch, Kalbfleisch und Hühnerfleisch hinzugeben und zugedeckt kochen lassen. Huhn und Kalb sind nach 1,5 Stunden gar, das Rindfleisch braucht eine halbe Stunde länger. In den beiden anderen Töpfen die Zunge (1,5 Std.) und den Kalbskopf (2 Std.) im Gemüsesud garen. Der vierte Topf ist für die Kochwurst, die in kaltes, ungesalzenes Wasser gelegt wird; Wasser zum Sieden bringen und die Wurst 1,5 Stunden ziehen lassen. Das Fleisch noch sehr heiß mit beliebigen Saucen oder einfach mit Salz servieren.

WURSTWAREN UND
DELIKATESSEN

Salumeria Chiapella
Piazza Caduti della Libertà 15
Wunderbare rohe Wurst-
spezialitäten (auch Barolo-
Wurst), Schweinskochwurst,
Rosmarinspeck, Schweinshaxe.
Alle Produkte aus eigener
Herstellung. Reiche Auswahl
an Käse und hausgemachten
Teigwaren (hervorragend die
raviolini als Suppeneinlage).

Salumeria Ravera
Via Garibaldi 13
Ein Betrieb, der Anfang des
20. Jahrhunderts gegründet
wurde, mit Holzregalen,
Marmor und kleinen Säulen in
der Auslage. Wurstspezialitäten aus eigener Produktion:
cacciatorini und Salami,
gekocht und roh. Weiter
einen herrlichen, hausgemachten russischen Salat.

FESTE, MESSEN UND
VERANSTALTUNGEN

Rassegna zootecnica
Am zweiten Donnerstag vor
Ostern. Klassische Verkaufs-
schau von Schlachtvieh der
Piemonteser-Rasse.

Sagra dell'uva
Zwischen der dritten und
vierten Woche im September,
im Zeichen des Dolcetto aus
den Langhe Monregalesi, mit
einem Umzug allegorisch
geschmückter Wagen.

Fiera del bue grasso
Am zweiten Donnerstag vor
Weihnachten. Diese Veran-
staltung wird bereits seit dem
Jahre 1910 abgehalten und
ist damit wahrscheinlich das
letzte Beispiel einer traditionellen Messe mit all ihren
ursprünglichen, volkstümlichen
Eigenschaften. Im Zuge der
Veranstaltung werden die
besten Mastochsen der
Piemonteser-Rasse prämiert,
die dann durch die Straßen
der Ortschaft ziehen. Es ist
wohl überflüssig zu erwähnen,
dass am Ende der Veran-
staltung ein großes Essen
mit *bollito* stattfindet.

Castellino Tanaro

Dieser sehr alte Ort stand unter der
Herrschaft der Markgrafen von
Ceva und wurde 1796 von den französischen Truppen heimgesucht. Noch nicht
so lange her sind die Übergriffe des faschistischen Regimes. Damals brannten
die Häuser.

Ein Wahrzeichen ist der Turm aus
Schnittsteinen, der mit 30 Metern Höhe,
einem Umfang von 27 Metern und bis
zu 670 Zentimeter hohen Zinnen das
Landschaftsbild prägt. Die einsame und
strategisch günstige Lage auf einem
Hügel am rechten Ufer des Tanaro haben
Carducci inspiriert. In *La bicocca di San
Giacomo* beschreibt er den Ort folgen-
dermaßen: «Wachtposten der Jahrhun-
derte ... trotzend der zierliche Turm.» In
der Pfarrkirche von 1562 blieben
Fresken aus dem 16. Jahrhundert sowie
ein wertvolles Tabernakel erhalten. Im
Ortsteil Francolini ist ein in einem alten
Gebäude eingemauerter Stein mit einer
Reliefskulptur und einer Inschrift aus
dem 5. Jahrhundert erwähnenswert.

Der Ort verfügt nicht über einen ein-
heitlichen Kern, sondern besteht im
Wesentlichen aus zwei Teilen: aus dem
weiter oben gelegenen Castello mit dem
Turm und dem tieferen Piantorre.

Anreise
Man verlässt die *autostrada* Turin-Savona
bei der Mautstelle Niella Tanaro und
nimmt die *provinciale* Richtung Marsaglia und Murazzano; einige Kilometer
vor Marsaglia biegt man rechts nach
Castellino ab. In der Ortschaft Piantorre
gibt es eine kleine Station der Bahnlinie
Bra-Ceva.

CASTELLINO TANARO

Einwohner: 347
Höhe: 610 Meter

FESTE, MESSEN UND VERANSTALTUNGEN

Sagra della Lela
Am ersten Sonntag im Juni.
Lela ist ein für Castellino
Tanaro typisches Brot, das mit
nicht gesäuertem Teig herge-
stellt und auf einer Platte im
Holzofen gebacken wird. Das
Brot hat ein etwas plumpes,
unförmiges Aussehen und
steht im Mittelpunkt dieses
Festes, das zum einfachen
Geschmack der vergangenen
Zeiten zurückführen soll, zu
den rustikalen, bescheidenen
Mahlzeiten, die man in den
Arbeitspausen auf dem Feld
zu sich nahm. Den Rahmen
zu diesem Fest bilden Aus-
stellungen handwerklicher
Produkte der Einwohner von
Castellino Tanaro, die in den
Straßen von Castello, dem
Hauptort, zu sehen sind.

**Festa patronale della
Madonna della Neve**
Am ersten Sonntag im
August. Ein traditioneller
Treffpunkt mit Spiel und Spaß
nach ländlicher Art. Die Teil-
nehmer werden mit Kicher-
erbsensuppe verköstigt.

Cissone

Eine Piazza mit einem winzigen Rathaus, eine nüchterne Pfarrkirche (Santa Lucia geweiht) von 1786, eine kleine Kirche neben dem Friedhof, auf der teilweise noch Fresken aus dem 16. Jahrhundert zu sehen sind: Das ist Cissone (der Name geht auf die römische Bezeichnung *civicionis* zurück). Sehr hübsch mutet der Blick auf das Tal des Riavolo an, wo nicht mehr Weinstöcke, sondern Haselsträucher und Bäume wachsen. Vom alten Kastell sind nur noch wenige Reste vorhanden, darunter ein Löwe aus Marmor, der sich heute hinter dem Rathaus befindet. Die letzten Herren, welche die Burg vor der Zerstörung bewohnten, waren die Solaro aus Moretta; einer von ihnen, nämlich Giovanni Francesco, war Statthalter von Vercelli.

Anreise

Sie erreichen den kleinen Ort (weniger Einwohner in den Langhe hat nur mehr Bergolo), wenn Sie von Dogliani kommend eine *provinciale* mit zahlreichen Kurven, die sich durch ein steiles Tal windet, 12 Kilometer bergauf fahren.

CISSONE

Einwohner: 98
Höhe: 661 Meter

ESSEN

Locanda dell'arco
Piazza dell'olmo 1
Tel. 0173 748200
Dienstag Ruhetag
Betriebsferien: Mitte Januar
bis Mitte Februar
Plätze: 40 + 30 im Freien
Preise: L.50000–55000 ohne
Wein
Kreditkarten: CartaSì, Visa
Sehr gepflegtes Ambiente und
Küche aus den Langhe. Unter
den Antipasti marinierte
Forelle, mit dem Messer
geklopftes *carne cruda, tartrà*
mit Murazzano; *agnolotti,*
tajarìn mit Lebersugo unter
den *primi.* Dann Kaninchen-
braten in Arneis, Wachteln
in Barbaresco, Schmorbraten.
Gute Auswahl an Käse,
darunter die *tome di*
Murazzano. Der Keller
bietet die feinsten Weine
aus dem Gebiet der
Langhe.

FESTE, MESSEN UND VERANSTALTUNGEN

Am Sonntag nach Mariä
Himmelfahrt stellen Künstler
in den Straßen der Ortschaft
ihre Werke aus.

Clavesana

Vor der Eroberung durch die Römer war das Gebiet von Clavesana vom Ligurerstamm der Bagienni besiedelt. Ihre Hauptstadt trug die römische Bezeichnung *Augusta Bagiennorum*. Nach dem Fall des Römischen Reiches und während der Zeit der Völkerwanderung fiel Clavesana unter die Herrschaft der Aleramiker. Einem Nachfahren, Ugo von Clavesana, gelang es, in diesem Gebiet kurzfristig eine Markgrafschaft zu errichten. Ugo hatte den Ort als Residenz gewählt, da die Gegend von den Anhöhen aus leichter zu verteidigen war. Das ganze Gebiet ist von unüberwindbaren, durch Erosion entstandenen Felsen, *perticali* genannt, umgeben, die an manchen Stellen über 200 Meter hoch sind. Im 15. Jahrhundert war die Grafschaft zwischen der Republik Genua und dem Markgrafen von Saluzzo aufgeteilt, bis sie unter die Herrschaft der Savoyer gelangte und verschiedenen Familien als Lehen übergeben wurde.

Vom kunsthistorischen Standpunkt ist neben dem Kastell, das sich nunmehr im Besitz der Gemeinde befindet und dringend einer Restaurierung bedürfte, noch die San Michele Arcangelo geweihte Pfarrkirche erwähnenswert. Sie ist 1770 unter der Leitung eines Schülers von Francesco Gallo, dem berühmten Architekten aus Mondovì, entstanden.

Anreise

Der Ort befindet sich sieben Kilometer nach der Mautstelle Carrù der *autostrada* Turin-Savona und ist über die *provinciale* Richtung Dogliani zu erreichen. Auf der Bahnlinie Turin-Bra-Ceva-Savona gibt es auch eine Station, die sich Clavesana mit Carrù teilt.

CLAVESANA
Einwohner: 888
Höhe: 300 Meter

ESSEN

Osteria delle Surie
Frazione Surie 4
Tel. 0173 790119
Dienstag und Mittwoch Ruhetag
Betriebsferien: den ganzen Januar und den halben Februar
Plätze: 70
Preise: L. 40000 ohne Wein
Kreditkarten: die gängigsten
In dieser Trattoria auf den Hügeln von Clavesana wird die gute Küche der Langhe gepflegt (sehr lecker die *agnolotti dal plin*), dazu wird Dolcetto aus der Umgebung gereicht. Gegen Vorbestellung Fleisch vom Grill.

EINKAUFEN

SÜSSIGKEITEN
Franco Martini
Frazione Madonna della Neve 106
Ein kleiner, empfehlenswerter Betrieb, wo im Speziellen Haselnusstorten und die *paste di meliga* (mit Maismehl), die hier *biscotti di Clavesana* heißen, hergestellt werden. Es gibt kein Verkaufslokal, Sie bekommen jedoch die Produkte in der Pasticceria Martini in Dogliani.

WEINKELLEREIEN

Cantina Sociale del Dolcetto di Clavesana
Frazione Madonna della Neve 19
Tel. 0173 790451
Die Cantina di Clavesana liegt an der Grenze zwischen den Herkunftsbezeichnungen von Dogliani und den Langhe Monregalesi und ist für ihren guten Dolcetto bekannt. Angenehme Weine, die auch offen und zu angemessenen Preisen verkauft werden. Auch sonntags geöffnet.

Conzia
Frazione Conzia 3
Tel. 0173 790387
Ein Familienbetrieb, der einen guten Dolcetto di Dogliani hervorbringt. Probieren Sie auch die Mirella Luzi Donadei gewidmete Selektion.

FESTE, MESSEN UND VERANSTALTUNGEN

Am 5. August findet ein Fest zu Ehren der Madonna della Neve statt; am Flohmarkt können Sie unter den Altwaren stöbern.

Farigliano

Verlässt man Dogliani auf der hübschen Straße, die zuerst ansteigt und dann zum Tanaro abfällt, in Richtung Carrù, stößt man auf Farigliano, das in einer Flussschlinge liegend die Hochebene von Beinale überragt.

Leider ist von den ursprünglichen Bauwerken dieser alten Gemeinde heute nicht mehr viel übrig. Wie so oft bei den Ortschaften der Langhe, führt uns die Geschichte zurück zu den alten römischen Siedlungen: Es scheint, als wären die ersten Bewohner Sarmaten gewesen, Kaiser Konstantins berittene Soldaten, von denen eine Kohorte in Vercelli stationiert war. Diese sollten die unbewohnte Gegend kultivieren (San Martino, eines dieser Dörfer, wird auch heute noch Sarmatia genannt). Das *Forofulviem* genannte Zentrum erlangte eine gewisse Bedeutung und wurde eine von sieben Präfekturen des spätrömischen Reiches im Piemont. Danach erfuhr es das übliche Schicksal an Herrschaftswechseln zwischen den Markgrafen von Clavesana, jenen von Saluzzo und den Savoyern.

Farigliano ist die Geburtsstadt Erzbischof Antonios, der 1386 den Weg für die Errichtung des Mailänder Doms ebnete, und von Don Durando; er war einer der ersten Verfasser eines italienisch-lateinischen Wörterbuches. Man kann zwar mit Sicherheit sagen, dass Isabella Doria in Farigliano begraben liegt, die Stelle des Grabes ist jedoch unbekannt.

Vom Kastell, das 1537 während des Krieges zwischen Franz I. und Karl V. geschleift worden war, ist heute nur mehr ein Trümmerhaufen zu sehen. Entlang der Straße, die einst zur Burg führte, stehen noch Überreste mittelalterlicher Häuser. Aber beispiellose Bausünden haben jegliche Besonderheiten ausradiert, die man eventuell noch hätte erahnen können. Was bleibt, sind die schmerzhaften Auswüchse einer maßlosen Modernisierung mit Häusern, die aus Kirchen entstanden sind, Plastikgalerien, Höfen, die als Garagen missbraucht werden etc.

Die Piazza Centrale wird von der Fassade der Kirche San Giovanni aus dem Jahr 1890 beherrscht, in deren Innerem sich ein interessantes Tabernakel aus dem 16. Jahrhundert befindet. Die Kapelle von San Nicolao aus dem 15. Jahrhundert steht inmitten eines Weinbergs in Richtung Dogliani. Heute meint man leider vor einer verwitterten Hütte zu stehen.

Von einigem Interesse ist jedoch die Wallfahrtskirche von Mellea, die sechs Kilometer außerhalb des Ortes Richtung Carrù liegt. Sie wurde infolge einiger Marienerscheinungen und anderer Wunder errichtet und ist außerdem der Aufbewahrungsort des «wunderbaren» Bildnisses der Madonna von Mellea, das auch heute noch als Kultobjekt verehrt wird. Vom künstlerischen Standpunkt erwähnenswert ist jedoch nur der Marmoraltar, auf dem das Bild ausgestellt ist, ein Werk von Giovanni Valle. Wirklich beeindruckend ist die in der Kirche selbst und im angrenzenden Franziskanerkloster herrschende Atmosphäre der Ruhe.

Anreise
Von der Tanaro-Schnellstraße nimmt man bei Dogliani die Straße Richtung Carrù, auf der man nach wenigen Kilometern nach Farigliano gelangt.

FARIGLIANO
Einwohner: 1778
Höhe: 263 Meter

ESSEN

La Speranza
Piazza Vittorio Emanuele 43
Tel. 0173 76190
Samstag Ruhetag, im Winter
Sonntag
Betriebsferien: einen Monat
im Zeitraum Juli–August
Plätze: 50
Preise: L. 40000 ohne Wein
Kreditkarten: keine
La Speranza ist ein Lokal wie
aus alten Zeiten. Die Küche
bietet Altbewährtes zu wirk-
lich günstigen Preisen: eine
dicke Minestrone, die einen
ganzen Tag lang köchelt, ein
knuspriges Kaninchen, gerade
richtig abgebraten, begleitet
von einer guten Flasche
Dolcetto.

EINKAUFEN

FLEISCH
Macelleria Taricco
Piazza Vittorio Emanuele 21
In dieser Fleischerei bekom-
men Sie wunderbares Rind-
fleisch aus zwei kleinen
Zuchtbetrieben in Farigliano,
Ziegen und Lämmer aus der
Umgebung, Hühner und
Kaninchen vom Bauernhof
und in der Weihnachtszeit
Mastochsen aus Carrù sowie
Kapaune.

SÜSSIGKEITEN
De Bastiani
Frazione Mellea 15
Haselnusstorte, Maisgebäck
und Kekse – exzellent, beson-
ders die zolle di Langa aus
Haselnüssen der Sorte Tonda
gentile – das sind die Speziali-

täten dieses kleinen Betriebs.
In der Wurstwarenhandlung
Giorgio auf der Piazza Vittorio
Emanuele können Sie diese
Produkte kaufen.

KÄSE
Occelli Agrinatura
Via Stazione 5
Nach den alten, für
Castelmagno typischen
Sennereimethoden, bei denen
kleine Bruchlaibe zur Reifung
gelagert werden, stellt
Giuseppe Occellis Käserei die
Sorten Crutìn (aus Kuhmilch
und kleinen Stückchen
schwarzer Trüffeln) und
Escarùn (mit Schafs- oder
Ziegenmilch) her, die in den
Tuffsteinkellern von Val
Casotto reifen. Basierend auf
der jahrhundertealten
Erfahrung der landwirtschaftli-
chen Betriebe der Langhe
wird weiter ein richtiger
tuma 'd feia (mit Schafsmilch)
und der tuma d'la paja hergestellt.

WEINKELLEREIEN

Anna Maria Abbona
Frazione Moncucco 21
Tel. 0173 797228
Ein junger, überaus vielver-
sprechender Weinkeller, der
absolute Qualitätsweine
erzeugt. Hervorragend die
verschiedenen Dolcetto-
Arten, angeführt vom Sorì dij
But. Ausgezeichnet auch der
im Barrique ausgebaute
Langhe Rosso.

Giovanni Battista Gillardi
Cascina Corsaletto 69
Tel. 0173 76306
Neben zwei ausgezeichneten
Dolcetto-Weinen, dem
Cursalet und dem Vigneto
Maestra, die in ihrer Gattung

stets an der Spitze der
Rangliste liegen, erzeugt das
Haus Gillardi einen sehr innovativen Wein, den Harys,
einen Rotwein aus Syrah-
Trauben mit Struktur und
internationalem Charakter.

Eraldo Revelli
Frazione Pianbosco 29
Tel. 0173 797154
Ein kleiner Winzerbetrieb, der
nur geringe Mengen, aber
diese in exzellenter Qualität
erzeugt. Der Dolcetto di
Dogliani besticht durch seine
Harmonie und seinen günsti-
gen Preis.

FESTE, MESSEN UND VERANSTALTUNGEN

Festa del bon vin
In der letzten Woche im
August. Sieben Tage eines
bunten Reigens an kulinarischen Programmpunkten:
Verkostungen von Dolcetto,
mittwochs das große Span-
ferkelessen, das Abendessen
auf der Piazza, das von den
Frauen des Dorfes gemein-
sam zubereitet wird. Nach
den Gaumenfreuden wird
jeden Abend auf dem
Tanzboden getanzt, oder die
Frauen bestreiten einen
Kegelwettbewerb.

Fiera dei pocio
Am Sonntag, der dem 6. Dezember am nächsten liegt.
Frisch geerntete, harte, tan-
ninhaltige Vogelbeeren werden auf Stroh gelegt. Dort
reifen sie, bis sie eine bräunli-
che Färbung annehmen und
die Masse weich wird.
Traditionsgemäß wird allen
Teilnehmern eine Kuttel-
suppe mit Kichererbsen
serviert.

Igliano

Funde sehr alter Münzen sowie ein römischer Grabstein weisen auf den
frühen Ursprung des Ortes hin. Bis zur
Mitte des 19. Jahrhunderts stand hier das
Castello dei conti Sauri, das auf Initiative
der Markgrafen von Ceva errichtet worden war; zu Beginn des 20. Jahrhunderts
erwarb die Gemeinde die Überreste und
legte an dieser Stelle eine Piazza an.

Im Mittelalter gehörte Igliano zur
Grafschaft von Ceva und war den Mark-
grafen von Castellino und Roascio als
Lehen unterstellt. Mit dem Frieden von
Cambrai (1531) gelangte es unter die
Herrschaft der Savoyer. 1796 musste der
Ort die Auswirkungen des napoleoni-
schen Feldzuges Richtung Marsaglia er-
dulden.

Aus Urkunden geht hervor, dass einer
der Feudalherren des Ortes jener
Sordello da Goito war, der im Sechsten
Gesang von Dantes *Göttlicher Komödie*
erwähnt wird. Auch der Historiker Carlo
Botta sowie der Komponist des *Marcia
Reale*, Giuseppe Gabetti, waren hier zu
Gast. Interessant sind auch die Kirche
San Ludovico und die Kapelle San
Sebastiano (16. und 17. Jahrhundert).

Anreise

Kurz nach Murazzano gabelt sich die
Straße in Richtung Marsaglia und in
Richtung Igliano. Man fährt zum Ort
hinauf, kann aber auch auf der Höhe von
Lesegno von der *statale* 28 Richtung
Ceva-Mondovì abbiegen.

IGLIANO
Einwohner: 85
Höhe: 700 Meter

FESTE, MESSEN UND
VERANSTALTUNGEN

In der ersten Augustwoche
wird fünf Tage lang in den
Wäldern zwischen Igliano und
Torresina gefeiert. Am

20. August wird das Fest zu
Ehren von San Rocco
begangen – in der Ortschaft
Langa di Mezzo – und am
27. August das Fest zu Ehren
von San Luigi.

Lequio Tanaro

Der Ortskern liegt auf einer Erhebung, die einen herrlichen Blick auf das Tanaro-Tal, die Hügel der Langhe und die Berge der Meeralpen bietet. Der Ortsteil Costamagna, wo 1544 der Historiker Giovanni Botero, Verfasser des Werkes *La Ragion di Stato*, das Licht der Welt erblickte, befindet sich rund hundert Meter weiter unterhalb in Richtung Fluss.

Der Name weist auf verschiedene Ursprünge hin: Die glaubwürdigste Version leitet sich vom lateinischen *locus quietis* ab und wird durch den Umstand bestätigt, dass die Ligurer vom Stamm der Vagienni, die Gründer der antiken Stadt *Augusta Bagiennorum,* die Gegend bereits zur Römerzeit bewohnten (dies wird durch zahlreiche architektonische Funde bestätigt). Die Geschichte des Ortes ist eng mit der von Benne Vagienna verbunden. Lequio war Teil dieser Gemeinde, bis es Ende des 17. Jahrhunderts von den Savoyern an den Grafen Giovanni Secondo Salmatoris aus Cherasco als Lehen übergeben wurde. Aufgrund der Lage kann man mit Sicherheit sagen, dass es früher einmal ein befestigtes Kastell gab. Wo genau, lässt sich heute nicht mehr feststellen. Vermutlich stand es auf der großen Piazza (dem am dichtesten besiedelten Teil) neben der Stelle, an der später die Pfarrkirche errichtet wurde. Auf dieser Piazza befinden sich noch weitere Bauten von künstlerischem und historischem Interesse. Die Fassade der San Michele Arcangelo geweihten Pfarrkirche stellt leider eine eher triste Mischung aus klassischen und barocken Elementen dar. Das Innere hingegen ist ganz im Stil des 17./18. Jahrhunderts gehalten. Im selben Stil ist auch die Kirche der Confraternita dei Battuti Bianchi erbaut, die aus einer etwas späteren Zeit stammt. Sie wird heute für weltliche Zwecke genutzt. Auf der dichter bebauten Seite des Platzes befinden sich das moderne Rathaus sowie der Palazzo Salmatoris, der auf der Vorderseite das Wappen des Hauses trägt.

Unter den zahlreichen, auf das gesamte Gebiet verstreuten Landkapellen ist vor allem die kleine Kirche Madonna del Lago aufgrund ihrer suggestiven Wirkung einen Besuch wert. Sie liegt auf einem Hügel in einer Schlinge des Tanaro und ist ebenfalls im späten Barockstil gehalten.

Anreise

Nach der Mautstelle Fossano auf der A6 nimmt man die *provinciale* Richtung Dogliani; von Alba und Bra fährt man über die Tanaro-Schnellstraße und biegt auf der Höhe von Monchiero links ab.

LEQUIO TANARO
Einwohner: 662
Höhe: 328 Meter

FESTE, MESSEN UND VERANSTALTUNGEN

Am zweiten Sonntag im Oktober findet das Fest des Schutzpatrons statt, an dem früher die gesamte Piazza in einen für das Ballspiel *pallone elastico* geeigneten Sportplatz umgewandelt wurde. Heute sind die Ballkünstler den Verkaufsständen eines Flohmarktes gewichen.

Marsaglia

Marsaglia, ein altes Besitztum der Markgrafen von Clavesana und dann der Saluzzer, wurde im Laufe der Jahrhunderte mehrmals belagert. An diese Zeit erinnert noch heute das viereckige Kastell aus dem 14. Jahrhundert, das mehr Burg als Schloss ist und leider eine Reihe von willkürlichen Restaurierungsarbeiten hinter sich hat. Es befindet sich nun in Privatbesitz und ist für die Öffentlichkeit nicht zugänglich.

Im Bereich der Kunst ist Marsaglia vor allem für das berühmte Triptychon aus dem 15. Jahrhundert bekannt, welches Rufino d'Alessandria zugeschrieben wird. Die Darstellung zeigt eine *Madonna in trono con Bambino e Santi*. Das Werk befindet sich in der Kirche der Confraternita della Consolata an einem sicheren Platz. Um es bewundern zu können, muss man sich an die Gemeindeverwaltung von Marsaglia (Tel. 0174 787112) wenden.

Wie im gesamten Gebiet der Alta Langa gibt es auch hier Wege, die auf dem Pferderücken zurückgelegt werden können. Nehmen Sie aber auf alle Fälle genaue Karten mit. Die Einheimischen wissen, dass man sich in dieser Gegend leicht verirren kann.

Anreise

Von Murazzano nimmt man die Straße Richtung Montezemolo und Savona; nach 2,2 Kilometern stößt man rechts auf die Abzweigung nach Marsaglia.

MARSAGLIA
Einwohner: 330
Höhe: 607 Meter

ÜBERNACHTEN

Albergo Ristorante Miramonti
Frazione Sant'Antonio 31
Tel. 0174 787113
Zwei Sterne, 16 Zimmer mit Bad. Restaurant, Bar, Diskothek, Tennis, Parkplatz.
Preise: L.80000 für ein Doppelzimmer
Das Hotel liegt knapp vor der Ortschaft, eingebettet in einer stillen, heiteren Landschaft. Das Restaurant (bis zu 220 Plätze) bietet eine typische Küche mit saisonalen Variationen. Der Preis liegt bei L.40000 ohne Getränke.

ESSEN

Agriturismo Abbadia
Località Abbà
Tel. 0174 787136
Freitag- und Samstagabend und Sonntagmittag geöffnet, Reservierung notwendig
Plätze: L.40000
Familiär geführter Betrieb mit typischer lokaler Küche: heimische Wurstwaren, Kräuteromelette und Paprikagemüse aus dem Ofen. Dann *agnolotti dal plin*, *tajarìn* mit Butter und Salbei, in der Saison mit Trüffeln, sowie Braten: Lamm, Kalb, Kaninchen. Zum Abschluss des Mahls können Sie Käsespezialitäten, vor allem den Murazzano, und die hausgemachten Desserts probieren. Das Abbadia bietet auch Übernachtungsmöglichkeiten: 8 Betten, Halbpension L.80000.

FESTE, MESSEN UND VERANSTALTUNGEN

Am dritten Sonntag nach Ostern wird das Fest des Schutzpatrons San Giuseppe begangen: Festbankette, Tanzveranstaltungen und das Spiel *pallone elastico*. Im August findet in Sant'Antonio das Gnadenfest statt.

Niella Tanaro

Wie die «Schwester» *ad Belbum* hat auch Niella *ad Tanagrum* seinen Namen von der *nigella*, einer Feldblume, die zwischen dem Getreide wächst. Der Ursprung des Ortes, der als *Corte di Nigella* bereits 901 in einer Urkunde von Kaiser Ludwig III. erwähnt wird, liegt vermutlich in der Römerzeit. Er gehörte zur Grafschaft Bredulo und gelangte nach der Vertreibung der Sarazenen unter die Herrschaft von Bonifacio del Vasto, danach unter die Markgrafen von Ceva und schließlich an die Savoyer.

Es steht noch ein Turm aus dem 14. Jahrhundert, der Teil des etwas chaotisch angeordneten Kastells ist. Dieses kann auch besichtigt werden, sofern der Eigentümer damit einverstanden ist. Bemerkenswert sind auch die Fresken aus dem 15. und 16. Jahrhundert, die in einigen Kirchen zu bewundern sind. In einer der Muttergottes geweihten Pfarrkirche (Apsis und Campanile im romanischen Stil des 11. Jahrhunderts) findet man das Werk *Crocifissione e San Michele Arcangelo* aus der Schule Giacomo Jaquerios sowie das große Fresko *Cristo nel sepolcro*. Weitere Gemälde sind im Oratorium der Confraternita di Sant'Antonio und in den Kapellen Natività della Vergine (Ortsteil Roà) und San Bernardo

(Poggio) ausgestellt. In der kleinen Kirche Sant'Anna zeigt ein Fresko aus dem Jahr 1478 die Legende des Pilgers von Compostela. Daraus lässt sich schließen, dass Niella Tanaro an einem der Wege nach Santiago und *Finis Terrae* lag. Auch an den einfachen Häusern des Ortes sind zahlreiche alte Wandmalereien zu sehen.

Geht man weiter bis San Teobaldo, einem im Ortsteil Valmorei gelegenen Hügel, der ein schönes Panorama bietet, kann man die Reste eines Benediktinerklosters aus dem 11. Jahrhundert besichtigen. Zu diesem gehört auch die umgebaute Kirche San Bartolomeo, die eine nüchterne graue Steinfassade sowie eine noch erkennbare Apsis aufweist. Ein weiterer Spaziergang führt nach Poggio, einem kleinen Dorf, dessen Häuser mit Familienwappen und anderen identitätsstiftenden Symbolen bemalt sind. Von dort gelangt man auf einem malerischen Weg nach Bicocca, dem Schauplatz der gleichnamigen Schlacht des ersten napoleonischen Feldzuges in Italien.

Anreise

Man verlässt die Autobahn Turin-Savona bei der gleichnamigen Mautstelle. Der Ort hat auch eine Bahnstation auf der Linie Bra-Ceva.

NIELLA TANARO
Einwohner: 1031
Höhe: 494 Meter

FESTE, MESSEN UND VERANSTALTUNGEN

Am Sonntag, der dem 4. Juli am nächsten liegt, wird ein Spaziergang durch Niella und die umliegenden Wälder durchgeführt, auf der Suche nach den am wenigsten erforschten oder ältesten Plätzen der Ortschaft und der Umgebung. In den Monaten Juli und August findet jeden Freitag eine Tanzveranstaltung im Park unter den alten Kastanienbäumen statt, während am letzten Sonntag im August auf der Piazza ein großes Polentaessen organisiert wird.

Piozzo

Wahrscheinlich leitet sich der Name des Ortes von *Plautium*, einem altrömischen Geschlecht, ab. Die ersten Bewohner gehörten zum Stamm der Bagienni, die *Augusta Bagiennorum* zu ihrem Zentrum gemacht hatten. Die Ausgrabungen kann man in dem zu Bene Vagienna gehörenden Ortsteil Roncaglia besichtigen. Von der Römerzeit zeugen die im Rathaus aufbewahrten Grabsteine und Inschriften. Im Laufe der Jahrhunderte gehörte Piozzo erst den Markgrafen von Saluzzo, dann dem Bischof von Asti und den Grafen Vacca und wurde schließlich in das Reich der Savoyer integriert.

Die wichtigsten Bauwerke dienten sakralen Zwecken. Ausnahmen sind das imposante Kastell, das im 10. Jahrhundert errichtet und von den derzeitigen Besitzern restauriert wurde, sowie die so genannte *Casa del capitano,* eine alte militärische Befestigungsanlage. Einen Besuch wert ist die Pfarrkirche Santo Stefano mit ihrer beeindruckenden Barockfassade. Antonio Fontana, Architekt aus Lugano, hat diese 1685 für die mittelalterliche Kirche entworfen. Im Inneren ist speziell der Hauptaltar aus mehrfarbigem Marmor erwähnenswert. Sehenswert auch die Kirche Santo Sepolcro, in der künstlerisch wertvolle Fresken zu sehen sind, sowie die Kirche dell'Albarosa mit achteckigem Grundriss aus dem 18. Jahrhundert; von hier genießt man einen malerischen Ausblick auf die Langhe-Hügel.

Ein interessantes Hörerlebnis bieten die so genannten *piloni,* ländliche Kirchengesänge, die von der religiösen Haltung der vergangenen Jahrhunderte zeugen.

Anreise
Man verlässt die *autostrada* Turin-Savona bei der Mautstelle Carrù und biegt rechts ab. Nach acht Kilometern erreicht man Piozzo.

PIOZZO
Einwohner: 974
Höhe: 327 Meter

ESSEN

Le Baladin
Piazza 5 luglio 1944 5
Sehr niveauvolle Musik, feine Leckereien und die Herzlichkeit des Inhabers Teo – das sind nur einige der Gründe für eine Reise hierher. Im Le Baladin werden sechs verschiedene obergärige Biersorten gebraut, die den großen ausländischen Vorbildern in nichts nachstehen. Der Renner ist jedenfalls das Super Baladin, ein im Fass nachvergorenes Doppelmalzbier, aromatisch wie ein belgisches Starkbier, aber auch die anderen Sorten werden von Kennern sehr geschätzt. Mittwochs ist das Lokal im Allgemeinen übervoll, da an diesem Tag Live-Musik von Künstlern aus aller Welt dargeboten wird, die sich nicht den Modetrends unterwerfen.

FESTE, MESSEN UND VERANSTALTUNGEN

Musica e dintorni
Diese von der Gesellschaft Pro Loco und dem Le Baladin organisierten Konzerte locken im Juli Hunderte von Jugendlichen nach Piozzo, die an qualitativ hochwertigen, ausgefallenen Veranstaltungen interessiert sind. Die Wahl der Künstler erfolgt nach eher ungewöhnlichen Kriterien: Abseits der Trends der Plattenindustrie gibt es immer noch exzellente Musiker, die aus den entlegensten Winkeln der Welt zu dieser Veranstaltung eingeladen werden.

Fiera della zucca
Am 1. Oktober. Bei diesem Fest werden mindestens 100 Arten von Kürbissen gezeigt.

San Michele Mondovì

Am Ufer des Corsaglia, ein paar Kilometer von Mondovì entfernt, liegt ein lieblicher Ort geschützt in einer Talsenke. Besonderer historischer Tradition kann er sich nicht rühmen: Es ist sicher, dass hier die römische *Via Sonia* vorbeiführte, entlang welcher zahlreiche Siedlungen und Dörfer lagen, und es steht außer Zweifel, dass das Gebiet in vorrömischer Zeit von Ligurerstämmen besiedelt war; allerdings wurden keine Relikte aus dieser Zeit gefunden, und so bleibt die Geschichte des heutigen San Michele bis zum Anfang des 12. Jahrhunderts im Dunkeln. (Der Name geht mit ziemlicher Wahrscheinlichkeit auf den Erzengel Michael zurück, der von den Langobarden besonders verehrt wurde. Diese beherrschten das Gebiet zwischen 568 und 774.) Als östlicher Vorposten des Besitztums von Bredolo war San Michele lange Zeit, wie der Großteil der Langhe Monregalesi, dem Einfluss des Bischofs von Asti ausgesetzt. Zur Zeit der napoleonischen Feldzüge war die hinter dem Ort liegende Hügelkette Schauplatz der berühmten Schlacht von Mondovì, in der die Truppen Napoleons erfolgreich gegen die Österreicher und Sarden unter General Colli vorgingen.

San Michele fügt sich ideal in eine Tour für Kunstliebhaber ein, die von der imposanten Wallfahrtskirche von Vicoforte ausgehend in die umliegende Landschaft führt. Die Gegend ist übersät mit wertvollen, mit Fresken geschmückten Kapellen: San Bernardino, San Sebastiano, San Giorgio und Buon Gesù sind äußerst reizvolle Ziele, um Volksglauben und Volkskunst kennen zu lernen. Im Frühling, wenn die Natur in ihrer schönsten Farbenpracht erstrahlt und der Wind den Duft der Langhe verströmt, ist diese Route besonders zu empfehlen.

Anreise

Autostrada Turin-Savona, Ausfahrt Niella Tanaro, dann fünf Kilometer auf der *provinciale*. Von Mondovì fährt man rund zehn Kilometer auf der *statale* 28 Richtung Ceva und Savona. Mit den Linien Turin-Savona bzw. Cuneo-Savona ist der Ort auch mit der Bahn zu erreichen.

SAN MICHELE MONDOVÌ
Einwohner: 2073
Höhe: 450 Meter

FESTE, MESSEN UND VERANSTALTUNGEN

Fiera della castagna
Am ersten Sonntag im Oktober geht in San Michele das Kastanienfest über die Bühne. Der lange Tag wird mit Verkaufsständen der verschiedenen Produzenten eröffnet, geht weiter mit einer Kastanienschau und einer Ausstellung der aus Edelkastanien hergestellten Produkte (Mehl, Marmelade, Süßspeisen) und endet mit einem großen Kastanienessen, wobei an alle Teilnehmer geröstete Kastanien oder gekochte weiße Kastanien verteilt werden.

Giro delle cappelle
Am dritten Sonntag im Juni findet ein Spaziergang auf den lauschigen Pfaden durch die Hügellandschaft von San Michele statt, um die kleinen Kapellen zu besuchen, die in der Landschaft zu finden sind. Die Rast bei einem der Bildstöcke wird mit einem stimmungsvollen Konzert auf den blühenden Wiesen untermalt.

Festa di Santa Giustina
In der dritten Woche im Juli wird zu Ehren der Schutzpatronin alles aufgeboten, was das Dorf zu bieten hat: Tanzveranstaltungen, Mundarttheater, allgemeines Grillen und ein Vergnügungspark. Ganz in ländlicher Tradition.

Somano

Als landwirtschaftlich genutzter Raum, in dem Haselsträucher, Dolcetto di Dogliani und einige Kastanien angebaut werden, war Somano schon immer für seine malerische Lage bekannt. Im Gasthof des Ortes nächtigten schon lange vor dem Tourismusboom in den Langhe regelmäßig französische Reisegruppen. Damals waren es ein paar Intellektuelle, die auf den Spuren von Einaudi wandelten. Viel mehr hat Somano auch nicht zu bieten: die ziemlich verfallene Kirche San Donato aus dem Jahr 1480 mit recht interessanten Flachreliefs, renovierungsbedürftigen Fresken und einem Marmortabernakel mit Skulpturen aus dem 15. Jahrhundert sowie Reste des Kastells, dessen letzte Bewohner Savoyer vom Geschlecht D'Aste waren.

Anreise

Der winzige Ort liegt an der *provinciale*, die Dogliani mit Bossolasco verbindet.

SOMANO

Einwohner: 410
Höhe: 516 Meter

ÜBERNACHTEN

Albergo Conte d'Aste
Via Roma 6
Tel. 730102 · 730142
Drei Sterne, 2. Kategorie.
12 Doppelzimmer mit Bad.

Restaurant, Bar, Parkplatz.
Preise: Doppelzimmer
L. 130000, inkl. Frühstück
Dieses Hotel wurde kürzlich renoviert. Das angeschlossene Restaurant hält sich an die heimische Küche der Langhe, mit besonders reicher Auswahl an Antipasti (das Bravourstück ist ein *fritto misto alla piemontese*). Preis etwa L. 40000–60000.

FESTE, MESSEN UND VERANSTALTUNGEN

Ende Juni (Fest des Patrons San Luigi) ist die Zeit der Volksfeste mit gastronomischem Schwerpunkt. In den ersten beiden Oktoberwochen findet das Kastanienfest statt, bestehend aus einer Ausstellung und einer Verkostung der typischen Produkte, zu denen ein köstliches Gläschen Dolcetto di Dogliani gereicht wird.

Vicoforte

Der zwischen den Langhe und den Meeralpen gelegene Ort, dessen Höhe zwischen 425 und 760 Metern variiert – einerseits eine Hügelstadt, andererseits ein Vorposten der Berge –, blickt auf eine interessante Geschichte zurück. Die Römer entrissen bereits im fünften Jahrhundert v. Chr. das Gebiet den Ligurern und gründeten zahlreiche kleine Siedlungen. Nachdem Vico (so der Name des Ortes bis in die Neuzeit) ein bedeutendes Römerdorf geworden war, geriet es mit dem Fall des Reiches und während der nachfolgenden dunklen Zeit immer mehr in Vergessenheit, bis sich der mächtige Bischof von Asti seiner annahm. Das war um die Jahrtausendwende. 1198 leisteten seine Bewohner einen wesentlichen Beitrag zur Gründung des zukünftigen Mondovì wenige Kilometer in nordwestlicher Richtung. Der Ort wurde 1419 von Amedeo von Savoyen erobert und 1546 von den Franzosen besetzt. 1559 fiel er unter die Herrschaft von Emanuele Filiberto, um fortan die Geschicke des piemontesischen Königshauses zu teilen. Auch Vicos Geschichte ist mit der berühmten Schlacht von Mondovì verbunden. Im April 1796 sah man die napoleonischen Truppen und die von General Colli angeführten austro-sardischen Soldaten im Schatten der Hügelkette auftauchen. Nach dem Rausch der Revolution und der anschließenden Restauration wurde Vico fixer Bestandteil des Savoyer-Reiches, das gerade im Begriff war, ganz Italien unter seine Herrschaft zu bringen. Ganz im Sinne der zur Zeit des Risorgimento vorherrschenden romantisch-feierlichen Gesinnung beschloss die Stadtverwaltung am 14. Dezember 1863, den Namen *Vico* mit der stolzen und überzeugenden Nachsilbe *forte* zu «vervollständigen».

Vicoforte wurde schon seit jeher dank des milden Klimas und der lieblichen Landschaft als angenehmer touristischer Stützpunkt geschätzt. Schließlich hat das Städtchen noch eine ganz besondere Attraktion zu bieten: Vicoforte ist in Italien und auf der ganzen Welt für seine der Maria Regina Montis Regalis geweihte Wallfahrtskirche berühmt.

Der Eindruck, den dieses Bauwerk beim Betrachter erweckt, lässt sich mit einem einzigen Wort ausdrücken: grandios. 75 Meter hoch, überragt von der größten ellipsenförmigen Kuppel der Welt, im Inneren mit Fresken auf einer Fläche von 6000 Quadratmetern geschmückt (was ebenfalls einen Rekord darstellt) – diese Kirche von Vicoforte, im Laufe von eineinhalb Jahrhunderten von unzähligen Arbeitern und Dutzenden Künstlern errichtet, ist das Wahrzeichen der Langa Monregalese. 1596 begann man nach einem der Madonna von Monte Regale zugeschriebenen Wunder zu bauen, 1732 wurde das Großprojekt unter der Leitung von Francesco Gallo, dem «Architekten von Mondovì», abgeschlossen. Seit dieser Zeit ist der Pilgerstrom nie abgerissen. Besonders zu erwähnen sind die Feierlichkeiten am 8. September zu Mariä Geburt, zu denen sich bis zu einer Million Gläubige und Schaulustige versammeln. Selbstredend ist bei einem Massen-Event dieses Ausmaßes innere Sammlung nur mehr schwer möglich.

Anreise
Autostrada A6 Turin-Savona, Ausfahrt Santuario di Vicoforte. Nimmt man die *statale* 28 Richtung Mondovì, liegt Vicoforte auf der linken Seite. Reist man aus Ligurien an, stößt man auf der *statale* rechts auf den Ort, der auf der Strecke nach San Michele Mondovì liegt.

VICOFORTE

Einwohner: 3000
Höhe: 600 Meter

EINKAUFEN

FLEISCH- UND WURSTWAREN

Franco Gazzera
Santuario di Vicoforte
Via Garigoggio 33 bis
Piazza Carlo Emanuele 69
Eine der besten Fleischereien
der Gegend. Franco Gazzera
verkauft in seinen beiden
Verkaufslokalen Fleisch von
Rindern der Piemonteser-
Rasse, die aus kleinen, ausge-
wählten Zuchtbetrieben der
Langhe Monregalese stam-
men. Unter den Produkten
sticht vor allem die Haus-
wurst hervor.

Claudio Voarino
Via Santo Stefano 7
Der junge Claudio Voarino
züchtet Kälber der
Piemonteser-Rasse und
Schweine, von denen er ausgezeichnetes Frischfleisch und
verschiedene Wurstwaren
erhält: Hartwürste, Koch-
würste, gekochte und rohe
Salami. Auf dem Gutshof ist
eine Verkaufsstelle für den
freien Verkauf eingerichtet
(Freitag, Samstag und
Sonntagvormittag).

SCHOKOLADE

Pasticceria Le delizie
Santuario di Vicoforte
Via Francesco Gallo 19
Ausgezeichnete Pralinen und
Uova di Pasqua, eine lokale
Spezialität. Silvio Bessone, ein
wahrer Meister der Schoko-
ladeerzeugung, kreiert laufend
neue Leckereien. Zu seinen
letzten Schöpfungen zählen
Pralinen mit aphrodisischer
Wirkung, die neben den tra-
ditionellen *cuneesi* und den
sorrisi (Pralinen in acht
Geschmacksrichtungen)
angeboten werden.

SÜSSIGKEITEN

Caffè Portici
Santuario di Vicoforte
Piazza Carlo Emanuele 55
Eine Café-Konditorei in einem
schönen Gewölbe, wo Sie
Ihre Lust auf Süßes stillen
können. Gutes frisches
Gebäck, die Spezialität des
Hauses sind jedoch die *risole*
(Blätterteigtäschchen mit
Aprikosenmarmelade).
Jedenfalls einen Besuch wert.

KÄSE

Consorzio per la Tutela del Raschera
Via Mondovì Piazza 1
Tel. 0174 563307
Die Comunità Montana delle
Valli Monregalesi ist der Sitz
des Consorzio del Raschera
dop *(denominazione di origine
protetta)*. Der ideale
Ansprechpartner, um zu
erfahren, welche Käsesorten
angeboten werden und an
welchen Adressen die
Hersteller zu finden sind.

EIS

Bar cremeria Le acque
Via delle Acque Minerali 14
Ein Jugendstilgebäude mitten
im Grünen mit postmoderner
Einrichtung. Hervorragendes
Eis, das auch im Freien genossen werden kann. Nebenbei
können Sie kostenlos das
Wasser aus zwei Quellen
kosten (eine schwefel- und
eine magnesiumhaltige).

WEINKELLEREIEN

Bricco Mollea
Via Montex 1
Tel. 0174 563364
Der bekannte Weinbauer und
Journalist Massimo Martinelli
hat sein Herz an die Langhe
Monregalesi verloren und in
den Hügeln von Vicoforte
einen Gutshof erworben, wo
er begann, einen Dolcetto
unter der lokalen Bezeichnung
herzustellen. Es sind alle
Voraussetzungen vorhanden,
dass auch sein neues
Anwesen die hohe Qualität
des Betriebs in La Morra
erreichen wird.

Podere del Monsignore
Via San Giovanni 22
Tel. 0174 563187
Die Weinbauern des Guts
von Monsignore, Nachbarn
des Barons Riccati, versuchen
die Geheimnisse des besten
Dolcetto-Produzenten der
Langhe Monregalesi zu lüften.
Gute Erfolge bei den ersten
Versuchen.

FESTE, MESSEN UND VERANSTALTUNGEN

Sagre dell'estate vicese
Eine Gemeinde, vier Pfarren
mit ein und demselben
Schutzheiligen: San Magno.
Sobald der Sommer in
Vicoforte einzieht, beginnt die
Zeit der Feste: Von Ende Juli
bis Ende August wird ein
bunter Bogen an Veranstal-
tungen gespannt, die vier
Kirchen ehren den gemeinsa-
men Schutzheiligen mit dem
klassischen Repertoire an
sportlichen Wettkämpfen,
Banketten im Freien, Tanz und
Musik.

Fiera della Natività di Maria
Am 8., 9. und 10. September.
Eine Messe mit langer
Tradition, die im Laufe der
Zeit ihren Charakter gewan-
delt und nun eine deutliche
kommerzielle Dimension
angenommen hat. In den letzten Jahren haben sich zu den
traditionellen Verkaufsständen
mit landwirtschaftlichen
Produkten und der großen
Anzahl an zur Schau gestell-
tem Vieh Hunderte von
Ausstellern aus dem gesamten Piemont hinzugesellt.
Diese Veranstaltung lockt
immer mehr Besucher und
Neugierige an.

DAS MOSCATO-GEBIET

Canelli, Calosso, Camo, Castagnole delle Lanze,
Castiglione Tinella, Coazzolo, Cossano Belbo,
Costigliole d'Asti, Mango, Neviglie, Rocchetta Belbo,
Santo Stefano Belbo, Trezzo Tinella

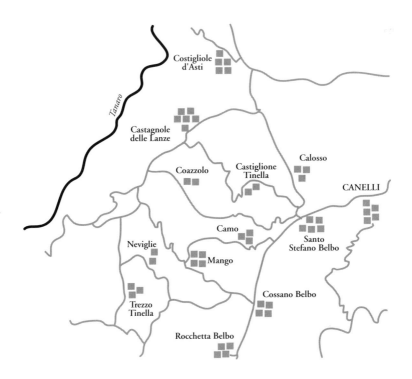

Die Hügel des Cesare Pavese

Folgt man den Spuren des Moscato, dieses aromatischen Weines, der aufgrund seiner besonderen Eigenschaften auf der ganzen Welt bekannt ist, kann man eine Reise durch eine der schönsten Weingegenden des Piemonts machen. Weinberge ziehen sich entlang dem Belbo-Tal und geben immer wieder das unvergleichliche Panorama preis. Das sind die Plätze, die auch den berühmten Schriftsteller Cesare Pavese anregten, die alten Geschichten des Landes zu entdecken und niederzuschreiben.

Der Moscato hat nicht nur die Grenzen, sondern auch die Wirtschaftsgeschichte des gesamten Gebietes bestimmt: Vergangenheit und Zukunft der Gegend sind untrennbar mit dem Weinbau verbunden. Einst «erfand» hier der Weinpionier Carlo Gancia den Asti Spumante. Heute müssen neue Produktionswege vorab abgesegnet werden.

Canelli

Der Ort erstreckt sich am Fluss Belbo entlang, eingebettet zwischen Santo Stefano, Calosso und San Marzano Oliveto. Hier befand sich einst eine Siedlung der Ligurer. Canelli erlangte bereits in der Römerzeit Bedeutung, wie Schriften von Titus Livius und Strabo belegen. Auch nach den Plünderungen der Völkerwanderungszeit und der Sarazenen ab dem 10. Jahrhundert kam der Ort immer wieder auf die Beine. Zahlreiche Urkunden belegen den blühenden Handel während des Mittelalters.

Die Position entlang einem Hauptverkehrsweg, der sich bis zur ligurischen Küste zieht, hat Canelli schon seit jeher zu einem idealen Handelsplatz, aber auch zu einem Schauplatz vieler Schlachten um den Besitz der Stadt werden lassen. Die Lage Canellis in einem Grenzgebiet macht den Ort zu einem strategisch wichtigen Punkt. Seine Geschichte ist eng mit dem Kastell verbunden, das bereits vor der Jahrtausendwende entstand und somit häufig den Besitzer wechselte: von den Markgrafen des Monferrato bis zu den Herren von Loreto; vom Lehen der Acquosana bis zum Anschluss an das Haus Savoyen im 18. Jahrhundert.

Die geografische Lage hat die Einheimischen zu guten Handelsleuten gemacht, aber auch zu guten Weinbauern – und das ist schon seit dem Altertum so. Einige behaupten gar, dass bereits die Ligurer die ersten Weinstöcke angepflanzt hätten; andere wiederum meinen, es wären politisch Geächtete zur Römerzeit gewesen. Um die Jahrtausendwende wurde bereits im gesamten Gebiet Weinbau betrieben. Diese Tradition hielt sich während des ganzen Mittelalters, und 1616 freuen sich die Spanier, die das Kastell besetzen (und später zerstören) über den Umstand, dass «die Keller voll mit *Moscatelli* und anderen delikaten Weinen sind» (Ghilini). Ende des

Auf der Spitze des Hügels, der Canelli überragt, thront das elegante Kastell. Im Laufe der Geschichte mehrmals zerstört und wieder aufgebaut, präsentiert es sich heute im Stil des 18. Jahrhunderts. Der letzte Umbau geht auf die Familie Galleani aus Barbaresco zurück. Zu seinen Füßen liegt Villanuova, der älteste Teil der Stadt.

MOSCATO, ASTI UND LOAZZOLO

Gigi Piumatti

Moscato d'Asti, Asti und Loazzolo sind DOC-Weine, die aus der Moscato-Traube (Gelber Muskateller) gewonnen werden. Diese Sorte ist neben Barbera am stärksten im Piemont verbreitet und gilt als Symbol und Ressource des Belbo-Tals. Bebaut werden vorrangig die zum Belbo abfallenden Hügel. Die von den Römern als *apiana* bezeichnete Rebe wurde bis Mitte des 19. Jahrhunderts als Tafelobst kredenzt. Ihr Hauptmerkmal ist der süße Geschmack, der auch den Charakter dieser weltweit einzigartigen Weine ausmacht.

Das Potenzial dieser Tropfen ahnte Carlo Gancia intuitiv voraus, als er den Moscato nach der Champagnermethode kelterte. In der Folge setzten die Betriebe in Canelli – allen voran Gancia, Contratto und Riccadonna – sowie andere große piemontesische Marken (Cinzano, Martini & Rossi) auf den nunmehr im Tank vergorenen Asti Spumante, eroberten mit ihm die internationalen Märkte und begründeten den Erfolg ihres Weines. Dieser setzte sich bis in den Boom der 70er-Jahre fort, als wachsende Nachfrage – vor allem von Seiten des deutschen Marktes – die Traubenpreise in die Höhe schnellen ließ. Nun wurden die Anbauflächen im Haupterzeugungsgebiet, das sich auf die Berge um Canelli und Santo Stefano konzentriert, mitunter recht wahllos erweitert und auf ungeeignete Böden – beispielsweise jene an den Ufern des Belbo – ausgedehnt. Viele Erzeuger achteten bald nicht mehr auf Qualität, sondern nur noch auf Ertrag.

Eine Trendumkehr wäre bereits mit dem 1993 eingeführten DOCG-Prädikat möglich gewesen, aber da hatte die Nachfrage nach Qualitätsprodukten diesen ausschließlich auf Menge setzenden Markt bereits unterminiert; die Preise stürzten praktisch in den Keller. Mitte der 90er-Jahre wechselten zwei alteingesessene Asti-Kellereien ihre Besitzer: Sie wurden großen Multis einverleibt, die für regionaltypische Eigenheiten wenig übrig haben. Mit 70 Millionen verkauften Flaschen pro Jahr hält der Asti nach wie vor einen imposanten Marktanteil, zeigt aber Ermüdungserscheinungen. Nur mit einem definierten, hochwertigen Produkt kann man diese überwinden; die ersten Initiativen sind im Gang.

Moscato muss nicht immer Spumante sein. Seit Anfang der 90er-Jahre erlebt der weniger perlende Moscato d'Asti ein Revival, was einem Dutzend engagierter kleiner Winzerbetriebe zu verdanken ist, die durch die Aufwertung der besten Lagen – von Moncucco über Valdivilla nach Sant'Antonio – wieder sehr interessante Produkte hervorbringen.

Eine Spezialität der Gegend wird in Loazzolo hergestellt, wo man den lokalen Traditionen und den Ratschlägen des renommierten Weinbautechnikers Giancarlo Scaglione (er produziert übrigens auch selbst) folgend einen körperreichen, vornehmen Wein aus getrockneten Moscato-Trauben keltert. Dieses Verfahren bringt ausgezeichnete Ergebnisse, denen der kleine Ort bei Asti seinen gebührlichen Bekanntheitsgrad verdankt.

---

18. Jahrhunderts werden unter der französischen Besetzung die Zollbeschränkungen abgeschafft. Von da an beginnt sich das kaufmännische Denken der Bewohner von Canelli auch auf den Weinbau auszudehnen. Der Weinhandel sollte die Wirtschaft des Ortes entscheidend prägen. Zu Beginn des 19. Jahrhunderts entstehen die ersten Güter (Narice, Luigi Bosca), und in den nachfolgenden Jahrzehnten beginnen die Weine von Canelli die ausländischen Märkte zu erobern: um 1830 die französischen, ab 1870 die südamerikanischen und ab dem 20. Jahrhundert auch die nordamerikanischen.

Das Erscheinungsbild der Stadt wird entscheidend von seiner wirtschaftlichen Hauptaktivität geprägt: Neben alten Industriegebäuden findet man ganz moderne Produktionshallen, während lange Kellerreihen den Boden durchziehen. Türschilder mit Namen wie Gancia, Riccadonna, Contratto, Bosca, Filippetti weisen darauf hin, dass wir uns in der Spumante-Gegend befinden, auch wenn die goldenen Zeiten bereits vorbei und viele dieser bekannten Marken in ausländischen Händen sind.

Canelli hat aber noch mehr zu bieten. Wer die Ebene verlässt, um sich ins Zentrum von Villanuova, dem ältesten

Ortsteil, zu begeben, findet um das Kastell geschart Barockkirchen, Häuser aus dem 18. Jahrhundert und steile, mit Kopfsteinen gepflasterte Gassen. Von der beeindruckenden Piazzale San Tommaso (die gleichnamige Kirche stammt aus dem 18. Jahrhundert) folgt man der alten Stadtmauer, der *sternìa*, die sich in engen Windungen zwischen Steinhäusern und kleinen, steil abfallenden Gärten bis zur Piazzale San Leonardo schlängelt, wo die Kirche San Rocco steht. Diese stammt aus dem 18. Jahrhundert und ist ein interessantes Beispiel für den ländlichen Barockstil. Nach der Piazzale, auf der Spitze des Hügels, findet man das elegante Schloss, das mehrmals zerstört wurde und sich heute im Stil des 18. Jahrhunderts präsentiert. Das ist den Galleani aus Barbaresco zu verdanken, heute gehört das Gebäude den Gancia. Für Liebhaber der Malerei empfiehlt sich ein Besuch der Kirchen San Tommaso und San Leonardo, wo man Gemälde von Giancarlo Aliberti, einem berühmten Sohn der Stadt (1670 hier geboren), bewundern kann. Seine Werke sind im ganzen Monferrato zu finden.

Verlässt man das Zentrum, bietet sich ein beschaulicher Spaziergang durch die Ortsteile Sant'Antonio und Santa Libera an, der durch die Moscato-Weinberge führt. Man folgt der Straße Richtung Calosso. Überquert man die Brücke über den Belbo in Richtung Acqui, gelangt man nach Cassinasco, einem Ort, der von einem mittelalterlichen Turm dominiert wird, und von hier nach Caffi: Wir befinden uns in einer typischen Landschaft der Langa mit steilen, dicht bewachsenen und bebauten Abhängen. Das ist etwas für den geübten Spaziergänger.

Anreise

Von Asti auf der *statale* 456 und von den Langhe auf der 592 über Cossano und Santo Stefano Belbo.

CANELLI
Einwohner: 10 303
Höhe: 157 Meter

ÜBERNACHTEN

Grappolo d'oro
Viale Risorgimento 59
Tel. 0141 823812
Drei Sterne, 16 Zimmer mit TV und Telefon. Restaurant, Parkplatz.
Preise: Einzelzimmer L. 75 000, Doppelzimmer L. 125 000
Ein historisches Hotel in Canelli, in dem die Gäste dem Ambiente entsprechend empfangen werden, mit gutem Restaurant nach lokaler Tradition (Montag Ruhetag).

Hotel Asti
Viale Risorgimento 174
Tel. 0141 824220
Drei Sterne, 22 Zimmer mit Bad, TV, Telefon, Minibar.
Parkplatz.
Preise: Einzelzimmer L. 100 000, Doppelzimmer L. 150 000
Das Hotel liegt ein wenig abseits und bietet eine ruhige, intime Atmosphäre. Die Zimmer sind komfortabel ausgestattet.

ESSEN

Piccolo Sanremo dal Baròn
Via Alba 179
Tel. 0141 823944
Sonntagabend und Montag geschlossen
Betriebsferien: August
Plätze: 80
Preise: L. 35 000–45 000 ohne Wein
Kreditkarten: die gängigsten
Zu Mittag eine gute Trattoria, am Abend wird eine große Speisekarte mit herrlich zubereiteten Spezialitäten der typischen Küche von Asti geboten. Klassische Antipasti (Gemüseaufläufe, eingelegtes Paprikagemüse, *vitello tonnato*) und *primi* (tajarìn, Ravioli, Gnocchi, Gemüsesuppe) und vor allem wunderbare Fleischgerichte (probieren Sie *scaramella al forno*, ein spezielles Rindfleischstück aus dem Ofen). Gute Auswahl an piemontesischen Etiketten zu mäßigen Preisen.

San Marco
Via Alba 136
Tel. 0141 823544
Dienstagabend und Mittwoch Ruhetag
Betriebsferien: 3 Wochen im Zeitraum Juli–August, eine Woche im Januar
Plätze: 55
Preise: L. 65 000–85 000 ohne Wein
Kreditkarten: alle

Das von Mariuccia und Pier Carlo Ferrero geführte Lokal ist seit Jahren in Asti und im ganzen Piemont ein bekannter Feinschmeckertempel. Die Qualität der Zutaten, tadelloser Service und die elegante Präsentation der Gerichte, daraus setzt sich das Erfolgsrezept des San Marco zusammen. Diese Speisen sollten Sie keinesfalls versäumen: Gnocchi mit Castelmagno, *finanziera, fonduta*, Ziegenkitz mit Thymian, im Ofen geschmortes, heimisches Kaninchen mit Kartoffeln, weiches *torroncino*. Reiche Auswahl an piemontesischen Käsesorten, umfangreiche, gut gegliederte Weinkarte. Mittagstisch um L. 35 000.

EINKAUFEN

SÜSSIGKEITEN
Pasticceria Bosca
Piazza Amedeo d'Aosta 3
Zu den Spezialitäten des Bosca zählen *pan 'd Canej* (eine hauseigene Version der Haselnusstorte), *nisulin, bon ben bon* (*torroncino* aus weißer Schokolade und Haselnüssen), Eis, Halbgefrorenes, Sorbets und verschiedenste Schokoladespezialitäten.

Pasticceria Giovine & Giovine
Piazza Carlo Gancia 11
Hier finden Sie nicht nur die Klassiker der Konditorei- und Schokoladeerzeugnisse des Piemonts, sondern auch Eigenkreationen wie Panettone mit Torrone, Eis, Marrons glacés. Die Schokoladeprodukte sollten Sie unbedingt kosten.

GRAPPA
Bocchino C. & C.
Via G.B. Giuliani 88
Tel. 0141 8101
Bocchino ist einer der großen Namen des italienischen Grappa und stützt sich auf eine umfassende und abwechslungsreiche Produktpalette. Speziell zu empfehlen ist die Selektion Riserva della Cantina Privata, ein Grappa, der sehr lange in Eichenfässern reift. Spektakulär sind die Kellereien, wo die Destillate in großen Holzfässern gelagert sind und ein Betriebsmuseum eingerichtet ist.

BROT
Giuseppe Corino
Via Roma 75
Ein Bäcker nach alter Art, der sein Brot und die Grissini noch im Holzofen bäckt.

WURST, KÄSE UND FLEISCHWAREN
Macelleria Berruti
Piazza Amedeo d'Aosta 5
In dieser Fleischerei bekommen Sie die besten Stücke Kalbfleisch aus lokalen Zuchtbetrieben, die nach traditionellen Methoden arbeiten.

Polleria Marisa
Via Alfieri 16
Geflügel, Perlhühner, Kaninchen, Freilandhühner, in der Saison Ziegenkitz und manchmal weiße Trüffeln.

TRÜFFELN, PILZE, GEMÜSE, OBST
Luca e Franca
Via XX Settembre 8
Pilze, Trüffeln, Obst und Gemüse bester Qualität, darunter *cardo gobbo*, eine spezielle Artischockenart, die in *bagna caoda* eingetunkt wird. Interessant ist auch die Weinauswahl.

WEIN
Enoteca Regionale di Canelli e delle Terre d'oro
Corso Libertà 61
In diesem Kellergewölbe mit seinen Ziegelwänden werden Weine der Gegend ausgestellt und verkauft. Spezielles Augenmerk wird dem Moscato und dem Asti Spumante geschenkt.

SCHMUCK
Zavarte
Piazza Cavour 17
Franco Zavattaro lässt seine Leidenschaft für Wein mit der Kunst der Edelsteinbearbeitung verschmelzen. In seinem Geschäft, das uns mit einem originellen Auslagen-Portal aus Buntglas mit Darstellungen aus den Hügeln des Moscato-Gebiets empfängt, gestaltet er atemberaubend schöne Schmuckstücke, die oft im Wein inspirierende Motive finden.

WEINKELLEREIEN

Vittorio Bera
Regione Serra Masio 21
Tel. 0141 831157
Ein frischer, wohlduftender und leicht trinkbarer Moscato d'Asti mit herrlichem Bukett ist das Meisterstück dieses Betriebs, neben dem aber auch der einzigartige Surirèt bestehen kann, ebenfalls ein Moscato, jedoch aus überreifen Trauben.

Giuseppe Contratto
Via G.B. Giuliani 56
Tel. 0141 823349
Nach der Übernahme durch die Familie Bocchino hat diese historische Kellerei einen deutlichen Aufschwung erlebt, und auch die Produktpalette wurde eindrucksvoll erweitert. Aus den schönen, in die Hügel gegrabenen Kellern (zu besichtigen) gehen der Barbera Solus Ad, der Chardonnay La Sabauda und der Barolo Cerequio Tenuta Secolo hervor, darüber hinaus natürlich die exzellenten Schaumweine: der Asti De Miranda, nach der klassischen Methode hergestellt, und

die Brut-Serie, angeführt
vom Riserva Giuseppe
Contratto.

Luigi Coppo e figli
Via Alba 66
Tel. 0141 823146
Ein großer Name unter
den Weinbauern der
Region Asti. Ausgezeichnete
Schaumweine nach der
klassischen Methode (an
der Spitze der Riserva
Coppo), zwei herrliche
Barbera-Weine (Pomo-
rosso und Camp du Rouss),
der einzigartige Freisa
Mondac-cione und der
beachtliche Chardonnay
Monteriolo.

Gancia
Corso Libertà 66
Tel. 0141 8301
Für Canelli und die
Schaumweine, die dieser
Stadt zu Ruhm verholfen
haben, ist Gancia ein essenzi-
eller Teil der Geschichte. Ein
Betrieb mit großen Produk-
tionsmengen bei einer umfas-
senden und sehr abwechs-
lungsreichen Produktpalette.

L'armangia
Regione San Giovanni 14 c
Tel. 0141 824947

Ignazio Giovine baut in seinen
vier Hektar Weingärten
Chardonnay- und Sauvignon-
Trauben, den klassischen
Moscato und einen guten
Barbera an.

Cascina Barisel
Regione San Giovanni 2
Tel. 0141 824849
In diesem kleinen Betrieb
werden der Barbera d'Asti La
Cappelletta, der Moscato
d'Asti Barisel und der
Weißwein Foravia aus
Favorita-Trauben erzeugt.

Scagliola
Regione Santa Libera 20
Tel. 0141 831146
Alle Klassiker der Gegend,
vom Moscato bis zum
Barbera. Hervorragend die
Selektion von Barbera Vigna
dei Mandorli.

Villa Giada
Regione Ceirole 4
Tel. 0141 831100
Drei Gutshöfe im Gebiet von
Asti und somit ein breit
gestreutes Repertoire, das
vom Barbera bis zum Freisa,
vom Cortese bis zum
Moscato reicht und im einzigartigen Gamba di Pernice
di Calosso gipfelt.

FESTE, MESSEN UND VERANSTALTUNGEN

Assedio di Canelli
Am vorletzten Sonntag im
Juni wird an die Besetzung
der Stadt im Jahre 1613 erinnert: ein fehlgeschlagener
Versuch, da die Bewohner
von Canelli über gute Vorräte
an Wein und Lebensmitteln
verfügten und so den Truppen
der Gonzaga widerstehen
konnten. Das Volksfest mit
den Schwerpunkten Wein
und Gastronomie beginnt
bereits am Samstag, wobei die
Bevölkerung in historische
Kostüme schlüpft, alte
Tavernen und Kriegsgeräte
werden nachgebaut und die
historischen Ereignisse in
einem Schauspiel dargestellt.

Fiera delle nocciole
Am letzten Dienstag im
August. Verkaufsausstellung von
kulinarischen Spezialitäten und
Weinen aus Canelli, Verkostung
von Süßspeisen – vor allem
Haselnüssen, wobei diese
gleich zum heimischen Wein,
dem Moscato, überleiten.

**L'antica Fiera di San Martino e
La Fiera regionale del tartufo**
In der zweiten Woche im
November. Am Dienstag und
am Sonntag feiert Canelli
zwei Feste nach altem Schlag,
wobei lokale Spezialitäten zur
Schau gestellt und verkauft
werden.

Calosso

»Calosso ist auf der Spitze eines großen Hügels erbaut, gut gelegen und lieblich anzusehen; umgeben von herrlichen Weinbergen, die hervorragende Weißweine aus Moscato-Trauben und fast ebenso viele Spatzen hervorbringen.« So beschreibt der Historiker De Canis im 19. Jahrhundert die Stadt und ihren florierenden Weinbau.

Heute liegt dieser Ort, den man erreicht, wenn man Richtung Boglietto die *statale* von Costigliole nach Santo Stefano Belbo links liegen lässt, genau im Herzen des Moscato-Landes. Der Produktion dieses Weines verdankt die lokale Landwirtschaft ihren Aufschwung, sodass die Krise der 50er- und 60er-Jahre dieses Gebiet nicht so hart wie andere Gegenden traf. Die Kontinuität der landwirtschaftlichen Entwicklung zeigt sich anhand einer der ältesten Winzergenossenschaften im ganzen Piemont, die

1904 gegründet wurde. Der Unternehmergeist einiger Produzenten – mittlerweile wird die Monokultur der Moscato-Trauben immer mehr zu einem Handicap – hat zu einer außergewöhnlichen Erscheinung im Weinbau geführt: zur Gamba di Pernice. Diese Traube, die früher getrocknet und im Winter verzehrt wurde, liefert einen Wein von intensiver roter Farbe, der trocken schmeckt und ein frisches, leicht bitteres Aroma aufweist.

Von der wechselvollen Geschichte Calossos zeugt das Kastell, um das sich die Häuser scharen: Das heute in Privatbesitz befindliche Gebäude wurde häufig beschädigt und wieder instand gesetzt und präsentiert sich nunmehr im Stil des 18. Jahrhunderts.

Anreise
Auf der *provinciale*, die von Alba nach Alessandria führt.

CALOSSO
Einwohner: 1261
Höhe: 399 Meter

ESSEN

La Crota 'd Calos
Via Cairoli 7
Tel. 0141 853232
Mittwoch Ruhetag
Betriebsferien: ein Monat im Zeitraum Januar–Februar
Plätze: 60 + 80 im Freien
Preis: L. 40 000–50 000 ohne Wein
Kreditkarten: alle
Den schönen Rahmen für diese Osteria bildet die Bottega dei Vini der Weinbauern von Calosso, ein Ort, an dem Sie ein Fläschchen guten Weins zu einem kleinen Imbiss trinken (Wurst, Käse, Sardellen in Kräutersauce) oder eine gute Mahlzeit *alla piemontese* genießen können.

WEINKELLEREIEN

Scagliola
Regione San Siro 42
Tel. 0141 853183
Ganz ohne Zweifel ist dies der Spitzenreiter unter den Betrieben Calossos. Die Produkte zeichnen sich alle durch hohe Qualität aus – der Moscato d'Asti Volo di farfalle, der Chardonnay Casot dan Vian und der Barbera d'Asti Sansì, zu stets korrekten Preisen.

Tenuta dei fiori
Via Val Calosso 3
Tel. 0141 826938
Aus der Weinkellerei von Walter Bosticardo gehen ganz exzellente Flaschen Barbera (mit dem Cru Vigna del tulipano nero) und Moscato (Rairì), aber auch ausgefallene Kreationen wie der Gamba di Pernice oder der Pensiero, ein

Moscato nach klassischer Methode, und der herrliche Cabernet Sauvignon hervor.

Domanda
Via Fea Rocca 5
Tel. 0141 853342
Eine Kostprobe wert ist der gute Moscato d'Asti Casera, ein Wein mit angenehm traditioneller Note.

FESTE, MESSEN UND VERANSTALTUNGEN

Carnevale vecchio
Am ersten Sonntag in der Fastenzeit. Nachmittags die Kostümparade, abends das große Polentaessen.

Camo

Ungefähr auf halbem Weg zwischen Alba und Canelli, den Fluss Belbo überragend, liegt dieser Ort, dessen eigene Geschichte so schlecht dokumentiert ist, dass sie kurzerhand mit jener von Alba gleichgesetzt wird. Camo wurde der Herrschaft der Markgrafen von Busca, seit dem 12. Jahrhundert wichtige Feudalherren in dieser Region, entrissen. Die jüngste Geschichte reiht Camo unter die kleinsten, aber wohlhabendsten der 52 Gemeinden, die ihren Beitrag zur DOC Moscato leisten.

Die Piazza ist gleichsam eine Terrasse mit herrlichem Panorama, wo man von der Spitze der Hügel über das Belbo-Tal blickt. Camo lädt seine Besucher zu beschaulichen Spaziergängen ein. Ausgangspunkt dafür ist die kleine Piazza vor Kirche und Rathaus, ein sehr stiller und stimmungsvoller Winkel, in dessen Nähe sich auch ein Denkmal für die Gefallenen und Vermissten der beiden Weltkriege befindet.

Anreise

Man erreicht den Ort vom Belbo-Tal, ungefähr auf halbem Weg zwischen Santo Stefano und Cossano. An dieser Straße liegt zur Rechten Camo. Man gelangt auch von Alba hierher, wenn man über Neive und Mango in die Langa des Moscato fährt. Sobald man nach Mango kommt, muss man links Richtung Castiglione Tinella abbiegen; nach rund drei Kilometern auf dieser kurven- und felsenreichen Straße sieht man rechts die Abzweigung nach Camo.

CAMO
Einwohner: 240
Höhe: 471 Meter

FESTE, MESSEN UND
VERANSTALTUNGEN

In der ersten Woche im August wird das Fest des Schutzpatrons begangen. Am Samstag wird gegrillt, am Sonntagabend werden musikalische Darbietungen und Theateraufführungen gezeigt, montags gibt es Verkostungen von Käsen und Wurstwaren. Dienstags finden zum Abschluss Kartenspielturniere statt.

Castagnole delle Lanze

Wo die Täler von Tanaro und Tinella zusammentreffen, dort liegt Castagnole delle Lanze: eine glückliche Lage, sowohl was den Handel als auch die kulturelle Vielfalt betrifft. Der Großteil der Hügel ist mit Wein bewachsen: Barbera, Dolcetto und Moscato. Der Name «Lancia», von dem sich Lanze ableitet, taucht bereits in mittelalterlichen Karten auf; tatsächlich scheint sich die Gemeinde im 11. Jahrhundert unter der Herrschaft von Manfredo I. della Lancia, dem ehemaligen Lanzenträger des deutschen Kaisers, befunden zu haben. Dieser «verkam» später zu einem Markgrafen dieses Gebiets, wenn man der etwas bissigen Darstellung in den Historien Glauben schenken kann.

Das Schicksal von Lancia, dem Vater der wunderschönen Bianca, die später Friedrich II. von Hohenstaufen heiraten sollte, ähnelte dem vieler Vasallen, die sich im Tanaro-Tal niedergelassen hatten, einem Gebiet, das von den Markgrafen des Monferrato sowie von Alba und Asti umkämpft und während der Kriege um die Herrschaft über das Monferrato Schauplatz zahlreicher Schlachten und Plünderungen geworden war. Zu Beginn des 18. Jahrhunderts gelangte Castagnole unter die Herrschaft der Savoyer. Im 19. Jahrhundert gewann es als Verbindungsknoten zwischen dem Tanaro-Tal und den Langhe an Größe und Bedeutung (1870 wurde die Bahnstation eröffnet). Zu Beginn des 20. Jahrhunderts erreichte der Ausbau seinen Höhepunkt: In den 30er-Jahren ist Castagnole eine bekannte Sommerfrische mit zwei Kinosälen, Lokalen, Musikkapellen, Kirchweihfesten sowie bekannten und gut besuchten Märkten.

Leider kann auch dieser Ort nicht dem Schicksal entkommen, welches das gesamte Piemont ab den 50er-Jahren heimsucht: eine Krise des Weinbaus, Stadtflucht, Einwanderung aus dem Süden. In Castagnole setzt einerseits ein bescheidener Industrialisierungsprozess ein, auf der anderen Seite erlebt der Weinbau dank des Moscato-Booms einen bedeutenden Aufschwung. Im *Borgo Nuovo* explodiert die Bautätigkeit, während in der Altstadt, die von einem Turm aus dem 19. Jahrhundert und von der Pfarrkirche San Pietro in Vincoli dominiert wird, alte Laubengänge und Bürgerhäuser glücklicherweise erhalten bleiben.

Anreise

Von der *statale* Asti-Alba zweigt die Straße nach Castagnole ab. Man gelangt ebenso auf der Landstraße von Neive oder von Canelli über Boglietto di Costigliole in den Ort, der auch mit der Bahn erreichbar ist.

CASTAGNOLE DELLE LANZE
Einwohner: 3589
Höhe: 271 Meter

EINKAUFEN

WURSTWAREN
La Bottega del Paese
Piazza Marconi 6
Ein klassisches Geschäft in der Altstadt, das neben Gemüse und Lebensmitteln herrliche Wurstwaren, vor allem gekochten Schinken, verkauft.

WEINKELLEREIEN

La Spinetta
Via Annunziata 17
Tel. 0141 877396

Einer der führenden piemontesischen Weinproduzenten. Die Familie Rivetti, die mit ihrem Moscato d'Asti ins Rampenlicht trat, erweiterte im Laufe der Jahre ihren Besitz an Weingärten (im Monferrato und den Langhe) und kann heute stolz auf eine sehr weite und abwechslungsreiche Palette von Weinen bester Qualität verweisen: Monferrato Pin, Barbera d'Alba Vigneto Gallina und die Barbaresco-Weine.

FESTE, MESSEN UND VERANSTALTUNGEN

Festa dell'imbottigliamento
Am letzten Sonntag im April. Präsentation der neuen

Weine und Verleihung des «Lanzevino» an Personen, die sich um Reben und Wein verdient gemacht haben.

Festa di San Bartolomeo
In der letzten Woche im August. Seit vielen Jahren geben sich nationale Stars auf den Plätzen von Castagnole ein Stelldichein. Zu diesen Konzerten strömen riesige Besuchermengen. Klangvolle Namen wie Lucio Dalla, Francesco De Gregori und Ivano Fossati stehen auf der Gästeliste. Am Montag wird das Haselnussfest gefeiert.

Castiglione Tinella

Ein kleiner Ort am Rande der Provinz Cuneo, der von einer großen Kirche dominiert wird. Sie ragt von der Piazza Principale auf, wo einst auch das mittelalterliche Kastell thronte. In dem an ländlichen Kapellen reichen Castiglione gibt es im Ortsteil von Balbi auch eine Wallfahrtskirche, die der Madonna del Buon Consiglio geweiht ist. Hier stand bereits vor 1470 ein Pfahl, an dem der Pilger Olivero Ghiga ein in Genazzano gemaltes Bild anbrachte und so einen Marienkult einleitete. Mündliche Überlieferungen berichten von einer Frau, die von Geburt an blind war und 1475 geheilt wurde, als sie vor dem Pfahl betete. Das bringt auch heute noch viele Gläubige hierher.

Castiglione Tinella lag 500 Jahre lang in einem Grenzgebiet; seine Ausdehnung hat sich übrigens bis heute kaum verändert. Immer wieder war dieser Ort heiß umkämpft. Heute ist Castiglione vor allem für den Moscato bekannt und für seine im Ratssaal eingerichtete Pinakothek, die zehn Werke von Fogliati Morra, einem Meister der Marienkunst, umfasst. Von der Altstadt ist heute nicht mehr viel zu sehen. Wenden Sie sich daher eher der umliegenden Landschaft zu, den Ortsteilen San Martino, San Bovo, San Giorgio, San Carlo, Manzotti, Madonna. Die lange geschichtliche Tradition des Ortes kann man in dem Werk über die *Statuti e ordinamenti delli huomeni de Castiglione de Tinella* nachlesen.

Anreise

Der gleich neben Castagnole Lanze und Santo Stefano Belbo gelegene Ort ist von Hügelkämmen durchzogen, die zu den Flüssen Tinella und Belbo hin abfallen. Die Verbindung mit Mango macht Castiglione zu einem Dorf der Alta Langa Montana. Die nächstgelegene Stadt ist Asti.

CASTIGLIONE TINELLA
Einwohner: 888
Höhe: 408 Meter

ESSEN

Campagna verde
Strada provinciale Balbi 22
Tel. 0141 855108
Donnerstag Ruhetag
Betriebsferien: 15 Tage im August
Plätze: 50 + Festsaal
Preise: L. 40000–65000 ohne Wein
Kreditkarten: die gängigsten
Ein gutes Restaurant mit einem komfortablen Interieur, dessen Küche den traditionellen Gepflogenheiten und den Jahreszeiten folgt, diesen aber durch eigene Kreationen Glanzlichter aufsetzt. Probieren Sie die hausgemachten Würste, *carne cruda*, *tajarìn*, Schmorbraten und *bonet*. Die Spezialität des Hauses ist das *fritto misto*, das hier in einer besonders schmackhaften Ausführung geboten wird (nur nach Vorbestellung).

Osteria Verderame
Via Sant'Andrea 1
Tel. 0141 855914
Dienstag und Mittwochmittag geschlossen
Betriebsferien: unterschiedlich
Plätze: 40
Preise: L. 40000–50000 ohne Wein
Kreditkarten: die gängigsten
Dieses einstige Gasthaus in einem alten Gebäude wurde sehr geschmackvoll in zeitgenössischem Stil eingerichtet und präsentiert sich heute als schöne, moderne Osteria mit gepflegter Küche nach piemontesischer Tradition, aufgelockert durch eigene Kreationen und eine gute Weinkarte. Unter den Speisen finden Sie *vitello tonnato*, Geflügelterrine, *agnolotti dal plin*, Bohnensuppe mit Teigwaren, Wildschweinragout, geschmorten Ochsenschwanz, Lammkoteletts, in Wein gekochte Birnen und Apfelkuchen aus Blätterteig.

WEINKELLEREIEN

Icardi
Località San Lazzaro
Via Balbi 30
Tel. 0141 855159
Die Produktion dieses Betriebes aus der Frucht von verschiedenen Weingütern und traditionellen wie auch nicht-

heimischen Rebsorten umfasst ein großes Spektrum. Zu den Spitzenprodukten zählen der Barbera d'Asti Surì di Mu, der Langhe Rosso Pafoj, der Langhe Rosso Nej, der Chardonnay Surìssara und natürlich der Moscato d'Asti.

La Caudrina
Strada Caudrina 20
Tel. 0141 855126
Romano Dogliotti war maßgeblich an der Renaissance des Moscato naturale d'Asti beteiligt. Die Crus La Galeisa und La Caudrina liegen seit Jahren im Spitzenfeld dieser Kategorie. Ausgezeichnet ist auch der Asti Spumante La Selvatica und von guter Qualität der Barbera d'Asti.

La Morandina
Via Morandini 11
Tel. 0141 855261
Der Moscato von Giulio Morando zählt konstant zu den absolut besten seiner Art. Aber aus dieser Kellerei gehen auch ein Chardonnay und zwei solide Barbera-Weine aus Weingärten der Gegend von Asti hervor: Varmat und Zucchetto.

Elio Perrone
Strada San Martino 3
Tel. 0141 855803
Dieser reine Familienbetrieb stellt Moscato d'Asti Sourgal und Moscato Clarté, den im Fass ausgebauten Barbera d'Asti Grivò und Chardonnay Char-de S her.

Paolo Saracco
Via Circonvallazione 6
Tel. 0141 855113
Ein weiterer historischer Name auf dem Gebiet des Moscato d'Asti. Probieren Sie beide Versionen, die «normale» und jene mit der Bezeichnung d'autunno (herbstlich), die aus leicht überreifen Trauben gekeltert wird. Aber der Betrieb hat noch mehr Interessantes zu bieten: die Chardonnay-Weine Prasué und Bianch del Luv sowie den Langhe Bianco Graffagno.

Giovanni Soria
Regione San Martino 40
Tel. 0141 855158
Moscato d'Asti naturale, Dolcetto, Barbera und Cortese, alle in beachtlicher Qualität für einen kleinen Familienbetrieb.

Feste, Messen und Veranstaltungen

Polenta e contessa
In den ersten beiden Märzwochen. Eine Veranstaltung mit historischer Komponente, zum Gedenken an die Gräfin von Castiglione. Den Teilnehmern werden Polenta, Würste und lokale Weine aufgetischt.

Un palco tra le vigne
Im Zeitraum von Juni und Juli werden die Plätze und das Umland von Castiglione mit Konzerten klassischer Musik, Jazz-Sessions und Theateraufführungen belebt.

Festa al santuario
Eine religiöse, volkstümliche Veranstaltung, am Fuße des Santuario del Buon Consiglio. Jedes Jahr im September gibt es eine bunte Reihe von Theatervorstellungen im Dialekt und Verkostungen typischer Produkte.

L'autore in collina
Im Zeitraum von Dezember bis Februar gibt es jährlich wechselnde Veranstaltungen: kulturelle Abende, bei denen es um Wein und Bücher geht, Treffen mit Schriftstellern und Konzerte.

Coazzolo

Auf dem Ausläufer eines Hügels, wenige Kilometer von Castagnole Lanze und Neive, finden wir dieses kleine Dorf, dessen Häuser sich um ein Kastell scharen. Der lateinische Name, *Covatiolum*, lässt auf mittelalterlichen Ursprung schließen. Aber das oftmals umgebaute und nun in Privatbesitz befindliche Kastell ist von der Architektur und Einrichtung her nicht gut erhalten. Die Pfarrkirche San Siro wurde Ende des 17. Jahrhunderts errichtet und 1880 erweitert.

Anreise

Von der Straße, die Neive mit Castagnole Lanze verbindet, führt eine Abzweigung nach Coazzolo.

COAZZOLO

Einwohner: 310
Höhe: 281 Meter

ESSEN

Da Linet
Via Neive 1
Tel. 0141 870161 · 870212
Dienstag Ruhetag
Betriebsferien: 15 Tage im August

Plätze: 85 + 30 im Freien
Preise: L. 50 000 ohne Wein
Kreditkarten: die gängigsten
Eine Trattoria des alten Schlags, mit einer für alle Gäste gleichen Speisefolge, die einem Streifzug durch die lokalen Spezialitäten gleichkommt: vom *carne cruda* bis zum *vitello tonnato*, von den *tajarìn* zu den *agnolotti dal plin* und dem *bonet*. Besonders hervorzuheben sind das süß-saure Kaninchen und *fritto misto* (nach Vorbestellung). Die Weinauswahl ist leider limitiert.

FESTE, MESSEN UND VERANSTALTUNGEN

Das Fest des Schutzpatrons findet in der letzten Juliwoche statt. Alle klassischen Komponenten eines Dorffestes sind vertreten: Tanzboden, Festmahl unter freiem Himmel und

Cossano Belbo

Für Kunstliebhaber und diejenigen, die sich gerne in frühere Zeiten versetzen lassen, empfiehlt sich der Aufstieg zum Santuario della Rovere, einem äußerst malerischen Plätzchen, sowie der Besuch der Pfarrkirche San Giovanni Battista, in der vier Werke des Malers Richetti aus Piacenza ausgestellt sind. Auch das Bildnis Cossano Vecchias, das die Außenmauern eines Gebäudes neben den Schulen schmückt, lädt zum Verweilen ein.

Weiter gibt es unterschiedliche Spuren aus der Römerzeit: eine Stele im Ortsteil Casareggio, Überreste antiker Nekropolen in Castello, alte Pflasterungen im ganzen Ortsgebiet. Historisch am häufigsten erwähnt wird jedoch der 4. März 1274, als sich bei Cossano die Truppen von Asti und die Soldaten des Karl von Anjou gegenüberstanden. Laut Überlieferung wurden Erstere besiegt und mussten hundert Tote sowie achthundert Gefangene zurücklassen.

Die Piazza des Ortes erinnert hingegen an Pinìn Balbo, einen verdienten Widerstandskämpfer. Unter den bekannten Persönlichkeiten des Ortes befinden sich Francesco Bo, «Chichinìn», ein Bohemien und Künstler wie Ligabue, der nicht allzu viel Glück, nicht einmal posthumer Art hatte, sowie Pater Simeone Borello, der 1775 im Ortsteil San Pietro geboren wurde und in Recanati verehrt wird. Nicht zu vergessen Giovanni Cerruti, Gründer der Winzergenossenschaft des Ortes, Gewerkschafter und Führer der Bauernpartei, die sich nach dem Zweiten Weltkrieg im Belbo-Tal eines großen Zustroms erfreute.

Anreise

Cossano liegt sechs Kilometer von Santo Stefano Belbo entfernt und zur Rechten des gleichnamigen Flusses Richtung Campetto, am Kreuzungspunkt der Straße nach Manera-Benevello mit jener nach Castino, Cortemilia und in die Dörfer der Alta Langa. Leicht zu erreichen auf der *autostrada* Turin-Savona, wenn man bei der Mautstelle Montezemolo abfährt.

COSSANO BELBO
Einwohner: 1150
Höhe: 244 Meter

ESSEN

Trattoria della Posta da Camulin
Via Negro 3
Tel. 0141 88126
Sonntagabend und Montag geschlossen
Betriebsferien: ein Monat im Zeitraum Juli–August und vom 24. Dezember bis zum 5. Januar
Plätze: 85
Preise: L.50000 ohne Wein
Kreditkarten: alle

Die alte Einrichtung wurde belassen und vermittelt dem Gast das Gefühl, hier authentische piemontesische Küche wie zu Großmutters Zeiten genießen zu können. Modern sind jedenfalls Service, Ambiente und Weinkarte. Was Sie keinesfalls versäumen sollten, sind die *tajarìn*, für die das Lokal berühmt ist, aber auch das restliche Angebot ist beachtlich: mit dem Messer geklopftes *carne cruda*, geröstetes Paprikagemüse mit Sardellen, Schweinskochwurst mit *fonduta*, *vitello tonnato*, gefülltes Gemüse, ein kleines *fritto misto* und im Ofen überbackenes Ziegenkitz.

Universo
Via Caduti 6
Tel. 0141 88167
Montag, Dienstag, Mittwoch Ruhetag
Betriebsferien: Mitte Juni bis Mitte Juli
Plätze: 60
Preise: L.40000
Kreditkarten: keine
Das klassische Dorfgasthaus, wo man im Freundes- oder Familienkreis beisammensitzen kann, aber auch an Werktagen für eine Pause zwischendurch. Die typische Küche der Alta Langa mit ihrer reichen Auswahl an Antipasti (*carne cruda*, Paprika in Thunfischsauce, Gemüse-

auflauf), den herrlichen *tajarìn* mit Fleischragout, Hühnerleber in Tomatensauce, gedünstetem Wildschwein, Schmorbraten und Kaninchen. Hausgemachtes Gebäck und eine recht gute Auswahl an Weinen.

EINKAUFEN

FLEISCH- UND WURSTWAREN
Società cooperativa Carni Valle Belbo
Via San Bovo 80
Eine Genossenschaft, die ausschließlich heimische Rinder und Schweine verarbeitet. Besonders hervorzuheben sind die Hartwurst und die gekochte Salami, die in heißem Wasser erwärmt wird.

MEHL
Molino Marino
Via Caduti 25
In der alten, noch voll funktionstüchtigen Steinmühle der Brüder Marino werden Maismehl der Sorte Ottofile, das beste Polentamehl, Weizenmehl für Brot, das im Holzofen gebacken wird, und andere exklusive Spezialitäten gemahlen. Gegen Voranmeldung kann man die Mühle besichtigen und Einkäufe tätigen.

BROT, SÜSSIGKEITEN
Panetteria Capello
Piazza Balbo 14
Angelo Capello stellt herrliche *grissini all'acqua* und Brot ohne Schweinefett, aber auch wunderbares Gebäck her. Eine Spezialität ist die *tirà*, ein süßer Fladen, den man in Moscato taucht.

WEINKELLEREIEN

Cantina Dolcetto & Moscato Terrenostre
Regione San Martino 8
Tel. 0141 88137
Neben dem Moscato und dem Dolcetto kann die Cantina Terrenostre stolz auf ihren Furmentin verweisen, einen fruchtigen und angenehm lebhaften Weißwein, den es ausschließlich in diesem Teil des Belbo-Tals gibt.

FESTE, MESSEN UND VERANSTALTUNGEN

Zahlreiche Feste religiösen Charakters: am ersten Sonntag im August bei der Wallfahrtskirche der Madonna della Rovere und im Ortsteil Scorrone bei der Chiesa della Madonna delle Grazie; am letzten Sonntag im August wird ein Fest zu Ehren von San Bovo abgehalten, und am 11. November findet, ebenfalls in diesem Ortsteil, ein großes Martinifest statt. Auch am zweiten Sonntag im Mai wird zu einem Fest gerufen: die Sagra degli «IN», ein Fest zu Ehren aller gastronomischen Produkte, deren Name auf «in» endet *(tajarìn, trifulin, furmentìn)*. Das Fest der Schutzpatronin Madonna del Carmine fällt auf den 16. Juli.

Costigliole d'Asti

Dieser Ort etwas abseits der Straße kündigt sich durch die Umrisse des imposanten Kastells an, das besonders im beleuchteten Zustand ein spektakuläres Bild bietet. Eine Allee führt ins Ortszentrum und von dort auf die Rampe, die im Park des Kastells endet. Auf der abschüssigen, nach Osten gerichteten Seite liegt der älteste Teil, La Rocca; steile Treppen, enge Gassen, Häuser mit architektonischen Elementen aus dem Mittelalter oder dem 17. Jahrhundert scharen sich um zwei ehemalige Kirchen der Batù, der zur Zeit des Barocks entstandenen religiösen Bruderschaft. Das ehemals San Gerolamo gewidmete Gotteshaus wird zu einem Veranstaltungs- und Ausstellungszentrum umgebaut. In der Sakristei der Pfarrkirche sind drei wertvolle Gemälde einen Besuch wert: *San Gerolamo* von Giuseppe Petrini, *L'Assunzione della vergine* von Giovanni Crosio und eine *Annunciazione* von Moncalvo.

Das wichtigste Monument des Ortes ist das Kastell: Die hohen Seitenwände, die vier Ecktürmchen, die durch Zinnenkränze, Erker und Freitreppen aufgelockerte Fassade und die von Filippo Juvarra entworfene Innentreppe machen das Ganze zu einer spektakulären Konstruktion, ungeachtet der zahlreichen Umbauten, die im Laufe der Zeit vorgenommen wurden. Die Geschichte des ganzen Ortes ist an diesem Schauplatz konzentriert: Erst war die Burg eine Befestigungsanlage und gehörte zur mächtigen Grafschaft von Loreto, danach wurde sie von Asti eingenommen und beschützt. Schließlich gelangte sie als Lehen in den Besitz der Familie Asinari, der es mit Hilfe komplizierter Verträge und Ehebündnisse, beispielsweise mit den Verasis, gelang, bis ins 19. Jahrhundert die Herrschaft zu halten. Danach wechselte das Kastell mehrmals den Besitzer, bis es schließlich an die Gemeinde fiel.

Der florierende Weinbau, auf dem das gesamte Wirtschaftsleben des Ortes basiert, ist unter anderem durch das Werk eines aktiven Schlossherrn zu Ende des 18. Jahrhunderts, des Markgrafen Filippo Asinari, dokumentiert, der seine ausgefüllte und angesehene Karriere als Politiker und Diplomat mit interessanten Experimenten im Weinbau vereinte: Er tauschte Informationen und Ableger mit europäischen Züchtern, verfasste Abhandlungen über Trauben und Weine, und er lieferte Barbera- und Nebbiolo-Reben nach Amerika, um die Robustheit der Pflanzen zu testen. Heute sind im Schloss eine internationale Kochschule und der Premio Grinzane Cavour (siehe Veranstaltungen in Grinzane Cavour) untergebracht, während sich in den schönen Kellern des Rathauses die Winzergenossenschaft befindet, welche die Produzenten der Region sowie den Barbera d'Asti unterstützt.

Landschaftlich und historisch interessant kann auch ein Spaziergang durch die zahlreichen Ortsteile sein: Santa Margherita, Sant'Anna, Annunziata, Burio. Hier findet man eine Burg aus dem 11. Jahrhundert, die teilweise von einem jungen Schweizer Unternehmen historisch korrekt restauriert wurde; das Gebäude wird für Theateraufführungen und Ähnliches genutzt. Es kann, vorwiegend im Sommer, besichtigt werden. Es folgen Loreto, eine alte Siedlung, die im Mittelalter mächtiger Fürstensitz war, Bastia, Boglietto und Bionzo. Auf der anderen Seite, Richtung Montegrosso, befinden sich die Ortsteile San Carlo, Madonnina und San Michele, von wo man eine hervorragende Aussicht genießt. Von Madonnina zweigt die Straße nach Agliano ab, auf der man in das höher gelegene, grüne

Brich d'Alù gelangt. Eine Legende besagt, dass dieser Weiler nach dem Sarazenen Alì benannt ist, der bei seinen Plünderungen bis hierher vorstieß. Begibt man sich hingegen ins Tal in Richtung des Flusses, kommt man nach Motta, wo Gemüsegärten und Gewächshäuser das Bild beherrschen und der berühmte *peperone quadrato* gezüchtet wird.

Anreise

Von den Langhe aus über Canelli oder rund 17 Kilometer nach Asti auf der *statale* 456 Richtung Genua.

COSTIGLIOLE D'ASTI
Einwohner: 6987
Höhe: 242 Meter

ÜBERNACHTEN

Hotel Le Campane
Frazione Boglietto
Strada Canelli 102
Tel. 0141 968650
3 Sterne, 16 Zimmer mit Bad,
TV, Telefon, Minibar.
Restaurant, Parkplatz.
Preise: Einzelzimmer
L. 130000, Doppelzimmer
L. 180000
Dieses Hotel ist im ehemaligen Gästehaus des Weingutshofes Cora an der Straße zwischen Santo Stefano und Costigliole untergebracht. Es verfügt über gemütliche Zimmer und bietet Annehmlichkeiten auf angemessenem Niveau. Ein idealer Ausgangsort für Entdeckungsfahrten in die Langhe. In den mit Stilmöbeln ausgestatteten Sälen werden Bankette ausgerichtet (Sonntagabend und Dienstag Ruhetag).

Il Cascinalenuovo
Isola d'Asti
Statale Asti-Alba 15
Tel. 0141 958166
3 Sterne, 13 Zimmer und
7 Suiten mit Bad, TV, Telefon
und Klimaanlage. Parkplatz,
Restaurant, Swimmingpool.
Preise: Einzelzimmer
L. 100000, Doppelzimmer
L. 170000
Wenige Kilometer von Costigliole entfernt liegt dieser Betrieb der Familie

Ferretto auf der Straße von Asti nach Alba. Elegantes Ambiente, zuvorkommender Service für einen Aufenthalt der gehobenen Klasse.

ESSEN

Collavini
Via Asti-Nizza 84
Tel. 0141 966440
Dienstagabend und Mittwoch geschlossen
Betriebsferien: je 2 Wochen im August und im Januar
Plätze: 40
Preise: L. 40000–50000 ohne Wein
Kreditkarten: alle
Die Küche folgt den lokalen Traditionen, setzt aber durchaus innovative Akzente; ein Familienbetrieb, der professionellen und aufmerksamen Service bietet. Gute Etiketten in der nicht übermäßig großen Weinkarte.

Da Guido
Piazza Umberto I 27
Tel. 0141 966012
Zu Mittag, Sonn- und Feiertag geschlossen
Betriebsferien: 20. Dezember bis 15. Januar und in den ersten beiden Wochen im August
Plätze: 40
Preise: L. 120000 ohne Weine
Kreditkarten: alle
Die gastronomische Linie, der gesamte Stil und die Betreuung der Gäste tragen noch die Handschrift des großen Guido, dessen Vermächtnis die Gattin Lidia und die

Söhne Piero, Ugo und Andrea fortführen. Sie erhalten den Mythos dieses Restaurants, das immer noch zu den besten Italiens gehört. Ausgehend von den erlesensten Zutaten (die in den entlegensten Winkeln des Piemonts aufgetrieben werden) entsteht eine ganze Reihe von Klassikern, vom Parmesanauflauf bis zur Paprikaroulade, von den ausgezeichneten *agnolotti* bis zu den zarten diversen Schmorbraten. Herrlich sind in der Saison die Trüffeln, stets gut bestückt ist die Käsevitrine. Im Dezember werden die besten Teile der Mastochsen aus Carrù serviert. Piero zeichnet verantwortlich für die überwältigende Weinauswahl. Auch eine Besichtigung des Weinkellers sollten Sie nicht auslassen. Sonntags und jeweils mittags bleibt das Restaurant geschlossen, eine Reservierung ist unbedingt erforderlich.

Il Cascinalenuovo
Isola d'Asti
Statale Asti-Alba 15
Tel. 0141 958166
Sonntagabend und Montag geschlossen
Betriebsferien: im Januar und 15 Tage im Juli
Plätze: 70
Preise: L. 80000–100000 ohne Wein
Kreditkarten: alle
Dieses Lokal zählt zu den empfehlenswertesten Adressen der Gegend, werden hier doch die gastronomischen Traditionen hochge-

halten und erlesene Zutaten aus der Gegend bevorzugt. Gleichzeitig werden der Phantasie und den modernen Methoden Raum zur Entfaltung geboten. So können Sie neben den Klassikern wie den *agnolotti dal plin*, den *tajarìn* oder dem Schmorbraten mit Barbaresco Gerichte genießen, die ein ausgewogenes Maß an Innovation bieten: Lachsforellentatar, Blätterteigtäschchen mit Kalbszunge und Gänseleber, geschmorter Kalbskopf in Essig und Kapern. Sehr gut und vielfältig ist die Auswahl an Desserts. Gepflegte Weine und makellose Bedienung.

La Madia
Strada Asti 40
Tel. 0141 961170
Montag Ruhetag
Betriebsferien: im Januar und 2 Wochen im August
Plätze: 30
Preise: L. 50000–60000
Kreditkarten: CartaSì, Visa
Auf der Speisekarte finden Sie die lokalen Klassiker in guter Qualität. Gastfreundliches Ambiente.

Einkaufen

Fleischwaren
Macelleria Gozzelino
Viale Bianco Corrado 22
Giulio Gozzelino ist ein Fleischer alten Schlags, bodenständig und temperamentvoll, der bei der Qualität seiner Produkte keinerlei Kompromisse eingeht.

Macelleria Grasso
Via Roma 3
Qualitätsfleisch aus kleinen Zuchtbetrieben der Umgebung.

Süssigkeiten, Brot, Grissini
Pasticceria Festini
Via Roma 35

Ein nettes Lokal für eine Ruhepause zwischendurch, mit leckeren Mehlspeisen wie den klassischen *bignole*, Torten und Eis.

Panetteria pasticceria Fratelli Careglio
Frazione Motta
Via Scotti 78
Gutes Brot in unterschiedlichen Formen und handgerollte Grissini. Unter den empfehlenswerten Mehlspeisen sind neben den lokalen Klassikern die Kastanientorte und die Haselnusstorte, die *brut e bun* und die superweichen *amaretti* ein spezieller Tipp.

Grappa
Distilleria Beccaris
Frazione Boglietto
Via Alba 5
Eine Destillerie, die ihrem guten Ruf seit vielen Jahren gerecht wird und in der Trester der umliegenden Winzer verarbeitet werden.

Wurstwaren
Asteggiano
Via Regina Margherita 15
Probieren Sie die gekochte und die rohe Salami, den Speck und den durchwachsenen Bauchspeck aus eigener Produktion.

Salumeria Borio
Frazione Annunziata
Kleine Mengen an hausgemachter Wurst, die unter den Kennern reißende Abnahme finden (ganz exzellent die gekochte Salami und die *cacciatorino*).

Wein
Cantina comunale
Via Roma 9
Die Produkte einer erklecklichen Anzahl von Winzern aus Costigliole, einer Gegend mit besonderer Eignung für den Weinbau, finden in den schönen, zu einer Enoteca umgebauten Kellerräumen des

Rathauses einen geeigneten Rahmen. Neben Wein können auch andere kulinarische Spezialitäten und typische Produkte erstanden werden. Die Palette reicht vom Grappa bis zu Süßigkeiten mit Honig. Die Weine können verkostet werden, dazu werden kleine Häppchen gereicht. Öffnungszeiten: Freitag 10–12, Samstag und Sonntag 10–12, 16–19. Unter der Woche sind gegen Voranmeldung Besuche von Gruppen möglich. Im Dezember findet in der Cantina eine Veranstaltung im Zeichen des Barbera statt, wobei die Spitzenerzeugnisse der piemontesischen Weinproduktion verkostet werden.

Kaffee, Aperitif, Imbiss
Caffè Roma
Piazza Umberto 114
Nur wenige Schritte vom Kastell entfernt liegt diese wunderbare Weinbar von Anna und Gino, längst ein Geheimtipp unter Kennern aus der ganzen Provinz, die hier auf einen Aperitif einkehren (Gino ist ein wahrer Meister bei Aperitifen auf Weinbasis), aus der ein eindrucksvollen und gut sortierten Weinkarte eine Flasche wählen und dazu einen Teller Käse (italienische, französische, englische) oder Wurstspezialitäten genießen. In der Herbst- und Winterzeit bietet sich ein *fujot di bagna caoda* mit Gemüse aus den Gärten von Motta an.

Weinkellereien

Renzo Beccaris
Strada Madonnina 8
Tel. 0141 966592
Der frische Weißwein Masoc aus Arneis-Trauben und der Barbera d'Asti Superiore San Lorenzo sind die Spitzenprodukte dieser Kellerei.

Pietro Benotto
Frazione San Carlo 52
Tel. 0141 966406
Dieser Betrieb besteht seit
1917 und rückt mit seinen
Barbera-Crus Rupestris und
Balau in den Vordergrund.
Ebenfalls erwähnenswert sind
ein Cortese und ein Mon-
ferrato ausschließlich aus
Nebbiolo-Trauben.

Bertelli
Frazione San Carlo 38
Tel. 0141 966137
Ein elegantes Château in fran-
zösischem Stil auf dem Hügel
von San Carlo, wo die Familie
Bertelli sich mit ausgezeichne-
ten Ergebnissen neben dem
Barbera auch an verschiede-
nen Weinen internationalen
Schlags versucht: vom
Cabernet Sauvignon bis zum
Traminer, vom Chardonnay
bis zum Sauvignon blanc.
Probieren Sie den Chardonnay
Giarone, den Traminer Plissé,
den Cabernet Sauvignon
Fossaretti, die Barbera-
Varianten San Antonio und
Montetusa.

Cascina Castlèt
Strada Castelletto 6
Tel. 0141 966651
Mariuccia Borio, eine Meisterin
des Weinbaus und Unter-
nehmerin, die Markt und
Qualität stets im Auge behält,
stellt verschiedene Spielarten
von Barbera d'Asti her: an
der Spitze der Superiore
Passum; weiter der Mon-
ferrato Rosso Policalpo, der
Moscato d'Asti und der Avìe,
ein Wein aus getrockneten
Trauben. Erst kürzlich hat die
Winzerin eine eher seltene
Rebsorte wiederentdeckt und
eingeführt: den Uvalino.

Cascina del Frate
Frazione Madonnina
Via Burello 3
Tel. 0141 966494
Antonio Gozzelino ist ein jun-
ger, viel versprechender Pro-

duzent, der im Speziellen
durch einen Barbera d'Asti
mit traditioneller Note hervorsticht.

Cascina Ferro
Frazione Sant'Anna
Via Nosserio 10
Tel. 0141 966737
Auch diesen Betrieb sollte
man wegen seines Barbera
d'Asti Superiore und des
Chardonnay, der letzten
Errungenschaft, im Auge
behalten.

Sergio Gozzelino
Strada Bricco Lu 7
Tel. 0141 966134
Bietet die gesamte Palette an
typischen Weinen der
Gegend um Costiglione und
des Monferrato an.
Besondere Erwähnung ver-
dient der Barbera d'Asti
Ciabot d'la mandorla.

Luigi Nebiolo
Via Aie 3
Tel. 0141 966030
Piero Nebiolo besitzt
Enthusiasmus, Unterneh-
mungslust und Begeisterungs-
fähigkeit. Probieren Sie seine
ausgezeichneten Barbera-
Varianten und den frischen,
überaus angenehmen
Chardonnay.

Claudio Rosso
Frazione Bionzo
Strada Roera 32
Tel. 0141 968437
Der Barbera d'Asti Superiore
Cardin besitzt ein außerge-
wöhnlich günstiges Preis-
Leistungs-Verhältnis; gut sind
auch der Jahrgangs-Barbera
und der Ciapìn, ein Weißwein.

Sciorio
Via Asti-Nizza 87
Tel. 0141 966610
Ein Betrieb, bei dem sich die
geringe Größe des Weinkellers umgekehrt proportional
zur Qualität der Produkte
verhält. Die Brüder Gozzelino

stellen aus eigenen Trauben
einen im Barrique ausgebauten Chardonnay, einen
Barbera d'Asti und einen
Cabernet Sauvignon unter
der Bezeichnung Antico
Vitigno her.

FESTE, MESSEN UND VERANSTALTUNGEN

Carnevale
Der Faschingsdienstag wird
im Ortsteil Motta mit einem
Umzug begangen, der von
den Figuren Bela Muteisa und
Re Peperone angeführt wird.
Abschließend gibt es ein
großes Polenta- und
Schweinskochwurst-Essen.
Der alte Karneval wird am
ersten Sonntag in der
Fastenzeit im Hauptort
gefeiert. Dabei gibt es Ravioli
und Barbera und Umzüge mit
allegorisch geschmückten
Wagen.

Motoraduno internazionale
Am ersten Mai geben einan-
der in dieser Ortschaft
Motorradfahrer aus ganz
Europa ein Stelldichein.

Raduno di deltaplanisti
Im Ortsteil Boglietto findet
am dritten Sonntag im Juli ein
Treffen der Drachenflieger
statt.

Castellintavola
Am dritten Sonntag im
September. Die Köche der
einzelnen Ortsteile bieten auf
der Piazza ihre kulinarischen
Köstlichkeiten dar.

Sagra del peperone
Am ersten Dienstag im
August. Im Ortsteil Motta
steht jenes Produkt im
Mittelpunkt, das zum
Wahrzeichen des Gemüse-
anbaus dieser Gegend
geworden ist: der berühmte
viereckige Paprika (peperone
quadrato) von Asti.

Mango

Mango wurde errichtet, nachdem das Heer von Asti im Jahre 1275 die Befestigungsanlagen von Frave, Vaglio, Vene sowie das Dorf Lanlonzo dem Erdboden gleichgemacht hatte. Dies war ein Vergeltungsschlag gegen Alba, das am 24. März 1274, dem Palmsonntag des Jahres, die Stadt in einer Schlacht auf offenem Feld bei Cossano Belbo geschlagen und somit gedemütigt hatte. Von dieser historischen Episode zeugt noch heute das Wappen der Gemeinde, das drei Türme zeigt.

Das heutige Schloss von Mango steht auf den Grundmauern einer alten Befestigungsanlage, die im ausgehenden 13. Jahrhundert eine vorwiegend strategische Funktion hatte und über die für die damalige Zeit typischen Elemente verfügte: geheime Gänge, die aufs offene Feld hinausführten, Kerker, Folterkammern, Schächte, um unbeugsame und gefährliche Gegner verschwinden zu lassen. Heute ist der Palazzo das Prunkstück von Mango und seiner Verwaltung, nachdem er über Jahrhunderte der Sommersitz der Markgrafen von Busca gewesen war. Diese hatten ihn prunkvoll eingerichtet und einen für seine Zierblumen und schönen Ornamente berühmten Garten angelegt. Die Enoteca Regionale für den Moscato d'Asti, den Spumante des Piemonts und die Dolcetto-Weine von Mango ist der ganze Stolz der Bewohner. Sie ist im Erdgeschoß der mächtigen Burg eingerichtet und beherbergt einen Schauraum, in dem ausgewählte Weine ausgestellt sind, einen Konferenzsaal sowie Räume mit permanenten Ausstellungen zur Geschichte des Weinbaus und der Gastronomie des Piemonts.

Anreise

Man kann von Santo Stefano Belbo oder Neive aus nach Mango fahren oder die *statale* 29 nehmen, die über die Hügelkette von Bossolasco und Benevello kommend in den Ort führt.

MANGO

Einwohner: 1350
Höhe: 521 Meter

ESSEN

Osteria della posta
Località San Donato
Piazza Salvatore Cane 2
Tel. 0141 89112
Mittwoch Ruhetag
Betriebsferien: eine Woche im Juli
Plätze: 150
Preise: L. 40 000
Kreditkarten: keine
Eine klassische Dorf-Trattoria, mit authentischer Küche und einem praktisch unveränderten Ambiente.

EINKAUFEN

WEINE
Enoteca Regionale del Moscato d'Asti e dell'Asti Spumante
Piazza XX Settembre
Die Enoteca, die in Räumen des Kastells untergebracht ist, präsentiert und verkauft die Weine der Produzenten von Moscato d'Asti, Asti Spumante und Dolcetto di Mango sowie andere typische Produkte und Spezialitäten. In der Enoteca finden Gesprächsrunden, Treffen und Ausstellungen statt. Montags geschlossen, unter der Woche gegen Voranmeldung geöffnet (Tel. 0141 89141), Samstag und Sonntag 9–12 und 15–19.

WEINKELLEREIEN

Cascina Fonda
Regione Fonda 44
Tel. 0173 677156
Der Betrieb von Massimo Barbero stellt eine Reihe herrlicher Weine aus Moscato-Trauben her: Moscato d'Asti, Asti und den exzellenten Moscato d'Asti Vendemmia Tardiva.

Cascina Pian d'Or
Frazione Bosi 15 bis
Tel. 0141 89440
Auf den fünf Hektar Weinbergen in der Gemeinde von Mango gewinnt Walter Barbero die besten Trauben für den Moscato d'Asti Riella und für den Asti Acini.

Degiorgis
Via Circonvallazione 3
Tel. 0141 89107
Moscato d'Asti Bricco Peso
und Sorì del Re sowie der
Dolcetto d'Alba sind die
Aushängeschilder dieses klei-
nen, aber überaus effizienten
Weinguts.

Il cane a congresso
Am ersten oder zweiten
Sonntag im Juni findet eine
Hundeschau statt, bei der
Hunde niedriger oder unbe-
kannter Herkunft prämiert
werden, die in den Langhe
mit dem Ausdruck *tabui*
bezeichnet werden.

Neviglie

V̵on diesem Ort ist hauptsächlich die mittelalterliche Geschichte bekannt. Erst verschiedenen Herrschern (den Revello, den Falletti aus Alba, den Guttuari aus Asti) dienend, fiel er wie Mango den Markgrafen von Busca zu.

Was die Herkunft des Namens betrifft, so nimmt man an, dass *Navilium* aus der Schifffahrt kommt, was zwar unwahrscheinlich scheint, aber auch im Wappen der Gemeinde verewigt ist: Es zeigt ein Ruderboot und darüber drei Sterne.

Ein Bild von Gian Giacomo Alladio, besser bekannt unter dem Namen Macrino d'Alba, stellt das wertvollste Kunstobjekt dar: Es besteht aus einem Altarbild, das die mythische Hochzeit der heiligen Katharina von Siena zeigt. Man kann es in der San Giorgio geweihten Pfarrkirche bewundern.

Anreise

Der Ort ist nur wenige Kilometer von Neive entfernt und auf der *statale* 231 leicht zu erreichen. Die *statale* 29 stellt die Verbindung zu Mango dar. Sie verläuft über die westlichen Hügel der Langhe und mündet in die *autostrada* Turin-Savona. Von Alba passiert man Moretta di Neive, von wo aus man in die Ortschaft Tre Stelle gelangt.

NEVIGLIE
Einwohner: 430
Höhe: 461 Meter

ÜBERNACHTEN

Casa Beatrice
Via Umberto I 26
Tel. 0173 630359
3 Sterne, 6 Zimmer mit Bad
und Telefon. Swimmingpool.
Preise: Einzelzimmer
L. 100 000, Doppelzimmer
L. 140 000–150 000
Joseph und Elisabeth
Kreienbuehl, ein Schweizer
Ehepaar, haben diesen hüb-
schen Hof mit viel Geschmack
renoviert. Sehr gepflegte
Räume und gewissenhafter
Service, schöner Garten im
Inneren. Von Dezember bis
Februar geschlossen.

WEINKELLEREIEN

Fratelli Bera
Cascina Palazzo
Via Castellero 12
Tel. 0173 630194
Ein Großteil der 70 Hektar an
Anbaufläche ist mit Moscato
bebaut (aus den ausgezeich-
neten Lagen Su Reimond und
Asti Cascina Palazzo), aber
auch der Dolcetto und der
Barbera d'Alba kommen nicht
zu kurz.

FESTE, MESSEN UND VERANSTALTUNGEN

Festa dell'Ascensione
Im Zeitraum von Mai und Juni
wird eine Woche lang zu Ehren
des Schutzpatrons gefeiert.

**Vinum – L'Asti e il Moscato
nel loro territorio**
Ein Wochenende Anfang Juli.
Am Samstag findet ein Treffen
zum Thema Asti und Moscato
statt, am Sonntag stellen die
Winzer ihre Produkte aus und
veranstalten Verkostungen.

Spighe, Trebbie, Trattori
Der 16. Juli steht ganz und gar
im Zeichen des Weizens und
der damit zusammenhängen-
den Geräte und Tätigkeiten.

DER NATURALISMUS VON MACRINO

Andreina Griseri

Auf Macrino d'Alba stoßen wir in der Chiesa di San Giovanni in Alba, aber auch im Rathaus, wo sich eine *Madonna e Santi* aus der zuvor erwähnten Kirche befindet. Das Gemälde *Matrimonio di Santa Caterina* in der Pfarrkirche von Neviglie drückt am besten Macrinos Vorstellung von Malerei aus.

In einer seiner ersten Schriften, die 1910 unter dem Anagramm Bortolo Ghineri veröffentlicht wurde, fand der gerade zwanzigjährige Roberto Longhi in Macrino einen Anhaltspunkt, um die Wurzeln der piemontesischen Kunst mit äußerster Präzision in dem zu ergründen, «was – meiner Ansicht nach – deren ländliche Ader ausmacht: eine naturalistische Tendenz», die «im Piemont kraftvoller hervortritt … In einer Vielzahl überkommener Bräuche, in einfacher Würde; in einem alltäglichen Leben, in dem sich jedes Objekt beim gewohnten Verwenden und Betrachten zu einer heiligen, universalen Tradition emporhebt, entwickelt sich die naturalistische Tendenz in der Kunst zur Gattung». Dies gilt auch für die sakrale Kunst Macrinos, als er sich endlich von den Versuchungen befreite, die ihn beim Anblick der Werke aus Marmor und der Malereien auf seinen Reisen nach Mailand, Pavia und Rom gelockt hatten. Er musste diese Beispiele kostbarer, gelehrter Neugier hinter sich lassen, erst danach gelang es ihm zusehends, sein authentisches Wesen hervortreten zu lassen. Der ebenfalls aus Alba stammende Kunstkritiker Longhi legte bald die paar Seiten beiseite, zu denen er durch einen Exkurs von Bistolfi über den Renaissancemaler Macrino angeregt worden war. Er konzentrierte sich auf den Lombarden Vincenzo Foppa als Wurzel eines Naturalismus, der von den Malern aus Brescia gefiltert werden und schließlich bei Caravaggio erblühen sollte.

Auf seinen Abstechern per Fahrrad nach Pavia entdeckt Longhi in jenen Jahren Entwicklungen dieser Kunst, die sich vom 15. Jahrhundert eines Macrino bis ins 17. Jahrhundert fortziehen. Das natürliche Licht war Macrinos wie auch Spanzottis und Foppas erste Errungenschaft. Es schaffte Raum für jene Ansichten, die bei Macrino auch anhand klassischer Säulen, Bögen und Balken erkennbar sind, die seine gelassene Obsession aufzeigen: Je mehr er reiste, desto mehr bezog er sich auf seine Heimat, was er auch in seiner Arbeit klar bekundete; bei der *Certosa* in Pavia, an der Macrino 1496 gestaltend wirkte, beim Triptychon in Tortona (1499), aber auch beim Tafelbild, das heute in der Galleria Sabauda zu sehen ist.

Zwischen 1494 und 1513 arbeitet Macrino in der Lombardei und in Norditalien, anschließend auch in Rom und Mittelitalien. Dabei reißen seine Bande zum Piemont nie ab, wie sein Faible für die Porträtmalerei bezeugt, die er mit greifbarer, klarer Schärfe bewerkstelligt. Viale präsentiert ihn 1939 im Rahmen einer Ausstellung über Gotik und Renaissance im Piemont als «superben Konstrukteur» von Physiognomien.

Seine Porträts haben Charakter, legt er doch auf die Besonderheiten der Profile und vor allem auf die Hände größten Wert. Sein Werk in Neviglie, das der letzten Schaffensperiode (1510–1512) zuzuordnen ist, besticht durch die Personen im Vordergrund, die sich in nüchternem Renaissancestil in ein goldenes Reich einfügen: Zwischen Palmenblättern, Kapitellen und wie aus Zuckerwatte geformten Auskehlungen bildet Macrino symmetrische Gruppen, die er weich und präzise mit dem zentrierten Licht fixiert. Die Glanzlichter in den Blicken sind bezeichnend für eine Handschrift mit akzentuiertem Weiß und messen die zarten Bande dieser heiligen Konversation; Stille, in der im Zentrum die Madonna als sichere Stütze regiert; in den Händen verdichtet sich der Charakter, in gewissem Sinn auch das Handwerk eines jeden Heiligen: der heilige Vinzenz Ferrer als erster von links, zum Gebet berufen; die heilige Katharina als Hauptfigur, wie sie den Ring empfängt; Johannes der Täufer, der aufs Jesuskind deutet; die Gottesmutter mit den für Macrino typischen, leuchtenden Umrissen, die das Heil für jedermann versinnbildlichen; der heilige Franziskus mit der gleich einer Hostie geöffneten, von Stigmen gezeichneten Hand; der heilige Hieronymus, wie er das Buch und den Stein hält; Magdalena mit dem Salbentiegel, den sie wie ein Allerheiligstes schützt.

Longhi hatte seine Schriften beiseite gelegt – das am 29. Dezember 1910 erschienene Papier wird mit seinen Korrekturen, die er auf eine alte Zeitung gekritzelt hatte, in die *Opere complete*, Band VIII, I, Sansoni 1975, aufgenommen. Dieses Sammelwerk enthält die vollständige Einleitung, aber auch das Schlusswort Longhis, das vor allem in Anbetracht der Heiligen in Neviglie von Bedeutung ist; alles spricht für die Melancholie von Macrino: «… eine Ader, die auf der Haut still ruht wie ein Schatten und deren Fließen man nicht bemerkt … In ihrer Verschleierung liegt eine gelassene ländliche Spiritualität, einziges Echo der Natur des Piemonts in der Seele des Macrino d'Alba.»

Rocchetta Belbo

Dieser am Ufer des gleichnamigen Flusses gelegene Ort scheint in mehreren mittelalterlichen Urkunden auf, denn er gehörte zu jenen Lehen, deren Herren um die Vorherrschaft im Belbo-Tal und die damit verbundenen Wegerechte stritten. So erwarb beispielsweise Asti von der Grafschaft Loreto das Recht, Rocchetta zu passieren, um auf die zur damaligen Zeit unter dem Namen *Magistra Langarum* bekannte Straße zu gelangen.

Als historische Kuriosität rühmt sich Rocchetta des Umstandes, dass 1244 Papst Innozenz IV. hier vorbeikam, als er vor Friedrich II. nach Frankreich flüchtete.

Ansonsten passierten den Ort vorwiegend die Truppen der wechselnden Herrscher, der Angiò, der Städte Alba und Asti, der Visconti sowie der deutschen Kaiser, französischen und spanischen Könige, der Markgrafen des Monferrato, der Herzöge von Mantua und schließlich der Savoyer. Ganz und gar nicht zu vergleichen mit den Schweizern, die in jüngster Zeit alte Häuser an der Hügelstraße nach San Donato di Mango erworben und mit großer Sorgfalt restauriert haben.

In den vergangenen Jahrhunderten ging es den Bewohnern vor allem darum, sich ihre Freiheit und Privilegien für den Handel mit Salz, Wein, Tabak und Seidenraupen zu sichern. Vom legendären Eigensinn der Bewohner des Belbo-Tals berichtet auch Cesare Pavese, der sie als unabhängig und starrköpfig beschreibt, die eher wenige, dafür aber die richtigen Worte verlieren. Ihr unternehmerischer Geist zeigte sich im Wiederaufbau des Ortes nach den Überschwemmungen von 1858, 1861, 1926, 1948, 1968 und 1994.

Die hohe Zahl an Jägern, Fischern, Trüffel- und Pilzsuchern lässt möglicherweise auf die alte Gewohnheit schließen, Abgaben, in dieser Gegend *rose* genannt, in Naturalien zu begleichen. In Rocchetta gackern, picken und legen noch glückliche Freilandhühner. Wenn man bei den Ruinen des alten Dorfes Halt macht, dessen Grundmauern aus Steinen des Belbo angefertigt wurden, stößt man auf die höchst seltene Rebsorte Furmentìn.

Anreise

Von Canelli und Santo Stefano über Cossano Belbo oder von der Abzweigung Campetto auf der *statale* 29 Castino-Cortemilia.

ROCCHETTA BELBO
Einwohner: 189
Höhe: 273 Meter

ESSEN

Trattoria della Rocchetta
Piazza Libertà 1
Tel. 0141 880121
Montag und Dienstag, Mittwoch- und Donnerstagabend geschlossen
Betriebsferien: je 2 Wochen im Januar und im Zeitraum Juli–August
Plätze: 70
Preise: L. 40 000 ohne Wein
Kreditkarten: die gängigsten
Eine Trattoria, wo Sie die klassische Küche der Langhe finden können: Wurstwaren aus eigener Produktion, *vitello tonnato*, *agnolotti dal plin*, *tajarìn*, Ziegenkitz aus umliegenden Zuchtbetrieben, Robiola aus Ziegenmilch. Der Weinkeller bietet Weine aus den Langhe, aber auch anderer Provenienz. Dienstags, mittwochs und donnerstags nur Mittagstisch.

FESTE, MESSEN UND VERANSTALTUNGEN

Das Fest der Schutzpatronin Sant'Anna fällt für gewöhnlich auf den vorletzten Sonntag im Juli und ist ein willkommener Anlass für fröhliche Grillabende in großer Gesellschaft.

Santo Stefano Belbo

Cesare Paveses Geburtsstadt steht auf römischen Grundmauern. Das geht aus archäologischen Funden entlang der *Via Emilia*, die von Pollenzo über Alba, Neive, Castagnole Richtung Nizza, Dertona und die großen Zentren der padanischen Ebene führte, hervor. Die Abtei San Gaudenzio, die am linken Belbo-Ufer, kurz vor der Einmündung des Tinella, emporragte, das heißt in geringer Entfernung zum heutigen Ortskern, wurde ebenfalls auf einem römischen Tempel errichtet. Davon zeugt heute noch eine Grabstele mit Inschriften an der Fassade. Die Abtei war von enormer Bedeutung für die Herrscher des Gebietes, sodass ihr auch von Papst Innozenz IV. während seines Aufenthalts in Santo Stefano Belbo am 5. Dezember 1244 die entsprechende Aufmerksamkeit gezollt wurde. Leider taten dies auch die Truppen der verschiedensten Invasoren auf ihre Weise.

Momentan wird die Kirche der Abtei San Gaudenzio, die vermutlich benediktinischen Ursprungs ist, für weltliche Zwecke genutzt, sie befindet sich außerdem bereits seit 1891 in Privatbesitz. Das Mittelschiff endet in einer halbkreisförmigen Apsis über den beiden seitlichen Teilen und formt somit eine Art Triumphbogen, außerdem sind Teile von Chorschranken, ein schönes Kreuzgewölbe, Pilaster und Mosaikreste zu sehen. Einen weiteren Eindruck von der Vergangenheit vermittelt die mittelalterliche Burgruine, die am rechten Ufer des Belbo auf einem mächtigen Felsen liegend das ganze Dorf überblickt: Es ist der einzige Turm, der die Zerstörungen des Jahres 1635 im Zuge der Rivalitäten zwischen den Truppen der Spanier und Österreicher überstanden hat.

Die beliebtesten Ausflugsziele des heutigen Santo Stefano Belbo sind jedoch die Orte, die an den Schriftsteller Cesare Pavese erinnern. Mit seinen Erzählungen und Romanen hat er die Landschaft und Örtlichkeiten dieser Gegend berühmt gemacht. Salto mit dem Haus von Pinolo Scaglione, Nuto aus der Erzählung *La luna e i falò,* das große Gehöft von Mora, die üppigen Hügel von Gaminella, die Villa Nido, «rot zwischen den Platanen leuchtend», die Haltestelle, an der stets pfeifende Züge zu nahe gelegenen Bahnhöfen und Städten vorbeifahren, die Hügel von Moncucco und Valdivilla, der Fluss Belbo, wo Kinder und Erwachsene baden, mit Netzen fischen oder nach Nestern suchen, und der im Winter auch manchmal zufriert, sodass man ihn an manchen Stellen zu Fuß überqueren kann …

Das sind Bilder einer nicht wiederkehrenden Zeit, wie sie von einem erlebt wurde, der in Wirklichkeit nach Canelli und in die weite Welt flüchten wollte, der sich die Häfen und Städte jenseits der Hügel ausmalte, stets auf der Suche nach Vorstellungen, die im Belbo-Tal zu Beginn des Jahrhunderts ganze Generationen täuschten. Sicherlich muss ein Besuch in Santo Stefano Belbo auch das Centro Studi Cesare Pavese sowie das Geburtshaus des Schriftstellers einschließen. Hier befindet sich auch der Sitz des Kulturvereins der «Amici del Moscato».

Ansonsten fiel der Ort größtenteils spekulativer Bautätigkeit zum Opfer, sodass heute nur mehr wenig von der Natur erhalten ist, welche die Phantasie von Pavese anregte. Auch die Verschmutzung des Belbo ist ein Beweis, dass das natürliche Gleichgewicht in Gefahr ist.

Anreise

Die schnellste Verbindung von Alba ist die *provinciale* Richtung Alessandria, die an Barbaresco, Neive, Castagnole Lanze,

Boglietto und Santo Stefano Belbo vorbeiführt. Von Asti nimmt man die Straße nach Nizza Monferrato, auf der man Canelli passiert. Von dort aus gelangt man auf der Straße entlang des Belbo-Tals in den Ort. Santo Stefano Belbo ist auch eine Station auf der Bahnlinie Alba-Cantalupo-Alessandria.

SANTO STEFANO BELBO

Einwohner: 4110
Höhe: 170 Meter

MUSEEN

Centro Studi Cesare Pavese
Viale San Maurizio
c/o Biblioteca Civica
Tel. 0141 840894
Öffnungszeiten: 9–12,
14.30–18.30, von Dienstag
bis Samstag, Montag
geschlossen.
Für Gruppenbesuche und
Besichtigungen an Feiertagen
ist eine telefonische
Voranmeldung unerlässlich.
In diesem Studienzentrum
wurde eine Ausstellung eingerichtet, die eine sehr profunde
Dokumentation über das
Leben und die Werke Cesare
Paveses bietet, der im Jahre
1908 in Santo Stefano Belbo
geboren wurde. Franco
Vaccaneo, der Direktor des
Studienzentrums, ist ein anerkannter Experte und Autor
verschiedener historisch-kritischer Texte über Pavese und
Beppe Fenoglio. Er ist auch
und eigentlich in erster Linie
ein leidenschaftlicher Verfechter seiner Heimat; wenn
Sie Ihre Kenntnisse über das
Belbo-Tal, dessen Traditionen
und Kultur vertiefen wollen,
wenden Sie sich vertrauensvoll an ihn. Ebenfalls in den
Räumen des Studienzentrums
können Sie einen Zyklus von
fünf Bildern nach Themen
von Pavese bewundern, die
in den 60er-Jahren von
Treccani gemalt wurden. Das
Studienzentrum soll demnächst einen neuen Sitz auf
der Piazza Confraternita
erhalten, wobei Änderungen
bei den Öffnungszeiten möglich sind.

Geburtshaus von Cesare Pavese
Tel. 0141 844942
Geöffnet Samstagnachmittag
und Sonntag. An den anderen
Tagen nur nach Voranmeldung.
Hier hat die Vereinigung Amici
del Moscato, die jedes Jahr
unter anderem den Cesare-Pavese-Literaturpreis verleiht,
ihren Sitz.

Pavese-Gedenkstätten
Das Studienzentrum ist auch
Ausgangsort für einen
Rundgang, der jene Orte
umfasst, an denen Pavese
nicht nur gelebt hat, sondern
die er auch in seine Erzählungen eingebaut hat. Dazu
zählen unter anderem das
Geburtshaus, die Hügel von
Gaminella und Salto, das Haus
von Nuto … Der Rundgang
erfolgt teilweise zu Fuß, teilweise im Auto: Informationen
erteilt das Studienzentrum.
Die einzelnen Plätze sind
jedenfalls gut beschildert.

ÜBERNACHTEN UND ESSEN

Ca' d'Gal
Frazione Valdivilla
Strada Vecchia 108
Tel. 0141 847103
Gegen Voranmeldung immer
geöffnet
Betriebsferien: 3 Wochen im
Januar und 2 Wochen im
September
Plätze: 55
Preise: L.50 000
Kreditkarten: alle
Ein Agriturismo-Betrieb inmitten des Moscato-Landes mit
sechs Zimmern und herrlichem Ausblick auf die weinbedeckten Hügel von
Valdivilla. Gute lokale Küche.
Probieren Sie die hausgemachte Wurst, gebackenes
Gemüse, hervorragende
tajarìn, Hasenpfeffer, Schmorbraten, Schafs- und Ziegenkäse mit hausgemachter
cognà; zum Abschluss gibt es
Haselnusstorte und Zabaione
mit Moscato. Auch die guten
Weine (Langhe Pian del Gaje
aus Freisa-Reben, Dolcetto
d'Alba, Langhe Chardonnay,
Moscato) stammen aus eigenem Anbau.

Agriturismo Gallina
Loc. San Maurizio 6
Tel. 0141 844293
Betriebsferien: keine
Plätze: 60
Preise: L.50000
Kreditkarten: keine
Der ideale Platz für eine gute
Mahlzeit oder Übernachtung
in einem der drei Zimmer
(L.80000 das Doppelzimmer,
insgesamt 8 Betten). Das
Hauptgewicht in der Küche
liegt auf dem Piemont, wobei
eine reiche Auswahl an hausgemachten Wurstspezialitäten
den Reigen eröffnet. Es folgen
die auf einer Leinenserviette
servierten *ravioli dal plin* und
schließlich die traditionellen
secondi: Kaninchen, Rind- und
Schweinefleisch. Den krönenden Abschluss bilden gute
Desserts, begleitet von einem
Gläschen Moscato d'Asti aus
eigener Produktion.

Osteria dal Gal Vestì
Via Cesare Pavese 18
Tel. 0141 843379
Montag und Dienstagmittag
geschlossen

Betriebsferien: im Januar, nach dem Dreikönigsfest
Plätze: 45 + 40 im Freien
Preise: L. 39 000–47 000 ohne Wein
Kreditkarten: alle
In einem Flügel des Geburtshauses von Cesare Pavese ist dieses freundliche Lokal mit rustikaler Note und großen Tischen untergebracht, wo Ihnen echte Hausmannskost geboten wird: *agnolotti dal plin*, *tajarìn*, Bohnensuppe mit Teigwaren und Schweinsschwarte, geschmorter Kalbsbraten, Wildschwein, Esel, Gemüsepasteten. Es können auch Imbisse gewählt werden (Wurstspezialitäten, Käse, Sardellen in Kräutersauce). Reiche Auswahl an Weinen vor allem lokaler Provenienz.

Einkaufen

Fleisch- und Wurstwaren
Cerrato
Corso Piave 38
Bei Mauro Cerrato gibt es ausschließlich ausgewähltes Fleisch, das garantiert von Rindern der Piemonteser-Rasse stammt, weiter Wurstspezialitäten aus der Gegend (Salami, durchwachsener Bauchspeck, Speck) und die verschiedenen Käsesorten aus den Langhe.

Fratelli Fantoni
Piazza Umberto I 28
Die Fantoni, eine Familie von Fleischern und Viehmaklern, verkaufen hier auf der Piazza Kalbfleisch aus Zuchtbetrieben der Umgebung, Geflügel, Kapaune, Zicklein und Lämmer.

Delikatessen
Carbone
Piazza Costa 5
Luigi und Pino Carbone verkaufen in ihrem kleinen Laden

gegenüber der Kirche alle klassischen Gerichte der piemontesischen Küche, von wunderbar frischer Pasta – probieren Sie die *ravioli dal plin* – bis zu den cremigen Nachspeisen.

Brot, Süssigkeiten
Il profumo del pane
Via Oberdan 15
Brot, Grissini und die *polentini*, mit Marmelade gefülltes Gebäck. Diese leckeren Spezialitäten werden aus Mehl der Mühle der Brüder Marino aus Cossano Belbo hergestellt.

Weinkellereien

Marco Bianco
Località Valdivilla 70
Tel. 0141 855021
Die Familie Bianco widmet sich ausschließlich der Herstellung von Moscato d'Asti. Ihre Selektion ist hervorragend: Die Weine erinnern an die Moscato-Weine von früher; sie besitzen einen aromatischen Duft, sind vollmundig und abgerundet.

Ca' d'Gal
Località Valdivilla 108
Tel. 0141 847103
Wunderbarer Moscato (Vigneti Ca' d'Gal und Vigna Vecchia), aber auch ein beachtlicher Rotwein, der Langhe Pian del Gaje aus Freisa-Reben, Dolcetto d'Alba und Langhe Chardonnay.

Ca' du Sindic
Località San Grato 15
Tel. 0141 840341
Der Betrieb von Sergio Grimaldi verfügt über sieben Hektar Weingärten, in denen er vor allem Moscato, aber auch Chardonnay anbaut. Seine Weine sind sehr frisch und angenehm.

Cantina Sociale Valle Belbo
Corso Sabotino 1
Tel. 0141 844190
Eine große Genossenschaft mit Hunderten von Mitgliedern. Es werden vor allem Asti Spumante und Moscato d'Asti, aber auch Dolcetto produziert.

Cascina Galletto
Frazione Valdivilla 31
Tel. 0141 847123
Die Moscato-Lagen Ca' del Re und Cascina Galletto im Gebiet von Valdivilla haben Mario Perrone zu seinem Ruf verholfen, den er auch durch seine Dolcetto-Produktion verfestigt.

Giacinto Gallina
Località San Maurizio 6
Tel. 0141 844293
Anna Gallina und ihre Tochter Gabriella leiten diesen Agriturismo- und Weinbaubetrieb und bieten eine unverfälschte, traditionell ausgerichtete Küche. Giacinto hingegen hat die Tätigkeit seines Vaters übernommen und produziert die wichtigsten Weine der Gegend, wobei besonders der Moscato hervorsticht.

Piero Gatti
Località Moncucco 28
Tel. 0141 840918
In einer ausgezeichneten Lage auf den Hügeln von Moncucco, die durch Pavese zu Ruhm kamen, stellt Rita Gatti etwa 20 000 Flaschen Moscato pro Jahr her, dazu eine kleine Menge von süßem Brachetto.

Tenuta Il Falchetto
Via Valle Tinella 16
Frazione Ciombi
Tel. 0141 840344
Eine Riesenauswahl an Weinen, wobei besonders der Dolcetto, der Barbera, der Chardonnay, der Arneis und natürlich der Moscato herausragen.

Beppe Marino
Via Stazione 23
Tel. 0141 840677
Natürlich gibt es hier
Moscato, aber das ist nicht
alles, was der Keller von
Beppe Marino zu bieten hat:
Der Betrieb stellt auch
Barbera d'Asti, Dolcetto,
Freisa di Valdivilla und eine
kleine Menge Brachetto her.

**I Vignaioli di Santo Stefano
Belbo**
Località Marini 12
Tel. 0141 840419
Die Brüder Ceretto aus Alba,
die einen Anteil des Betriebs
besitzen, haben dazu beigetragen, den Moscato d'Asti
und den Asti Spumante aufzuwerten, und das zu einem
Zeitpunkt, als noch sehr
wenige auf die Zukunft
dieser Weine setzen wollten.
Erwähnenswert ist die
Moscato-Beerenauslese mit
der Bezeichnung «Il».

Agostino Amerio
Regione Bauda 4
Tel. 0141 840416

Pierino Gallina
Regione San Maurizio 7
Tel. 0141 844855

La Gaminella
Località Robini 17
Tel. 0141 844880
Im klassischen Moscato-
Gebiet haben diese kleinen
Winzerbetriebe ihren Sitz
und stellen Weine guter
Qualität her.

FESTE, MESSEN UND VERANSTALTUNGEN

Feste paesane
An einem Sonntag in Juni
bildet ein Volksfest in Prato-
grimaldi den Auftakt, im Juli
folgt dann die Veranstaltung
in Valdivilla.

Moscati d'Italia in vetrina
Im Juni. Zwei Tage sind der
Welt des Moscato gewidmet,

mit Verkostungen, Ausstellungen und diversen Rahmen-
veranstaltungen. Ein Fest zu
Ehren des Moscato d'Asti
wird auch Anfang September
begangen und von Theater-
aufführungen, Kunst- und
Fotoausstellungen begleitet.

**Concorso letterario
Cesare Pavese**
Die Verleihung dieses
Literaturpreises findet übli-
cherweise im August statt.

Fiera di cubiot
Am ersten Sonntag im
Dezember. Dieser Tag ist den
alten Handwerksberufen und
den Gebräuchen der alten
Zeit gewidmet. Bänkelsänger
ziehen durch die Straßen und
erzählen jene alten Geschichten, die heute in Vergessenheit geraten sind.

Presepe vivente
Am Weihnachtsabend wird in
den Straßen der Altstadt ein
Krippenspiel aufgeführt.

DIE LANGHE DES CESARE PAVESE

Lorenzo Mondo

Die Langhe erscheinen bereits in Cesare Paveses erster Publikation: Das Gedicht *I mari del sud* (dt.: Die Südsee) enthält im Keim seine gesamte Ausdruckswelt. Schon erscheinen die Langhe in einer gedrängten und lehrhaften Form, die ihre Unvergänglichkeit zu unterstreichen scheint: «Le Langhe non si perdono», die Hügel der Langhe werden bestehen bleiben. Die Worte des Vetters, der Wale zwischen den schönsten Inseln der Welt hatte fliehen sehen, verleihen dem heimatlichen Piemont eine ererbte, erdbezogene und gleichzeitig mystische Würde, die der junge Mann beherzigt. In einem der folgenden Gedichte aus *Lavorare stanca* (dt.: Arbeiten macht müde) fließt dieses Konzept in die Subjektivität Paveses, in seine stille Obsession ein: «Ich sehe nur die Hügel, und sie füllen mir Himmel und Erde.» Die darstellerische Deutlichkeit, die auf die grundlegenden Elemente der Landschaft der Langhe (die Geometrie der Rebberge, die verdorrten Felder, der nackte Fels auf den Hügelspitzen) und der Gegenwart des Menschen (die schwierigen Familienverhältnisse, die Mühsal der Arbeit, die Feste im Jahreskreis) Bezug nimmt, ist stets im Begriff, sich in Immaterielles aufzulösen: «Durch die offenen Reben summt herb und süß die Stimme der Sonne im Glas, als bebte die Luft …»

Die Rollen sind verteilt, die Absolutheit des Landes und der durch Natur, Geschichte und den Willen der Menschen geprägten Schicksale werden für immer im Gesamtwerk Paveses weiterleben. *I mari del sud* ist übrigens das einzige Gedicht, in dem der Name eines Dorfes aufscheint, und es ist unausweichlich jenes des Schriftstellers: Santo Stefano Belbo nimmt es hier mit gewissem Kommunalstolz mit dem größeren und reicheren Canelli auf, einem der Zentren der Weinerzeugung. Aber die Langhe erscheinen auch in Paveses erstem Roman *Paesi tuoi* (dt.: Unter Bauern) mit genauer topografischer Bestimmtheit. Es sind die berückenden Erhebungen von Monticello, geformt wie Brüste einer Frau; in dieser Anspielung kommt der Sinn der Erzählung zum Ausdruck, in der sich eine faszinierend andere, urtümliche Welt voll Unruhe und Angst eröffnet. Die Reben, das reife Korn, der volle Sommermond, der Duft nach Heu sind Grundelemente einer Landschaft, die immer wiederkehrt. *Paesi tuoi* ist die Geschichte einer natürlichen Magie, ein soziologischer Bericht, ein existenzielles Lot.

Ein anderes, von den Langhe «durchfurchtes» Werk ist *Feria d'agosto*. Der Titel dieser Erzählungen gemahnt an Gabriele D'Annunzio und passt vor allem auf jene Passagen zauberhafter Poesie, in denen Pavese sein Staunen angesichts des langsamen Aufblühens eines Mythos und die mütterlichen Anhöhen mit ihrem Schein des Unantastbaren beschreibt. Neben diesen Kostbarkeiten höchster literarischer Qualität gibt es Geschichten von Jugendlichen, die auf Schlangenjagd gehen, sich um Lagerfeuer scharen und die nächtlichen Hügel in der Hoffnung, das Meer zu sehen, durchstreifen. Oder sich von der alten Sandiana erzählen lassen, wie Blitze sich in Blüten verwandeln. Die Hügelwelt, die anderswo von den bäuerlichen Werken und Tagen belebt scheint, wird auf diese Weise rau und wild, offenbart ihr geheimes, von Flecken und Rissen gezeichnetes Leben. *La casa in collina* (dt.: Das Haus auf der Höhe) und *Il diavolo sulle colline* (dt.: Der Teufel auf den Hügeln) sind abschnittweise von den Langhe inspiriert, die sich aber erst im letzten Werk, *La luna e i falò* (dt.: Junger Mond), vollends offenbaren.

Auf den ersten Seiten von *La luna e i falò* scheint es, als ob der Autor die Orte und Horizonte seiner Kindheit, Hügelkuppen und Talsenken, um sich versammeln wollte, um sie mit einem einzigen Blick, einer einzigen Geste der Zärtlichkeit zu umarmen: Canelli, Barbaresco, Alba, Monticello, Neive, Cravanzana, aber auch Gaminella, Belbo, den Salto, die Mora, Camo, Cossano, Spigno, Ovada. Auch hier geht es um eine Rückkehr, um das Bedürfnis «Wurzeln zu schlagen, ein Stück Erde zu haben und ein Dorf», damit «etwas mehr davon bleibe als der Ring der Jahreszeiten». Trotz aller erdenklichen Enttäuschungen: Die Kriegswunden, der Verlust der lieb gewordenen Gefühle, Eruptionen einer alltäglichen Gewalt trüben die heitere Betrachtung der Erinnerung. *I falò* können Freudenausbrüche in dunkle Opferriten verwandeln.

Aber die eigenwilligen und starren Regeln des Mondes lassen trotz allem glauben, dass «auf den Hügeln die Zeit nicht vergeht». Pavese lässt nicht davon ab, dieser «wunderlichen Vision» zu folgen, die *La luna e i falò* zu Grunde liegt, wie er es in einem Brief an einen Freund definiert. So will er in seiner «bescheidenen Göttlichen Komödie» eine Spur erkennen, um durch die Kreise des bäuerlichen Elends und des Bürgerkriegs, des Bluts und der Wolllust ins mythische Paradies aufzusteigen. Die Langhe bleiben für Pavese ein von Erinnerung, ersten Erkenntnissen der Kindheit und metaphysischem Erschaudern bestimmter Ort.

Trezzo Tinella

Durch den Einsturz des Turmes mittelalterlichen Ursprungs am Abend des 15. März 1969, einem Samstag, wurde Trezzo Tinella, ein sehr altes Dorf, das bereits zur Römerzeit eine beträchtliche Fläche einnahm, des letzten Zeugnisses seiner Vergangenheit beraubt.

1879 wurden im Zuge der Grabungen für eine nie realisierte Bahnlinie die Überreste der alten Pflasterung der *Via Magistra Langarum* entdeckt; auf der heutigen Brücke San Giovanni führte sie über den Tinella und verband so Alba mit Cortemilia. Eine strategisch bedeutende Ortschaft entlang dieses Straßenabschnitts ist Naranzana, wo 1974 Reste einer römischen Nekropole gefunden wurden, während in den Weinbergen von Monte Oliveto ab und zu quadratische oder rechteckige Profilsteine auftauchen, die von Siedlungen des Altertums zeugen. Heute bietet sich die *Via Magistra* für Spaziergänge oder Ausflüge mit dem Mountainbike an.

In Trezzo befindet sich das Bronzedenkmal der *Donna di Langa* des Bildhauers Marco Gallo, das an einem malerischen Platz mit herrlichem Ausblick unterhalb des Weilers Langa in der Ortschaft Piansarìn aufgestellt ist. Hier wurde im Altertum das Wegegeld entlang der Salzstraße eingehoben. Diese geschichtsträchtige Stelle steht auch in Verbindung mit den Partisanenkämpfen.

Anreise

Maximal 15 Kilometer von Alba und unweit von Neive, verfügt Trezzo über eine Bahnstation und schließt an die Gemeinde Alta Langa Montana an. Die Straße nach Benevello und Bossolasco verläuft durch das Gemeindegebiet. Der Ort ist auch gut auf der *statale* 29 sowie durch die Verbindung Asti-Alba zu erreichen.

TREZZO TINELLA

Einwohner: 363
Höhe: 341 Meter

ÜBERNACHTEN UND ESSEN

Agriturismo Riondino
Via dei Fiori 13
Tel. 0173 630313
8 Zimmer mit Bad
Preise: Doppelzimmer
L. 180000 inklusive Frühstück
Es handelt sich weniger um einen rustikalen Agriturismo-Betrieb, sondern eher um ein Dorfgasthaus mit viel Charme und alten Möbeln, die den Zimmern eine Note von Komfort und Eleganz verlei-

hen. Bei einem Abendessen (für welches eine Voranmeldung unbedingt notwendig ist) gibt man etwa L. 60000 ohne Wein aus. Sie können zu Ihrem Mahl Favorita delle Langhe, Moscato Passito, Dolcetto und den Barbera des Hauses probieren. Landwirtschaftliche Produkte aus biologischem Anbau werden zum Verkauf angeboten.

WEINKELLEREIEN

Cherubin Cascina Teilà
Via Naranzana 27
Tel. 0173 630105
Der Betrieb Cherubin stellt einen guten Dolcetto d'Alba

und einen würzigen Barbera d'Alba her. Nicht versäumen sollten Sie den Teilà, einen Verschnitt aus Barbera und Nebbiolo, und den Moscato Passito Teilà Oro.

FESTE, MESSEN UND VERANSTALTUNGEN

Das Fest des Schutzpatrons San Giovanni wird in Trezzo, dem Hauptort, in der vorletzten Juniwoche gefeiert, während Ende Juli im Ortsteil Fiori das Fest zu Ehren von Sant'Anna über die Bühne geht.

Bra und das Roero

Bra, Baldissero d'Alba, Canale, Castagnito, Castellinaldo,
Ceresole d'Alba, Cisterna d'Asti, Corneliano, Govone,
Guarene, Magliano Alfieri, Montà, Montaldo Roero,
Monteu Roero, Monticello d'Alba, Piobesi d'Alba,
Pocapaglia, Priocca, Sanfrè, Santa Vittoria d'Alba,
Santo Stefano Roero, Sommariva Bosco,
Sommariva Perno, Vezza d'Alba

Weinberge und Kastelle

Am rechten Ufer des Tanaro, den Langhe gegenübergelegen, ist auch das Roero klassisches Weinbaugebiet. Unwegsame, steile Hügel mit lockerem, sandigem Boden sind die Grundlage für Weiß- und Rotweine mit lebendigem, eigenständigem Charakter. Auch wenn die Renaissance des Weines in dieser Gegend seit den Siebzigerjahren vor allem mit dem Namen Arneis verbunden ist, so zeigt doch heute eine Schar motivierter, fähiger Winzer, dass der Nebbiolo auch hier würdige Früchte tragen kann. Vornehm sind diese, wie die Kastelle, die auf den Fluss hinunterblicken, von Magliano Alfieri über Govone nach Guarene; Zeugen eines Landes mit langer, eindrucksvoller Geschichte, die man gut in einer Stadt wie Bra kennen lernen kann, deren unversehrte Stadtanlage reich an Monumenten und bezaubernden Innenhöfen ist.

Bra

Vom Hügel aus, auf dem sich der gedrungene, seltsame achteckige große Palazzo erhebt, der unter dem Namen «Zizzola» zum Symbol der Stadt wurde, fällt Bra gegen die Ebene ab. Am letzten Zipfel im Süden der weiten Ebene von Turin gelegen, macht es den Eindruck, als ob es von einer Galerie blicken würde – wie die Aussichtspunkte in den Gartenanlagen des 18. Jahrhunderts –, um dem Zusammenfluss von Tanaro und Stura unten im Tal zuzuschauen.

Genau dort war vor mehr als zweitausend Jahren die blühende Stadt Pollentia entstanden, mächtig und geschäftig. In alten Zeiten war sie berühmt für die Töpferei, das Färben von Wolle und den Handel mit den Weinen, die heute mehr noch als damals den über ihr gelegenen Hügeln der Langhe und des Roero Ansehen verleihen. Von Mauern und Türmen begrenzt, mit einem Theater, Thermen und einem Amphitheater für 17 000 Zuschauer ausgestattet, liefen hier viele Straßen zusammen, ob von Turin, Asti oder der weit entfernten ligurischen Küste kommend. Fünf Jahrhunderte lang blühte die Stadt, bis im Jahre 402 n. Chr. mit dem Einfall der westgotischen Truppen des Alarich in Italien ihre beneidenswerte Vormachtstellung zunichte gemacht wurde. Dies war der Beginn einer jahrhundertelangen Agonie, im Lauf derer die Stadt fast gänzlich verschwand.

Heute legen unter dem Namen Pollenzo wenige Reste des Amphitheaters und vereinzelte Gebäude Zeugnis der einstigen Größe ab. Die Bewohner der Stadt hatten seit dem 5. Jahrhundert zur Verteidigung die umliegenden Hügel besiedelt und dort eine Reihe von Dörfern und Weilern gegründet, die wie eine Krone über dem sich weit unter ihnen erstreckenden Tal sitzen: Santa Vittoria, Verduno, La Morra und auch Bra.

Hügel und steile Hänge, an denen sich Kastelle und Dörfer festklammern: Die Landschaft des Roero hat ganz andere Besonderheiten als die Langhe des Barolo und des Barbaresco zu bieten. Auf dem lockeren und sandigen Boden genießt der Weinbau eine alte Tradition.

Von den Familien, die auf der Anhöhe von San Giovanni Lontano eine einfache städtische Siedlung schufen, erhielten sich einige Namen deutlich römischen Ursprungs, wie Costantino oder Aprile. Von hier zogen die Familien weiter Richtung Norden, unterhalb des auf dem Gipfel stehenden Kastells, das nach der Jahrtausendwende von einigen Adeligen errichtet worden war. Diese nannten ihr Geschlecht nach der darunterliegenden *braida*, dem Gebiet, das seit kurzem von den Mönchen der Gemeinschaft des Sant'Antonino bestellt wurde. Wegen ebendieser Landwirtschaft wurde die Gegend als *braida* bezeichnet, mit einem im Hochmittelalter gebräuchlichen Ausdruck für ein großes Feld, welches erst vor kurzem urbar gemacht worden war.

Vom Kastell, das damals mit seinen drei Türmen hoch emporragte, ist heute nichts mehr übrig, denn Emanuele Filiberto von Savoyen ließ es niederreißen, aus Zorn über die *braidesi*, die heftigen Widerstand vom Glacis der Stadt aus geleistet hatten, als er sie wieder in seinen Besitz bringen wollte. Er ließ auch die Befestigungen und die Mauer um den Ortskern schleifen, von denen sich heute eine flüchtige Spur im Namen der Via Barbacana (Stützmauer) finden lässt, die auf den einfachen Schutzwall unterhalb des ältesten Stadtteils verweist.

Aufgrund wiederholter Zerstörungen in der ersten Hälfte des 16. Jahrhunderts blieben Bra nur wenige Zeugnisse aus früheren Zeiten erhalten. Ausnahme ist der herrliche, einer Festung gleiche Palazzo Traversa im oberen Teil des Rathausplatzes. Sein Name geht auf jene Familie zurück, die ihn wenige Jahre lang, Ende des 19. und Anfang des 20. Jahrhunderts, ihr Eigentum nannte. Tatsächlich aber wurde die Anlage von der Familie Malabaila erbaut, als Zeichen ihres Reichtums und der Ehrhaftigkeit, mit welcher sie ihr Vermögen erworben hatte; denn die Familie war im 15. Jahr-

hundert ein angesehenes Beispiel für *casanieri*, Geldverleiher und Bankiers, aus der nahen Gemeinde Asti. Ein Zweig der Familie war Mitte des Jahrhunderts nach Bra gezogen und hatte sich dort diesen reichen, prächtigen Wohnsitz erbauen lassen. Er war mit zwei Türmen ausgestattet, wohl um eine Vormachtstellung innerhalb des städtischen Gefüges zu symbolisieren, und beeindruckend war auch die Fassade mit doppelbögigen Fenstern, dekoriert mit Blumenmotiven aus Ton. 1470 übergab die Familie das Gebäude ihrer Verwandten Mariannina als Mitgift in die Ehe mit einem gewissen Tommaso Operti aus Fossano, wodurch der Palazzo in das Eigentum dieser Familie überging. Im Laufe der weiteren Jahrhunderte besaßen den Bau die Albrione di Rorà, die ihn mit einem Zinnenkranz verzierten, dann die Traversa und die Boglione, bis er schließlich an die Gemeinde abgetreten wurde. Man beschloss eine Gesamtrestaurierung, um das Gebäude wieder in seinen ursprünglichen Zustand zu versetzen. Aus der jüngeren Zeit blieb nur das Ecktürmchen zwischen Via Serra und Via Parpera erhalten, das am Beginn dieses Jahrhunderts zur Zierde errichtet worden war. Das frisch restaurierte Gebäude beherbergt das örtliche Museum für Archäologie, Geschichte und Kunst.

Ist auch von den Epochen der Gotik und Renaissance in Bra wenig geblieben, so gibt es barocke Zeugnisse im Überfluss. Das 17. und 18. Jahrhundert waren für die Stadt Zeiten kultureller Blüte, in denen religiöse Leidenschaft, ein ungewöhnlich reges Interesse für Kunst und Literatur und nicht zuletzt die günstige finanzielle Situation vieler Familien die Errichtung von Kirchen und architektonisch bedeutsamen Palazzi begünstigte. Die alte Pfarrkirche Sant'Andrea, in romanischer Epoche erbaut, war vom Verfall bedroht. Ihr Sitz wurde unter demselben Namen in das neue Gottes-

GIOVANNI ARPINO

Giorgio Bàrberi Squarotti

Die Langhe Giovanni Arpinos sind im Vergleich zu jenen Cesare Paveses und Beppe Fenoglios etwas exzentrisch und peripher: Ihre Höhen umgeben das Städtchen Bra, das sich bereits zur Po-Ebene öffnet und den Tanaro unter sich liegen lässt, dahinter erheben sich die ersten Hügel von Verduno, La Morra und Novello, wo die eigentlichen Langhe beginnen.

Arpinos Romanfiguren begeben sich nie zu weit über den Tanaro hinaus, wie in *Una nuvola d'ira* streifen sie die höher gelegenen und finsteren Hügel der Langhe höchstens, sie erreichen sie kaum oder betrachten sie aus der Ferne, wie eine andere Welt. Ihr Raum ist vielmehr Bra und dessen unmittelbare Umgebung, die kaum von den ersten Erhebungen berührt wird; dort arbeiten sie und dort betätigen sie sich politisch (*Gli anni del giudizio*). Oft sind die Höhen, in denen Arpinos Figuren leben, jene des Hinterlands von Bra, ein Gefüge bizarrer Spitzen, unberührter Wälder, beschwerlich zu bestellender Weingärten, mit eigenartigen Felsen und geologischen Brüchen; ein Gefüge, das es mit den «anderen» Langhe von Angesicht zu Angesicht aufnehmen möchte, im Vergleich zu diesen nicht minder rau und wild ist, das aber auch abenteuerlicher und sonderbarer wirkt. Wie Arpino es in *L'ombra delle colline* (dt.: Im Schatten der Hügel) beschreibt, wo er das wechselvolle Schicksal der Partisanen in einer Form zeichnet, die weit von Fenoglios Epik (*Il partigiano Johnny*) oder Paveses tragischer Beschaulichkeit (*La casa in collina*) entfernt ist, wohl beeinflusst von den Farben und Formen der Hügel. In *La suora giovane* (dt. Ein ungleiches Paar) schließlich liegen Elternhaus und Lebensmittelpunkt der Hauptfigur am anderen Rand der Langhe, im Monregalese, das wie Bra auf die Hügelkette der Langhe blickt und außerhalb von Mondovì liegt, auch wenn sich die beiden Orte geografisch gesehen an den Grenzen der Langhe gegenüber liegen.

Tatsache ist, dass Arpino jene Gegensätzlichkeit zwischen Turin und den Langhe, die wir auch bei Pavese finden, neu interpretiert. Ein etwas anderer Kontrast zwischen Land und Hauptstadt ist auch bei Fenoglio festzustellen, der nicht die Langhe des am Rande gelegenen Bra, sondern jene um Alba in seine Werke einbezieht. Arpinos Romane konzentrieren sich aber viel häufiger auf den vom Menschen geprägten Lebensraum Stadt; Genua im Roman *Sei stato felice, Giovanni* mit nicht mehr als ein paar bruchstückhaften Erinnerungen an die Hügel um Bra und das Land, Turin im ersten Teil von *Una nuvola d'ira* und am Ende von *L'ombra delle colline*, wieder Turin in *La suora giovane*, *Un'anima persa* und *Il fratello italiano*. Die Randzonen der Langhe, die Arpino mit seiner Literatur berührt, bleiben im Hintergrund, als vage, aus der Erinnerung rekonstruierte Vorstellung, als Versuch, gegen die Wirklichkeit der Großstadt mit ihrer alles dominierenden Industrie anzukämpfen, wo das mehr oder weniger verborgene und hinterhältige Böse regiert, in der aber auch die Hoffnung auf ein weniger hartes und bitteres Leben als auf dem Land liegt.

---

haus auf dem Rathausplatz verlegt, das bereits dem Corpus Domini geweiht war. Guarino Guarini, der den Bau 1672 begonnen hatte, konnte ihn zehn Jahre später zu Ende führen und ihm das triumphale Äußere verleihen, das für die barocke Ästhetik so wichtig war. Dazu passt auch das Innere, mit vielen Altären, Säulen und vergoldeten Kapitellen, die einen eleganten Gesamteindruck ergeben.

Ähnlich zu bewerten sind, als nahezu einzigartiges Beispiel eines überbordenden Barock, die Stuckdekorationen, geschaffen ab 1618 unter anderem von Domenico und Pietro Beltramelli, im Inneren der Kirche Santissima Trinità, besser bekannt als Kirche der Battuti Bianchi. Diese war im 17. Jahrhundert von einer Bruderschaft in Auftrag gegeben worden, die direkte Nachfolgerin jener alten Gemeinschaft der Geißler war. Diese der Demütigung und Buße zugeneigte Bewegung hatte in Bra im 13. Jahrhundert zahlreiche Anhänger gefunden.

Im 18. Jahrhundert drückte der Architekt Bernardo Antonia Vittone der Stadt mit seinen Werken einen unverwechselbaren Stempel auf. Er plante das Schmuckstück der Stadt, die Kirche Santa Chiara

WURST AUS BRA

Piero Sardo

Die hochgeschätzte und einzigartige *salsiccia* aus Bra wird aus einer Mischung aus magerem Rindfleisch und fettem Schweinefleisch zubereitet. Früher einmal bestand sie aus reinem Rindfleisch, da sich auch die jüdische Gemeinschaft aus Cherasco auf dem Markt von Bra versorgte und natürlich Würste ohne Schweinefleisch verlangte. Diese Tradition wurde durch ein königliches Dekret offiziell bestärkt, das die Metzger in Bra berechtigte, für die Zubereitung von Frischwurst reines Rindfleisch zu verwenden, was damals für Italien einmalig war. Als die jüdische Gemeinschaft an Bedeutung verlor, wurde statt magerem Rindfleisch, das für gewöhnlich schneller verdirbt, zunehmend fettes Schweinefleisch verwendet. Heute bereiten die Metzgereien in Bra und in einigen Gemeinden der Umgebung (Sommariva Bosco, Marene, Cervere) die Wurst aus 70 bis 80 Prozent fein gehacktem magerem Fleisch vom Piemonteser-Kalb und aus 20 bis 30 Prozent Schweinebauch bzw. Schweinespeck zu. Das Gemisch, das weich und feucht bleiben muss, wird schließlich in kleine Schafsdärme gefüllt. Jeder Metzger hat sein eigenes Rezept, sei es in der Zusammensetzung der Wurstmasse, sei es beim Würzen: Alle verwenden Meersalz (ca. 200 Gramm auf zehn Kilogramm Masse) und ein Gewürzgemisch (weißer Pfeffer, Zimt, Muskatnuss, Muskatblüte) in Dosierungen, die zwischen 15 und 45 Gramm pro zehn Kilogramm *salsiccia* variieren. Ferner gibt ein jeder seiner Wurst einen unverkennbaren Touch, mit Knoblauch, Fenchel, Porree, geriebenem Parmesan, geriebenem reifen Robiola aus der Langa oder Weißwein (Arneis oder Favorita). Zu den Festtagen zur Jahreswende geben einige Metzger auch Spumante oder Prosecco zu.

Wurst aus Bra ist vorzugsweise roh und so frisch als möglich zu verzehren. Da keine Zusatz- oder Konservierungsstoffe verwendet werden, verliert die Wurst relativ rasch ihre typisch hellrosa Farbe. Traditionellerweise wird die *salsiccia* auch gegart und mit gebratenen, marinierten Paprikaschoten serviert.

---

am höchsten Punkt der Via Barbacana. Mit glücklicher Hand fügte er neue, von der Klassik inspirierte Ideen in die mittlerweile wohl bekannte Welt des Barock ein und verband Raum und Licht auf so wunderbare Art, dass das Gebäude zum klassischen Beispiel der piemontesischen Architektur jener Zeit wurde. Bernardo Vittone schuf vieles in Bra: Er widmete sich Santa Maria degli Angeli, einem Kirchengebäude mit elliptischem Grundriss, das er den baulichen Vorgaben im oberen Teil der Piazza XX Settembre anpassen musste, und auch das neue Rathaus ist sein Werk, eine Vergrößerung des ursprünglich mittelalterlichen Gebäudes, auf dessen 1732 fertig gestellter Fassade sich Motive des Turiner Palazzo Carignano wiederfinden.

Dies sind nur einige Beispiele an öffentlichen barocken Bauwerken, die Bra dem Besucher zu bieten hat, aber auch an bürgerlicher Kunst mangelt es nicht: Palazzo Valfrè etwa, Palazzo Garrone oder Palazzo Mathis. Besonders erwähnenswert sind die schönen Portale, die hier, aber auch an zahlreichen anderen Gebäuden in Bra, bewundert werden können.

Ein ungewöhnliches Beispiel der Architektur des 19. Jahrhunderts bietet uns die Piazza des nahen Vororts Pollenzo. Einer neuen Interpretation der Gotik folgend, wurden hier ästhetische Regeln angewendet, deren Ursprung in gewissen Tendenzen der englischen Romantiker zu finden ist; so hatte es König Karl Albert gewollt. Kurz nach 1830 gab er dem Hofarchitekten Pelagio Palagi den Auftrag, Kirche, Säulengang, Turm und Brunnen mit untereinander verbundenen gotischen und romanischen Motiven zu bauen. In die auf die Piazza gerichtete Kirche San Vittore wurde ein großer Teil des wunderbaren hölzernen Chors aus der Abtei von Staffarda eingefügt, dessen wertvolle und einzigartige Intarsien aus dem 15. Jahrhundert vermutlich von Meistern jenseits der Alpen stammen.

Gleich außerhalb der Stadt, wenn man in die so genannten *terre roeriane* eindringt – der Name stammt von jener Familie, die das Gebiet in den letzten Jahrhunderten zum Lehen hatten –, geht das Schauspiel der Hügellandschaft rasch in ausgedehnte Wälder und rötliche Furchen über, und der Gedanke an die zahlreichen, im Laufe der Jahrhunderte hier entstandenen Legenden über Hexen, Dämonen und verdammte Seelen drängt sich auf. Die Umrisse der kleinen, nahen Dörfer, die sich an die *brich* klammern, heben sich deutlich über dem Grün der hundertjährigen Bäume ab: Pocapaglia, Sommariva Perno, Monteu, Montaldo,

auch sie geschichtsträchtig und reich an Spuren jener Ereignisse, deren Protagonisten sie im Lauf der Geschichte des alten Piemonts waren.

Anreise

Auf der *statale* 231 von Cuneo-Fossano oder von Asti-Alba. Von der *autostrada* fährt man bei der Ausfahrt Marene beziehungsweise Asti est ab. Wer von Turin kommt, fährt die *statale* Torino-Carmagnola. Mit dem Zug nimmt man die Strecke Cavallermaggiore-Alba-Cantalupo-Alessandria oder Torino-Bra-Ceva.

BRA
Einwohner: 27552
Höhe: 290 Meter

INFORMATIONEN

Ufficio Turismo e Manifestazioni
Piazza Caduti per la Libertà 14
Tel. 0172 438324

MUSEEN UND KULTURZENTREN

Museo civico di storia naturale Craveri
Via Craveri 15
Tel. 0172 412010
Öffnungszeiten: 15–18
Montag geschlossen
Eines der ältesten naturgeschichtlichen Museen des Piemonts (gegründet 1843). Es enthält die Sammlungen der Brüder Craveri, die in deren ehemaligem Familiensitz zur Schau gestellt werden. Elf Räume sind den Erdwissenschaften (Mineralogie, Geologie, Paläontologie), der Urgeschichte der Sahara, den wirbellosen Tieren, Fischen, Amphibien und Reptilien, der Ornithologie und der Meteorologie gewidmet. Der Enthusiasmus des Direktors Ettore Molinaro und seines

Teams gipfelt in den unterschiedlichsten kulturellen Veranstaltungen.

Museo civico archeologico e storico-artistico di Palazzo Traversa
Via Parpera 4
Tel. 0172 423880
Öffnungszeiten: Dienstag und Donnerstag 15–18; jeweils am zweiten Wochenende jedes Monats auch Samstag und Sonntag 10–12 und 15–18. Für Gruppen ist eine Voranmeldung notwendig. In diesem Museum können die archäologischen Sammlungen von Pollenzo, dem antiken *Pollentia*, besichtigt werden. Berühmt ist die Grabstele des Mercator Vinarius Marcus Lucrezius Crestus, von großer Bedeutung sind aber auch die weiteren Funde (Gegenstände aus Glas, Keramik und Metall), die im Zuge der in den 60er-Jahren von Professor Edoardo Mosca durchgeführten Ausgrabungen entdeckt wurden. Ihm ist die Sammlung gewidmet.

Centro polifunzionale Giovanni Arpino
Via Guala 45
Dieses Gebäude wurde auf Wunsch der Verwaltung in

den 70er-Jahren in Anlehnung an das Pariser Beaubourg gestaltet und ist ein Beispiel für die Revitalisierung ungenutzter Gebäude (es liegt im Bereich der alten Kasernen der Gebirgsjäger). Es beherbergt eine Bibliothek, ein Auditorium, einen Konferenzsaal und Räume für temporäre Ausstellungen. Diese Räume bilden den Rahmen für Werke renommierter zeitgenössischer Künstler, Konzerte, Theaterstücke und Filmvorführungen.

ÜBERNACHTEN

Badellino
Piazza XX Settembre 4
Tel. 0172 439050
3 Sterne, 20 Zimmer mit Bad, TV und Telefon. Restaurant, Parkplatz auf der Piazza vor dem Hotel.
Preise: Doppelzimmer L.110000, Einzelzimmer L.70000, Frühstück bei Tisch L.10000
Wenige Schritte vom Zentrum entfernt auf dem Marktplatz gelegen. Neben den Zimmern gibt es ein Restaurant mit guter, lokaler Küche zu angemessenen Preisen. Besondere Aufmerksamkeit wird dem Käsewagen

und der eher kleinen, aber hochwertigen Weinkarte gewidmet. Herzlicher, zuvorkommender Service.

Elizabeth
Piazza Giolitti 8
Tel. 0172 422486
3 Sterne, 27 Zimmer mit Bad, TV, Telefon, Minibar. Parkplatz auf der Piazza vor dem Hotel.
Preise: Doppelzimmer L. 150000, Einzelzimmer L. 90000, Frühstücksbuffet L. 12000
Für einen ruhigen, komfortablen Aufenthalt in Zentrumsnähe. Im Restaurant wird piemontesische Küche zu mittleren Preisen angeboten.

Nuovo Hotel Giardini
Piazza XX Settembre 28
Tel. 0172 412866
3 Sterne, 22 Zimmer mit Bad, TV, Telefon, Minibar. Parkplatz auf der Piazza vor dem Hotel.
Preise: Doppelzimmer L. 140000, Einzelzimmer L. 95000, inklusive Frühstück
Komfort und herzliche Aufnahme in diesem Hotel mit Ausblick auf den Marktplatz.

Villa Mamoli
Tel. 055 7309145
3 Doppelzimmer mit eigenem Bad.
Mindestaufenthaltsdauer: drei Nächte. Parkplatz, weitläufiger Park und Swimmingpool.
Preise: L. 100000–150000
Ein anspruchsvoller Bed-&-breakfast-Betrieb, der in einem pompösen Gebäude aus dem 18. Jahrhundert untergebracht ist und alle notwendigen Accessoires für einen ruhigen, eleganten Aufenthalt bietet. Prachtvolle Einrichtung und Stilmöbel, Fresken an den Decken und Intarsienböden. Der gepflegte Park ist ideal für heitere, wohltuende Spaziergänge. Im Jahre 1796 wurde diese Villa von Napoleon bewohnt.

ESSEN

Battaglino
Piazza Roma 18
Tel. 0172 412509
Sonntagabend und Montag geschlossen (außer nach vorheriger telefonischer Anmeldung)
Betriebsferien: den ganzen August, unterschiedlich im Januar
Plätze: 80
Preise: L. 50000 ohne Wein
Kreditkarten: alle
Eine traditionelle Etappe bei jeder Gourmettour durch das Piemont, wo Sie genau den Stil und das Repertoire antreffen, die für dieses Gebiet so typisch sind: gekochtes Rindfleisch, Kutteln, Schnecken, *finanziera*, hausgemachte Pasta. Gute Auswahl an Käsen, angeführt von Castelmagno und Bra, und an Weinen: Neben dem Hauswein werden einige gute Etiketten aus der Umgebung angeboten.

La Corte Albertina
Frazione Pollenzo
Piazza Vittorio Emanuele 3
Tel. 0172 458189
Mittwoch Ruhetag
Betriebsferien: 3 Wochen im Januar
Plätze: 50
Preise: L. 55000–70000 ohne Wein
Kreditkarten: alle
Im albertinischen Teil von Pollenzo, genau zwischen der Kirche, dem ehemaligen Gut der Savoyer und dem großen Gebäude der Agenzia, befindet sich dieses anspruchsvolle Lokal, das auf gute, traditionelle Küche setzt. Fast ausschließlich lokale Weine.

Murivecchi
Via Piumati 19
Tel. 0172 431008
Montag Ruhetag
Samstag und Sonntag nur abends geöffnet

Betriebsferien: im August
Plätze: 50 + 30 im Freien
Preise: L. 40000–45000 ohne Wein
Kreditkarten: die gängigsten
In diesem geschickt zu einem Lokal adaptierten alten Weinkeller leben Ambiente und Atmosphäre der typischen Osteria vergangener Zeiten weiter. Küche mit piemontesischer Note (*carne cruda*, *vitello tonnato*, Gnocchi, Suppen, Kaninchen) und zwangloser Service.

Osteria del Boccondivino
Via della Mendicità Istruita 14
Tel. 0172 425674
Sonntag und Montagmittag geschlossen
Betriebsferien: im Zeitraum Juli–August
Plätze: 60
Preise: L. 40000–45000 ohne Wein
Kreditkarten: alle
In diesem bereits historischen Lokal, das untrennbar mit der Geschichte von Arcigola Slow Food verbunden ist (im gleichen Hof befindet sich der Hauptsitz der Vereinigung des «langsamen Essens»), sollten Sie sich die unvergleichlichen *tajarìn*, aber auch die gefüllten Paprika, *carne cruda* und das Kaninchen mit Arneis nicht entgehen lassen. Käse und Desserts sind empfehlenswert. Sehr gepflegte Weinkarte, in der alle großen Namen des Piemonts und viele andere Weine vertreten sind. Auf Wunsch kann der Weinkeller Barolo-Jahrgänge auftreiben, die anderswo kaum zu finden sind.

Pizzeria Da Ugo
Via Isonzo 39
Tel. 0172 415442
Montag Ruhetag
Betriebsferien: 3 Wochen im Juli und August
Plätze: 50
Preise: L. 20000–25000 ohne Wein

DIE ENGELCHEN DER HEILIGEN KLARA

Grazia Novellini

Mit den Puttenköpfen der «Engelchen der Santa Chiara», die ins Portal des außergewöhnlichsten Kunstdenkmals von Bra geschnitzt sind, assoziiere ich eine ferne Erinnerung an ein Ritual meiner Kindheit. Stand ich als kleines Mädchen vor der Kirche Bernardo Antonio Vittones, so zerrte ich meine Begleitung jedes Mal zu einem der Portalfelder in meiner Augenhöhe, um dem Engelchen links «ein Küsschen zu geben». Es hatte eine ganz abgewetzte Nase und schien mir viel trauriger zu sein als sein Kollege am anderen Flügel (wie alle handgemachten Dinge hat jedes der sechs Gesichtchen einen ganz eigenen Ausdruck und eine Persönlichkeit).

Da man bei mir zu Hause weder auf Gefühlsduselei noch auf Frömmigkeit besonderen Wert legte, wurde meine Vorliebe als ziemlich bizarr angesehen und mit Verweisen auf hygienische Vorschriften entmutigt, die angesichts des mit Straßenstaub überzogenen Holzes, an dem der Zahn der Zeit sichtbar genagt hatte, bestimmt nicht von der Hand zu weisen waren. Den vernünftigen Ansichten der Erwachsenen aber gab ich mich nicht geschlagen: Es erschien mir vielmehr eine Ungerechtigkeit, dass diese so hübschen Engel derart schmutzig waren; wie einfach wäre es gewesen, sie ein bisschen abzustauben …

Einfach war es nicht, aber schlussendlich ist es gelungen: Seit ein paar Jahren hat auch das Portal der Kirche der heiligen Klara einen Gutteil seines alten Glanzes wieder, was einer Initiative der Rotarier zu verdanken ist. Mit einem von der Stadt unterstützten umfassenden Restaurierungsprojekt wurden viele andere, bedeutendere Elemente dieses architektonischen Juwels aus dem 18. Jahrhundert gerettet. Die Mobilisierung lokaler Verbände (als Reaktion auf einen 1981 von Italia Nostra lancierten Appell), die finanzielle Unterstützung durch öffentliche und private Stellen, der energische Aktivismus des für die Kirche verantwortlichen Padres Ettore Molinaro ermöglichten die erforderlichen Restaurierungsarbeiten.

Seit einigen Jahren trägt die glanzvolle Kuppel, die das Meisterwerk Vittones krönt – ein laut Rudolf Wittkower «Architekt von seltener Befähigung, voll origineller Ideen und mit einer Schaffenskraft, mit der es nur wenige große Meister aufnehmen können» –, eine blendend weiße neue Tünchung. Sogar der zerstreuteste Autofahrer, der vom Rathaus die Via Barbacana und die Ruinen der Stadtmauern entlangfährt, wird von ihr Kenntnis nehmen müssen. Aber wahrscheinlich wird nur ein aufmerksamer Fußgänger das restaurierte Portal eingehend bewundern können. Wann dieses geschaffen wurde, ist schwer zu sagen, es ist jedoch bestimmt jünger als die Kirche selbst. Die Autoren des von der Sparkasse herausgegebenen Büchleins *Arte a Bra* ordnen es zwischen dem Ende des 18. und dem Beginn des 19. Jahrhunderts ein. Und doch zeugen die Gesichtchen der Putten, wie sehr sie die Zeit auch gezeichnet haben mag, von einem erfolgreich ausgefochtenen Kampf zu ihrem Schutze. Und es scheint (zumindest mir), als ob das Engelchen links nun etwas weniger traurig dreinblicken würde.

Kreditkarten: keine
Fotos und Erinnerungsstücke von Elvis Presley, der wahren Leidenschaft des Meisters Ugo, stellen die einzige Ausstattung dieses Lokals dar, das ansonsten einfach und auf das Essenzielle beschränkt ist: ein Stück Geschichte des Städtchens Bra. Seit 1969 wird dieses Lokal wegen seiner Pizze frequentiert, die zu den besten in der ganzen Umgebung zählen und seit vielen Jahren pünktlich von der umgänglichen Tochter des Inhabers auf den Tisch gestellt werden.

IMBISS

Il Chiosco
Piazza Roma 35
Eis, Aperitif, exzellente Weinauswahl.

La Cantinetta
Piazza Caduti per la Libertà 25
Ein Lokal mit jugendlichem Flair, wo neben Aperitifs und guten Häppchen auch kalte und warme Gerichte zu den lokalen Weinen genossen werden können. Abends geschlossen.

EINKAUFEN

FLEISCHWAREN
Aprato
Via Vittorio Emanuele 162

Domenico Scaglia
Via Vittorio Emanuele 193

Davide Tibaldi
Corso Garibaldi 18
In diesen Fleischereien wird, wie in vielen anderen in der Stadt, die exklusive *salsiccia di Bra* verkauft, eine Wurstspezialität aus Kalbfleisch, die roh gegessen wird. Generell wird gutes Fleisch von Rindern der

CHEESE, DIE VERSCHIEDENEN FORMEN DER MILCH

Beppe Stella

Käsehauptstadt Bra. Es war Slow Food, das dieses für eine der DOP-Käsebezeichnungen des Piemonts namensgebende Städtchen zu einem Bezugspunkt für alle Liebhaber der «Formen der Milch» werden ließ. Die alle zwei Jahre stattfindende «Cheese»-Messe wurde erstmals 1997 abgehalten, damals mit dem Schwerpunktthema europäische Käsesorten mit geschützter Ursprungsbezeichnung. Bei der zweiten Veranstaltung standen die Kleinkäsereien der Mittelmeerländer im Mittelpunkt. Dabei hatten Käsefans Gelegenheit, traditionelle Käsespezialitäten aus Frankreich, Spanien, Italien, Portugal und anderen Ländern zu verkosten und zu kaufen; sie konnten dabei die eine oder andere rare und exklusive Variante erwerben, die in Italien ansonsten nicht zu erhalten ist.

Ganz im Stil von Slow Food – wo man weit über die etwas abgenützte Formel einer klassischen Messe hinausgeht – gliedert sich die «Cheese» in verschiedene Themenbereiche: Als großer Markt, auf dem Käsesorten aus aller Welt zu kaufen sind, der aber auch Gelegenheit bietet, ein paar Kostproben zu genießen und mit den Erzeugern und Affineurs zu plaudern; im Salon des Geschmacks kann man sich einen individuellen «Parcours» durch die verschiedensten Sorten zusammenstellen und dazu große Weine aus dem Piemont genießen; ferner gibt es «Workshops des Geschmacks», Dutzende von kommentierten Verkostungen im Beisein von Experten und Erzeugern und, last but not least, jene Bereiche, die Milch, Joghurt, Speiseeis etc. zum Thema haben.

hochwertigen Piemonteser-Rasse angeboten.

SÜSSIGKEITEN

Bottega delle Delizie
Via Pollenzo 6
Ein kleines Geschäft mit typischen Leckereien aus der Gegend und anderen süßen Verführungen, darunter die Bonbons aus Enzianblüten und Pfefferminze, eine Spezialität aus Bra.

OBST UND GEMÜSE

Bogetti
Corso Garibaldi 40
Ein kleines Geschäft mit Obst und Gemüse erster Wahl, exzellenter Käseauswahl (allen voran der Occelli) und Wurstwaren (Carpegna-Rohschinken), verschiedenen kulinarischen Leckereien und einem recht guten Sortiment an Weinen.

Giovanni Fissore
Via Moffa di Lisio 7
Produkte je nach Saison sowie Frühgemüse, auch ausgefallene Sorten. Im Sommer bietet Fissore auch Obst und Gemüse aus privatem Anbau an.

DELIKATESSEN

Cavallero
Piazza Roma 45
Erstklassige Wurstwaren. Gekochter Schinken, Hartwurst und Schweinskochwurst sind die wichtigsten Produkte.

Pochettino-Da Felicina
Via Vittorio Emanuele II 276
Schon seit jeher das Delikatessengeschäft von Bra schlechthin, mit einer guten Auswahl an Fertiggerichten und einer ausgezeichneten gekochten Salami aus eigener Produktion.

I Sapori
Via Vittorio Emanuele II 206
Gute Auswahl an Käse, darunter Robiola aus Roccaverano, sowie ausgezeichnete Wurstwaren, im Speziellen rohe Salami und luftgetrockneter Schinken.

HONIG

Apicoltura Milanesio
Strada Fey 12 b
Die Familie Milanesio produziert und verkauft verschiedene Arten von Honig, vom Akazienhonig bis zum Eukalyptushonig.

KONDITOREIEN

Arpino
Via Cavour 36 / Ecke Via Marconi
Giuseppe Gandino, der schon Mitarbeiter im Betrieb des großen Carlo Arpino war, bleibt der lokalen Tradition treu und verkauft auch weiterhin sein exzellentes Gebäck, darunter *meringhette*, *bavaresi*, *bignole* und *cannoli* in Miniaturausgabe. Auch die Torten und das Eis sollten Sie sich nicht entgehen lassen.

Converso
Via Vittorio Emanuele II 199
Die Konditorei von Renato Boglione und dessen Sohn Federico ist ein geradezu historischer Ort in Italien – wie eine köstliche, mit Holztäfelung ausgelegte Bonbonniere – und gehört zu den meistfrequentierten Lokalen zum Frühstück (herrliche Brioches) und zum Aperitif. Die Süßigkeiten sind von ausgezeichneter Qualität, besonders auch das Eis, wobei die Sorten Stracciatella und Schokolade den Sieg davontragen. Empfehlenswert sind auch Torrone und Torten.

DER HEILIGE PRIESTER VON BRA

Alfredo Mango

Eine besondere Erscheinung in der Geschichte der katholischen Kirche, die weit über den religiösen Bereich hinausgeht und sich in die Sozialgeschichte einfügt, besteht im außergewöhnlichen Auftreten so genannter heiliger Priester im savoyischen Turin des 19. Jahrhunderts. Der Katholizismus im italienischen Alpenvorland erfuhr durch das soziale und moralische Missionswerk, durch die Nächstenliebe und Hilfeleistung dieser Priester eine derartige Vitalität und Regeneration, dass er zu einem wertvollen Bezugspunkt für Bedürfnisse und Erfordernisse benachteiligter Bevölkerungsgruppen werden konnte, die unter dem Druck der sozialen und wirtschaftlichen Neuorientierung standen, welche die aufstrebende Industriegesellschaft mit sich brachte. Die Namen dieser heiligen Priester – von Giuseppe Benedetto Cottolengo zu Murialdo, von Don Giovanni Bosco zu Giuseppe Cafasso – sind weit über die Grenzen des Piemonts tief im Bewusstsein der Menschen verwurzelt und evozieren eines der gütigsten und großmütigsten Kapitel in der Kirchengeschichte.

Der erste unter ihnen, der im Turin der Jahre der Restauration von 1828 bis zu seinem Tod (1842) wirkte, ist der in Bra geborene Priester Giuseppe Benedetto Cottolengo. Es fällt schwer und ist wohl auch nicht angebracht, hier eine Bewertung durchzuführen. Unbestritten ist, dass Cottolengo ohne weiteres auf eine Stufe mit den anderen (auch den bekanntesten wie etwa Don Bosco) gestellt werden kann: wegen seines Charismas, wegen der vollkommenen Hingabe an den Nächsten, für das monumentale Gebäude seines Wirkens, das er zu errichten verstand. Man denke nur daran, dass – abgesehen von der 1832 in Turin gegründeten Casa Madre di Valdocco – seine «Kleinen Häuser der göttlichen Vorsehung» heute nicht nur in ganz Italien zu finden sind, sondern auch anderswo in Europa, in Nord- und Südamerika, in Asien und Afrika. In diesen Einrichtungen, deren Mission menschliche Solidarität und Hilfeleistung für Bedürftige ist, arbeiten heute über 4000 Schwestern einer Kongregation, die der Heilige gegründet hat. Er sandte die ersten «Frauen der christlichen Liebe» in die Welt, wo sie in den nach und nach entstehenden Krankenhäusern und Pflegeheimen tätig wurden.

Cottolengos Botschaft wurde in der ganzen Welt verbreitet und bekannt. Was war nun die kulturelle, geistige und religiöse Bildung dieses außergewöhnlichen Mannes, dieses Apostels der Nächstenliebe und des Glaubens? Giuseppe Benedetto Cottolengo kam in einer begüterten kleinbürgerlichen Familie in Bra zur Welt (der Vater war Stoffhändler). Nachdem er sich für die Priesterlaufbahn entschieden hatte, erfüllte ihn bereits während der Jahre des Theologiestudiums angesichts der Missstände in der Gesellschaft ein Gefühl der Unzufriedenheit und des tiefen Missbehagens, so die Biografen. Der Auslöser dafür, ein systematisches Hilfswerk ins Leben zu rufen, ist in der – zufällig und zugleich vorherbestimmten – Auseinandersetzung mit dem dramatischen Schicksal einer armen französischen Frau zu finden, die starb, nachdem ihr in allen Krankenhäusern die Pflege verweigert worden war. Fest entschlossen, Derartiges in Zukunft zu vermeiden, fand Cottolengo nach kurzer intensiver Suche einen Ort, der sich für die Einrichtung einer Krankenstation eignete: Die nunmehr legendären Räumlichkeiten des späteren Ospedaletto della Volta Rossa sind der historische Kern aller Kleinen Häuser der göttlichen Vorsehung (*Piccole Case della Divina Provvidenza*).

Cottolengos Initiative setzte sich durch, er wirkte den Unzulänglichkeiten der noch dazu spärlich gesäten öffentlichen Einrichtungen entgegen, obwohl der Heilige nie vorhatte, Bestehendes zu ersetzen oder zu denunzieren. Sein Werk bestand einzig und allein darin, Gott zu dienen, indem er Armen, Kranken und Ausgegrenzten half. Es ist hier wohl nicht angebracht, das Werk Cottolengos in den gesellschaftlichen Kontext seiner Zeit einzugliedern. Einige Aspekte seiner Ausbildung und seiner Beziehungen zur Regierung, zum Herrscherhaus und zu den Kirchenautoritäten verdienen es aber dennoch, genauer betrachtet zu werden. So würdigte die Kirche zwar stets, dass Cottolengo in jedem öffentlichen Papier seinen festen katholischen Glauben und seine volle Unterwerfung unter den Willen des Kirchenoberhaupts zum Ausdruck brachte; dennoch lässt sich der Einfluss nicht leugnen, den der geistliche Leiter seiner Studien- und Bildungsjahre, der Augustinerpater Gavaldo, auf ihn ausübte. Dass dadurch in Cottolengos theologischer Kultur und Spiritualität ein gewisser, wenngleich latenter und unausgesprochener, Jansenismus mitklang, ist nicht auszuschließen.

In den Beziehungen zum König (seine unumwundene Kritik an der Absicht Carlo Albertos, fromme Werke und somit auch das Kleine Haus unter staatliche Kontrolle zu stellen) und zur Kirche (beispielsweise im Konflikt mit dem Bischof von Tortona, der als Diözesan in der geistlichen Führung der Schwestern mitmischen wollte, als ob sie einem religiösen Orden angehörten und nicht dem Kleinen Haus unterstehend in Krankenhäuser und Pflegeheime entsandt würden) zeigt sich eine beachtenswerte geistige und operative Unabhängigkeit. Cottolengo wahrte die Form, wollte aber mit seinen Taten nur Gott entsprechen, dem gegenüber er sich als Sklave im Dienste seiner Brüder sah. Obwohl er die Möglichkeit hatte, Carlo Alberto auf formaler und auf freundschaftlicher Ebene zu begegnen, arbeiteten die beiden doch auf unterschiedliche Ziele hin.

Wie andere große heilige Priester im Piemont des 19. Jahrhunderts fühlte sich auch Cottolengo in den Jahren seines Apostolats vom Glauben an die göttliche Vorsehung bewegt und machte das Gebet zum Leitmotiv seiner Existenz, das er als Hingabe zu und Gespräch mit Gott lebte. So wie seine großen geistigen Meister San Vincenzo de' Paoli und San Filippo Neri widmete er sein Leben dem Wohl der Menschen, den Bedürftigen, auf allen Ebenen (denken wir an die Schulen, die er für Waisenkinder einrichtete) und unter allen Umständen. In diesem Sinne trugen die Gedanken und Werke Cottolengos wesentlich dazu bei, den Mitmenschen eine ganz bestimmte Botschaft und das Erbe einer Lehre zu vermitteln. Das soll nie vergessen werden, erneuern sich doch seine Ziele und Werke Tag für Tag, Stunde um Stunde, in den von ihm begründeten Kleinen Häusern.

In der Weihnachtszeit probieren Sie den klassischen Panettone.

GEWÜRZE UND AROMEN

Sardo & Quaglia
Via Audisio 33
Ein Geschäft, wo Sie das Flair eines orientalischen Marktes spüren. Neben Gewürzen und Aromen finden Sie verschiedene kulinarische Spezialitäten, oft auch Ausgefallenes, aus ganz Italien. Nur stellvertretend unter den vielen Leckereien seien pizzoccheri (Nudeln mit Kohl und Kartoffeln) und Polenta mit Butter und Käse aus dem Valtellina, cicerchia (Platterbsen) aus den Marken und Linsen aus Castelluccio genannt.

WEIN, GRAPPA

Per Bacco
Via Audisio 41
Gute Auswahl an Weinen, Grappa und anderen Destillaten. Gepflegte Auswahl an typischen Produkten der Langhe, darunter ein eindrucksvolles Sortiment an Käse.

MÄRKTE

Piazza XX Settembre
Immer mittwochs und freitags. Am Mittwoch handelt es sich fast ausschließlich um Lebensmittel, freitags ist der Markt umfangreicher und erstreckt sich bis zum dahinterliegenden Corso Garibaldi. Unter dem «Flügel» sind die interessantesten Stände: Käse (besuchen Sie den Stand von Giolito), Fisch (hervorragend bei Adriano Bogetti), Sardellen und Thunfisch. In der Mitte des Platzes gibt es Obst- und Gemüsestände. Am Samstagnachmittag kann man in der wenige Schritte von der Piazza entfernten Markthalle Frühobst und -gemüse direkt von den Gärtnern der Umgebung kaufen.

ANTIQUITÄTEN

Michele Chiesa
Via Mendicità Istruita 47
Michele Chiesa ist der exklusivste Antiquitätenhändler in Bra. Sie können auch das Museum für antikes Spielzeug besichtigen.

L'alchimia antichità
Via Vittorio Emanuele 135
Alte Möbel und Kunstgegenstände, speziell aus dem 19. Jahrhundert. Die in der Altstadt gelegene Sammlung ist nachmittags geöffnet.

La soffitta
Via Caduti della Libertà 9
Eine gute Adresse für Liebhaber antiker Möbel und kunsthandwerklicher Gegenstände.

WEINKELLEREIEN

Giacomo Ascheri
Via Piumati 23
Tel. 0172 412394
Ein Betrieb mittlerer Größe, der aus den Trauben aus eigenem Anbau die klassischen Weine des Roero und der Langhe herstellt. Speziell hervorzuheben und von wirklich guter Qualität sind die Weine, die aus den Trauben aus Montelupa gekeltert werden, ein echter Cru am Stadtrand.

Luca Abrate
Strada Orti 29 a
Tel. 0172 415254
Dieser junge Betrieb stellt sich mit den klassischen Weinen der Gegend zu günstigen Preisen vor, allen voran Nebbiolo und Barbera.

FESTE, MESSEN UND VERANSTALTUNGEN

Corto in Bra
Festival europeo del cinema corto
Jedes zweite Jahr Ende März. Vier Tage Kurzfilmfestival: Vorführungen, Gesprächsrunden mit den Autoren,

Die Akademie des Geschmacks in Pollenzo

Beppe Stella

Pollenzo ist ein kleines Zentrum, das glanzvolle Momente erlebt hat. Zur Zeit der Römer war es eine blühende Handelsstadt, von Mauern und Türmen umgeben, verfügte über ein Theater, Thermen und ein riesiges Amphitheater. Hier färbte man Wolle und stellte Vasen und Kelche her. Ab dem 5. Jahrhundert n. Chr. verlor der Ort seine Bedeutung. Erst im 19. Jahrhundert erfuhr er eine zweite Blüte, als Carlo Alberto von Savoyen ihn in ein fortschrittliches Landwirtschaftszentrum verwandelte und hier auch seine bevorzugte Residenz wählte. Die kleine Gemeinde wird von einem weitläufigen, auf den König von Sardinien zurückgehenden Gebäudekomplex geprägt, der hier seiner Leidenschaft für die Landwirtschaft nachging und am liebsten ein kleines savoyisches Versailles errichtet hätte. Das Kastell, die Bauten der Agenzia, das Gut Albertina – alle im neugoti-schen Stil – sind das Ergebnis der zwischen 1838 und 1849 durchgeführten Arbeiten.

In den Räumlichkeiten der Agenzia, der einstigen Direktion der landwirtschaftlichen Güter der Savoyer, konkretisiert sich nun das von Carlo Petrini und Slow Food lancierte Projekt, durch das Pollenzo zur italienischen Hauptstadt des Geschmacks werden soll. Die kürzlich (mit öffentlicher und privater Beteiligung) gegründete Aktiengesellschaft zählt über 200 Aktionäre und hat nach dem Erwerb von sechs Hektar Land ihre Arbeit bereits aufgenommen: An der ersten italienischen Akademie des Geschmacks sollen Köche, Önologen, Gastwirte und Betreiber der Wein- und Gastronomiebranche ausgebildet werden; ferner sind ein Hotel, ein Restaurant und eine «Weinbank» geplant, die das Beste aus piemontesischer Erzeugung bieten soll.

Wettbewerbe und Preis-verleihungen. Im Jahre 2000 fand das Festival zum dritten Mal statt, es hat dabei die nationalen Grenzen über-schritten und sich für ganz Europa geöffnet.

Mercatini delle pulci
Die Flohmärkte finden zwei-mal im Jahr statt: am 25. April und am ersten Sonntag im Dezember.

Castelli aperti
Der Palazzo Traversa ist Teil eines Programms, das die Schlösser der Region umfasst, die von April bis Oktober jeweils sonn- und feiertags ihre Tore für das Publikum öffnen.

Fiera di Pasqua
Traditionelle Verkaufsmesse von Kälbern der Piemonteser-Rasse und Verkaufsausstellung von gastronomischen Produkten und Weinen der Langhe und des Roero.

Gran fondo internazionale amatoriale delle Langhe e del Roero
Am letzten Sonntag im Juni. Internationale Radrennver-anstaltung, die zur italieni-schen Meisterschaft der Federazione Ciclistica Italiana zählt.

Estate in città
Zu den Glanzlichtern des Sommers in Bra zählen zwei musikalische Veranstaltungen von hohem Niveau: Folkestate bietet eine internationale Auslese ethnischer Musik, und Jazzin ist ein Jazzfestival, das in der dritten Woche im Juli abgehalten wird. Die Saison klingt mit einem Festival des Studententheaters und mit dem Fest der Madonna dei fiori am 8. September aus.

Da cortile a cortile
Am letzten Sonntag im September. Ein kulinarischer Streifzug auf den Spuren der historischen Innenhöfe der Stadt.

Dedalus
Abet, ein Betrieb aus Bra, der zu den größten Herstellern von Plastiklaminaten in der ganzen Welt zählt, unterstützt jeweils in den Jahren mit gerader Jahreszahl eine große Veranstaltung mit dem Schwerpunkt Design. Treffen, Ausstellungen und Round-table-Gespräche zu diesem Thema werden in den Räumen des Centro Arpino abgehalten, und eine inter-nationale Jury verleiht auf-strebenden Designern den Dedalus-Preis.

Rassegna braidese del vitello di razza piemontese
Am 8. Dezember. Große Tafel mit *bollito misto alla piemon-tese* und anderen leckeren Spezialitäten der Gastronomie aus Bra. Im Zuge der Veranstaltung sind Besich-tigungen des Schlachthofs der Gemeinde und der Bauern-höfe vorgesehen, bei denen die lokalen Fleischer ihr Fleisch kaufen.

Baldissero d'Alba

Baldissero erhebt sich auf einer Hügelkette, die etwas abseits des Touristenstroms und der Handelszentren liegt. Es ist am roten, mit Türmen verzierten Kastell zu erkennen, dessen neugotische Formen die einfache Struktur und den weit zurückliegenden Ursprung verbergen.

Das Wappen der Colonna, jener Familie, die fünf Jahrhunderte lang ihre Feudalrechte über das Dorf ausübte, ist Ausgangspunkt von Mythen und Legenden, denn es zeigt die gleiche antoninische Säule, die Symbol des mächtigen Adelsgeschlechts Colonna aus Latium ist. Der Volksglaube folgt gerne der etwas unwahrscheinlichen Theorie, das Kastell von Baldissero sei der letzte Zufluchtsort von Sciarra Colonna gewesen, der 1303 in Agnani Papst Bonifazius VIII. geohrfeigt hatte.

Außer dem Kastell, das dem Patrioten Guglielmo Moffa di Lisio aus Bra gehörte, einem der Geschworenen von 1821, sind die barocke Pfarrkirche Santa Caterina und die Kapelle Sant'Antonino aus dem 12. Jahrhundert, in der eine romanische Apsis erhalten ist, interessant.

Haupteinnahmequelle des Dorfes ist die Landwirtschaft, deren Schwerpunkt wegen der günstigen Beschaffenheit des aus sandigem Mergel bestehenden Bodens im Erdbeeranbau liegt.

Im Gebiet Baroli, auf der Straße nach Ceresole, im letzten großen piemontesischen Wald in der Ebene, hat ein gemeinsam mit dem Museum Craveri aus Bra betriebenes Ornithologen-Zentrum seinen Sitz.

Anreise

Baldissero ist von Carmagnola über Ceresole d'Alba aus erreichbar. Bei Canale fährt man von der *statale* 29 ab und erreicht das Dorf über Monteu und Montaldo Roero.

BALDISSERO D'ALBA
Einwohner: 1093
Höhe: 380 Meter

EINKAUFEN

BROT
Gioetto
Via Roma 54
Die von der Familie Berbotto geführte Bäckerei bietet neben gutem Brot und exzellenten handgerollten Grissini die *lingue di suocera* und herrliches Maisgebäck.

WEINKELLEREIEN

Pierangelo Careglio
Località Aprato 15
Tel. 0172 40436
Die Familie Careglio produziert die gesamte Palette an Weinen aus dem Roero, vom Arneis bis zum süßen Birbèt. Preise wie bei Tischweinen.

Canale

Das Städtchen erstreckt sich in einem fruchtbaren Becken und ist leicht am hohen Campanile zu erkennen, von dessen Spitze sich auch noch die beeindruckende Bronzestatue des Sacro Cuore erhebt. Canale ist Hauptstadt des Weinbaugebietes Roero, also jenes zwischen den Rocche und dem Tanaro eingeschlossenen Bereichs, in dem die Produktion der DOC-Weine Roero und Roero Arneis erlaubt wird.

Der ursprüngliche Stadtkern entstand um die heutige Pfarre San Vittore, wo archäologische Funde die Anwesenheit der Römer und einen antiken heidnischen Kult bezeugen. Das heutige Stadtzentrum ist die *Villa Nova*, 1260 von den Bewohnern von Asti errichtet, die damals die Bevölkerung der Gegend gezwungen hatten, ihren Wohnsitz in die Talsohle zu verlegen. Mit der gesamten Grafschaft von Asti kam Canale unter die Herrschaft Gian Galeazzo Viscontis und wurde von diesem den Roero zu Lehen gegeben. Wenige Jahre später wurde das Kastell im Zentrum errichtet, das sich bis heute erhalten hat. Jetzt ist das Gebäude Eigentum der Grafen Malabaila, die es nach und nach den Roero abkauften, als sie im 17. Jahrhundert ihre Herrschaft über das gesamte Gebiet von Canale ausbreiteten. Abgesehen vom Kastell und den alten Verteidigungseinrichtungen ist der Campanile der Kirche San Giovanni interessant. Er wurde im 14. Jahrhundert erbaut und war Bestandteil der Stadtmauer. An der Hauptstraße liegen außer der Pfarrkirche noch zwei Ordenskirchen. San Bernardino auf der gleichnamigen Piazza wurde zwischen 1727 und 1763 in barockem Stil wiedererbaut. Ihr Inneres birgt wertvolle Gemälde sowie ein schönes Holzkreuz. Dem Volksglauben zufolge sollen die Haare des Christus echt sein und zuverlässig zu wachsen beginnen, um schlechte Ernten anzukündigen. Magische Atmosphäre herrscht in der «Betwoche» im Frühling, wenn das Kreuz in einer Prozession in die Weingärten getragen wird, um dort seinen Schutz auszubreiten.

Steigt man zur Kirche der Minori hinauf, wie das Kloster allgemein genannt wird, kann man ein weites Panorama genießen. In der Kirche steht ein Altar aus Nussholz im Stil Louis-quatorze, der den Chor vom Kirchenschiff trennt und sich bis zum Gewölbe erhebt.

Ins Zentrum zurückgekehrt, zeugen an der *Via Maestra* die Pfarrkirche und San Giovanni mit ihren barocken Elementen vom ersten Ruhm Canales um 1700. Denn zwei Apotheker, Giovan Battista und Francesco Aloi, entdeckten in den Rocche das *sal Canal*, das damals für ein besseres Abführmittel als das englische Salz von Epsom gehalten und deshalb in die ganze Welt exportiert wurde. Doch schon bald ersetzten chemische Präparate das Mineral, und der Glanz Canales verblasste, zumindest bis 1885, als das Roero als erstes Gebiet in Italien intensiven Pfirsichanbau zu betreiben begann. Dieser neue Zweig erlangte sofort solch eine Bedeutung, dass sich im Jahre 1908 die Gemeindeverwaltung veranlasst sah, einen täglich stattfindenden Pfirsichmarkt einzurichten. Mit ihm ist der Name der lebhaften Gemeinde untrennbar verbunden und bürgt für einen europaweiten Ruf.

Anreise

Canale liegt an der *statale* 29, bei Kilometer 34 von Turin kommend.

CANALE

Einwohner: 5104
Höhe: 193 Meter

ÜBERNACHTEN

Leon d'Oro Secolare
Via Roma 12
Tel. 0173 979296
2 Sterne, 8 Zimmer mit Bad
und TV. Parkplatz auf der
nahe gelegenen Piazza oder
im Innenhof, Restaurant, Bar
nur für Hotelgäste.
Preise: Doppelzimmer
L. 100000, Einzelzimmer
L. 70000, Frühstücksbuffet
nicht inbegriffen
Familiäre Atmosphäre und
gemütlich komfortables
Ambiente in einem traditions-
reichen Hotel, das einen
guten Ausgangspunkt für
Streifzüge durch das Roero
darstellt.

Venezia
Via Roma 97
Tel. 0173 979297
1 Stern, 12 Zimmer, davon
8 mit Bad, Haustelefon,
Privatparkplatz, Restaurant.
Preise: Doppelzimmer
L. 95000, Einzelzimmer
L. 75000, Dreibettzimmer
L. 120000, exklusive Frühstück
Das Hotel wird als
Familienbetrieb geführt, die
Preise sind moderat.

ESSEN

All'Enoteca
Via Roma 57
Tel. 0173 95857
Mittwoch und Donnerstag-
mittag geschlossen
Betriebsferien: Januar und
August
Plätze: 50
Preise: L. 70000 ohne Wein
Kreditkarten: alle außer AE
Innerhalb weniger Jahre hat
sich dieses Lokal, in dem der
junge Davide Palluda für die
Küche verantwortlich zeich-

net, zu einem der interessantesten Restaurants des
Piemonts entwickelt. Die
Stärke liegt im eleganten
Ambiente, in der Verwendung
erlesenster und typischer
lokaler Produkte – darunter
auch Raritäten wie Schleien
aus Ceresole –, in einem klaren Konzept und einer sicheren Hand in der Küche. Sie
bekommen Hausmannskost
(herrlich sind die *agnolotti*
«*al fumo*», die ohne weitere
Zutaten serviert werden),
jedoch aufgelockert durch
innovative Akzente. Großer
Käsewagen, korrekte Preise.
Im Saal bedient Ivana, Davides
Schwester, die Gäste und
berät bei der Wahl der
Speisen und Weine aus der
reichen Weinkarte, die alle
Etiketten aus dem Roero und
viele aus den Langhe enthält.

Leon d'Oro Secolare
Via Roma 12
Tel. 0173 979296
Sonntagabend und Montag
geschlossen
Betriebsferien: August
Plätze: 90 (in zwei Sälen zu 60
bzw. 30 Plätzen)
Preise: L. 55000 ohne Wein
Kreditkarten: alle
Authentische Küche des
Piemonts, mit speziellem
Augenmerk auf lokale Zu-
taten. Großzügige Portionen,
aufmerksamer Service, die
besten Weine aus dem Roero
und aus den Langhe.

EINKAUFEN

FLEISCHWAREN

Nino Damonte
Piazza Trento e Trieste 75
Kalbfleisch von Tieren der
Piemonteser-Rasse und ein
herrlicher Kräuterschinken
aus dem Holzofen, eine
Spezialität aus Canale.

Giovanni Sacchetto
Via Rubiagno 22

Giovanni Sacchetto züchtet
Tiere der Piemonteser-Rasse,
und jeweils samstags (ganztags) und Sonntag vormittags
verkauft er das Fleisch.

SÜSSIGKEITEN

Le Delizie di Giacomo
Via Monteu Roero 16
Nach seinen Lehrjahren in
den besten Konditoreien des
Piemonts – stellvertretend für
alle sei die Konditorei des
Meisters Gertosio in Turin
genannt – hat sich Giacomo
Costa selbstständig gemacht.
Herrliches Gebäck, außerge-
wöhnlich gutes Eis.

Palluda
Via Roma 138
Aus dem Haselnusslikör
Frangelico der Firma Barbero
werden herrliche Pralinen mit
aromatischen Kräutern her-
gestellt. Von den zahlreichen
Leckereien sollten Sie die
Spezialität, die *duchesse di
Canale*, nicht versäumen.

Sacchero
Via Roma 29
Gute, klassische Konditorei
und eine Spezialität, die
duchessa: eine Praline aus
zwei kleinen, übereinander
gelegten Waffeln mit
Schokolade-Rum-Füllung.

KÄSE

Matilde Bono Coscia
Via Roma 44
Unter den Arkarden der
Altstadt finden Sie dieses
schöne Geschäft, das eine
beachtliche Auswahl an
Käsesorten, hauptsächlich aus
der Umgebung, anbietet, allen
voran Murazzano, Bra,
Raschera und Castelmagno.
Im Herbst gibt es heimische
weiße Trüffeln.

LOKALE SPEZIALITÄTEN

Il Barattolaio
Piazza Trento e Trieste 55
Getrüffelte Pasteten,
Auberginen- und Pilzpüree,

DER MARKT, DIE SÜNDE UND DIE PFIRSICHE

Mario Busso

Der Ort Canale verbindet seinen Namen eng mit dem Gewächs, für das er in der Welt berühmt wurde: dem Pfirsichbaum. In den Liedern des frühen 20. Jahrhunderts erklangen die Schwärmereien der Belle Epoque in ihrer den Ausklang der Epoche anzeigenden provinziellen Rührigkeit.

Canal l'è rinomà pël sò comersi,
Canale ist für seinen Handel bekannt,
Canal à l'è famous pëi sò mercà,
Canale ist für seinen Markt berühmt,
Canal per la richëssa di sò persi
mit seinen Unmengen an Pfirsichen
l'à nen da fè con gnuna gran sità.
steht Canale keiner anderen großen Stadt nach.
Përsi, përsi, përsi a profusiùn,
Pfirsiche, Pfirsiche, in Hülle und Fülle,
di camion e di vagon
auf Lastwagen und Waggons,
che sensa mai finì
gehen in einem fort,
a parto neuit e dì.
Tag und Nacht von hier weg.

Persi ëd Canal
Pfirsiche aus Canale,
frut rinomà
welch hochgeschätzte Früchte,
dël nostr pais specialità;
Spezialität unseres Dorfes.
Andev-ne, andè
Vorwärts, los,
per tut ël mond
in der ganzen Welt
a fé gusté
verbreite sich
ël profum giocond
der ergötzende Duft,
ch'a levi en fond.
den sie verheißen.

Vom Ruhm einstiger Zeiten ist ein wertvolles Erbe geblieben: Canale ist nach wie vor Zentrum eines 15 Gemeinden umfassenden Gebiets, das sich dem Vertrieb der Pfirsiche aus den Hügeln des Roero verschrieben hat. Wegbereitend für diesen Zusammenschluss war der 1908 in Canale entstandene Pfirsichmarkt, mit dem auf die veränderten Anbaubedingungen in der Gegend reagiert wurde: Das hügelige Roero, über Jahrhunderte hinweg unangefochten das Reich des Waldes, war bald mit rosafarbenen Flecken übersät, und in der Landwirt-schaft flammte ein noch nie da gewesener Unternehmergeist auf.

Wie bei allen Ereignissen, die eine positive Wende erfahren, kamen auch zur Geschichte des Pfirsichbaums viele Anekdoten auf. Luciano Bertello hat einige davon in einem amüsanten Bändchen gesammelt. Vom harten Weg zum Pfirsichanbau, der Goldgräberstimmung mit allen Licht- und Schattenseiten mit sich brachte, wird da erzählt, umwoben von mysteriösen Geschichten ums Veredeln; von geheimnisvollen lokalen Varianten wird berichtet, die im Schilf entdeckt wurden, von «Geheimnissen» ums Beschneiden der Bäume, die spektakulären Aufzeichnungen hätten entlockt werden können. Aber die alltägliche Notwendigkeit, auf den Markt zu fahren und die Früchte anzubieten, erweiterte den Horizont der menschlichen Beziehungen, der Kenntnisse und Erfahrungen, und brachte die Pfirsichbauern des Roero mit anderen Mentalitäten und Lebensweisen in Kontakt, die ihnen oft auch geografisch fern waren. In dieser Welt war Naivität fehl am Platz, und die Pfirsichbauern lernten schnell, schlau und nüchtern zu kontern.

Gerade dieser neue gesellschaftliche Austausch stieß bei den Pfarrern der einzelnen Gemeinden auf wenig Verständnis; sie sahen ihre «Schäfchen» nur allzu oft ihrer Kontrolle entrissen und befürchteten, dass sich der Kontakt mit der «freidenkerischen» Mentalität und den Gewohnheiten der Städter negativ auf das ruhige und überschaubare Landleben auswirken könnte. Sie forderten ihr Kirchenvolk auf, die Besuche in Canale doch auf das Notwendigste zu beschränken. Zur Unterstützung ihrer Argumentation verwiesen sie auf eklatante Fakten wie auf dem Markt von Canale ausgeraubte Bauern, und sie lehrten die Gemeindemitglieder, sich vor den Büchern der Protestanten zu hüten, denn «auf den Plätzen von Canale wird öffentlich mit diesen Evangelien gehandelt, und die Jugendlichen haben wir bereits mit einigen Kopien ertappt».

Die zunehmende Besorgnis der Pfarrer bewirkte genau das Gegenteil. Immer stärker fühlten sich die Abtrünnigen vom «skandalösen» Treiben der profanen Feste angezogen, die an Feiertagen im Zuge des Marktgeschehens stattfanden, wo man für gewöhnlich «mit Pfirsichen beginnt und mit Wein weitermacht». Jedes Pfarrblatt – von Vezza bis Santo Stefano Roero, von Castellinaldo bis Pocapaglia – hatte den ganzen Sommer über nur ein Thema: die Profanierung des Tags des Herrn. Denn es sei «eines Christen nicht würdig, sich sonntags auf dem Markt herumzutreiben». Nur außerordentliche Gründe konnten die Teilnahme am Markt rechtfertigen, und selbst dann bedurfte es der Erlaubnis des Pfarrers. Unter diesem Blickwinkel wurden Hagel und Frost als Strafen Gottes verstanden, und aus Vezza hörte man 1913, als die Pfirsichernte besonders karg ausgefallen war, die Drohung: «Dieses Jahr hat der Herr dafür gesorgt, dass man an Festtagen nicht arbeiten muss. Die Ernte wurde bereits vom Frost vernichtet. Wolle Gott, dass dies der Anfang vom Ende eurer Pfirsiche sei.»

Wie viele andere Prophezeiungen bewahrheitete sich auch diese nicht. Die Spezialisierung der Kulturen führte vielmehr dazu, dass die Qualität und Vielfalt der heute auf dem Markt dargebotenen Sorten unübertrefflich ist. Wofür nicht nur die Beibehaltung der Plantagen in den Hügeln, sondern auch das Engagement der Obstbauern, die im Sinne der Qualität auf den Einsatz von Unkrautvertilgungsmitteln weitgehend verzichten, verantwortlich ist.

So geht in Canale jedes Jahr am letzten Julisonntag der Pfirsichmarkt über die Bühne. Im Rahmen dieses Ereignisses wird klar, wie wichtig und wertvoll diese Frucht «von exquisitem Geschmack im samtenen Kleid» ist.

Sellerie- und Lauchpaste, herrlicher Robiola d'Alba in Öl eingelegt, piemontesische Antipasti, Lauchspezialitäten und einige typische Süßspeisen.

WURSTWAREN

Federico Faccenda
Via Roma 80
Bei Federico Faccenda, «Chicco» genannt, bekommen Sie neben dem obligatorischen Kochschinken aus dem Ofen eine der besten rohen Salamis der ganzen Gegend.

Franco Faccenda
Via Roma 113
Eine weitere gute Adresse, um hochwertige Wurstspezialitäten zu kaufen. Ausgezeichnet der Kochschinken aus dem Ofen.

WEIN

Enoteca Regionale del Roero
Piazza Martiri della Libertà
Seit September 1994 ist die Enoteca Regionale del Roero in einem wunderschönen Gebäude aus Gemeindebesitz (einem ehemaligen Heim) untergebracht. Das ursprüngliche Ziel war die Aufwertung der Weine aus dem Roero. Die Enoteca hat tatsächlich einen wesentlichen Beitrag zum Aufschwung des Weinbaus in dieser Region geliefert, die nun zu Recht zu den interessantesten Weingebieten des Piemonts zählt. Natürlich können in der Enoteca die besten Produkte aus dem Roero verkostet und erworben werden.

WEINKELLEREIEN

Barbero's
Regione Valpone 120
Tel. 0173 98137
Roero Arneis in zwei Versionen, eine «normale» und eine zweite aus der Lage La Brina.

Cascina Ca' Rossa
Località Case Sparse 56
Tel. 0173 98348 · 98201
Angelo Ferrio produziert mit hervorragenden Ergebnissen seinen Arneis und alle typischen Rotweine der Gegend, allen voran den Roero.

Cascina Chicco
Via Valentino 144
Tel. 0173 979069
Der von den Brüdern Enrico und Marco unter der Aufsicht ihres Vaters Federico geführte Weinkeller stellt frische, bukettreiche Weißweine (Roero Arneis, Favorita) und körperreiche, volle Rotweine (Roero, Barbera d'Alba) her.

Cornarea
Via Valentino 105
Tel. 0173 979091
100 000 Flaschen pro Jahr gehen aus diesem von Francesca Rapetti und ihrem Sohn Pierfranco geleiteten Betrieb hervor. Der größte Anteil fällt auf den Roero Arneis.

Matteo Correggia
Via Santo Stefano Roero 124
Tel. 0173 978009
Matteo Correggia ist ein Star unter den piemontesischen Weinbauern. Seine Trümpfe sind zwei außerordentliche Rotweine: der Barbera d'Alba Bricco Marun und der Nebbiolo d'Alba La Val dei Preti. Natürlich fehlt in seinem Repertoire auch der Arneis nicht, ein klassischer Weißwein dieser Gegend.

Deltetto
Corso Alba 33
Tel. 0173 979383
Antonio Deltetto zählte zu den ersten Produzenten im Roero, der die Aufmerksamkeit der Fachkreise auf sich zog. Immer auf sehr hohem Niveau sind sein Roero Arneis (besonders jener vom Cru San Michele) und die Favorita, gut sind aber auch der Roero Bricco dei Boschi, der Barbera Bramè und die Arneis-Beerenauslese Bric du Liun.

Funtanin Sperone
Via Torino 191
Tel. 0173 979488
Der Aufschwung des Roero
als Weinland stützt sich unter
anderem auf die jungen
Betriebe, die ganz bewusst
auf Qualität setzen. Darunter
fällt auch jener der Familie
Sperone, die einen Roero und
einen Arneis bester Qualität
erzeugen.

Filippo Gallino
Regione Valle del Pozzo 63
Tel. 0173 98112
Diesen Weinkeller sollte man
im Auge behalten. Noch ist
die Produktion beschränkt,
aber den Roero, vor allem
den Superiore, sollte man
kennen.

Malabaila
Piazza Castello 1
Tel. 0173 979044
Einer der historischen
Betriebe des Roero, dessen
Produktpalette alle Klassiker
der Gegend umfasst: Roero
Arneis aus dem Cru Pradvaj,
Favorita, Roero und Barbera
d'Alba bestechen durch ihren
angenehmen Charakter und
die günstigen Preise. In den
besten Jahrgängen wird auch
ein guter Nebbiolo d'Alba
abgefüllt, der Brich Merli.

Malvirà
Via Santo Stefano Roero 111
Tel. 0173 978145
Ein beachtlicher Besitz an
Weinbergen, ein moderner,
funktioneller Weinkeller, ein
komplettes, stets interessantes
Repertoire an Weinen: Arneis
in drei Versionen (Saglietto,
Renesio, Trinità), Langhe Bianco
Tre Uve, Roero (beachtlich ist
vor allem die Superiore-
Version) und Langhe Rosso
San Guglielmo. Das sind die
Trümpfe des Betriebs der
Brüder Roberto und Massimo
Damonte.

Monchiero Carbone
Via Santo Stefano Roero 2
Tel. 0173 95568
Marco Monchiero, einer der
bekanntesten Winzer Italiens,
führt gemeinsam mit seinem
Sohn einen eigenen Wein-
keller, aus dem im Speziellen
Rotweine mit Textur wie der
ausgezeichnete Roero und
der hervorragende Barbera
d'Alba Mombirone hervorge-
hen. Unter den Weißweinen
besticht der Tamardì, ein
Verschnitt von Arneis und
Chardonnay.

Ettore e Riccardo Porello
Corso Alba 71
Tel. 0173 978080 · 979324
Jedes Jahr aufs Neue bestätigt
sich Marco Porello mit einer
Reihe wirklich gelungener
Weine, wobei beim Arneis
und dem Roero Spitzen-
qualitäten erreicht werden.

Enrico Serafino
Corso Asti 5
Tel. 0173 979124
Ein historischer Betrieb, heute
im Besitz der Barbero, bei
dessen reicher Produktpalette
besonders der Roero und der
Barbera d'Alba hervorste-
chen. Der geschickt revitali-
sierte Keller ist einen
Besuch wert.

Giacomo Vico
Via Torino 80
Tel. 0173 979126
Unter den klassischen Weinen
des Roero aus diesem Weinkeller hebt sich vor allem der
exzellente Barbera d'Alba
Superiore auf Grund seiner
starken Persönlichkeit ab.

FESTE, MESSEN UND VERANSTALTUNGEN

Fiera del pesco
In der letzten Woche im Juli.
Dieses Volksfest geht auf das
Jahr 1935 zurück und bietet
alljährlich eine ganze Woche

lang ein dichtes Programm
mit Musikabenden und
Freilichttheateraufführungen.
Im Zentrum des Volksfestes
stehen jedoch die Pfirsiche,
die täglich auf dem Markt verkauft werden. Am letzten
Sonntag geht ein großes
Feuerwerk über die Bühne.

Na sgambassà
Am 1. Mai. Nach der
Fastenzeit, die durch altes
Brauchtum wie dem Canté
j'euv (siehe Seite 201)
geprägt wird, organisieren die
Vereine von Canale eine
zwanglose Wanderung durch
Weinberge und Wälder, vor-
bei an den entlegenen
Bauernhöfen des Roero.

Purté disné
Ende Mai. Wanderung mit
Picknick in den Hügeln des
Roero. Die Teilnehmer errei-
chen Canale von Montà kom-
mend über kleine Feldwege.
Jeder erhält einen Korb mit
Proviant. Unterwegs hält die
Gruppe an, um Weine und
lokale Spezialitäten zu verkos-
ten. Die Wanderung endet in
Canale mit einem großen
Erdbeeressen auf der Piazza
del Municipio.

Pallone elastico
Im Monat Juli bestreiten die
Bezirke von Canale ein
Turnier des Ballspiels *pallone
elastica alla pantalera*, ein in
dieser Gegend äußerst be-
liebter Sport.

Mercatino delle pulci
Ein Sonntag im Mai und ein
Sonntag im Oktober. Floh-
markt mit 400 Ständen, die
antiquarische Möbel,
Bastelzubehör und antike
Kunstgegenstände anbieten.

Castagnata
Im November gibt es bei der
großen Castagnata auf der
Piazza heiße Kastanien und
Wein für alle.

Castagnito

Das Dorf erhebt sich dort, wo gegen Ende des 10. Jahrhunderts das Kloster San Pietro di Breme errichtet wurde, mit einem Wachposten, von dem aus auf einer Seite die alte Straße im Tanaro-Tal und auf der anderen das Borbore-Becken kontrolliert werden konnte. 1299 erwarben die Roero die Hälfte des Lehens, über das sie 1652, nach dem Krieg von Monferrato, gänzlich die Herrschaft erlangten. 1260 wurde in Castagnito ein Waffenstillstand zwischen den Bewohnern von Asti und den Anhängern von Carlo di Provenza geschlossen, 1369 hingegen fanden dort Auseinandersetzungen statt, in denen es um die Aufteilung der Besitzungen der Anjou ging: Englische Söldner gingen siegreich aus dem Kampf mit der Visconti-Truppe des Abenteurers Monaco di Hecz hervor und machten die Mailänder Anführer Caimo und Dal Verme zu Gefangenen.

In der Pfarrkirche San Giovanni Battista, die 1674 auf den Trümmern der Kirche Santi Quirico e Giolitta errichtet wurde, befindet sich ein Gemälde von Guglielmo Caccia, genannt il Moncalvo (1568–1625), einem nicht unbedeutenden Maler, der hauptsächlich im Monferrato wirkte. Neben der Pfarrkirche befindet sich seit 1708 der Sitz der Confraternita dello Spirito Santo. An der Straße, die vom Zentrum hinunter in den Ortsteil San Giuseppe führt, findet man die Kirche San Bernardo mit kreisförmigem Grundriss und einer Vorhalle mit raffinierten barocken Linien. Am Beginn der Straße nach Guarene gibt es eine weitere Kirche, die nach den Heiligen Sebastiano und Rocco benannt wurde, aber als Madonna del Popolo bekannt ist. Am 16. August brachte man für gewöhnlich die Tiere zur Weihe dorthin.

Anreise

Von Alba aus auf der *statale* 231 Richtung Asti. An der Kreuzung auf Höhe Baraccone biegt man links ab. Von Canale aus verlässt man die *statale* 29 bei Borbore, biegt links ab und fährt nach Castagnito hinauf.

CASTAGNITO
Einwohner: 1694
Höhe: 350 Meter

ESSEN

Ostu di Djun
Via San Giuseppe 1
Tel. 0173 213600
Dienstag Ruhetag
Betriebsferien: 15.–31. August und eine Woche nach dem Dreikönigsfest
Nur abends geöffnet, Samstag und Sonntag auch Mittagstisch
Plätze: 40 + 100 im Freien
Preise: L. 40 000–45 000 ohne Wein

Kreditkarten: keine
Angenehmes Ambiente, sowohl innen als auch – im Sommer – draußen. Diese gut besuchte Osteria bietet schmackhafte regionale Küche, Sorgfalt bei Weinen und Käse. Auf der Speisekarte finden Sie kleine Omeletts und Rosmarinspeck, *tajarìn, agnolotti* und Gemüsesuppen, Jungschweinernes gebraten, Ochsenschwanz mit Roero, gute Desserts.

Trattoria del Bric
Frazione San Giuseppe
Via Manzoni 5
Tel. 0173 211167

Montag, Dienstag und Mittwochabend geschlossen
Betriebsferien: die ersten drei Juliwochen
Plätze: 45
Preise: L. 45 000 ohne Wein
Kreditkarten: Visa, MC
Eine klassische Dorftrattoria, die besonders bei Freunden der richtigen Hausmannskost nach Tradition der Langhe und des Roero beliebt ist. Eine ganze Reihe von Antipasti, *agnolotti dal plin*, Schmorbraten mit Barbaresco, Perlhuhn mit Arneis und abschließend ein *bonet*: Diese Speisen gehören zu den Rennern unter den angebotenen Gerichten.

EINKAUFEN

FLEISCHWAREN

Genesio
Via Vezza 5
Im oberen Ortsteil von
Castagnito hat dieser Ge-
werbebetrieb seinen Sitz. Hier
werden Kälber aus regionalen
Zuchtbetrieben verarbeitet
und eine exzellente gekochte
Salami hergestellt.

Ernesto Isnardi
Strada Serre 24
Frazione San Giuseppe
Zucht- und Schlachtbetrieb
für Kälber der Piemonteser-
Rasse. Samstags und gegen
Voranmeldung (Tel. 0173
21116) kann man direkt beim
Hersteller einkaufen.

MARMELADEN UND WEIN
Cose Buone di Campagna
Via Serra 21 c
Wunderbare Obstkonserven,
Marmeladen und eine exzel-
lente *cognà*. Gute Weine aus
dem Roero.

WEIN
La Compagnia dei Vignaioli
Via Alba 15
Auf der stark befahrenen
Straße nach Asti liegt der Sitz
und die Verkaufsstelle der
Produzentengenossenschaft
der Vignaioli Piemontesi. Sie
finden hier Wein aus dem
Roero und aus den Langhe,
offen und in Flaschen, lokale
Spezialitäten, kunsthandwerkliche Gegenstände, Bücher und
die herrliche *fiorlanga*, eine
unnachahmliche Haselnuss-
creme aus den Langhe, produziert von Veca. Diese sollten Sie zu einem Tässchen
Kaffee probieren.

FESTE, MESSEN UND VERANSTALTUNGEN

Die Gesellschaft Pro Loco
organisiert das Befana-Fest,
den Karneval auf der Piazza
und das Kastanienfest im
November. Drei Feste sind
dem Schutzpatron mit der
üblichen Abfolge von Tanz
und Verkostungen gewidmet:
am 1. Mai im Ortsteil
Baraccone, Mitte Juni im
Ortsteil San Giuseppe und in
der ersten Septemberwoche
im Zentrum von Castagnito.
Sonntags führt ein kulinarischer Spaziergang durch die
Straßen der Altstadt, am darauf folgenden Donnerstag
laden die Frauen der einzelnen Ortsteile zu einer
Verkostung ihrer süßen
Spezialitäten ein.

Castellinaldo

Im Osten gegen das beeindruckende
Szenario der Langhe gerichtet, im
Westen gegen den geschlossenen, schattigen Horizont des Roero, ist Castellinaldo
am enormen Kastell zu erkennen, das aus
luftiger Höhe das Dorf und das darunter
gelegene Tal beherrscht. Die Geschichte
des kleinen Dorfes ist alt; es existierte
bereits in jenen Zeiten, als hier die römische *Via Fulvia* nach Pollenzo vorbeiführte. Und auch die Aufzeichnungen
über das Kastell reichen weit zurück.
Es wird in einer Urkunde aus dem Jahr
1041, die Kaiser Heinrich III. dem Bischof von Asti ausstellte, erwähnt. Im
14. Jahrhundert finden wir zwei ge-
trennte Bauten, die den Burgplatz
(Monfortino genannt) teilen: Die Pallidi
besitzen die westlich gelegene Burg, die
de Vicia de Castroaynaldo die östliche.
Das Zusammenleben ist nicht einfach,
besonders als den Pallidi die Damiano
folgen und die Malabaila den östlichen
Schlossteil übernehmen. Zeuge dieser
Feindschaft ist die Kapelle San Pietro, die
die Trennlinie zwischen den Burgen darstellt und von beiden Familien für
Feierlichkeiten und Begräbnisse benützt
wird. In ihr finden wir bis heute einen
Wanderstab aufgehoben, den der heilige
Karl Borromäus dort gelassen haben soll,
als er diese Gegend auf dem Weg nach
Turin durchquerte, um dort das Leichentuch zu verehren. Im 19. Jahrhundert
verkaufen die Malabaila ihre Burg, die
später bei dem schweren Erdbeben 1887
zerstört wird. Die Burg der Damiano, die
heute im Besitz der Ripa di Meana ist,
blieb bestehen.

In Castellinaldo finden sich auch noch
andere wichtige Zeugnisse aus Geschichte
und Kunst. Besondere Aufmerksamkeit

verdient die kleine Kirche San Servasio, allein auf dem Gipfel eines Hügels unweit des Dorfes, mit spätromanischer Struktur und einem bemerkenswerten Freskenzyklus aus dem Jahr 1581. Die einfühlsame Restaurierung der Pfarrkirche brachte den ursprünglichen Charakter der Bausubstanz wieder zum Vorschein.

Anreise

Auf der *statale* 231 Asti-Alba nimmt man in der Ortschaft Canova die Abzweigung nach Priocca oder die nach Castagnito, von dem Castellinaldo nur wenige Kilometer entfernt ist. Von Canale auf der *statale* 29 kommend, befindet sich die Abzweigung rechts.

CASTELLINALDO
Einwohner: 853
Höhe: 285 Meter

ESSEN

Belavista
Frazione Madonna dei Cavalli 25
Tel. 0173 98146
Montag Ruhetag
Betriebsferien: im August
Plätze: 80 + 40 im Freien
Preise: L. 35 000 ohne Wein
Kreditkarten: keine
Vitello tonnato, carne cruda all'albese, Tagliatelle, im Ofen überbackenes Kaninchen, *bonet,* aufgetischt in einer netten Trattoria, die sich der klassischen Küche des Piemonts verschrieben hat. Einige der Zutaten kommen aus eigenem Anbau des Wirtes Riccardo; in der Küche dominiert Maddalena, *la mamma,* im Saal bedient Gattin Serena. Herzliche Atmosphäre, nicht sehr große, aber qualitativ hochwertige Auswahl an Weinen. Im Sommer kann man auf der Terrasse essen: Die Aussicht auf die Hügel des Roero ist wirklich wunderschön.

La Trattoria
Via Roma 15
Tel. 0173 213083
Mittwoch Ruhetag
Nur am Abend und Sonntagmittag geöffnet
Betriebsferien: unterschiedlich
Plätze: 35
Preise: L. 60 000 ohne Wein

Kreditkarten: die gängigsten außer DC
Die Trattoria, ein kleines Lokal mit warmherziger, gemütlicher Atmosphäre, liegt im unteren Teil der Ortschaft und ist eine wirklich gute Adresse, wenn man klassische piemontesische Küche mit Gerichten kombinieren will, die Einfallsreichtum und Raffinesse besitzen. Gute Auswahl an Weinen der Langhe und natürlich des Roero.

Silvestro
Via Roma 29
Tel. 0173 213098
Montagabend und Dienstag geschlossen
Betriebsferien: 2. Julihälfte
Plätze: 100
Preise: L. 40 000 ohne Wein
Kreditkarten: alle
Ein geradezu spartanisches Ambiente in diesem Lokal, das sorgfältig zubereitete Speisen aus Zutaten bester Qualität serviert. Es triumphiert die regionale Küche, unter anderem mit *carne cruda all'albese, vitello tonnato,* Gemüseauflauf, *tajarìn,* Kaninchen. Gute regionale Weine, korrekte Preisgestaltung.

EINKAUFEN

SÜSSIGKEITEN
Fratelli Marolo
Via Regina Margherita 29
Nach dem Barolo, dem Moscato (auch als Beerenauslese), dem Brachetto und

dem Grappa schlägt nun die Stunde des Sauternes und sogar des Chateau d'Yquem. Wir sprechen von der Füllung der herrlichen Pralinen, die die Brüder Marolo seit vielen Jahren neben anderen köstlichen Leckereien herstellen.

BROT
Bosco e Drago
Via Roma 23
Abgesehen vom guten Brot gibt es hier die Spezialität von Castellinaldo, die zarten *torcetti* (mit Haselnüssen und auch ohne), die in Milch getaucht werden. Dieses Geschäft ist auch die Verkaufsstelle der Bäckerei, die ihren Sitz in Priocca hat.

FLEISCHWAREN
Magliano alimentari e carni
Via Roma 21
Ausgezeichnetes Fleisch der Piemonteser-Rasse und gute Auswahl an Wurstwaren. Probieren Sie die süße Spezialität, die *baci di Castellinaldo all'Arneis.* Hier werden auch Souvenirs verkauft: handbemalte Keramikteller und Ansichtskarten.

WEINKELLEREIEN

Baracco 1871
Via Vittorio Emanuele 6
Tel. 0173 213344
Der Betrieb Baracco sticht durch seine sowohl in der Qualität als auch im Preis korrekten Weine hervor.

Arneis & Co.

Gigi Piumatti

Kleine Hügel mit abschüssigen Hängen, schwer zu bestellen, wo sich selbst ein Traktor abmüht; wieder andere, noch steilere, die nur zu Fuß zu bewältigen sind. Eine Landschaft, die sich in vielerlei Hinsicht stark von jener der nahen Langa um Barolo unterscheidet, in der noch waldige, fast wilde Winkel zu finden sind. Locker und sandig ist das Erdreich hier, in den schönen Lagen mit östlicher und südlicher Ausrichtung.

Der Weinbau im Roero ist sehr alt. Dennoch nahmen die Weine aus dieser Gegend über lange Jahre keine eigenständige Rolle ein, waren nicht anerkannt. Die Nachbarn aus der Langa mit ihren großen Rotweinen Barolo und Barbaresco behandelten die Weine aus dem Roero immer ein wenig verächtlich, taten sie als Abkömmlinge einer belangloseren Winzerkultur ab. Obendrein wurden die Hügel des Roero jahrelang, vor allem vor und unmittelbar nach dem Zweiten Weltkrieg, scharenweise von Turinern heimgesucht, die es auf den «Bauernwein» abgesehen hatten.

Dieses Stück Land aber hätte eine ganz andere Beachtung verdient. In den Kellerbüchern der Adels- und Bürgerfamilien aus der Gegend ist zu lesen, dass diese Weine ab dem 18. Jahrhundert hoch geschätzt und gut gemacht waren; neben Nebbiolo und Barbera finden vor allem die weißen Sorten Favorita und Arneis Erwähnung. In einer gewichtigen amtlichen Erhebung Ende des 19. Jahrhunderts scheint ein interessanter Anhaltspunkt auf, zu dem sich die Alten noch 50 Jahre später bekannten: In ihr werden die Tafeltrauben Mollana, Erbaluce und eben Favorita erwähnt.

Die große Revolution, die önologische Wiedergeburt des Roero beginnt Ende der 70er-Jahre und hat einen Namen: Arneis. Bis dahin diente die weiße Traube fast ausschließlich der «Ehrerbietung» vor dem Nebbiolo: Das Zusetzen kleiner Mengen Arneis sollte dem Nebbiolo jene Merkmale verleihen, die ihn auszeichnen und vom Bruder aus Alba unterscheiden. Damals aber begann sich die Nachfrage nach Weißweinen zu verstärken, und so bemerkte man bald, dass sortenrein gekelterte Arneis-Trauben einen originellen Wein abgaben, der das Zeug hatte, sich an der Spitze der Weißen aus der Gegend um Alba anzusiedeln. Der Erfolg ließ nicht auf sich warten, und so setzten die lokalen Betriebe zahlreiche Impulse für neue Anbauflächen; die Vinifizierungstechniken wurden verfeinert und niveauvolle Erzeugnisse begannen sich durchzusetzen, wozu auch der ständig steigende «Durst» nach Weißweinen ein Quäntchen beitrug. Das Wunder war vollbracht und im Jahr 1989 folgte denn auch die DOC-Auszeichnung.

Im Fahrwasser des erfolgreichen Arneis erfuhr auch der Anbau der Favorita-Traube neuen Auftrieb. Als weitere weiße Traditionsrebe der Gegend findet sie in weinkundlichen Abhandlungen als Verwandte der ligurischen Sorte Vermentino Erwähnung. Nachdem diese Rebe lange Zeit ein Schattendasein in der Weinproduktion geführt und vorrangig als Tafeltraube Verwendung gefunden hatte, kehrte man zu ihren Ursprüngen zurück und ließ sie wieder Keltertraube werden, was mit der Ursprungsbezeichnung Langhe Favorita besiegelt wurde. Der Wein der Favorita-Rebe ist elegant und blumig, ein würdiger Bruder des Arneis, allerdings mit weniger Körper.

Der Duft nach vollreifen roten Beeren sowie Veilchen- und Kräuteranklänge zeichnen den dritten Wein der Gegend aus: Der Roero (DOC-Wein seit 1985) wird aus der Nebbiolo-Rebe gewonnen und weist eine schöne rubinrote Farbe auf. Auf den 3500 Hektar Rebland der Roero-Zone zählen neben Arneis und Nebbiolo die Sorten Barbera, Bonarda, Favorita und Brachetto zu den häufigsten. Die Brachetto-Traube ergibt einen bukettreichen, charaktervollen Wein, den die Erzeuger im genossenschaftlichen Verband Birbèt getauft haben (ein Dialektwort für «Schelm»). Weitere, im Roero zugelassene Bezeichnungen sind Nebbiolo d'Alba und Barbera d'Alba, daneben gibt es die geografische Bezeichnung Langhe.

Die Erzeuger können angesichts dieser umfassenden Vielfalt aus dem Vollen schöpfen und lernen nach und nach, ihre Ressourcen auf bestmögliche Weise zu nutzen. Neben der frischeren und direkteren Note des Arneis und der Favorita kann man heute bedeutende Weißweine verkosten, die im Holzausbau Tiefgang und Komplexität finden. Neben dem frischfruchtigen, schnell trinkreifen Roero gibt es eine verbindlichere Spielart der gleichen Rebe, der eine lange Lagerung nicht schadet: ein wahrhaft faszinierender Roter, den man zweifelsohne zu den großen Weinen des Piemont zählen darf. Infolge jüngster Glücksgriffe erfährt nun auch die Barbera-Rebe die ihr zustehende Aufwertung. Kurz und gut, die Winzer im Roero haben verstanden, dass man von Arneis alleine nicht leben kann. Namen wie Malvirà, Correggia, Funtanin, Almondo, Monchiero & Carbone, Gallino – um nur die bekanntesten zu nennen – sind heute Garant für große Weiß- und Rotweine.

Interessant sind die Versuche mit dem Barbera aus Castellinaldo.

Ca' du Russ
Via Silvio Pellico 7
Tel. 0173 213069
In der Preisliste des Betriebs von Sergio Marchisio findet man neben dem Barbera Castellinaldo einen guten Roero Arneis und eine angenehme Beerenauslese vom selben Weinberg.

La Granera
Via Priocca 4
Tel. 0173 213059
Ein junger Betrieb, Eigentum des hiesigen Bürgermeisters, der wegen der klassischen Weine aus der Gegend in guter Qualität Beachtung verdient. Besonders hervorzuheben sind der Barbera Castellinaldo, der im Barrique ausgebaute Chardonnay und die Beerenauslese des Arneis Arnesca.

Emilio Marsaglia
Via Mussone 2
Tel. 0173 213048
Marina und Emilio Marsaglia stellen mit großem Erfolg die typischen Weine der Gegend her: 50 000 Flaschen pro Jahr, ausschließlich aus eigenen Trauben.

Stefanino Morra
Via Castagnito 22
Tel. 0173 213489
Die Familie Morra, die erst kürzlich einen großen, modernen Weinkeller gleich an der Ortseinfahrt eröffnet hat, brilliert durch einen «normalen» Roero Arneis, einen angenehmen, frischen Wein, und durch den Cru Vigna di San Pietro, einen feinen, bukettreichen Wein.

Teo Costa
Via San Servasio 1
Tel. 0173 213066
Die Selektion von Teo Costa, 60 000 Flaschen pro Jahr, wird aus Trauben gewonnen, die aus den besten eigenen Weinbergen stammen. Roero, Roero Arneis Vigneto Serramiana und Arneis Passito sind die hochwertigen Weine. Sehr ermutigend ist der Erfolg des Barbera aus Castellinaldo.

FESTE, MESSEN UND VERANSTALTUNGEN

Festa del Santo Sudario
Dritte und vierte Woche im Mai. Vor dem eindrucksvollen Hintergrund der Gärten des Castello Ripa di Meana werden an zwei Wochenenden Konzerte und Theateraufführungen, kulturelle und gastronomische Darbietungen im Zuge des traditionellen Christi-Himmelfahrt-Festes dargeboten. Früher war die Veranstaltung auf den «Bricco», den höchstgelegenen Teil der Ortschaft, beschränkt. In den letzten Jahren wurde das Programm jedoch um einen Rundgang mit historisch-künstlerischem Schwerpunkt zur Besichtigung des Kastells, der Pfarre von San Servasio auf dem gleichnamigen Hügel (im Inneren ist ein Freskenzyklus aus dem 16. Jahrhundert zu bewundern) und der Villa Cottalorda oder Casa Rossa erweitert.

Festa dell'Assunta
In der Woche rund um den 15. August. Besser bekannt als Fest der «Madona du Rì» (Madonna del Rio). Es ist das beliebteste Fest der Einwohner von Castellinaldo: Neun Tage lang wird ausgelassen gefeiert, mit Tanz auf dem Tanzboden (vor dem herrlichen Hintergrund des Schlossgartens), Musik, Theater und sportlichen Wettbewerben, wobei alle Einwohner und Sommergäste einbezogen werden.

Non solo Arneis
Dies ist die jüngste Veranstaltung, welche die regionale Associazione Vinaioli ins Leben gerufen hat, sie entwickelte sich jedoch innerhalb kürzester Zeit zu einem Publikumsmagneten in Castellinaldo. Ein Spaziergang von 5 Kilometern Länge mit Schwerpunkt Wein und Gastronomie führt durch die sanfte Hügellandschaft um die Ortschaft: Im Verlauf des Spaziergangs hält die Gesellschaft immer wieder bei den einzelnen Bauernhöfen an, es wird gegessen, getrunken, getanzt und gesungen, ganz nach guter alter bäuerlicher Tradition des Roero und der Langhe.

Ceresole d'Alba

Der Name Ceresole d'Alba ist mit der Erinnerung an die Schlacht des 14. April 1544 zwischen Franzosen und Spaniern verbunden – eine der grausamsten Schlachten des durch die Kriege zwischen Franz I. und Karl V. blutbefleckten Jahrhunderts. Sie hinterließ 14 000 Tote, deren Gebeine und Waffen noch vor einigen Jahrzehnten beim Pflügen zum Vorschein kamen. Schauplatz des Gemetzels, das nach der schweren Niederlage der kaiserlichen Truppen zum instabilen Frieden von Crépy führte, war die Hochebene nordwestlich des Dorfs. Dort, in den Feldern des Ortsteils Borgata, steht allein und unscheinbar die Kapelle Madonna del Buon Tempo. Von Filippo Roero 1490 wiedererrichtet, wurde sie mit Fresken, vermutlich von Schülern Giovanni Martino Spanzottis, versehen. Die Überreste dieser spätgotischen Malereien befinden sich heute im Rathaus, da sie 1991 aufgrund einer Entscheidung des Denkmalamtes abgenommen wurden, um ihren endgültigen Verfall zu verhindern.

An die Tragödien der jüngeren Vergangenheit erinnert die Hauptstraße des Ortes. Sie ist den Opfern eines der schrecklichsten Ereignisse der nationalsozialistischen Besetzung gewidmet, bei dem am 22. Juli 1944 neun zivile Geiseln ermordet wurden.

Mit «Palazzo» ist hier das befestigte Gebäude gemeint, das von den Roero errichtet wurde, nachdem sie das Lehen 1374 erworben hatten. Es liegt vor der Pfarrkirche, deren Campanile als Beobachtungsturm diente. Im hinteren Teil des Baus finden sich Spuren aus Epochen vor der im 17. Jahrhundert erfolgten Anfügung des Portals und der Flügel: Spitzbögen, Simse am Übergang von einer Etage zur anderen, Zinnen. Zur Familie Caccia, nach der die Piazza benannt wurde, gehört jener Oberstaatsanwalt von Turin, der 1983 von der Mafia ermordet wurde.

Eine traditionelle Beschäftigung in Ceresole, aber auch in den umliegenden Gemeinden Pralormo und Poirino, ist die Fischzucht in den zur Bewässerung der Felder und zur Viehtränke angelegten Gräben: In Teichen und Wannen werden Schleien gezüchtet, die in den letzten Jahren als typisches Produkt des Dorfes wiederentdeckt wurden.

Anreise

Ceresole erreicht man, indem man am *Bivio delle Due Provincie* genannten Straßenstück (Gabelung der beiden Provinzen) knapp außerhalb von Carmagnola (Ausfahrt von der A6 Torino-Savona) die *provinciale* nach Sommariva Perno und Alba nimmt.

CERESOLE D'ALBA
Einwohner: 2050
Höhe: 301 Meter

EINKAUFEN

KEKSE
Biscottificio del Roero
Via Carmagnola 77
In dieser Konditorei werden verschiedene Arten von Keksen hergestellt und auch im Einzelhandel verkauft: *pampavia* (eine Spezialität aus Ceresole), Maisgebäck, *brutti e buoni, baci di dama.*

Francesco Nota
Via Martiri della Libertà 59
In dieser Bäckerei und Konditorei können Sie die *pampavia* kaufen, ganz einfache, runde Kekse aus Mehl, Zucker und Ei. Im Dialekt heißen sie *pupe 'd monia.*

SCHLEIEN
Cascina Italia
Via Pautasso 75
Giacomo Mosso (Tel. 0172 575014) hat die Schleienzucht in dieser Gegend wiederbelebt. In seinem Betrieb kann man in der Saison diese herrlich würzigen Fische kaufen, die dann auch im Dorfrestaurant aufgetischt werden.

SCHLEIEN AUS CERESOLE

Beppe Stella

Die Lehmböden der Ebene zwischen Ceresole d'Alba und Poirino sind für ihre *pëschere* oder *tampe* bekannt, vom Menschen künstlich zur Bewässerung bzw. für die Fischzucht geschaffene Teiche. Aus diesen Gewässern holt man von April bis Oktober ungefähr ein Jahr alte zarte Schleien, eine Spezialität des Roero. Sie erzielen einen doppelt so hohen Preis als die Schleien aus dem Iseo-See, die erst im Alter von vier bis fünf Jahren gefischt werden.

Aufgrund ihrer eigenartigen Gewohnheiten ist die Schleie für die Zucht eher ungeeignet, da sie manchmal sogar künstliches Futter verweigert. Sie lebt am Teichgrund und gräbt sich in den Schlamm ein, was ihr auch diesen typischen Erdgeruch verleiht, bei dem so mancher die Nase rümpft und den Begriff «Morastgestank» dafür verwendet. Um diesem kleinen Makel entgegenzuwirken und den intensiven Geruch abzuschwächen, werden die kleinen, 60 bis 70 Gramm wiegenden Schleien in den Restaurants der Gegend zumeist frittiert oder *in carpione* (siehe nebenstehendes Rezept) serviert; anders in der Lombardei, wo man sie für Risottos oder Pastasaucen verwendet.

Rezepte von Davide Palluda
Ristorante All'Enoteca in Canale

Salat aus Ceresole-Schleien, Fenchel, Orangen und Kapern
Zutaten für 4 Personen
4 Schleien zu ca. 150 g, 4 kleine Fenchelknollen, eine Orange, ein Esslöffel Pantelleria-Kapern, kaltgepresstes Olivenöl, Saft einer halben Orange, Salz, Pfeffer

Zubereitung
Schleien ausnehmen und gut waschen, filetieren und mit Salz und Pfeffer würzen. In der Zwischenzeit die Fenchelknollen (nur den zartesten Teil) sehr dünn hobeln, die Orange schälen und in Spalten teilen. Die Schleienfilets mit Mehl bestäuben und in einer Antihaft-Pfanne mit etwas kaltgepresstem Olivenöl herausbraten. Fenchelscheiben in der Mitte der Teller anordnen, 4–5 geschälte Orangenspalten darüber verteilen und die heißen und knusprigen Filets darüber legen. Mit ein paar Kapern dekorieren und mit einer Marinade aus Orangensaft, Olivenöl, Salz und Pfeffer abschmecken.

Schleien in carpione
Zutaten für 4 Personen
4 Schleien zu ca. 150 g, 3 Esslöffel glattes Mehl, eine in Scheiben geschnittene Zwiebel, 3 Knoblauchzehen, ein paar Salbeiblätter, Salz, Pfeffer, kaltgepresstes Olivenöl, ein Glas Rotweinessig und ein Glas Arneis

Zubereitung
Schleien ausnehmen und gut waschen, mit etwas Salz und Pfeffer würzen, in Öl herausbacken und auf Küchenkrepp abtropfen lassen. Öl in einer Pfanne erhitzen, Knoblauch und geschnittenen Zwiebel glasig werden lassen, mit Wein ablöschen und nach einigen Minuten Essig und Salbei hinzugeben. Mit Salz und Pfeffer abschmecken und ca. 20 Minuten köcheln lassen. Dieses Gemisch, *carpione* genannt, über die Schleien verteilen. Die marinierten Fischfilets mindestens drei bis vier Tage im Kühlschrank gut durchziehen lassen.

FESTE, MESSEN UND VERANSTALTUNGEN

Ceresole in festa
In der ersten Woche im September: gastronomische Veranstaltungen, Flohmarkt, Musik für junge Leute und Verkostung der *pampavia*-Kekse, ganz nach der guten alten Tradition der Dorffeste.

Ceresole Città Aperta
Eine bereits klassische Veranstaltung mit Führungen zu Kirchen und Denkmälern; und natürlich kommen auch die Schleien vor: Die Betriebe der Hochebene von Ceresole öffnen die Pforten zu ihren Fischbecken, um den interessierten Besuchern diesen einzigartigen touristisch-gastronomischen Aufschwung zu demonstrieren. Dieses Fest findet jedes Jahr am zweiten Sonntag im Mai statt.

Mangiainbici
Am dritten Sonntag im September. Eine gesellige, keineswegs anstrengende Radtour über 20 Kilometer in der Umgebung von Ceresole, mit Pausen im Zeichen des Weins und der Gastronomie, Verkostungen der besten Produkte der Umgebung und der lokalen Küche. Ringsum die Farben, die Ruhe und die Faszination des herannahenden Herbstes im Roero.

Cisterna d'Asti

Das Dorfzentrum wird von einem pompösen Kastell überragt. Es gehörte den Fürsten Cisternas und den Herzögen von Aosta, die es später der Gemeinde vermachten. Heute befindet sich in dem Gebäude das Museum für altes Handwerk und Gewerbe (siehe unten). Bis 1741 war Cisterna Teil des vatikanischen Einzugsgebietes, und das Wohlwollen des Kirchenstaates diesem Lehen gegenüber war so groß, dass der Papst es im 16. Jahrhundert zum Fürstentum erhob und ihm die Prägung eigener Münzen erlaubte.

Die Hügel von Cisterna sind intensiv mit Wein bepflanzt, vor allem mit Arneis und Bonarda. Vom Ortszentrum aus reicht das Panorama von den Langhe bis zum Apennin, vom Roero bis zum Monferrato Astigiano. Hübsche Wanderwege verlaufen sanft zwischen Wäldern und Weingärten.

Die Bewohner des Dorfes wurden einst *rascia muraje* (Mauerkratzer) genannt, denn viele sammelten effloreszierende Nitrate für die Herstellung von Schießpulver: Das Gebiet ist reich an Mineralsalzen, vor allem in den Spalten der Rocche, die das Dorf gegen die Seite von Canale hin begrenzen.

Anreise

Knapp außerhalb von Canale in Richtung Asti befindet sich rechts die Abzweigung. Von der *autostrada* Torino-Piacenza fährt man über San Damiano d'Asti.

CISTERNA D'ASTI
Einwohner: 1306
Höhe: 350 Meter

MUSEEN

Museo di arti e mestieri d'un tempo
Castello di Cisterna
Via Italia 1
Tel. 0141 979118 · 979021
Öffnungszeiten: Sonntag 15–18, an den anderen Tagen gegen Voranmeldung; im Frühjahr und im Herbst ist das Museum an vier Tagen pro Woche geöffnet, mittwochs geschlossen
Das Museum stellt mehr als 5000 Objekte des Alltagslebens aus dem Roero ab dem 18. Jahrhundert aus. Es wurden unter Verwendung originaler Einrichtungen und Gerätschaften die Werkstätten eines Schneiders, Tischlers, Matratzenmachers, Fleischers, Webers, Sattlers, Schusters, Korbflechters und Wollkämmers sowie eine Küche und eine Osteria nachgebaut.

ÜBERNACHTEN

Albergo Garibaldi
Via Italia 3
Tel. 0141 979118
3 Sterne, 7 Zimmer,
Restaurant, Parkplatz.
Preise: Einzelzimmer L. 50.000,
Doppelzimmer L. 90.000
Gemütliche Zimmer mit Bad und Klimaanlage in einem alten, schön adaptierten Hotel mit angeschlossenem Restaurant, in welchem Sie die piemontesische Küche genießen können.

EINKAUFEN

WEIN
Bottega del vino
Via Duca d'Aosta 25
Auf Grund einer Initiative der Genossenschaft Vignaioli Associati Cisternesi kann man hier samstags und sonntags Bonarda, Arneis, Favorita, Birbèt, Barbera d'Asti, Barbera d'Alba und Nebbiolo verkosten und kaufen.

WEINKELLEREIEN

Renato Nocente
Via Fondo San Matteo 19
Tel. 0141 979039
Renato Nocente wählt die Reben und füllt Weine ab, unter spezieller Berücksichtigung der lokalen Produktion, allen voran Bonarda und Arneis.

FESTE, MESSEN UND VERANSTALTUNGEN

An den letzten Sonntagen im Juni und im August gibt es hier Feste ganz im Zeichen des Bonarda beziehungsweise der *agnolotti*.

Corneliano d'Alba

In einer kleinen, von Hügeln umgebenen Ebene liegt Corneliano. Höchst wahrscheinlich war es in präromanischer Zeit ein ligurisches Dorf, es gibt jedoch keine archäologischen Beweise dafür. Einige Funde, wie zum Beispiel der Grabstein der Familie Caio Cesio, weisen hingegen auf römische Siedlungen im unteren Teil des Dorfes hin, das seinen Namen von der *Gens Cornelia* bezieht.

Von 1200 bis 1500 beherrschten die De Brayda das Dorf, ehe es zu den Savoyern überging und sich bis in die Ebene ausbreitete. Heute ist vom alten Teil nur noch der Turm übrig, mit vier Reihen kleiner Bögen an der Spitze verziert. Er war Teil eines aus Befestigungen und Türmen bestehenden Kastells, das heute verschwunden ist.

Die Pfarrkirche Santi Gallo e Nicola wurde im 18. Jahrhundert in barockem Stil erbaut. Im Inneren befindet sich eine wunderbar gefertigte Weihwasserschale. Der große Bogen am Hauptplatz wurde anlässlich der Rückkehr der Savoyer nach der Abdankung Napoleons 1814 errichtet. Die verschiedenen Kirchen beherbergen wertvolle Stücke der Volkskunst, unter ihnen ein Flachrelief von San Nicolò an der Fassade der Kirche San Bernardino und die hölzerne Marienstatue in der Wallfahrtskirche von Castellero, in der sich auch 200 Votivgaben befinden. Corneliano ist berühmt für die Rebsorte Favorita: Ab dem 19. Jahrhundert, so kann man in einem Dokument der Gemeinde lesen, befinden sich unter den Haupterzeugnissen «Tafelwein von sehr hochwertigem Geschmack, Frühobst und Tafeltrauben, unter denen die weiße Traube Favorita hervorsticht, die auch exportiert wird».

Die Hügel rund um das Dorf laden ein zu schönen Spaziergängen. Besonders empfehlenswert sind der im Süden gelegene Weg (rund sieben Kilometer) durch die Wälder von Valdinera, Bussonio, Valsamarito und Migliero (auch zu Pferd möglich) und im Norden der etwa sechs Kilometer lange Weg zwischen den Weingärten von Valeirone, durch Quaglia, Marini, Battagli, Reala und Lemonte.

Anreise
Auf der *provinciale* Alba-Carmagnola, etwa 8 Kilometer nach Alba.

CORNELIANO D'ALBA
Einwohner: 1866
Höhe: 204 Meter

EINKAUFEN

FRISCHE TEIGWAREN
Bon aptit
Piazza Cottolengo 35
Zahlreiche unterschiedliche Arten von Pasta, darunter die klassischen *agnolotti dal plin*.

WEINKELLEREIEN

Valdinera
Via Cavour 1
Tel. 0173 619881
Gute Auswahl an Weinen des Roero zu erschwinglichen Preisen.

REITSPORT

Mario Frea
Via Bussonio 5
Tel. 0173 619314
Der Reitstall vermietet Pferde für einen Ausritt in der Umgebung.

FESTE, MESSEN UND VERANSTALTUNGEN

Die wichtigsten von Pro Loco angeregten Veranstaltungen sind folgende: der Carvé vei am ersten Sonntag in der Fastenzeit, wobei «La fiorentina» aufgeführt wird, ein alter Volkstanz; das Fest der Schutzpatronin Sant'Anna wird am ersten Sonntag im August begangen, das Fest für San Carlo am zweiten Sonntag im November.

Govone

Umgeben von den Weinbergen des Barbera, für den der Boden hier wie geschaffen ist, erhebt sich das Dorf hoch über dem Tanaro. Überragt wird es noch von einem wunderbaren Barockschloss, das mehr als alle anderen der Gegend von sich behaupten kann, einen «juvarrianischen Stempel» zu tragen. Denn es ist wahrscheinlich das einzige, an das der geniale Architekt Filippo Juvarra aus Messina, der von Vittorio Amedeo II. während der kurzen Regierungszeit der Savoyer in Sizilien «entdeckt» wurde, wirklich Hand angelegt hat – und sei es auch nur in Form von Entwürfen. Auf jeden Fall wurde das frühere Kastell aus dem 14. Jahrhundert 1778 erheblich umgebaut und gemäß der Entscheidung des damaligen Besitzers, des Grafen Roberto Solaro, Marchese von Breglio, von einer strengen Festung in einen prunkvollen Wohnsitz verwandelt. Dadurch zog das Gebäude die Aufmerk-

samkeit von Vittorio Amedeo III. auf sich, der es 1792 für seinen Sohn Carlo Felice, Herzog des Genevese, erwarb. Dieser erklärte es zu seiner Lieblingsresidenz und bewohnte es auch, nachdem er 1821 den Thron bestiegen hatte. Ein unterirdischer Gang verbindet das Schloss mit der neoklassizistischen Kirche der Confraternita Spirito Santo (1767). Daneben steht die im 19. Jahrhundert umgebaute Pfarrkirche Santo Stefano aus dem 14. Jahrhundert. Fast ein Jahrhundert, bevor der reaktionäre König Carlo Felice hier einzog, beherbergte das Schloss, wenn auch als Dependance, den progressiven Philosophen Jean-Jacques Rousseau, der 1730 von Ottavio Francesco Solaro als Bibliothekar angestellt worden war.

Anreise

Von der *statale* 231 nach links abbiegen. Von Priocca auf der *provinciale* Asti-San Damiano.

GOVONE
Einwohner: 1906
Höhe: 301 Meter

SCHLÖSSER

Castello di Govone
Tel. 0173 58809
Besichtigung: gegen Voranmeldung von Mai bis September jeden zweiten Sonntag
Öffnungszeiten: 17–18
Das Schloss ist auch Veranstaltungsort für Ausstellungen und Konferenzen.

EINKAUFEN

KONSERVEN
Maria Cantamessa
Via San Pietro 22 a

Viele Spezialitäten, unter denen besonders die in Sirup eingelegten Aprikosen hervorzuheben sind.

Michele Cuniberto
Via Trinità 2
Produkte in Konserven (besonders gut die mit Sardellen gefüllten Peperoncini und die Pfirsiche mit Schokolade und Pfefferminze) sowie Honig bester Qualität.

WEINKELLEREIEN

Maria Cantamessa
Via San Pietro 22 a
Tel. 0173 58551
Die Familie Cantamessa bietet eine Produktion in guter Qualität zu angemessenen Preisen. Probieren Sie den Arneis.

Franco Ceste
Corso Alfieri 1
Tel. 0173 58635
Barbera d'Alba Sposa Bella und Arneis Passito Gemma di Sole, das sind die Spitzenprodukte dieses Betriebs.

Bruno Ponchione
Via Sacco 9 a
Tel. 0173 58149
Ein interessantes Gut. Besonders gelungen sind der Arneis und der Barbera d'Alba Gundin.

FESTE, MESSEN UND VERANSTALTUNGEN

In der letzten Woche im August findet das Fest des Schutzpatrons statt: Zuchttierschau, Musik und Tanz.

Guarene

Zu Zeiten des alten Roms lag am Fuß des Hügels von Guarene ein Gutshof, *Fundus Cassianus* genannt, der im Besitz eines Mitglieds der Familie Cassia war. Den über das Reich hereinbrechenden Stürmen trotzend, wurde er zum Ursprung eines Dorfes, Cassiano, neben dem sich eine der ersten Pfarren einrichtete, San Giovanni di Villa. Cassiano und die Pfarre wurden zerstört, wahrscheinlich bei einem Sarazeneneinfall in den letzten Jahrzehnten des 10. Jahrhunderts, und die Bevölkerung zog gemeinsam mit den Bewohnern anderer kleiner Gemeinden des Hügels auf dessen Gipfel. Dort entstand ein neues Dorf, umgeben von den Mauern einer mächtigen Burg.

Auch Guarene wurde in den langen Kampf zwischen Alba und Asti einbezogen. Gegen Ende des 12. Jahrhunderts zwang der Bischof von Alba die Gemeinde, sich mit Asti zu verbünden. Die Bewohner von Guarene erklärten sich aber zu Bürgern von Alba, dessen Machthaber sich nun auf betrügerische Art und Weise in den Besitz der Burg brachten. Dann gewann wieder der Bischof die Oberhand, bis er seinen Machtbereich durch englische Abenteurerbanden verlor, die gegen Mitte des 14. Jahrhunderts für die um die subalpinen Länder kämpfenden Prinzen Krieg führten. Vittor Vagnone, Vasall des Marchese von Monferrato, verdrängte die Engländer, aber er gab Guarene nicht an seinen Herren zurück: Für 9000 Goldtaler verkaufte er es 1379 an die Roero, Bankiers aus Asti, die sich ein beeindruckendes Ausmaß an feudalen Besitztümern und Vermögen in diesem Gebiet erschaffen hatten. 1382 bekamen die Roero durch den Marchese von Monferrato Guarene als Lehen. 1631, als die Markgrafschaft aufgelöst wurde, ging Guarene in den Besitz des Herzogtums von Savoyen über, und die Roero wurden dessen Vasallen.

Wer auch über die Gemeinde herrschte, Guarene führte immer ein leidvolles Leben. Es erduldete Kriege, Zerstörungen, Krankheiten (die schrecklichste Pestepidemie von 1630/31, *manzoniana* genannt, löschte die Hälfte der Bevölkerung aus), und es vergoss viele Male in den Auseinandersetzungen der Mächtigen Blut. Aber trotz dieser Plagen und der nicht gerade blühenden finanziellen Situation gelang es Guarene zu überleben.

In städtebaulicher Hinsicht ist es heute eine der am besten erhaltenen Gemeinden des Roero: Im oberen Teil des Dorfes wurden die meisten Restaurierungen so ausgeführt, dass die historisch-architektonische Struktur erhalten bzw. wiedererlangt wurde.

Das nicht ganz korrekt als «Castello» von Guarene bezeichnete Gebäude ist einer der bemerkenswertesten Herrschaftssitze des Piemonts des 18. Jahrhunderts. In einer Zeit, in der das mittelalterliche Kastell kein Bollwerk mehr darstellen musste, ersetzte man es durch eine dem Zeitgeist entsprechende Residenz, in der man sich, nachdem man mit den Schönheiten des Hofes zu Turin geliebäugelt hatte, an einem sommerlichen Landaufenthalt erfreuen konnte. Das neue Gebäude wurde vom damaligen Besitzer, dem Grafen Carlo Giacinto Roero, unter dem sichtbaren Einfluss der Architektur von Juvarra geplant; heute wird es von der gräflichen Familie Provana di Collegno bewohnt.

Das Monument, das nach dem Castello in Guarene am meisten hervorsticht, ist die Kirche der Santissima Annunziata. 1699 wurde sie wiedererbaut, von der früheren Konstruktion sind der Campanile und ein von Moncalvo signiertes Altarbild geblieben.

Anreise

Man erreicht Guarene, indem man auf der Straße aus Alba kommend den Hügel hinauffährt oder im Ortsteil Borbore die *statale* 29 verlässt und dann Richtung Castagnito fährt.

GUARENE

Einwohner: 2897
Höhe: 360 Meter

MUSEEN

Palazzo Re Rebaudengo

Dieses Gebäude wurde kürzlich von der Fondazione Sandretto Re Rebaudengo – deren Sitz sich in Turin befindet – zu einem Ausstellungsort für zeitgenössische Kunst umgewidmet. Die Ausstellungen sind immer interessant, wobei das Augenmerk nicht auf das italienische Panorama beschränkt bleibt. Sehr gelungen ist der Umbau, der das historische Gebäude zwar nicht originalgetreu nachgeahmt, aber dessen Natur nicht verändert hat.

ÜBERNACHTEN

Agriturismo Il Tiglio

Via Osteria 12
Tel. 0173 611387
7 Doppelzimmer,
2 Wohneinheiten mit je
2 Zimmern
Preise: Doppelzimmer
L. 120000, Wohneinheit mit
2 Zimmern L. 150000,
Frühstück inbegriffen
Übernachtung mit Frühstück.
Verkostungen und Verkauf von DOC-Weinen und typischen Produkten, vor allem Obst.

ESSEN

Miralanghe

Piazza Roma 2
Tel. 0173 611194
Mittwoch Ruhetag

Betriebsferien: Januar und 10 Tage im August
Plätze: 200
Preise: L. 40000–45000 ohne Wein
Kreditkarten: alle
Die Küche hält sich streng an die piemontesische Tradition: Nach den klassischen Antipasti geht man zu *tajarìn* oder *agnolotti* über, setzt mit einem Wildgericht, etwa mit Wildschweinragout, fort und beschließt das Mahl mit einem der typischen Desserts, unter denen natürlich stets *bonet* zu finden ist; dazu werden Weine aus dem Roero und aus den Langhe kredenzt. Vom großen Saal für Empfänge kann man einen herrlichen Ausblick auf das darunter liegende Tanaro-Tal vor dem atemberaubenden Hintergrund der Langhe genießen. Das Miralanghe hat auch sechs komfortable Zimmer zu mäßigen Preisen.

EINKAUFEN

SÜSSIGKEITEN
Pasticceria Sorano
Corso Canale 11
Frazione Racca
Reiche Auswahl an typischen Leckereien: Haselnusstorte, Mürbteigkuchen, *baci al rum*, hausgemachter, weicher Torrone, *albesi* aus Haselnüssen oder Mandeln.

LOKALE SPEZIALITÄTEN
Antica Cascina Pedaggio
Strada Pedaggio 9
Ein umfangreiches Sortiment an typischen Süßigkeiten und kulinarischen Spezialitäten: in Sirup oder in Wein eingelegte Früchte, Marmeladen, Cremen, Konserven, *cognà*

all'albese und *bagna caoda*. Besonderer Beliebtheit erfreuen sich auch die Fruchtsaucen, die zu Mehlspeisen oder zu Käse gereicht werden können.

WURSTWAREN
Franco Armini
Corso Canale 1
Eine gute Adresse für die klassischen Wurstspezialitäten der Gegend, besonders für Salami: gekocht, roh oder als Barolo-Salami.

GEMÜSE
Gemüse aus Vaccheria
In der «Vaccheria» genannten Ebene des Tanaro-Tals, wo der Fluss in seinem ehemaligen Becken einen fruchtbaren, schlammigen Boden hinterlassen hat, liegt ein ideales Anbaugebiet für Gemüse aller Art: Karden, Paprika, Tomaten, Sellerie, Auberginen, Knoblauch, Kohl, Karotten, Rosenkohl, Salate, die je nach Saison im Freien oder in Glashäusern angebaut werden. Dieses Gemüse erfreut sich bei den Konsumenten größter Beliebtheit und kann direkt bei den Produzenten gekauft werden, die ihre Waren entlang der stark befahrenen *statale* von Asti nach Alba oder auf den Wochenmärkten feilbieten.

FESTE, MESSEN UND VERANSTALTUNGEN

Sagra di inizio estate
Mitte Juni wird im Ortsteil Castelrotto die Ankunft der warmen Jahreszeit gefeiert: mit Flohmarkt, Gauklern, Musik und Verkostungen loka-

ler Spezialitäten, ganz nach alter Tradition.

Vijà

Am dritten Sonntag im Juli, im Zuge des Festes für den Schutzheiligen San Giacomo. Pro Loco organisiert einen kulinarischen Spaziergang durch die Gassen der Ortschaft, an dem zahlreiche Menschen teilnehmen. Diese Veranstaltung findet am

Abend statt und ist wegen der eindrucksvollen Kulisse des alten Ortskerns und des Castello dei Roero überaus stimmungsvoll.

Fiera di Vaccheria

In der letzten Woche im August. Ein Fest, dessen Spuren man in den alten Schriften des Gemeindearchivs lange zurückverfolgen kann. Gefeiert wird mit *bagna*

caoda und einem großen *fritto misto*.

Sagra vendemmiale und Fiera della nocciola

Am dritten Sonntag im September und am darauf folgenden Montag. Präsentation lokaler landwirtschaftlicher Produkte, Ausstellungen, Gesprächsrunden, die den Herbst im Roero einleiten.

Magliano Alfieri

Magliano ist die Gemeinde des Roero mit den meisten Zeugnissen römischen Lebens. Besonders im flachen Gebiet, dem jetzigen Ortsteil Sant' Antonio, kamen Reste von Geschirr, Mosaike und Mauerteile zum Vorschein. Auf dem *Fundus Mallianus*, von dem der Ort seinen Namen bezieht, entwickelte sich entlang der Straße unterhalb des Hügels die vielleicht wichtigste römische Siedlung zwischen Alba und Asti. Ein verziertes Marmorfragment aus dem 2. Jahrhundert n. Chr., das heute im Rathaus ausgestellt ist, bezeugt die alten Wurzeln des Dorfes.

Das künstlerisch wohl interessanteste Monument ist das Kastell. Vittorio Alfieri, ein bedeutender Schriftsteller des 17. Jahrhunderts, hielt sich hier häufig auf. Der Bau wurde vom Grafen Catalano Alfieri 1660 an den Ausläufern des *bricco*, der jetzt ein öffentlicher Park ist, begonnen. Dort stand auch eine mittelalterliche Festung, die im letzten Jahrhundert abgetragen wurde. Heute gehört das restaurierte Gebäude der Gemeinde.

Sehr wertvoll ist das Tor im Barockstil, eines der wichtigsten Exemplare der Provinz, und beeindruckend sind auch die Ehrentreppe und der Festsaal mit seiner Stuckdecke. Die Familienkapelle des Hauses Alfieri umfasst unter anderem drei große Gemälde von Sebastiano Taricco. Sechs Säle beherbergen das Historische Museum für bäuerliches Handwerk und Volkskunst, mit einer sehr interessanten Abteilung für antike Stuckdecken.

Der obere Stadtteil ist auch wegen seiner Aussicht bezaubernd: Man blickt über das Tanaro-Tal, die Langhe und an besonders klaren Tagen sogar über den gesamten Alpenbogen bis zum Monte Rosa.

Anreise

Auf der *statale* 231 von Alba kommend auf Höhe des Ortsteils Sant'Antonio biegt man links ein und erreicht nach wenigen Kilometern das Zentrum des Dorfes. Von Asti kommend biegt man auf derselben Straße nach rechts ab, oder man fährt die *provinciale* San Damiano-Priocca.

MAGLIANO ALFIERI
Einwohner: 1691
Höhe: 328 Meter

SCHLÖSSER

Castello di Magliano Alfieri
Tel. 0173 66117
Sonntags geöffnet; unter der Woche gegen Voranmeldung

Das Castello di Magliano beeindruckt ohne Zweifel wegen seiner Lage hoch über dem Tanaro-Tal. Das Gebäude geht auf das 18. Jahrhundert zurück und beherbergt heute

CANTÉ J'EUV

Pietro Bianchi

Canté j'euv, wörtlich «Eiersingen», ist ein typischer Brauch der Fastenzeit in der Langa, der zu den Unheil abwehrenden Ritualen des bäuerlichen Jahres zählt, die im Frühling mit den Bittzeremonien um eine günstige Ernte einhergehen. Einstmals in zahlreichen Orten des Piemonts praktiziert, scheint dieser Brauch heute eher unüblich zu sein, wenn da nicht eine kleine Anzahl Erleuchteter wäre, die ihn am Leben halten.

Vor Jahren geriet ich zufällig in eine dieser Gruppen, die von einem Hügel bei Monforte aufgebrochen war und mich bat, eines der wichtigsten Instrumente des Almosensingens zu übernehmen: die Harmonika. Ich erinnere mich, als ob es gestern gewesen wäre, an eine wundervolle Szene: die Sängergruppe, angeführt von einem (falschen) Mönch, der bereits ein Liedchen angestimmt hatte …

Soma partì da nostra cà
Wir sind von zu Hause weggegangen,
ca l'era prima sèira
als es gerade Abend geworden war,
per amnive saluté
um euch zu begrüßen
deve la bon-a sèira …
und einen guten Abend zu wünschen …

Es war bereits zwei Uhr morgens, aber der Herr des Hauses kam sofort an die Tür, die Hosen noch nicht ganz an, um mit uns ein wenig weiterzusingen …

Bona sèira sor padron
Guten Abend, Herr,
tuta la gent di casa
alle Leute des Hauses
soma mnì canté e soné
sind gekommen zu singen und zu spielen,
feve la serenata …
euch ein Ständchen zu bringen …

Das Lied setzte sich schließlich im gemütlichen Keller fort und wurde gehörig begossen …

Sona, sona, sonador
Spiel auf, spiel auf, Spieler,
al chiaro della luna
im hellen Licht des Mondes,
la padrona l'è già alvà
die Herrin ist schon aufgestanden
c'ha fa sventé la cun-a …
und macht bereits das Bett …

Und tatsächlich kam bald die Herrin dazu, mit einer Schürze voll frischer Eier …

O se veuli dene dij euv
Auf denn, gebt uns zehn Eier
de le vostre galin-e
von euren Hühnern,
vòstri aosìn a l'han ben dì
eure Vögel haben gesagt,
che l'ei le gòrbe pin-e …
dass eure Körbe voll sind …

Manchmal flammte bei der Herrin in diesem Trubel ein winziger Moment der Jugend auf; so stieg sie auf den Tisch und stimmte das Mafalda-Lied an, das von tiefen Meeresgründen und gekenterten Schiffen voll Emigranten aus dem Piemont erzählt …

La padrona a l'ha pagà
Die Herrin hat gezahlt
e noi la ringrassioma
und wir danken ihr dafür.
se st'autr'àn soma ancor viv
Wenn wir nächstes Jahr noch leben,
e noi riturneroma …
kommen wir bestimmt wieder …

Mit diesem Satz endete der nächtliche Besuch, oft artete er in eine Liebeserklärung aus:

Bianca e rosa come un fiur
Weiß und rot wie eine Blume,
l'ha tant in bel colore
wie rosig ist ihr Antlitz,
furtuna col giovnòt
glücklich der junge Mann,
a c'ù i farà l'amòre …
mit dem sie sich verloben wird …

Manchmal finden auch andere Begleitinstrumente Erwähnung, wie in der von Maurizio Martinotti aufgezeichneten Version von *O sentì che bel cantà* (interpretiert vom Ensemble La Ciapa Rusa) aus der Gegend um Ovada:

Sona, sona viulin
Spiele, spiele, Geige,
e sona pure piano
und spiel' ruhig leise,
che la figlia del signor patròn
denn die Tochter des Hauses
che g'ha la chiave in mano …
hält den Schlüssel schon bereit …

Erhielt die Gruppe der Almosenbitter keine Antwort, wurden Flüche ausgesprochen:

In questa casa, gentil casa
In diesem Haus, dem netten Haus,
a j canta la jazza
soll doch der Kuckuck
u j'è 'na fia da marié
die heiratsfähige Tochter holen,
ca piscia 'nt la pajazza
die noch immer das Strohlager nässt.

An-ti costa casa sì
Vor diesem Hause
i-è mnisa ra sucin-a
soll die Dürre einkehren,
ca je schèisa a chesta ar gal
dem Hahn soll sein Kamm austrocknen
e'r cu a la garin-a
und der Henne ihr Hinterteil.

Dass eine Dürre komme, die dem Gockel den Kamm und der Henne das Hinterteil austrockne, oder dass die Tochter ohne Mann bleibe, war zweifelsohne das Schlimmste, was man einem Bauern wünschen konnte.

Der Brauch scheint sich jedoch nicht nur auf die Langhe und das Monferrato zu beschränken. Franco Castelli erwähnt Aufzeichnungen aus Villa di Foro (Provinz Alessandria); auch in einigen Tälern der Lombardei gibt es ähnliche Gesänge, die sich mitunter mit dem Brauch des *scacciamarzo* (Märzaustreibens) vermischen. In Frankreich singt man in den Nächten der Karwoche die *Réveillez* und bittet um Ostereier. In allen Fällen wurden die Eier nicht sofort verzehrt, sondern am Ostermontag als Omelett verspeist, wobei natürlich die Dorfjugend zum Tanz lud. Eine der wichtigsten Funktionen des Almosenbittens war aber die Heiratsvermittlung: Die Kontakte zwischen den Familien wurden intensiviert und die Reichtümer aufgeteilt.

---

in acht prachtvollen Sälen das Museum für angewandte Kunst und niedere Zünfte des Roero. Interessant ist der Bereich, der den Stuckdecken gewidmet ist, wo über diese spezielle Form der Volkskunst Jahrhunderte bäuerlicher Kultur und die Entwicklung der ländlichen Bräuche in diesem Hügelland dargestellt werden.

EINKAUFEN

PRODUKTE AUS BIOLOGISCHEM ANBAU
Cascina del Cornale
Corso Marconi 64
Tel. 0173 66669
Bestens sortiertes Geschäft mit Produkten aus biologischem Anbau, die aus etwa 20 Betrieben aus dem Piemont und Ligurien stammen. Bei Cornale finden Sie Obst und Gemüse der Saison, Brot, Mehl, Kekse, Öl, Wein, Käse, Honig und Konserven. In der Saison heimische Trüffeln. Die Produkte sind die Früchte einer sorgfältigen und leidenschaftlichen

Forschungsarbeit, die konstante Qualität ermöglicht. Erst kürzlich wurde der Betrieb um eine gastronomische Komponente erweitert: In einem schönen Lokal mit 50 Plätzen können Sie alle Produkte des Betriebs genießen. Für eine komplette Mahlzeit gibt man etwa L. 35 000 (zuzügl. Weine) aus. Die Öffnungszeiten sind überaus flexibel (9–24), und die bedingungslose Entscheidung für unverfälschte Produkte, die den gesamten Betrieb charakterisiert, garantiert ein kulinarisches Niveau, das Sie sicher nicht enttäuschen wird.

Antonio Adriano
Via Matteotti 2
Frazione Sant'Antonio
Tel. 0173 66311
Sant'Antonio liegt auf der *statale* nach Asti, und Antonio Adriano wohnt dort in einem wunderschönen alten Gutshof. Er produziert Birnen der Sorte Madernassa und Äpfel unterschiedlichster Art, die nicht chemisch behandelt wurden. Antonio ist eine wirkliche Persönlichkeit: Er

pflegt die heimischen Traditionen und beherrscht die Hacke gleichermaßen wie die Schreibfeder. Er ist Bauer und Forscher: Ihm ist es zu verdanken, dass der Canté j'euv (der Brauch des Bittgangs um Eier, siehe Seite 201) nicht verloren gegangen ist, sondern ganz im Gegenteil eine Renaissance erlebt; ihm ist es auch zuzuschreiben, dass das Völkerkundemuseum von Magliano seine ersten Abteilungen in Räumen des Kastells eröffnen konnte. Sein eigenes Haus ist ebenfalls ein Museum und eine Bibliothek.

FESTE, MESSEN UND VERANSTALTUNGEN

Feste patronali
Neben dem Karneval gibt es drei weitere Feste: den Maggio maglianese in der zweiten Maihälfte, das Fest für San Giacomo in den letzten beiden Juliwochen im Ortsteil Cornale und ein weiteres Fest im Ortsteil Sant'Antonio, am zweiten Sonntag im September. Diese Veranstal-

tung ist eng mit einer Tradition aus napoleonischer Zeit verbunden: General Bonaparte soll den Einwohnern von Magliano die Abhaltung dieses Festes gestattet haben, weil sie sich der französischen Besetzung des Gebietes nicht widersetzt hatten.

Canté j'euv
Das Festkalendarium von Magliano und anderer Ortschaften im Roero, in der Bassa Langa und im Basso Monferrato wird durch die Teilnahme der von Antonio Adriano geleiteten Gruppo Spontaneo di Magliano Alfieri belebt. Dieser Verein entstand in den 60er-Jahren und hat es sich zur Aufgabe gemacht, die Volkslieder und Bräuche der Gegend wiederzuentdecken. Es wurden Platten aufgenommen und die Forschungsergebnisse publiziert. Stets dabei ist der Verein bei der klassischen, vorösterlichen Veranstaltung des Canté j'euv.

Montà

Montà (Montata Fangi in alten Dokumenten) befindet sich an der äußersten Nordseite des Roero, an der Grenze zu den Provinzen Turin und Asti. Es liegt an einer natürlichen Trennlinie zwischen der Ebene und den Hügeln, die sich bis zu den Ufern des Tanaro erstrecken. Der älteste Teil umringt das Kastell der Morra di Lavriano, das von einem reizenden Park umgeben ist. Die komplexe Baugeschichte lässt auch Zeichen der Spätrenaissance erkennen. Schon 1363, als die Roero die Anlage erwarben, existierte ein befestigtes Gebäude, dessen genaue Lage allerdings nicht ganz klar ist. 1441 wurde das Kastell an die Malabaila aus Asti verkauft und vor 1501 wieder aufgebaut, 1544 von den kaiserlichen Truppen geplündert, 1647 von den Isnardi neu errichtet und 1691 erneut beschädigt. Ab dem 18. Jahrhundert folgen als Eigentümer die Parella, die San Martino-Isnardi, die Wilcardel di Felury, bis es die Grafen Morra di Lavriano erstanden.

Für diejenigen, die Ruhe und Einkehr suchen, ist das Santuario dei Piloni (Säulen) im Gebiet Laione an der Straße nach Santo Stefano ideal. An das den Heiligen Giocomo und Filippo geweihte Wallfahrtskirchlein aus dem 14. Jahrhundert, das 1651 und 1775 restauriert wurde, sind fünfzehn Kapellen (bis 1887 waren es einfache Säulen) angeschlossen. Sie stehen für die Stationen des Kreuzwegs und sind mit mannshohen Statuen geschmückt. Der Weg dorthin führt durch Pinien- und Kastanienwälder, der Ortsname (Valle di Diana) und Funde von römischen Bauten lassen frühere heidnische Kulte vermuten. Mindestens zweitausend Jahre alte Fundstücke sind auch an der Straße, die in den Vorort San Vito führt, ans Tageslicht gekommen. Im Hochmittelalter stand dort wahrscheinlich eine dem heiligen Martin geweihte Kirche.

Anreise
Montà liegt an der *statale* 29, bei Kilometer 40 von Turin kommend, bei Kilometer 18 aus Richtung Alba. Es ist mit den beiden Städten durch eine Autobuslinie verbunden.

MONTÀ
Einwohner: 4300
Höhe: 316 Meter

ÜBERNACHTEN

Belvedere
Vicolo San Giovanni 3
Tel. 0173 976156
Drei Sterne, 10 Zimmer mit Bad, Telefon und TV. Privat-parkplatz, Restaurant, Bar.
Preise: Doppelzimmer L. 130000, Einzelzimmer L. 90000, Frühstück inbegriffen Dieses Hotel wurde mit äußerster Sorgfalt revitalisiert und verfügt über zehn geräu-

mige, komfortable Zimmer, alle mit Bad. Auch das Restaurant bietet eine ruhige, heimelige Atmosphäre.

EINKAUFEN

FLEISCHWAREN
Franco Audenino
Via Cavour 7
Gutes Fleisch aus dem Piemont und exzellente gekochte Salami aus eigener Produktion.

HONIG
Cauda Fratelli
Via Cavour 14
Verschiedene Arten von Honig, von Wiesenblumen- bis Akazienhonig.

Nicola Cauda
Via Cavour 15
Honig von Wiesenblumen, Akazien, Kastanien und der sehr seltene Löwenzahnhonig.

BROT
Almondo Boero
Via Cavour 1 a
Herrliches Brot aus dem Holzofen und gute, typische Süßigkeiten, allen voran das Maisgebäck.

Enzo Molino
Via Macallé 1
Montà ist wegen der Qualität seiner Mehlspeisen aus dem Backofen bekannt. Die *cane-strei*, ein ganz einfaches, sehr gutes Gebäck, gibt es nur von Oktober bis zum Fasching.

LOKALE SPEZIALITÄTEN
Dal Trifulé
Piazza Vittorio Veneto 20 b
In der Saison gibt es das Beste an Trüffeln aus der Gegend (und die Möglichkeit, Ausflüge zur Suche nach den wertvollen Knollen mitzumachen). Darüber hinaus Delikatessen von hoher Qualität, wie die *agnolotti dal plin*, und eine schöne Auswahl

an Weinen aus der Gegend um Alba.

WURSTWAREN
Salumeria Almondo
Via Cavour 1
Diese Wurstwarenhandlung wird seit drei Generationen von ein und derselben Familie geführt und bietet die gesamte Palette an traditionellen Wurstspezialitäten: *cacciatorini*, Schweinskochwurst, rohe Salami und – besonders gut – gekochte Salami.

KUNSTHANDWERK
Giuseppe Bertero
Via Monte Tomba 2
Hier werden antike und moderne Teppiche repariert.

Lorenzo Taliano
Via Genova 2
Herstellung von Möbeln mit Einlege- und Schnitzarbeiten.

WEINKELLEREIEN

Giovanni Almondo
Via San Rocco 26
Tel. 0173 975256
Dieser Betrieb hat sich mit einem exzellenten Roero Arneis durchgesetzt (er wird in zwei Versionen angeboten: dem stärker strukturierten Bricco delle Ciliegie und dem feineren Vigneti Sparsi). Domenico Almondo produziert auch einen Rotwein mit guter Textur, den Roero Valdiana.

Valerio Aloi
Corso Milano 45
Tel. 0173 975604
Ein junger Betrieb, der mit großem Erfolg die klassischen Weine des Roero herstellt.

Vincenzo Calorio
Via Morra 15
Tel. 0173 976334
Der Roero Arneis von Vicenzo Calorio zählt seit Jahren zu den Spitzen-

produkten der Gegend und überrascht angenehm durch sein ausgewogenes Preis-Leistungs-Verhältnis.

Michele Taliano
Via Manzoni 24
Tel. 0173 976100
Ein junger Betrieb, der innerhalb kurzer Zeit die Erfolgsleiter erklommen hat. Hier finden Sie guten Arneis, Roero und Barbera d'Alba zu wettbewerbsfähigen Preisen.

FESTE, MESSEN UND VERANSTALTUNGEN

Festa di maggio
Am ersten Sonntag im Monat. Degustationen lokaler Weine und Verkaufsausstellung von landwirtschaftlichen und kunsthandwerklichen Produkten am darauf folgenden Montag.

Purtè disnè
Ende Mai. Eine kulinarische Wanderung zwischen Montà und Canale. Bei jeder Rast wird ein Gang verkostet, von den Antipasti bis zu den Desserts. Das Endziel ist die Piazza del municipio in Canale, wo die Feier mit einem großen Erdbeeressen beendet wird.

Burattinarte
Am zweiten oder dritten Sonntag im Juni. In den Straßen zeigen Gaukler und Puppenspieler ihre Kunst.

Festa di settembre
Am ersten und zweiten Sonntag im September. Landwirtschafts- und Gastronomieschau am darauf folgenden Montag. Spiele, Tanzabende, Umzug der einzelnen Bezirke in Kostümen, Verkostungen von Weinen und typischen Produkten, Feuerwerk: Es wird aus dem vollen Repertoire der

Volksfestbräuche geschöpft. Den Gegenpol zu diesen volkstümlichen Unterhaltungen bildet eine kulturelle Veranstaltung: die Preisverleihung des Wettbewerbs Carlo Cocito auf der Piazza vor dem Kastell, wobei die besten Novellen des abgelaufenen Jahres prämiert werden.

Vija 'd Natal
Weihnachtsabend. Die Weinkeller und privaten Höfe des Dorfes bilden den Rahmen für vielseitige Spiel- und Kulturtreffen: Musik- oder Theatergruppen, Künstler, die Gedichte vortragen, internationale Gesangsdarbietungen. Nach der Mitternachtsmette versammeln sich alle auf der Piazza zu einem Kastanienessen mit Glühwein.

Montaldo Roero

Das Dorf liegt an der Linie der Rocche: Ein Teil des Territoriums, vorwiegend bewaldet, gehört zum hydrografischen Becken des Po, während der andere Teil, im Borbore-Becken gelegen, den geomorphologischen Gegebenheiten des Roero entspricht.

Montaldos Wahrzeichen ist der mächtige mittelalterliche Turm, von dessen Spitze aus man weit ins Land blicken kann. In der zweiten Hälfte des 14. Jahrhunderts wurde er von den Roero, den Feudalherren der Gegend, errichtet und ist heute das einzige Zeugnis des damaligen Herrschaftssitzes.

Die Pfarrkirche Santissima Annunziata wartet im Inneren mit einer schönen spätromanischen Struktur auf, auch der wuchtige Campanile stammt aus dieser Zeit. Nicht weit entfernt finden wir eine romanische Apsis in der Kirche San Giovanni, die früher Kirche der Battuti Neri (Schwarze Geißler) war. Die Kirche San Rocco im gleichnamigen Ortsteil, deren heutige Form aus dem Ende des 17. Jahrhunderts stammt, kann sich einer Erwähnung aus dem Jahr 1354 rühmen und zählt somit zu den ersten Stiftungen für diesen Heiligen.

In dieser Gegend lässt der Weinbau den Kastanienwäldern den Vortritt. Ihre Zweige beschatten die Straße, die Montaldo mit Monteu und Baldissero verbindet. Von ihr gehen Wanderwege in die Wälder ab. In dem von Erika aufgelockerten Unterholz, das einst reich an Pilzen war, findet man noch immer seltene Kaiserlinge und Steinpilze.

Anreise
Das Dorf ist von Carmagnola aus über Ceresole d'Alba und Baldissero erreichbar. Von Canale fährt man das Valle Aiello hinauf, während man von Corneliano ein Stück der Straße nach Tre Rii, einem Ortsteil von Monteu Roero, folgt.

MONTALDO ROERO
Einwohner: 863
Höhe: 378 Meter

WEINKELLEREIEN

Produttori Montaldesi
Borgata Marenghi 18
Tel. 0172 40683
Fünf Winzer haben ihre Ressourcen zusammengeschlossen, um die Arbeit in den Weinbergen, im Keller und auf dem Markt besser erfüllen zu können. Eine gute Adresse, um korrekte Weine zu interessanten Preisen zu finden.

FESTE, MESSEN UND VERANSTALTUNGEN

Mitte September organisieren die Enoteca Regionale del Roero und die Stadtverwaltung ein Erntedankfest, eine gute Gelegenheit für leckere Jausen im Ortszentrum (sehr stimmungsvoll sind jene, die auf der kühnen Brücke zwischen den Rocche, gleich bei der Ortseinfahrt, abgehalten werden). In den Ortsteilen von San Rocco und San Giacomo finden mitten im Sommer rund um den 15. August verschiedene Feste nach einem nicht festen Kalendarium statt.

Monteu Roero

Das Dorf befindet sich auf einem Hügel an der *provinciale* Canale-Carmagnola. 1152 vermachte Friedrich Barbarossa den Ort Monteu Roero an Guido II di Biandrate als Lehen. Einer der zahlreichen Anekdoten des Ortes zufolge hat der deutsche Kaiser Teile seiner Truppen im Kastell von Monteu überwintern lassen, denn hier gab es ausreichend Essen und auch Wein. Die Roero, auf die der Ortsname verweist, wurden Ende des 13. Jahrhunderts Herren des Dorfes, als sie das Lehen gemeinsam mit jenem von Santo Stefano erwarben. Im 18. Jahrhundert kam es unter die Herrschaft der Savoyer, die es unter die Rechtssprechung der Roero aus Vezza stellten. Noch heute ist die Haupteinnahmequelle des Dorfes die Landwirtschaft. Weinstöcke bedecken die Hügel ringsum, und die daraus gewonnenen Tropfen genießen einen guten Ruf. In den letzten zehn Jahren entwickelte sich auch der Anbau von Erdbeeren, die wegen der guten Bodenbeschaffenheit ausgezeichnet schmecken und besonders fein duften.

Anreise

Folgen Sie von Canale aus der *provinciale* nach Carmagnola. Von Alba (in Richtung Carmagnola) erreicht man Monteu, indem man hinter Piobesi rechts abbiegt.

MONTEU ROERO
Einwohner: 1630
Höhe: 395 Meter

ESSEN

Belvedere
Frazione San Grato 47
Tel. 0173 99007
Dienstag Ruhetag
Betriebsferien: im Januar
Plätze: 60
Preise: L. 45 000 ohne Wein
Kreditkarten: keine
Eine Trattoria ganz nach traditioneller Prägung, in einem rustikalen, auf das Wesentliche beschränkten Ambiente. Unter den interessantesten Speisen stechen der marinierte Flussaal und das Wildschwein mit Polenta hervor.

Cantina dei Cacciatori
Località Villa Superiore 59
Tel. 0173 90815
Montag Ruhetag
Betriebsferien: unterschiedlich
Plätze: 45
Preise: L. 45 000–50 000 ohne Wein
Kreditkarten: alle

Ein Lokal mit einer langen Geschichte, das gepflegte piemontesische Küche anbietet und mit einer guten Auswahl an Weinen aufwarten kann, hauptsächlich aus dem Roero. Pilze, *agnolotti dal plin* mit *fonduta*, Risotto mit Flusskrebsen. An *secondi* hält die Küche den in Essig eingelegten Flussaal mit Gemüse, gebackene Schleien aus Ceresole, Kalbshaxe mit Arneis, Hasenpfeffer oder gedünstete Schnecken bereit. Hauseigene Desserts.

EINKAUFEN

KONSERVEN
Ca' dj amì
Frazione San Grato 1
Pfirsiche und Birnen in Nebbiolo oder in Moscato, Pfirsich- und Aprikosencremen, *cognà* und *bagnet*.

HONIG
Fratelli Brezzo
Frazione Tre Rivi 87
Die Brüder Brezzo stellen verschiedene Arten von Honig und eine ungewöhnliche Rarität her, einen Honigessig, den man zu Obst, aber auch zu salzigen Speisen kombinieren kann.

WEINKELLEREIEN

Cascina Pellerino
Località Sant'Anna
Tel. 0173 978171 · 979083
Aus Trauben aus eigenem Anbau werden herrliche Weine des Roero gekeltert, darunter Arneis Boneur, Barbera d'Alba Gran Madre und Roero Riserva Vicot.

Angelo Negro & Figli
Frazione Sant'Anna
Cascina Riveri 1
Tel. 0173 90252
Negro war einer der ersten, der an den Arneis geglaubt hat. Er stellt ihn in zwei Versionen her, in der strukturierteren, dem Perdaudin, und in der normalen. Hervorzuheben sind auch die unterschiedlichen Arten von Barbera d'Alba, angeführt vom Bric Berto.

Sagra dell'Arneis
Im Ortsteil Sant'Anna, in der
letzten Woche im Juli. Zehn

Tage Feiern: eine Preis-
verleihung in der Kategorie
Journalismus, Verkostungen
des neuen Jahrgangs, kulinarische Höhepunkte. Im
Zentrum weiterer Feste ste-

hen einerseits die Pilze (Ende
August, San Grato) und die
Kastanien in der zweiten
Woche im September.

Monticello d'Alba

Monticello besteht aus zwei Siedlungen: dem oberen Teil Villa, wo
das Rathaus steht, und Borgo an der *statale* 23. Darüber hinaus gibt es die Vororte San Grato, Sant'Antonio und Casà.
Der charakteristischste Teil liegt auf dem
Gipfel des Hügels. Dort ragt das eindrucksvolle Kastell empor, das noch vor
dem 11. Jahrhundert erbaut worden sein
muss, denn Pietro, Bischof von Asti, erwähnt die Kirche San Ponzio in Monticello in einer Bestätigung von Privilegien
aus dem Jahr 1041 «cum corte et castro
et cappellis». Vom Lehen der bischöflichen *mensa* von Asti ging es nach einem
Konkordat beider Parteien von 1741 an
die Savoyer. 1786, anlässlich seiner
Hochzeit mit Paola del Carretto aus
Gorzegno, erteilte Graf Francesco Gennaro
Roero dem Architekten Carlo Francesco
Rangone di Montelupo aus Alba den
Auftrag, das Kastell zu modernisieren.
Und so verlor dieses – ausgerüstet mit
zwei Türmen, einer mit quadratischem,
einer mit zylindrischem Grundriss, die
durch Wachgänge verbunden und mit
Scharten für Kugeln, Steine und heißes
Öl versehen waren – seinen strengen mit-
telalterlichen Zug und erhielt jenen des
Herrschaftssitzes. Im Inneren finden wir

das prunkvolle Familienarchiv, eine umfangreiche Bibliothek, einen Waffensaal
und eine Bildergalerie.

Einen Besuch wert ist auch die sehr alte
Kirche im Friedhof von Villa, die San
Ponzio geweiht ist, wie auch die später folgende Pfarrkirche, deren gotisch-lombardischer Glockenturm noch erhalten ist.
Die Kapelle ist mit leider restaurierungs-
bedürftigen Fresken aus dem 12. Jahrhundert verziert. Im Ortsteil Borgo kann man
eine spätbarocke Kirche aus dem Ende des
18. Jahrhunderts bewundern. Keine Spur
mehr findet sich jedoch von der berühmten alten Abtei von Nicolasco, die durch
einen rustikalen Gutshof ersetzt wurde.

Anreise

Auf der *statale* 231 auf der Strecke Alba-
Bra fährt man von Alba kommend nach
rechts und gelangt nach drei Kilometern
in den oberen Teil des Dorfes, den man
auch erreichen kann, wenn man ein paar
Kilometer über Pocapaglia hinaus auf der
provinciale in Richtung Sommariva
Perno fährt. Gleich nach der Siedlung
Sperone biegt man nach rechts auf eine
Nebenstraße ein und fährt bis zum Ortsteil Valle Rossi; von dort kommt man in
das Gemeindegebiet von Monticello.

MONTICELLO D'ALBA
Einwohner: 1877
Höhe: 392 Meter

ESSEN

Tre Ruote
Frazione Sant'Antonio 84
Tel. 0173 64213

Dienstagabend und Mittwoch
geschlossen
Betriebsferien: Januar und die
erste Woche im September
Plätze: 80 + 80 im Freien

Preise: L.40000–45000 ohne Wein
Kreditkarten: alle
Ein zwangloses Lokal, in dem Sie der heimischen Küche frönen können, mit einem Repertoire, das vor allem auf die klassischen Gerichte setzt. Interessant ist die Auswahl an Wurst- und Käsespezialitäten sowie an Wein. Netter Platz für den Mittagstisch, am Abend wird das Tempo etwas gedrosselt, der freundliche Service ist konstant.

EINKAUFEN

FLEISCHWAREN
Bottega del Buongustaio
Via Stazione 12
Die Brüder Rocca verkaufen gutes Rindfleisch und Rohwurst.

FESTE, MESSEN UND VERANSTALTUNGEN

Drei Monate buntes Treiben: Den Auftakt bildet im Juni das Fest zum Sommerbeginn im Ortsteil Villa. Es folgen die Feuerwerke in Sant'Antonio zum Fest des San Lorenzo, das manchmal auf Ende Juli vorgezogen wird. Im August wird im Ortsteil Borgo das Fest zu Ehren von San Felice begangen und im September das Fest der Wallfahrtskirche in Valdoza. Der Sommer schließt mit einem Volksfest im Ortsteil Casà Ende September.

Piobesi d'Alba

Piobesi war Teil der Besitztümer des Bischofs von Asti. Anschließend folgte ein Adeliger auf den anderen als Lehnsherren, bis Piobesi in der zweiten Hälfte des 14. Jahrhunderts Eigentum der Roero wurde. Zu Beginn des 17. Jahrhunderts wurde es in die Liegenschaften der Savoyer eingegliedert, und Carlo Emanuele I. von Savoyen trat es teilweise an die Roero und an die Damiano del Carretto von Priocca ab. Gebäude von besonderem geschichtlichen Wert sind die Pfarrkirche von San Pietro in Vincoli, 1887 erbaut, und die schöne Barockkirche San Rocco.

Ein Teil des Dorfes erstreckt sich auf dem Hügel, der andere im Riddone-Tal zwischen Corneliano, Vezza, Guarene und Alba. Bis vor etwa zwanzig Jahren hauptsächlich bäuerlich orientiert, erlebte das Dorf schließlich einen starken Aufschwung in Handwerk und Industrie, ohne jedoch seine ursprünglichen Wurzeln zu verlieren: Es wird viel daran gearbeitet, die Produkte der noch immer florierenden lokalen Landwirtschaft aufzuwerten.

Anreise
Die Gemeinde wird von der *provinciale* Alba-Carmagnola-Torino durchquert, welche die Verbindung zu den wichtigsten Zentren des Gebietes und der Provinz erleichtert.

PIOBESI D'ALBA
Einwohner: 1016
Höhe: 194 Meter

EINKAUFEN

SCHOKOLADE
Cioccolateria Elisa
Regione Catena Rossa 1
Die Süßigkeiten von Elisa sind alle eine Sünde wert, angefangen von der mit *cognà* gefüllten *polentina* bis zu der mit Nougatcreme überzogenen *torroncina* und dem weichen Torrone, der klassischen Haselnusstorte und der *nocciola più*, einer Torte mit Schokocreme. In Piobesi befindet sich nur die Produktionsstätte, die in Kürze nach Torre Bormida übersiedeln soll. Die Verkaufsstelle befindet sich in Alba auf der Piazza Pertinace 9.

GRAPPA
Distilleria Sibona
Via Roma 10
Eine alte Destillerie, die Trester von Trauben aus einem einzigen Weinberg verarbeitet. Die Riserva «Campione di barile tutto grado» (von 54° bis 57°) braucht den Vergleich mit den besten Destillaten der Welt nicht zu scheuen.

TRÜFFELN

Tartuflanghe

Regione Catena Rossa 7
Abgesehen von den Trüffeln,
die in der Saison frisch und
sonst in Konserven angeboten werden, finden Sie auch
alle Spezialitäten, die mit
Trüffeln hergestellt werden:
Reis mit Pilzen und Trüffeln,
Trüffelpasta, Trüffelpastete.

WEIN

Il Portale

Piazza San Pietro 6
Delikatessen, Enoteca und
Küche. Hier können Sie
Weine, Trüffeln, Käse und

Wurstwaren, Brötchen und
hausgemachtes Gebäck kau-
fen und verkosten.

WEINKELLEREIEN

Tenuta Carretta

Località Carretta 2
Tel. 0173 619119
Einer der größten Betriebe
des Roero in Bezug auf
Anbaufläche und Zahl der
abgefüllten Flaschen. Die
Weine kennzeichnet gute
mittlere Qualität, sowohl bei
den Klassikern des Roero
(angeführt vom Arneis) als

auch bei den großen Rot-
weinen der Langhe, vor allem
Barolo und Barbaresco.

FESTE, MESSEN UND
VERANSTALTUNGEN

Das Fest des Schutzpatrons
wird am zweiten Sonntag im
Juli begangen und beinhaltet
alle Zutaten eines richtigen
Dorffestes: Musik, Tanz auf
dem Tanzboden, Essen unter
dem Sternenhimmel und
einen Vergnügungspark für die
Jungen und Junggebliebenen.

Pocapaglia

Die Anlage Pocapaglias ist die eines typischen Hügeldorfs: ein zentraler Kern mit den Häusern an der Hauptstraße, die zur Piazza mit der Kirche führt. Sehr eigentümlich hingegen ist die Landschaft um das Dorf mit, abgesehen von der Seite zum Tanaro hin, Schluchten, Furchen und Abgründen, welche die so genannten Rocche di Pocapaglia formen. Die Rocche, eine wilde und unbewohnte Gegend, sind Objekt von Studium und Legende und ein Naturschauspiel von seltener Schönheit. Die volkstümlichen Erzählungen ranken sich um die *masca* (Hexe) Micilina, die wegen Hexerei angeklagt und auf dem Scheiterhaufen verbrannt wurde, und um den *brigante* (Banditen) Delpero aus dem 19. Jahrhundert.

Pocapaglia gehörte dem Bischof von Asti, dann den Malabaila und den Falletti, bis es in den Besitz der Savoyer überging, die es mitsamt dem Kastell den Grafen Caissotti aus Chiusano zu Lehen gaben. Bis um 1000 hatte es eine befestigte Burg gegeben, dann ein großes,

quadratisches Kastell. Über dem Portal befinden sich sehr schöne Kriegstrophäen, die als Hochrelief aus dem Stein gehauen sind, eine Nachahmung der Lisenen, welche die Fassade des Palazzo Madama in Turin schmücken. Üblicherweise wird das einzigartige Werk Jacopo Sansovino zugeordnet, jedoch ohne sichere Beweise.

Erwähnenswert ist auch die Barockkirche Sant'Agostino, mit einer Fassade aus Ton, einem Weihwasserbecken aus dem 14. Jahrhundert und einem eleganten hölzernen Chor, der mit Intarsien aus dem 18. Jahrhundert verziert ist; weiter die Pfarrkirche Santi Giorgio e Donato aus dem Jahr 1620. Eine Kuriosität ist die Hügelkuppe in der Siedlung Mormoré, einer der höchsten Punkte des Roero, mit der Kapelle Santa Margherita.

Anreise

Fährt man von der *statale* 231 ab, liegt Pocapaglia wenige Kilometer nach Bra, von Alba kommend fährt man etwa fünfzehn Kilometer.

POCAPAGLIA
Einwohner: 2730
Höhe: 381 Meter

WEINKELLEREIEN

Colli Favorita
Borgo San Martino 7
Tel. 421221
Der Weinkeller der Familie
Ambrois liegt an der *statale*
kurz vor Bra und verarbeitet
Trauben privater Anbauer. Die
Palette der produzierten
Weine umfasst die klassischen
Weißweine des Roero,
Favorita und Arneis, und den
Rotwein Roero. Das Gut ist
auch mit Gavi und Chardon-
nay auf dem Markt vertreten.

FESTE, MESSEN UND
VERANSTALTUNGEN

Motocross
An zahlreichen Sonntagen im
Jahr, im Frühling und im
Sommer, werden Motocross-
Veranstaltungen auf den
Pisten des Ortsteils America
dei Boschi abgehalten. Der
Moto Club aus Bra organi-
siert Bewerbe, oft auch auf
internationaler Ebene, die
Tausende und Abertausende
Begeisterte anlocken. Die
Motocrossbahn gehört zu
den elf wichtigsten in Italien
und kann bis zu 25000
Zuschauer fassen. Die Strecke
ist zwei Kilometer lang; der
weite Platz davor wird als
Parkplatz und für Erfri-
schungsstände genutzt.

La Passione
Im Ortsteil Macellai nimmt
die gesamte Bevölkerung am
Karfreitagabend an einer
Aufführung des Kreuzwegs
Christi teil.

Volksfeste
Das Fest des Schutzpatrons
wird in der dritten Woche im
August gefeiert. Weitere Feste
gibt es im Ortsteil Macellai,
und zwar am ersten Sonntag
im Juli, sowie Anfang Oktober
das Kastanienfest im Ortsteil
America dei Boschi.

Priocca

Das kleine Dorf Priocca schlängelt
sich an den Rücken der Hügel
dahin, die das Roero mit der Ebene des
Tanaro verbinden. Von der *statale* zwischen Alba und Asti aus klettert die
Straße die mit Wein bebauten Hügel
hinauf und erreicht das Dorf, das leicht
an dem sehr hohen Campanile der
Pfarrkirche zu erkennen ist. Der imposante neugotische Bau wurde Anfang des
20. Jahrhunderts errichtet.

Im Dorf sind kaum Spuren der alten
Zeit geblieben, auch wenn die Erhebung
des Castellero, eines steilen, von Zyp-
ressen gekrönten Kegels, die Existenz von
römischen Siedlungen bezeugt. Goffredo
Casalis weist in seinem *Dizionario stori-
co-geografico degli stati di Sua Maestà il Re
di Sardegna* («Historisch-geographisches
Wörterbuch der Länder Seiner Majestät
des Königs von Sardinien») unter dem
Begriff Priocca auf das alte *Petra Ducia*
hin. Das war möglicherweise der ursprüngliche Name der römischen Siedlung auf dem Colle della Stella, den die
alten ligurischen Völker besiedelt hatten,
bevor sie von den Römern unterworfen
wurden. Im frühen Mittelalter war das
Dorf unter dem Namen Predoca in end-
lose Kämpfe verwickelt, die der Bischofssitz Asti mit Vehemenz im Gebiet des
Roero führte, um seine Besitzungen zu
vergrößern und zu erhalten.

Fährt man die Straße nach Magliano
einen Kilometer hinauf, stößt man auf
die alte Pfarre San Vittore. Von der mittelalterlichen Konstruktion sind ein Teil
des zentralen und das linke Kirchenschiff
erhalten, während die halbrunden Apsiden protoromanisch sind. Das Dorfleben
findet fast ausschließlich an der Hauptstraße statt, die nach kurzem Anstieg in
die Piazza mit der Kirche mündet.

Anreise
Von der *statale* 231 Asti-Alba kommend
nimmt man die Abzweigung im Ort
Canove.

PRIOCCA

Einwohner: 1933
Höhe: 253 Meter

ESSEN

Il Centro
Via Umberto 15
Tel. 0173 616112
Dienstag Ruhetag
Betriebsferien: 15.–30. Juli
Plätze: 100
Preise: L. 50 000–55 000 ohne Wein
Kreditkarten: die gängigsten
Ein gepflegtes Restaurant, dem die kulinarische Tradition der Region als Leitfaden dient, aber auf intelligente Weise mit modernen Akzenten versehen wird. Probieren Sie lauwarme Zunge mit Gemüsegarnierung, Terrine aus weißem Fleisch, *tajarìn* und *agnolotti*, herrliche Fleischspeisen (Kaninchen süß-sauer, *sottopaletta di vitello arrosto*, ein spezieller Schulterteil vom Kalb, Huhn in Weinsauce). Wunderbar auch das hausgemachte Gebäck und die Süßspeisen (Moscato-Gelee, Mousse von weißer Schokolade). Sehr reich und hochwertig die Weinkarte.

Locanda del Borgo
Via Pirio 30
Tel. 0173 616868
Mittwoch Ruhetag
Betriebsferien: August
Plätze: 35–40
Preise: L. 80 000 ohne Wein
Kreditkarten: alle
Ein schönes Restaurant, das vor allem auf Fisch spezialisiert ist.

EINKAUFEN

WURSTWAREN
Cooperativa Agricola Priocchese
Via Val San Carlo 12
Die Genossenschaft züchtet und schlachtet Kälber und Schweine: Sie bekommen hier ausgezeichnetes Fleisch und eine herrliche gekochte Salami.

WEINE
Enoteca Priocchese
Via Umberto 110
Rita, Jahrgang 1925, führte früher das Regiment in der Küche des Centro und beschloss später, diese kleine, aber bestens sortierte Enoteca zu eröffnen. Eine gute Auswahl an Etiketten und einige kulinarische Leckerbissen für Besucher des Roero, die eine Erinnerung mit nach Hause nehmen wollen.

WEINKELLEREIEN

Bricco del Prete
Via Santuario 1
Tel. 0173 616278
Klassische Weine zu angemessenen Preisen, unter spezieller Berücksichtigung des Spitzenrotweins der Gegend, des Roero aus Nebbiolo-Trauben.

Clò Igino Roagna
Vicolo Magliano 12
Tel. 0173 616149
Einer der wenigen Hersteller am linken Ufer des Tanaro, der nicht auf den Roero Arneis setzt. Er hält sich an den Barbera, von dem er zwei Versionen anbietet: den lebhaften Birichina und den im Holzfass gereiften Perpetua.

Hilberg Pasquero
Bricco Gatti 16
Tel. 0173 616197
Dieser landwirtschaftliche Betrieb zählt zu den schönsten Neuerungen im Roero. Große Rotweine, darunter ein trockener Brachetto und ein Barbera d'Alba in absoluter Spitzenqualität.

Val del Prete
Via Santuario 2
Tel. 0173 616534
Ein aufsteigender Stern unter den Weinkellereien des Roero. Große Sorgfalt bei den wichtigsten Rotweinen (Barbera und Nebbiolo) und den Weißweinen, die mehr sein sollen als einfache, leicht trinkbare Weine.

FESTE, MESSEN UND VERANSTALTUNGEN

Das Fest des Schutzpatrons San Rocco am dritten Sonntag im August: Ausstellungen von kunsthandwerklichen Gegenständen und Verteilung von süßen Leckereien, welche die Hausfrauen zubereitet haben. Am letzten Sonntag im April gibt es das Frühlingsfest und am dritten Sonntag im Oktober das Herbstfest.

Sanfrè

Von vielen Punkten der Ebene von Bra aus sichtbar ist das mächtige, nun im Besitz der Familie Sobrero befindliche Kastell von Sanfrè. Wie fast immer in diesen Fällen ist der Bau das Ergebnis verschiedener architektonischer Schichten, Zubauten und Veränderungen. Der ursprüngliche Kern stammt aus dem Beginn des 13. Jahrhunderts und wurde im Auftrag der De Brayda, der ersten Lehnsherren des Ortes, errichtet. Ihnen folgen die Isnardi, die wiederum im 14. Jahrhundert einige Anteile – die sie zweihundert Jahre später zurückkaufen – den Roero abtreten. In mehreren Anläufen vergrößert und rekonstruiert, vor allem nach dem von den spanischen Truppen 1558 gelegten Brand, präsentiert sich das Gebäude – das mit dem interessanten befestigten Dorfkern von La Motta in Zusammenhang gebracht wird – heute als Mittelweg zwischen einem strengen Verteidigungswall und einer friedlichen, bürgerlichen Wohnstatt. Ein innerer Gang verbindet es mit der weiter unten liegenden Pfarrkirche Santi Pietro e Paolo, die um 1715 nach Plänen des überaus aktiven Architekten Francesco Gallo aus Mondovì restauriert wurde.

Andere schöne religiöse Barockbauten sind die Sitze der Confraternita dei Battuti Bianchi (Weiße Geißler), Sant'Agostino, und der Confraternita dei Battuti Neri (Schwarze Geißler), San Giovanni. In Sant'Agostino wird jedes Jahr zur Weihnachtszeit eine große elektromechanische Krippe aufgestellt. In Richtung Sommariva Bosco befindet sich – einst außerhalb des Dorfes, heute jedoch mitten im bewohnten Zentrum – die Kirche der Madonna del Popolo, wahrscheinlich aufgrund eines Gelübdes nach der Pest 1630/31 in der Nähe des Lazaretts gestiftet. Auf einem Hügel, in Richtung Ebene schauend und von einem Einsiedler bewacht, stand eine noch ältere Kirche, benannt nach der Madonna di Loreto. Sie wurde zerstört und durch einen neueren Bau ersetzt.

Anreise

Sanfrè liegt an der *statale* (und der Eisenbahnlinie) Bra-Carmagnola, etwa auf halbem Weg zwischen dem Einzugsgebiet von Bra und Sommariva Bosco: Die baulichen Entwicklungen haben die Ortsgrenzen zwischen den einzelnen Gemeinden praktisch verschwinden lassen.

SANFRÈ

Einwohner: 2395
Höhe: 272 Meter

EINKAUFEN

SÜSSIGKEITEN

Panetteria Cravero
Via Oscar Milano 61
Der Backofen ist dem Geschäft angeschlossen, das an der Hauptstraße der Ortschaft liegt. In den letzten Tagen der Fastenzeit werden hier die *foasette* gebacken, sternförmiges Backwerk, das nach alter Tradition vom Leiter der Confraternita dei Battuti Bianchi für Ostern hergestellt wird.

FESTE, MESSEN UND VERANSTALTUNGEN

Am zweiten Sonntag im Oktober findet das Fest zu Ehren der Reliquien des Schutzpatrons statt. Den absoluten Höhepunkt stellt der unglaubliche «Palio delle vasche da bagno», der Badewannen-Palio, dar, ein einzigartiger Wettkampf zwischen Bruchpiloten in ihren Waschtrögen, die zu allem bereit sind, nur um den heiß begehrten Titel zu erringen. In der Weihnachtszeit stellt die Bruderschaft der Battuti Bianchi eine große, elektrisch betriebene Krippe in der Chiesa di Sant'Agostino auf, und am Abend des 5. Januar organisiert die Pfarre eine Feier, die an die Ankunft der Heiligen Drei Könige erinnert.

Santa Vittoria d'Alba

Wer die *statale* zwischen Alba und Bra entlangfährt, sieht den in stolzer Einsamkeit sich erhebenden Turm Santa Vittoria, Schmuckstück des gleichnamigen Ortes, aber auch der einzige Rest des jahrhundertealten Kastells, das um 1000 n. Chr. erbaut worden war. Die Nähe wichtiger römischer Siedlungen wie *Alba Pompeia* und *Pollentia* war es auch, die Santa Vittoria in die Geschehnisse um die Vorherrschaft Roms einbezog. Auf seinem Hügel siegte Flavius Stilicho 402 n. Chr. über Alarich, den König der Westgoten, und der Ursprung des Namens «Vittoria» soll in diesem kriegerischen Ereignis zu finden sein: An einem winterlichen Morgen verwechselten die Kämpfer Alarichs die sich wiederholende Geometrie der Weinstöcke mit der regelmäßigen Symmetrie der Lanzen des römischen Heers und waren deshalb eine leichte Beute für Stilichos Truppen. Als Zeugnis der römischen Präsenz in der Ebene steht noch heute der *turriglio*, eine Ruine mit kreisförmigem Grundriss aus dem 2. Jahrhundert n. Chr.

Im Dorf gibt es die der Assunta geweihte Pfarrkirche zu sehen, mit einem kostbaren hölzernen Chor sowie Bildern und wertvollen Stuckarbeiten, und in der nahen Kirche der Confraternita di San Francesco die wundervollen, Giovanni Canavesio zugeschriebenen Fresken aus dem 15. Jahrhundert. (Um die Schlüssel zu bekommen, wendet man sich an die *casa canonica*, das Pfarrhaus.) Das die Altstadt beherrschende Kastell wurde im 15. Jahrhundert restauriert und beherbergt heute das Restaurant «Castello». Vom Vorplatz aus eröffnet sich ein weiter Horizont, vom Tanaro-Tal bis zu den Langhe und noch weiter bis zu den Alpen, zum Monte Rosa.

Unterhalb des Dorfes befindet sich der riesige Cinzano-Betrieb, um den sich Handel und Industrie angesiedelt haben. Cinzano beherbergt alte Kellereien, die im Auftrag von König Carlo Alberto in der zweiten Hälfte des 19. Jahrhunderts in den Tuffstein des Hügels von Santa Vittoria gegraben wurden.

Anreise

Man nimmt die Abzweigung auf der *statale* 231 Alba-Bra. Santa Vittoria ist auch Haltestelle der Eisenbahnlinie Alessandria-Bra-Cavallermaggiore.

SANTA VITTORIA D'ALBA
Einwohner: 2521
Höhe: 346 Meter

ÜBERNACHTEN

Castello di Santa Vittoria
Via Cagna 4
Tel. 0172 478198
3 Sterne, 39 Zimmer mit Bad, TV, Telefon und Minibar.
Privatparkplatz, Konferenzsaal, Swimmingpool, Fitnessraum, Restaurant.
Preise: Doppelzimmer
L. 180000, Einzelzimmer
L. 120000, Frühstücksbuffet inbegriffen
Ein altes Schloss in erhabener Lage mit herrlichem Panoramablick über die Langhe und das Roero. Das Haus bietet modernen Komfort und extrem gastfreundliches Ambiente. Im angeschlossenen Restaurant können Sie die typische Küche der Langhe verkosten – von *tajarìn* über *agnolotti* bis zu den typischen Schmorbraten – und dazu lokale Weine genießen.

EINKAUFEN

HEILKRÄUTER
Farmacia Ricaldone
Cinzano
Strada statale
Doktor Guido Ricaldone war einer der Pioniere der Phytotherapie in dieser Provinz: In seiner Apotheke bekommen Sie Kräuter für jeden Geschmack und für jeden Zweck.

LOKALE SPEZIALITÄTEN
I Frutti della mia Langa
Statale Alba–Bra, 56

Auf der Straße quer durch Cinzano, genau vor dem Werk, befindet sich ein Geschäft mit Spezialitäten aus den Langhe und dem Roero: Konserven und Marmeladen, Wurstwaren und in Öl eingelegter Käse, Wein, Grappa und in der Saison Trüffeln.

WEINKELLEREIEN

Fratelli Rabino
Via Rolfi 5
Tel. 0172 478045
Ein traditionsreiches Gut im Roero, wo Sie guten Alltagswein kaufen können. In ihren alten Kellern stellen die Brüder Rabino die Klassiker der Gegend her: Arneis, Nebbiolo, Favorita, Roero. Es handelt sich in jedem Fall um reine, sehr typische Weine, die stets durch ein ausgezeichnetes Preis-Leistungs-Verhältnis bestechen.

FESTE, MESSEN UND VERANSTALTUNGEN

Saliscendi in Santa Vittoria
Am letzten Sonntag im Mai. Ein kulinarischer Spaziergang durch die Hügellandschaft, ganz im Zeichen der typischen Speisen und Weine des Roero, die in den verschiedenen Rastpausen angeboten werden.

Città aperte
An einem Sonntag im April oder Mai. Führungen zu Sehenswürdigkeiten, künstlerisch und historisch bedeutenden Bauten des Ortes.

Konzerte
Im Juli. Ein Abend ist der klassischen Musik gewidmet, ein weiterer den Tänzen und Rhythmen aus der Provence.

Serata delle masche
Im Juli. Theateraufführungen zum Thema Hexen, was dem Hang der Leute aus dem Roero zum Schaurigen sehr entgegenkommt.

Feste patronali
Am ersten Sonntag im September findet im Hauptort das Fest zu Ehren der Schutzpatronin Santa Paola statt, am zweiten Sonntag im Juni im Ortsteil Cinzano.

Santo Stefano Roero

Ein kleiner Schatz von 153 Silbermünzen aus der Zeit nach den Bürgerkriegen im alten Rom bestätigt die Existenz von römischen Siedlungen im Gebiet von Santo Stefano. Dennoch wird das Dorf erst gegen 1000 n. Chr. in Dokumenten erwähnt. Von den alten Zeiten zeugt heute nur noch der 1217 von den Biandrate errichtete Turm. Gegen den Westen der Schlucht der Rocche gerichtet erbaut, wird er derzeit abgetragen und andernorts aufgestellt. Die Pfarrkirche Santa Maria del Podio an der höchsten Stelle des Dorfes stammt aus dem Jahr 1662, das Gewölbe und die Kapelle wurden allerdings nach dem Erdbeben von 1887 verändert. Schön ist der Altar von Santo Stefano de Anterisco zwischen dem Lunghi- und dem Aiello-Tal. Die Kirche aus dem Jahr 1919 ist ein Nationaldenkmal; daran angeschlossen ist das Wohnhaus des Kaplans, der hier einst zelebrierte. Das Gebäude stammt aus dem Jahr 1724, aber seine Existenz ist Zeugnis dafür, dass dieser Platz, wie andere Orte des Roero, einen uralten Kultort darstellt.

Auf der Fahrt vom Dorf Richtung Carmagnola bis Val San Lorenzo laden die unberührten Wälder zu einem Ausflug ins Grüne ein. Die Fauna des Waldes ist so vielfältig, dass die Begegnung mit Dachsen, Füchsen und Wildschweinen durchaus nicht ausgeschlossen ist.

Anreise
Santo Stefano Roero ist über zahlreiche kleine Straßen erreichbar, entweder von Canale aus (Richtung Sommariva Bosco) oder indem man den Schildern auf der *statale* 29 zwischen Pralormo und Montà folgt.

SANTO STEFANO ROERO

Einwohner: 1243
Höhe: 330 Meter

ESSEN

Il Podio
Via Capoluogo 38
Tel. 0173 960006
Dienstag Ruhetag
Betriebsferien: unterschiedlich
Plätze: 35
Preise: L. 35 000 ohne Wein
Kreditkarten: die gängigsten
Eine Trattoria, in der die
Speisen der unverfälschten
piemontesischen Küche und

Weine aus dem Roero zur
Auswahl stehen. Erschwing-
liche Preise, freundlicher
Service.

Osteria Sibona Venezia
Via Roma 28
Tel. 0173 90116
Montag Ruhetag
Betriebsferien: unterschiedlich
Plätze: 40
Preise: L. 35 000–40 000
Klassische piemontesische
Hausmannskost, mit
Herzlichkeit und Freund-
lichkeit serviert. Weine aus
eigenem Anbau.

WEINKELLEREIEN

Chiesa
Frazione Sant'Antonio 10
Tel. 0173 90510
Die Brüder Chiesa stellen die
Klassiker des Roero her. Und
sie verkaufen diese zu wirklich
günstigen Preisen.

FESTE, MESSEN UND VERANSTALTUNGEN

In der dritten Woche im Juni
wird das Weinfest begangen:
Verkostungen von Weinen und
lokalen Spezialitäten. Weitere
Feste und Verkostungen in San
Lorenzo (10. August) und in
Santo Stefano (26. Dezember).

Sommariva Bosco

An den äußersten Westhängen des Hügels von Asti eröffnet sich eine Einbuchtung, entlang welcher der Rio di Pocapaglia zur Ebene hin fließt. Mitten im Tal erhebt sich eine kleine Anhöhe: Dort steht das Kastell von Sommariva del Bosco. Ihm zu Füßen schließt sich an drei Seiten das Dorf an, das im 15. Jahrhundert eines der blühendsten und wichtigsten Dörfer des Piemonts war und die Grenze zwischen den Besitztümern der Savoyer und der Orléans darstellte.» Diese Beschreibung von Ferdinando Gabotto stellt Sommariva Bosco ins Zentrum des politischen Szenarios im Piemont des 15. und 16. Jahrhunderts.

Eine intrigen- und ränkereiche Zeit, in der man zum Beispiel versucht, Teodoro I. di Roero zu eliminieren, einen Getreuen von Carlos I. von Savoyen. Der belohnt ihn 1485 mit dem Lehen Sommariva Bosco und dem Grafentitel. Sein Glück ist nur von kurzer Dauer: Wenige Jahre später stirbt er, und das Lehen, seinem Sohn Giovanni mit List und Gewalt entrissen, geht an Renato von Savoyen.

1530 verehrt Herzog Carlo V. von Savoyen die Grafschaft von Asti seiner Gemahlin Beatrice. Das Kastell, nun kein Grenzsitz mehr, wechselt noch mehrmals seine adeligen Besitzer, bis es 1733 an die Seyssel d'Aix fällt.

Das zwischen den jahrhundertealten Bäumen des Parks versteckte Kastell birgt in seiner komplexen Struktur aus Gebäuden und Türmen der verschiedensten Epochen die Erinnerung an diese mühevollen Tage und präsentiert sich als idealer Wachposten des Roero, als dessen «Tor» Sommariva sich wegen seiner günstigen Lage und nicht ganz ohne Stolz bezeichnet.

Anreise

Sommariva Bosco ist 50 Kilometer von der Hauptstadt des Piemonts und 10 Kilometer von Bra entfernt. Man erreicht das Dorf auf der *statale* 661. Fährt man vom Zentrum in Richtung Ceresole, erreicht man das «Herz» des Roero. Es gibt auch einen Bahnhof an der Linie Torino-Caramagnola-Bra.

SOMMARIVA BOSCO

Einwohner: 5724
Höhe: 337 Meter

ESSEN

Trattoria del Viaggiatore
Via 6 Maggio 18
Tel. 0172 55659
Sonntag Ruhetag
Betriebsferien: 2 Wochen um
den 15. August
Plätze: 25–30
Preise: L.50000 ohne Wein
Kreditkarten: alle
Ein angenehmes Restaurant,
dessen Spezialität die hausge-
machte Pasta von Edo
Evangelisti und seiner die
Gäste mit viel Charme
bedienenden Gattin Teresa
sind. Daneben gibt es
schmackhafte Küche mit
lokalem Schwerpunkt und
herrliche Desserts. Gute
Auswahl an Käsen, der
Weinkeller bietet das Beste
aus den Langhe und dem
Roero.

EINKAUFEN

FLEISCHWAREN
Raspo
Via Torino 4
Wunderbares Fleisch (nur
Kälber der Piemonteser-
Rasse), Würste und die
Spezialität des Hauses, *libro
del Roero* (gefülltes Fleisch).

FRISCHE TEIGWAREN
La Genuina
Via Vittorio Emanuele 2
Hier finden Sie klassische,
frische Teigwaren aus dem
Piemont, allen voran die
ravioli dal plin, je nach Saison
verschieden gefüllt: mit
Karden, Artischocken, Spargel,
Kohl und Radicchio.

SÜSSIGKEITEN
Strumia
Via Vittorio Emanuele 9
Antonio Strumia (nach Eigen-
definition «ein Requisiteur, der
die guten Dinge verwaltet»)
und seine Frau Franca Viberti
sind eine Institution in Feinschmeckerkreisen. Erst-
klassiges Frühstück, hervorragendes Eis, im Speziellen das
mit Weingeschmack (Birbèt,
Moscato), und eine beachtliche Auswahl an Produkten
der besten Hersteller der
Langhe und des Roero, aber
auch über deren Grenzen
hinaus.

FESTE, MESSEN UND VERANSTALTUNGEN

**Sommariva Bosco
Porta del Roero**
Das Fest für den Schutz-
patron in der ersten Woche
im Mai wird von einer dreitä-
gigen gastronomisch-kommer-
ziellen Veranstaltung begleitet,
die mehrere Dörfer des
Roero mit einbezieht (wobei
Sommariva sich auf Grund
seiner geographischen Lage
als *porta*, Tor, sieht und
bezeichnet). Aussteller aus
den Bereichen Landwirtschaft,
Kunsthandwerk und Industrie
stellen die Spitzenprodukte
des Roero zur Schau und
zum Verkauf und legen ein
eindrucksvolles Zeugnis über
die mannigfaltigen Ressourcen
der Gegend ab. Als Unter-
malung dienen verschiedenste
Veranstaltungen, bei denen
berühmte Persönlichkeiten
die Patenschaft übernehmen.

**Festeggiamenti di
San Marcellino**
Drei musikalische Abende
Anfang Juni: «Canta
Marcellino», den Kindern vor-
behalten, ein Rockmusik-
Konzert für die Jugend und
Tanz für die etwas Reiferen:
also ein abgerundetes Pro-
gramm, das die Mitbewohner
aller Altersstufen einbezieht.

Rocksommariva
Juli: Konzerte auf der Piazza
an den warmen Sommer-
abenden.

Presepio vivente
Alle Jahre wieder gibt es ein
Krippenspiel, wie auch den
weihnachtlichen Super Bingo,
eine Riesentombola, die von
den kaufmännischen
Betrieben des Dorfes und
von der Bevölkerung aus
Sommariva veranstaltet wird.

Sommariva Perno

Das Dorf entstand in der Nähe der Überreste des antiken *Paternum* und wird vom Kastell überragt, das früher den Grafen Roero gehörte. Im 19. Jahrhundert erstand es Victor Emanuel II., um es nach dem Zubau wunderbarer Wohnungen seiner nicht standesgemäßen Ehefrau Rosa Vercellana, Gräfin von Mirafiori, genannt «Bela Rosìn», zu verehren.

Unter den Kunstwerken des Dorfs sticht die Pfarrkirche Spirito Santo hervor. Ein griechisches Kreuz ist Grundriss des Baus aus dem 17. Jahrhundert, an dessen Seite ein wuchtiger Campanile steht. Ganz in der Nähe befindet sich die Barockkirche San Bernardino mit einem wertvollen hölzernen Eingangstor. Die Stuckdekorationen im Inneren datieren aus dem 18. Jahrhundert.

Obwohl hier einige Industriebetriebe angesiedelt sind, ist doch ein Großteil der Bevölkerung in der Landwirtschaft beschäftigt; gängigstes Produkt ist die Erdbeere.

Anreise

Sommariva Perno liegt an der Grenze zwischen den Hügeln des Roero und der sich gegen Carmagnola hin ausbreitenden Ebene. Eine von Paprikafeldern flankierte *provinciale* verbindet Sommariva Perno und Carmagnola. Von Alba aus erreicht man das Dorf über Corneliano, indem man durch eine Landschaft voll Obst- und vor allem Erdbeerkulturen fährt.

SOMMARIVA PERNO
Einwohner: 2588
Höhe: 440 Meter

ÜBERNACHTEN

Roero Park Hotel
Località Maunera 45
Tel. 0172 468822
4 Sterne, 60 Zimmer mit Bad, Kühlschrank, Satelliten-TV, Safe. Parkplatz, Konferenzraum, Restaurant.
Preise: Doppelzimmer L. 200 000, Einzelzimmer L. 150 000, Frühstück inbegriffen

Eines der renommiertesten Hotels der Umgebung. Es steht inmitten eines Parks mit jahrhundertealten Kastanien, nur wenige Schritte von einem Sportzentrum entfernt, das Swimmingpool, Tennisplätze, Fußballplätze und Fitnesseinrichtungen bietet.

EINKAUFEN

SÜSSIGKEITEN
Panetteria Mario Nervo
Via Roma 1
Hier werden die *paste 'd nina* hergestellt, herrlich duftendes Ofengebäck.

FESTE, MESSEN UND VERANSTALTUNGEN

Sagra della fragola
Das Erdbeerfest wird zwischen dem letzten Sonntag im Mai und dem ersten im Juni abgehalten. Die Abende bieten Theateraufführungen und Konzerte, von Chorgesang bis zur Musik für Jugendliche.

Festa patronale
Am dritten Sonntag im September. Die einzelnen Bezirke treten gegeneinander in Wettkämpfen an und organisieren Umzüge mit allegorisch geschmückten Wagen. Am 19. März findet im gleichnamigen Ortsteil das Fest des heiligen Giuseppe statt.

Vezza d'Alba

Das Dorf besteht aus drei Siedlungen: Von Borbore, das in der von der *statale* Alba-Torina durchquerten Ebene liegt, gehen zwei Straßen ab, nach Borgonuovo und Villa, welches sich auf einem Gipfel verschanzt. Zuoberst befinden sich die Ruinen eines Kastells. Der Ursprung des Dorfs ist sehr alt, denn diese Hügel wurden schon von den Ligurern geschätzt. Ihnen folgten die Römer und Langobarden, bis die Herrschaft um 1000 schließlich an die Kirche von Asti überging. Bis zur Mitte des 14. Jahrhunderts wurde der Ort von den Kastellen des Bischofs aus beherrscht, dann von den De Ponte, die das Lehen 1401 an die Roero verkauften.

In der Altstadt sehenswert ist die Pfarrkirche San Martino, ein beeindruckender Bau aus dem 17. Jahrhundert, im 19. Jahrhundert vergrößert. Auf derselben Piazza steht die Kirche San Bernardino, Mitte des 18. Jahrhunderts im Eigentum der Confraternita dei Battuti Bianchi (Bruderschaft der weißen Geißler). Mit barocker Fassade, birgt sie im Inneren drei Gemälde (eines davon aus dem Jahr 1636 von Fea), Stuckdekorationen und wertvolle Wandmalereien. Das Gebäude neben dem Rathaus beherbergt die Bibliothek und ein Museum über die Natur des Roero. Sehr interessant ist auch die Wallfahrtskirche Madonna dei Boschi, deren Gewölbe ein spätgotisches Fresko zeigt. In der Kapelle sind die Mitglieder der Familie Roero aus Vezza und Guarene begraben.

Die Umgebung wird von einer eigenartigen Hügellandschaft mit einem Labyrinth aus Tälern geprägt. Auf der Fahrt von Borgonuovo nach San Rocco di Montaldo kann man diese Landschaft genießen. Im Westen ist sie von Wäldern bedeckt, im Osten wird Wein angebaut: der hervorragende Nebbiolo des Roero, den sich schon im 17. Jahrhundert Madama Reale nach Turin schicken ließ. Aus dem Jahr 1676 stammt die erste Erwähnung der Traube Favorita, die in den Kellereien der Roero gekeltert wurde. Heute steht an deren Stelle das Rathaus.

Vom Ortsteil Madernassa stammt der Name einer geschätzten Birnensorte.

Anreise
Von der *statale* 29 fährt man nach dem Sattel von Mombello nach links ab und erreicht Vezza. Von der *statale* 231 Alba-Bra biegt man Richtung Piobesi, Vezza, Canale ab.

VEZZA D'ALBA
Einwohner: 2059
Höhe: 353 Meter

ESSEN

La Pergola
Frazione Borgonuovo
Piazza San Carlo 1
Tel. 0173 65178
Dienstag Ruhetag
Betriebsferien: August
Plätze: 35
Preise: L. 50 000–65 000
ohne Wein

Kreditkarten: alle
Elegantes Ambiente, gepflegter Service, regionale Küche in guter Qualität, monumentale Weinkarte, ausgezeichnete Auswahl an Käsen und absolut günstige Preise im Verhältnis zur gebotenen Qualität.

Di Vin Roero
Piazza San Martino 5
Tel. 0173 65114
Sonntagabend und Montag geschlossen
Betriebsferien: unterschiedlich

Plätze: 60 + 30 im Freien
Preise: L. 35 000 ohne Wein
Kreditkarten: alle
In einem alten Gebäude in der Altstadt, das in seiner Struktur und seiner Einrichtung sehr behutsam revitalisiert wurde, haben vier junge Leute voll Enthusiasmus eine viel versprechende Vineria eröffnet. Sie können hier einen leichten Imbiss mit Wurst, Sardellen in Kräutersauce und Crostoni genießen, aber auch komplette Mahlzeiten – zu wirklich günstigen

Preisen –, die von Mamma Serafina mit großem Geschick zubereitet werden, einer treuen Verfechterin der heimischen Küche. Den Gästen stehen auch vier freundliche, mit Stilmöbeln eingerichtete Zimmer zur Verfügung: Für das Doppelzimmer werden L. 95 000 verrechnet, inklusive Frühstück.

WEINKELLEREIEN

Cantina Sociale del Nebbiolo
Frazione Borbore
Via Torino 1
Tel. 0173 65040
Gute Weine, wobei das Spitzenprodukt der Nebbiolo d'Alba aus dem Cru Valmaggiore ist. Die Weine werden auch offen zu günstigen Preisen angeboten.

Casetta Fratelli
Frazione Borbore
Via Castellero 5
Tel. 0173 65010
Nicht nur die Weine aus dem Roero, sondern auch alle anderen Klassiker aus den Langhe, allen voran der Barolo.

Giovanni Cerrato
Frazione Borbore
Via Torino 65
Tel. 0173 65001
Ein kleiner Betrieb, der von Trauben aus eigenem Anbau einen guten Roero Arneis herstellt.

Giuseppe Pasquero
Via 4 Novembre 61
Tel. 0173 65458
Die Familie Pasquero bietet eine gute Auswahl an Rotweinen, unter denen der

Nebbiolo d'Alba Vignadogna und der Roero hervorstechen.

Pezzuto Malot
Frazione Borgonuovo
Via San Carlo 19
Tel. 0173 65445
Die Familie Malot wird besonders wegen ihres Roero Arneis und Favorita geschätzt. Sehr angenehme Weine zu interessanten Preisen.

FESTE, MESSEN UND VERANSTALTUNGEN

Am letzten Sonntag im November wird hier das Trüffelfest unter Mitarbeit des Ordens der Cavalieri di San Michele del Roero begangen. Sie können weiße Trüffeln aus Alba kaufen und die Weine des Roero verkosten.

ALTA LANGA

Bossolasco, Albaretto della Torre, Arguello, Benevello, Bergolo, Borgomale, Bosia, Camerana, Castelletto Uzzone, Castino, Cerretto Langhe, Cigliè, Cortemilia, Cravanzana, Feisoglio, Gorzegno, Gottasecca, Lequio Berria, Levice, Mombarcaro, Monesiglio, Murazzano, Niella Belbo, Paroldo, Perletto, Pezzolo Valle Uzzone, Prunetto, Roascio, Roccacigliè, Sale Langhe, Saliceto, San Benedetto Belbo, Serravalle Langhe, Torre Bormida, Torresina

Wälder und Haselnüsse

Weiden, Wälder, Haselbüsche und hohe Hügel, die in die Ferne blicken – bis zum Meer: das ist die Alta Langa. Dort hat der Partisanenkrieg sein Epos erlebt und in Beppe Fenoglio seinen Dichter gefunden. Die Alta Langa war lange ein armes, ein einsames Gebiet, heute hat auch sie sich verändert. Der bescheidene Wohlstand ist dem Anbau von Pflanzen wie der Haselnuss-Sorte *tonda gentile* zu verdanken, die zu einem echten Symbol der Gegend geworden ist, und der Zucht von Weidevieh. Unverändert hingegen ist die Landschaft, welche die Seele bewegt, und der Reiz, den die Orte ausstrahlen, in welchen manchmal die Zeit stehen zu bleiben scheint.

Bossolasco

Als Dorf alten Ursprungs, wahrscheinlich aus römischer Zeit, ist Bossolasco seit Jahrzehnten beliebtes Ziel für Touristen. Erinnerungen an die Geschichte verbinden sich mit einem außergewöhnlichen Panorama, das der Lage entlang des Berggrats, der das Belbo- vom Rea-Tal trennt, zu verdanken ist. Der Ort wird mit Aufmerksamkeit gepflegt, mit Liebe möchte man fast sagen, wenn man die Rosen betrachtet, die entlang der Hauptstraße gepflanzt wurden, um die Häuser mit den warmen Farben und den rundlichen Balkonen zu beleben.

Die Ausmaße des imposanten Kastells der Balestrino sind am besten von der Wallfahrtskirche von Mellea aus sichtbar, ein wenig außerhalb des Zentrums an der Straße nach Murazzano. Von hier aus ist der Blick über die Alpen großartig. Wie ein Bühnenbild auch die Piazza, auf der die Pfarrkirche steht, ein gotisch-lombardischer Bau, mehrmals umgebaut.

Der Campanile aus Steinblöcken stammt aus dem 15. Jahrhundert.

Die Organisation Pro Loco und die Gemeinde sind ausgesprochen aktiv. Außer den bereits erwähnten Rosen, die sozusagen zum Symbol Bossolascos geworden sind, und den blumengeschmückten Balkonen werden dem Besucher gut gekennzeichnete Wander- und Reitwege geboten.

In Bossolasco hat auch die Comunità Montana Alta Langa ihren Sitz, die sich unermüdlich und beispielgebend für die Kultur des Gebiets einsetzt. Für nähere Informationen über das Gebiet kann man sich an ihr Büro in der Via Umberto I wenden (geöffnet Montag bis Samstag von 8 bis 12 Uhr).

Anreise

Mit dem Auto von Dogliani kommend, mit dem Autobus des Betreibers Ati auf der Linie Torino-Alba-Bossolasco.

Weiden, Wälder und kleine, fast unbewohnte Dörfer: das ist die Alta Langa. Der wichtigste Anbau gilt hier der Haselnuss tonda gentile, *einem Qualitätsprodukt, das die Denominazione di Origine Protetta Europea (geschützte europäische Ursprungsbezeichnung) erhalten hat.*

BOSSOLASCO

Einwohner: 701
Höhe: 757 Meter

FREMDENVERKEHRSBÜRO

**Comunità
Alta Langa Montana**
Corso Umberto 11
Tel. 0173 799000

ÜBERNACHTEN

Albergo Alte Langhe
Via Umberto 162
Tel. 0173 793120
2 Sterne, 12 Zimmer mit Bad
und Telefon. Restaurant.
Preise: Einzelzimmer L. 60000,
Doppelzimmer L. 85000
An diesem Ort mit warmer,
familiärer Atmosphäre werden Sie in alte Zeiten zurückversetzt. Im Restaurant
(Mittwoch geschlossen, 100
Plätze, L. 35000 ohne Wein)
wird traditionelle Küche der
Langhe geboten. Im Sommer
kann man auf der Terrasse
unter den Lauben speisen.

Bellavista
Via Umberto 110
Tel. 0173 793272
3 Sterne, zweite Kategorie,
16 Zimmer mit Bad, Telefon,
TV. Restaurant, Bar, Parkplatz.
Preise: L. 160000 für das
Doppelzimmer, L. 120000 für
das Einzelzimmer, Frühstück
inbegriffen.
Herrschaftliches Ambiente,
eingerichtet mit Stilmöbeln.
Wie der Name schon verrät,
bietet das Hotel ein einzig-
artiges Panorama über die
Langhe.

Isola Verde
Località Castelleri 18
Tel. 0173 799032
3 Sterne, 11 Zimmer.
Restaurant, Parkplatz,
Reitbahn, Tennisplatz.
Preise: Einzelzimmer
L. 80000–100000,
Doppelzimmer
L. 100000–140000
Zimmer mit alten Möbeln
und Kamin; Lesezimmer
und Grünflächen.
Sportmöglichkeiten mit
Reitbahn und einem

Tennisplatz sowie ein Well-
nessbereich mit Sauna und
Massagen. Im Januar und
Februar geschlossen. Das
Restaurant (Mittwoch Ruhe-
tag) bietet eine Küche, die auf
lokale Produkte in saisonalen
Variationen setzt.

EINKAUFEN

SÜSSIGKEITEN
Pasticceria Truffa
Corso Della Valle 23
Torten und Schokolade-
spezialitäten, aber auch Café-
Konditorei, Eis, Torten und
Mürbeteiggebäck mit
Haselnüssen.

FESTE, MESSEN UND VERANSTALTUNGEN

24. Juni: das Fest von San
Giovanni Battista mit Spielen
und großem Buffet für die
Dorfbewohner und Touristen.

Albaretto della Torre

In alten Zeiten war dieses Dorf bestimmt ein guter Aussichts- und Ver-
teidigunspunkt für die Bewohner der
Gegend, wie wir aus dem etwa dreißig
Meter hohen Turm aus dem 13. Jahrhundert schließen können. Er war Teil
einer weitläufigen Festung der Grafen del
Carretto, von der heute nur noch der
Kirchhof zeugt.

Das von den scheinbar tiefer liegenden
Alpen eingerahmte Panorama, das man
von hier genießen kann, zeigt ein sich
im Unendlichen verlierendes Bild aus
Hügeln. Im Hintergrund verschwom-
men und blass, treten sie in der Gegend
von Alba und den Langhe klarer und

deutlicher hervor. Es heißt – aber dieses
Vorzugs rühmen sich viele Orte –, dass
man an besonders klaren Tagen bis zum
Meer sehen kann.

Albaretto ist das letzte Dorf, das sich
trotz seiner Höhe noch mit dem Prädikat
DOC für den Dolcetto d'Alba schmü-
cken kann: Man sollte also unbedingt ein
Glas trinken! Erwähnenswert ist auch der
Anbau der Haselnuss-Sorte *tonda gentile*.

Im Zusammenhang mit nunmehr ver-
schwundenen Traditionen ist es interessant, sich an den alten Brauch zweier
volkstümlicher Spiele zu erinnern: *la
corsa al tacchino*, der Wettlauf hinter dem
Truthahn her, und *il gioco del merluzzo*,

das Spiel mit dem Kabeljau. Sieger in diesem Wettkampf war derjenige, der das ungewöhnliche Wurfgeschoss am weitesten schleudern konnte.

Anreise

Man erreicht Albaretto mit dem Auto auf der Straße von Alba nach Bossolasco.

Die bessere Möglichkeit aber ist, die Straße zu nehmen, die von Diano aus das Talloria-Tal durchquert: eine ruhige und beschauliche Straße, die kurz vor dem Dorf eine steile Steigung über eine Reihe von Serpentinen hinaufklettert. Dort befindet sich auch eine Haltestelle der Autobuslinie Alba-Bossolasco.

ALBARETTO DELLA TORRE

Einwohner: 276
Höhe: 672 Meter

ESSEN

Dei cacciatori da Cesare

Via San Bernardo 9
Tel. 0173 520141
Dienstag und Mittwochmittag geschlossen
Betriebsferien: Januar, unterschiedlich im Sommer
Plätze: 35
Preise: L. 100000–120000 ohne Wein
Kreditkarten: CartaSì
Cesare ist ein Mythos der Langhe, Genie und Ausschweifung, Phantasie und Tradition. Originalität und Qualität der Zutaten vereinen sich in dieser Küche. Es ist fast unmöglich, eine vollständige Liste seiner persönlichen Kreationen zu erstellen, bei denen wir auf die klassischen *tajarìn* und *agnolotti* stoßen, das hervorra-

gende Ziegenkitz vom Spieß, Kaninchen mit Paprikagemüse, Braten in Barolo, Pilze und Trüffeln erster Qualität. Die Weine stehen der großen Küche um nichts nach. Darüber hinaus hausgemachter Essig und eine schöne Auswahl an Destillaten.

Fiordaliso

Borgata Tre Cunei
Tel. 0173 520029
Mittwoch Ruhetag
Betriebsferien: 10 Tage im Juni und den ganzen Januar
Plätze: 28
Preise: L. 40000 ohne Wein
Kreditkarten: die gängigsten
Mariarosa Fiorino steht in diesem Lokal in Albaretto hinter dem Herd und bringt dabei ihre Erfahrungen ein, die sie im Arco in Cissone und im Coccinella in Serravalle Langhe gesammelt hat. Ihre Küche hat nichts an Qualität eingebüßt: Sie ist eine wahre Meisterin der traditionellen

Gerichte. Bei den *primi* sollten Sie sich die Gnocchi und die *ravioli dal plin* nicht entgehen lassen, bei den *secondi* Kaninchen, Wildschwein und Schmorbraten. Den Abschluss bilden *bonet* und Haselnussauflauf. Das Hauptthema der Weinkarte sind die Langhe.

FESTE, MESSEN UND VERANSTALTUNGEN

In der zweiten Woche im Juli wird auf der Piazza im Dorf das Festival «Muro del suono» abgehalten, ein recht origineller musikalischer Streifzug. An vier aufeinander folgenden Abenden wird jeweils einer anderen Musikkategorie Raum zur Entfaltung geboten. Der Bogen umspannt das klassische Repertoire bis zu den zeitgenössischen Werken.

Arguello

Auf einem das Belbo-Tal überragenden Vorgebirge gelegen, besteht das Dorf Arguello gerade aus einer Hand voll Häuser rund um die barocke Pfarrkirche (1705), die den Angeli Custodi, den Schutzengeln, geweiht ist. In der Nähe befinden sich noch Reste eines alten Kastells.

Das Herz von Arguello – einem der kleinsten Dörfer der Langa – ist die Piazzetta, auf der man am Sonntag *pallone elastico* spielt und an der sich die einzige Bar-Trattoria befindet.

Aufgrund seiner einsamen Lage, der Ruhe und des Friedens, den man dort genießen kann, wird Arguello *il paese del cuculo,* das Dorf des Kuckucks, genannt – schon deshalb lohnt sich ein Ausflug. Einen Spaziergang wert ist auch die Feldkapelle San Michele.

Anreise
Auf der Straße nach Bossolasco, beim Vorort Tre Cunei im Gebiet von Rodello, biegt man nach links ab und erreicht Arguello nach drei Kilometern.

ARGUELLO
Einwohner: 170
Höhe: 310 Meter

FESTE, MESSEN UND VERANSTALTUNGEN

Festa di San Frontiniano am ersten Sonntag im Juni. Der Name stammt von einem alten Kirchlein. An diesem Tag wird die neue Saison mit abschließendem Imbiss willkommen geheißen. Im August findet das Fest des Schutzpatrons statt.

Benevello

Gegründet im 13. Jahrhundert, gehörte Benevello zuerst den Markgrafen des Monferrato, die es schließlich an die del Carretto abtraten. Später wurde es der Gemeinde von Asti einverleibt, und dort blieb es, bis es in den Besitz der Savoyer geriet.

Aus mittelalterlicher Zeit hat sich ein befestigter Wohnsitz erhalten, der mehrmals umgebaut wurde und seit Ende des 19. Jahrhunderts Sitz gemeinnütziger Einrichtungen ist. Der Abt Faà di Bruno gründete einen Orden der Suore Minime del Suffragio, welche die Aufgabe hatten, in dem Gebäude ein Internat für die armen Kinder der Langhe zu führen.

1970 wurde das Kastell Don Pierino Gelmini übergeben. Der Priester arbeitete hier engagiert für drogenabhängige Jugendliche. 1984 wurde eine therapeutische Gemeinschaft eingerichtet.

Am Fuß der Hügel von Benevello, genauer gesagt im Ortsteil Manera, befinden sich die Schauplätze der Geschichten, die Fenoglio in *La malora* erzählt.

Anreise
Auf der *statale* 29, die nach Cortemilia und ans Meer führt, erreicht man Benevello von Alba aus nach etwa zehn Kilometern, nachdem man durch den Vorort Manera gefahren ist.

BENEVELLO

Einwohner: 450
Höhe: 671 Meter

EINKAUFEN

SÜSSIGKEITEN

Taretto
Frazione Manera
Abgesehen vom guten Brot
wie in alten Zeiten gibt es
herrliche *grissini all'acqua*,
Haselnusstorte, Honigtorte,
Maisgebäck und die köstlichen
baci di dama.

FESTE, MESSEN UND VERANSTALTUNGEN

Das Fest des Schutzpatrons
San Pietro findet in der letzten Woche im Juli statt und
umfasst eine Zuchtviehschau,
eine Kunsthandwerksausstel-
lung, eine Theateraufführung
und die Verkostung typischer
Gerichte, vor allem *agnolotti*
und Polenta.

Bergolo

Als ausgesprochen kleines Dorf in günstiger Lage, im Schutz des Berggrats, der das Bormida- vom Uzzone-Tal trennt, hat Bergolo auf die Abwanderungstendenzen, die es zu dem an Bewohnern ärmsten Ort in der Provinz Cuneo gemacht haben, mit einigen Initiativen zur Revitalisierung reagiert. Die Umgebung ist lieblich, reich an Wiesen, Wäldern, Obstplantagen und Gemüsefeldern, aber auch ganz der Natur überlassenen Gebieten: Bergolo hat es verstanden, sich im Überlebenskampf auf die Vorzüge der Natur zu stützen.

Ein Blick auf die Geschichte zeigt, dass Bergolo auch in früheren Jahren ein nicht unbedingt leichtes Leben gehabt hat. Wie viele andere Orte des Tals hat es oft seine Herren gewechselt. Die ältesten Erwähnungen des Dorfs stammen aus dem Jahr 1091, als es Teil des Gebiets von Bonifacio del Vasto wurde. 1209 kam es unter die Herrschaft der Gemeinde von Asti und schließlich nach 1300 unter die Markgrafschaft von Saluzzo. 1532 wurde es in den Besitz des Hauses Savoyen eingegliedert. Zum Ursprung des Namens gibt es einige Theorien: Am wahrscheinlichsten ist, dass er sich vom spätlateinischen Wort *bergolum* herleitet; das bedeutet «Ort mit Erika», also Heideland.

Zu den wichtigsten architektonischen Schmuckstücken des Ortes zählen die Pfarrkirche Natività di Maria Vergine im Zentrum und etwas weiter entfernt, auf dem Friedhof, die romanische Kapelle San Sebastiano. Sie thront auf dem Gipfel über den Häusern des Dorfes und erlaubt von dort einen weiten Rundblick über das Bormida- und das Uzzone-Tal. Von dem im 12. Jahrhundert errichteten Gebäude hat sich das Kirchenschiff mit halbrunder Apsis erhalten, das 1975 dank des Einsatzes der Gemeinde und Pro Loco unter Beratung von Italia Nostra restauriert wurde.

Interessant sind auch die Wandmalereien in den Straßen des Dorfes. Jedes Jahr rufen die Gemeinde und Pro Loco einen diesbezüglichen Wettbewerb unter Künstlern aus, die Gewinner realisieren ihre Entwürfe an den Hausmauern.

Anreise

Vom Zentrum Cortemilias aus gesehen befindet sich am Beginn der Straße, die das Uzzone-Tal hinaufführt, rechts die Abzweigung nach Bergolo: eine Panoramastraße, die es ermöglicht, Cortemilia sowie die gesamte rechte Seite des Bormida-Tals von oben zu bewundern. Bergolo erreicht man nach etwa acht Kilometern.

BERGOLO

Einwohner: 74
Höhe: 616 Meter

ÜBERNACHTEN

Villaggio Le colline
Località Valdea 1
Tel. 0173 87222
Campingplatz, 7 Chalets ohne
Bad und Küche und ebenso
viele mit Bad und Küche in
dieser Feriensiedlung auf
einer Anhöhe, die das Dorf
beherrscht.
Von Mitte Januar bis Mitte
Februar geschlossen. Preise:
Camping L. 8000 der Platz +
L. 7500 pro Person, Chalet
L. 600 000 pro Woche,
L. 1 500 000 pro Monat. In der
Nähe – unter der Leitung des
Villaggio Erica (Tel. 0173 87180)
– Tennisplätze, Volleyball und
Tischfußball, zwei Swimming-
pools, Picknick-Plätze und ein
Clubhaus mit Restaurant-
Pizzeria.

ESSEN

'L bunet
Via Roma 24
Tel. 0173 87103
Gegen Voranmeldung immer
geöffnet
Betriebsferien: Januar
Plätze: 60
Preise: L. 45 000–55 000 ohne
Wein

Kreditkarten: alle außer DC
Im Restaurant der Familie
Banchero wird Ihnen eine
bodenständige Küche gebo-
ten, die jedoch niemals in
reine Routine oder Banalität
abgleitet: mit Seirass-Käse
gefüllte *agnolotti*, *tajarìn* mit
Ragout, Sugo aus Hühner-
leber oder lokalen Pilzen.
Weiter *caponet*, Kaninchen-
terrine, *vitello tonnato*,
Kaninchenroulade mit
Thymian oder Hasenpfeffer,
Perlhuhn, Wild und Schmor-
braten. Klassische Süßspeisen,
darunter *bonet* und Torrone-
Semifreddo. Hervorragende
Auswahl an Käsen, im Keller
hunderte von Etiketten. Das
Restaurant verfügt über
8 Doppelzimmer mit Bad
(Preise: L. 100 000 mit
Frühstück).

EINKAUFEN

LOKALE SPEZIALITÄTEN
L'alveare
Via Roma 20
Ein anmutiges Geschäft mit
lokalen Spezialitäten aus der
Alta Langa – von Konserven
bis zu den in Öl eingelegten
Spezialitäten, von Brot bis zu
Pilzen, vom Robiola bis zu
Wurstspezialitäten. Die Öff-
nungszeiten richten sich nach
der Saison: Vor einem Besuch
ist eine Voranmeldung ratsam
(Tel. 0173 87222).

FESTE, MESSEN UND VERANSTALTUNGEN

Canté magg
Am letzten Samstag im Mai.
Die jahrhundertealte Tradition
des Maigesangs wird hier Jahr
für Jahr mit einer Nacht mit
Gesang und Tanz auf den
Plätzen des Dorfs erneuert.
Das von Pro Loco organisierte Kirchweihfest besteht aus
Gesang und Volksmusik, die
von Gruppen aus aller Welt
für tausende von Jugendlichen
aufgeführt werden.

Festa patronale
In der zweiten Woche im
September. Am ersten
Samstag des Monats findet
das traditionelle Fest statt, bei
dem zwei Käsesorten im
Mittelpunkt stehen: Robiola
und Murazzano. In der Nacht
des darauf folgenden Samstags wird das Dorf zum zweiten Mal nach dem *canté magg*
von einer bunten Menge
geradezu «überrollt»: Diesmal
handelt es sich um Gaukler,
Spieler, Seiltänzer und
Straßenkünstler, die bis in die
Morgenstunden für Unter-
haltung sorgen. Um Mitter-
nacht findet ein Feuerwerk
statt. Am Tag danach stehen
die kulinarischen Genüsse den
Straßenkünstlern die Schau,
wobei Sie an den Ständen die
herrlichen Käse der Langhe
erwerben können.

Borgomale

Im Kastell von Borgomale trug sich die Tragödie von Nella di Cortemilia zu. Die schöne und tugendhafte junge Frau wurde in einem Turm der Burg vom grausamen Adeligen Lionello gefangen gehalten. Von dieser Geschichte, die sich im Reich der Legende verliert, stammt der Name des Dorfes: *borgo del male*, Dorf des Bösen, auch wenn es sich um ein entzückendes Grüppchen Häuser rund um eine Burg handelt.

Die Geschichte von Nella und Lionello wurde vom Theaterensemble des Sandro Bobbio aus Genua wiederentdeckt und auf den Piazze der Langa aufgeführt. Das Kastell aus dem 13. Jahrhundert scheint über das enge Tal des Berria, Zufluss des Belbo, zu herrschen. Ursprünglich gehörte es den Grafen della Chiesa, ging dann an die Markgrafen von Ceva und Cortemilia, an die del Carretto und an die Falletti, die mit seiner Instandsetzung begannen. Nachdem eine Familie aus Turin das Anwesen gekauft und restauriert hat, erstrahlt es seit einigen Jahren wieder in altem Glanz. Auch die Pfarrkirche Sant'Eusebio verdient einen Besuch, um die dort aufbewahrte vergoldete Holzstatue, eine Darstellung der *Vergine del Carmine*, zu bewundern.

Anreise

Auf der *statale* 29, nach einem Vorort von Benevello namens Manera, schlängeln sich zehn Kilometer Panoramastraße bis nach Ponte Belbo. Auf halber Strecke, nach einer Reihe von abwärts führenden Kurven, taucht plötzlich der alles überragende Umriss des Kastells von Borgomale auf.

BORGOMALE
Einwohner: 371
Höhe: 471 Meter

ESSEN

Osteria della pace
Via Alba 5
Tel. 0173 529037
Dienstag Ruhetag
Plätze: 35–40
Preise: L. 30 000–35 000,
Wein inbegriffen
Kreditkarten: keine
Eine der ältesten und authentischsten Osterie der Langhe, in der sich noch immer die Kartenspieler zu regelmäßigen Spielabenden treffen. Speisen und Wein sind abgestimmt auf die Atmosphäre, einfach und rustikal.

EINKAUFEN

BROT
Panificio Fresia
Via Cortemilia 21
Der Betrieb ist seit mehr als einem Jahrhundert tätig und stellt handgerollte Grissini, fünfzehn Arten von Brot, Mandel- oder Haselnusstorte und andere mürbe Mehlspeisen nach alter Tradition her.

FESTE, MESSEN UND VERANSTALTUNGEN

Das Fest des Schutzpatrons wird in der ersten Woche im Juli abgehalten. Tanz- und Sportveranstaltungen bilden das Rahmenprogramm für die Grillabende, bei denen Rippchen und Polenta im Mittelpunkt stehen.

Bosia

Über den Ursprung des Namens Bosia wird diskutiert: Sehr wahrscheinlich liegt er in der überwiegend wilden Flora der Gegend, in welcher die *bossi*, Buchsbäume, vorherrschen. Diese Erklärung ist zwar nicht gesichert, trägt jedoch dazu bei, eine Art Geheimnis um das Dorf aufrechtzuerhalten. Die Geschichte berichtet von wechselnden Geschicken, von der Zugehörigkeit zum Bereich des Markgrafen Alderico di Susa um das Jahr 1000, der darauf folgenden Abhängigkeit vom Markgrafen Bonifacio di Savona und schließlich 1313 von der Herrschaft des Grafen Amedeo V. von Savoyen.

Jenseits dieser geschichtlichen Fakten hatte vor allem ein Ereignis ungeheure Bedeutung: Am 30. März 1679, einem Karfreitag, sei als furchtbare Folge eines außergewöhnlich starken Schneefalls das ganze Dorf versunken und der Großteil seiner Bewohner ums Leben gekommen. Dieser Version wurde vor einigen Jahren von Don Scavanino, dem Pfarrer von Castino, widersprochen: Der Geistliche vermutete, auf in seinem Besitz befindliche Dokumente gestützt, dass viele Bewohner sich retten konnten, da der Einbruch bei Tag geschehen war und sie sich außerhalb ihrer Häuser befanden. In jedem Fall begann der Wiederaufbau Bosias unmittelbar nach der Katastrophe, und die Überlebenden, wie viele es auch immer waren, entschieden, das Dorf nördlich der bisherigen Siedlung neu zu gründen. An der Stelle des alten Zentrums entstand später der heutige Ortsteil Rutte.

Die Bevölkerung ist hauptsächlich in der Landwirtschaft beschäftigt: Die wichtigsten Früchte bleiben die Haselnuss mit der Bezeichnung *tonda gentile delle Langhe* und eine weiße Bohnenart, die hier *Regina* oder *Gigante di Spagna* genannt wird.

Anreise

Von Alba erreicht man Bosia auf der *statale* 29 in Richtung Cortemilia. In der Ortschaft Campetto sollte man die *statale* 29 verlassen und die *provinciale* rechts nehmen, die das Belbo-Tal in Richtung Cravanzana und Feisoglio hinaufführt. Nach wenigen Kilometern gewundener Straße kommt links die Abzweigung nach Bosia, das man nach einigen hundert Metern erreicht hat.

BOSIA
Einwohner: 207
Höhe: 484 Meter

EINKAUFEN

KÄSE
Caseificio dell'Alta Langa
Via Provinciale 17
Tel. 0173 854174

Von dieser Käsefabrik, die nicht direkt an Private verkauft, werden die Käsehändler in den Langhe mit einem herrlichen Rocchetta und vielen anderen Mischkäsen beliefert. Die verwendete Milch stammt von ausgewählten Zuchtbetrieben in den Langhe und aus Frankreich.

FESTE, MESSEN UND VERANSTALTUNGEN

In der letzten Woche im Juli wird das Mittsommernachtsfest gefeiert. Tanzabende auf dem Tanzboden, *pallone elastico*, künstlerische Darbietungen verschiedenster Art und Verteilung von Polenta.

PARTISANENKRIEG UND VOLKSDEMOKRATIE

Mario Giovana

Die Langa und die Gegend um Bra haben während des Zweiten Weltkriegs eine schmerzliche Zeit erlebt. Gemeint ist der infolge des Waffenstillstands vom 8. September 1943 in diesem Gebiet aufflammende Widerstand gegen die deutsche Besatzung und die *Repubblica Sociale Italiana*, jene Marionettenregierung in Salò, die 20 Jahre faschistisches Regime wieder aufwallen ließ.

Nachdem das Heer zerschlagen war und der König sowie die Regierung unter der Führung von Marschall Badoglio nach Süden geflohen waren, bildeten sich in den Langhe und den Hügeln um Bra spontan kleine Gruppen bewaffneter Freischärler, die fest entschlossen waren, sich den brutalen Vergeltungsschlägen der Nazis zu widersetzen. Die *Resistenza* richtete sich auch gegen die so genannten *repubblichini*, die weiterhin auf die Formen und Methoden der faschistischen Diktatur Mussolinis setzten, während dessen Niederlage bereits im Bewusstsein der Italiener verankert war. Die Widerstandsbewegung konsolidierte sich vor allem ab dem Frühjahr 1944 durch hunderte junge, neue Mitglieder und gewann an Stabilität: In einer groß angelegten Aktion wurden die verstreuten Zentren der ersten bewaffneten Aufstände zusammengelegt, weite Zonen des Hügellandes befreit und zu Kontrollgebieten des nunmehr unter einheitlicher Führung stehenden Partisanenkommandos *(Corpo Volontari della Libertà)* erklärt. Vordringliches Verdienst dieser Gruppierung waren die Aktionen des Majors Enrico Martini Mauri, der von brillanten, teils aus der Gegend stammenden Kollaborateuren wie Rechtsanwalt Piero Balbo aus dem Belbo-Tal, genannt «Poli», unterstützt wurde. Unter der Führung Mauris entwickelte sich eine Gruppe, die ihren Einfluss auf den gesamten Umkreis des Besatzungssektors der Provinz Cuneo und weit darüber hinaus ausdehnte: Es handelte sich um die «Autonomen» Alpinen Divisionen, deren Erkennungszeichen ein blaues Halstuch war. Durch ihren Gründer waren sie den Idealen und Prinzipien eines Befreiungskampfes als militärische und patriotische Pflicht verbunden.

Nicht weniger Bedeutung für die Aktionen der Partisanen im Herzen der eigentlichen Langa hatten die von der Kommunistischen Partei Italiens geförderten Formationen der «Garibaldi-Sturmbrigaden», die allerdings nicht als Parteikräfte agierten. Ab dem späten Frühjahr 1944 wurden diese Einheiten unter dem Kommando von Giovanni Latilla

(Kampfname «Nanni») zu spielentscheidenden Figuren auf dem lokalen Schachbrett der Widerstandsbewegung und gewannen zusehends an Stärke und militärischer Durchschlagskraft. Schließlich setzten sie sich neben den Divisionen Mauris als Kern des Widerstands in den Langhe durch und schlossen sich im Frühling 1945 zum *Raggruppamento Divisioni Garibaldi Langhe* zusammen: Ihre stärksten Divisionen waren die VI. und die XIV. Im Stab war auch die Internationale Brigade *Islafran* vertreten, der freiwillige Kämpfer aus Frankreich, Jugoslawien, Österreich und der Tschechoslowakei angehörten.

Schließlich griffen auch Einheiten der sozialistisch orientierten «Matteotti-Brigaden» in den Partisanenkrieg in den Langhe und den Hügeln um Bra ein. Ende 1944/Anfang 1945 kamen die III. und X. Division der Formationen der Bewegung für Gerechtigkeit und Freiheit, *Giustizia e Libertà*, hinzu. Diese setzten sich aus Freiwilligen zusammen, die von ihren ursprünglichen Stützpunkten in den Gebirgen um die Täler von Stura, Grana, Maira und Varaita in die Hügel gekommen waren und sich einer kleinen Gruppe der *Giustizia e Libertà* angeschlossen hatten, die 1944 in Alba auf Initiative des Hauptmanns der «Alpinen», Giovanni Alessandria, gebildet wurde. Nachdem viele der «Alpinen» gefallen waren, wurde die Gruppe der Befehlsgewalt des Artillerieleutnants Libero Porcari unterstellt. Die von der *Partito d'Azione* gegründeten Formationen (die keineswegs als politische Projektion dieser «Aktionspartei» anzusehen waren) spielten in den Langhe zwar erst in der Endphase der *Resistenza* eine Rolle, leisteten aber einen überaus beachtlichen Beitrag zu den Kämpfen der lokalen Partisanenverbände.

Was die Bilanz der Kämpfe betrifft, so führten die Partisanen in den Langhe und um Bra die allgemeine Strategie der *Resistenza* überaus erfolgreich aus. Die Deutschen und die italienischen Faschisten mussten ständig ungeheure Kräfte und Mittel mobilisieren, um den ununterbrochen durchgeführten Hinterhalten Einhalt zu gebieten, welche an den wichtigsten Straßen- und Bahnverkehrsknotenpunkten zwischen dem Piemont und Ligurien auf der Achse Turin-Savona-Genua aufgebaut worden waren, so auch entlang der Strecke Mondovì-Bra-Turin sowie im Tanaro-Tal vor Alba. Als Hauptort der Langa wurde Alba praktisch ständig von Partisaneneinheiten belagert; am 10. Oktober 1944 konnte die faschistische Garnison zum Rückzug gezwungen werden. Die Partisanenverbände besetzten die Stadt und hielten diese bis zum 2. November, als sie ihre Stellungen infolge eines mit Artillerie und Panzern geführten feindlichen Angriffs aufgeben mussten. Dennoch gelang es den faschistischen Truppen nie, Alba nach Sonnenuntergang zu kontrollieren, in den Nächten drangen immer wieder Partisanen ins Stadtgebiet vor.

Um die Vorherrschaft der Partisanenkommandos in den Langhe und um Bra zu beenden, führten die faschistischen Wehrmachtkommandos ständig Offensiven durch, bis sie im Spätherbst 1944 die Zone stürmten und eine der massivsten Durchkämmungsaktionen durchführten. Alle Kampfplätze der piemontesischen *Resistenza* waren davon betroffen. An die 20 000 Mann, unterstützt von Artillerie und gepanzerten Fahrzeugen jeder Art, brachen die Partisanenfront von allen Seiten. Es kam zu langen und erbitterten Kämpfen. Die Partisanen erlitten schwere Verluste und wurden zersprengt; aber das Ziel der Deutschen, die Gruppierungen zu zerschlagen oder ihnen zumindest die Kontrolle über das Gebiet zu entreißen, war wiederum gescheitert. Wie in allen Phasen des Kampfes gegen die deutsche Besatzung, die noch bis April 1945 andauern sollte, bezahlte die Bevölkerung der Langa und der Gegend um Bra auch bei dieser Offensive teuer und blutig, mit Menschenleben und materiellem Verlust. Das rücksichtslose Vorgehen der Nazis artete in brutale Niederschlagungen und mit blinder Gewalt geführte Vergeltungsmaßnahmen aus, um die Bevölkerung für ihre grundlegende Solidarität und ihre Unterstützung der Partisanen zu bestrafen. Dogliani und Farigliano waren Ziel von terroristischen Luftangriffen. Für das «Verbrechen», Schauplatz des Befreiungskriegs zu sein und als Unterschlupf für die Widerstandskämpfer zu gelten, büßten Dutzende kleiner Gemeinden: Häuser und Gehöfte wurden in Brand gesteckt, Vieh und Lebensmittel fielen Beutezügen anheim, Geiseln wurden genommen und unschuldige Bürger hingerichtet. Die Namen Dutzender Zivilisten stehen nun neben jenen der gefallenen Partisanen, viele fielen dem Zorn von Militär und Miliz, die sich nicht einmal an die fundamentalsten Grundsätze der Menschlichkeit hielten, zum Opfer.

Als wichtigster Aspekt der Widerstandsbewegung in den Langhe sind jedoch die Volksregierungen *(Giunte Popolari di Governo)* anzusehen, die im Spätherbst 1944 entstanden. Dabei handelte es sich im Grunde um den ersten Versuch, eine freie demokratische Verwaltung der lokalen Belange durch die Bevölkerung einzurichten, die über zwanzig Jahre jeglichen Schimmer autonomer Beteiligung missen musste. Auf Anregung der Bürgerdelegationen der Garibaldi-Brigaden wurden überall in den von Partisanen besetzten Zentren Volksberatungen zur Wahl der Regierungen abgehalten, welche die Ressourcen der Gemeinden verwalten, die Administration regeln und die Mithilfe der Bürger zur Gemeinschaftsordnung unter den Ausnahmezuständen jener Zeit fördern sollten. So waren – auch dank der Unterstützung des Klerus – die Einwohner der Langhe dazu aufgerufen, sich in freien Beratungen zur Benennung eigener Lokalverwalter auszusprechen, die ihrerseits damit betraut wurden, die zivilen Belange in den Langhe komplexer und solidarischer zu koordinieren. Ein Experiment, das sicherlich Grenzen hatte und mitunter auch fehlschlug, nicht selten auf Improvisationen zurückgreifen musste und dadurch aufzeigte, dass nicht alles machbar war. Dennoch kam damit ein wichtiger Beitrag zu den Bemühungen um eine demokratische Erneuerung der Gesellschaft zum Ausdruck. Als Verfechter der Demokratie besiegelten die aus der *Resistenza* entstandenen Strömungen eine wesentliche, neue Entwicklung in der Geschichte des geeinten Italiens: die Beteiligung der Unter- und Mittelschichten, also der Bauern und kleinen Gutsbesitzer, an der nationalen Befreiungsbewegung und deren Auftritt als Hauptdarsteller auf der gerade entstehenden Bühne des neuen Italiens. Die mutigsten und durchdachtesten Zielsetzungen der demokratischen Initiative stießen auf unerbittliche Hürden, die in den langen Jahren einer Geschichte der Nichtbeteiligung und Ablehnung – oder zumindest eines tief verwurzelten Misstrauens gegen jede Veränderung – entstanden waren: Erneuerungen waren suspekt, da sie die Grundfesten und antiken Traditionen der gesellschaftlichen Unbeweglichkeit erschütterten. Doch die von der *Resistenza* ausgelöste und von den Partisanenkommandos ermutigte Mobilisierung des Volkes schlug eine Bresche in die alten Sedimente der politischen Gleichgültigkeit dieses Landstrichs. Endlich gab es Aussicht auf ein neues Identitätsbewusstsein, das man nach dem Sieg der Widerstandsbewegung auf sozialer, wirtschaftlicher und kultureller Ebene geltend machen würde, um auf neue Ziele des friedlichen und fortschrittlichen Zusammenlebens als Gemeinschaft zu setzen.

Camerana

Camerana ist ein kleines Dorf, das in drei Gebiete aufgeteilt ist: Villa, das Zentrum auf dem Hügel, sowie Gabutti und Contrada, die sich beide in der Talsohle befinden, an der linken Seite der *statale* 339 in Richtung Saliceto. Davon abgesehen gibt es nur einige vereinzelte Häuser.

In historischen Quellen wird das Dorf erstmals 967 als Besitz der bischöflichen Kurie von Savona erwähnt. Von da an erlebte Camerana wechselhafte Zeiten unter verschiedenen Herren wie der Familie del Carretto, die im Bormida-Tal überall Besitz und Rechte sammelte. 1631, im Anschluss an das Abkommen von Cherasco, wurde Camerana Teil des Hauses Savoyen.

Auch bei einem kurzen Besuch verdient das alte Kastell besondere Aufmerksamkeit; es gehörte einst einem Zweig der Familie Incisa, der eben di Camerana genannt wurde. Ein anderes interessantes Gebäude ist die spätbarocke Pfarrkirche, die der Annunziata geweiht ist. Sie wurde gegen Mitte des 18. Jahrhunderts unter Francesco Gallo, dem berühmten Architekten aus Mondovì, erbaut.

Die Beschaffenheit der Landschaft, in der sich flache und steile Stellen abwechseln, erlaubt schöne Wanderungen, aber auch das Drachenfliegen. Für diesen Sport ist zu gewissen Zeiten des Jahres eine Schule geöffnet.

Camerana ging in die Geschichte ein, als wenige Tage vor Weihnachten des Jahres 1963 in der Siedlung Scroizi der letzte Wolf der Langhe erlegt wurde. Das ist sicherlich keine Tatsache, auf die man besonders stolz sein müsste, aber doch ein Beweis des Reichtums auch an wilder Fauna dieser Gegend der Langhe.

Anreise

Nach Camerana kommt man leicht, indem man von Cortemilia die *statale* 339 nimmt. Hat man das Dorf Monesiglio hinter sich gelassen, erreicht man nach wenigen Kilometern das Gebiet von Camerana. Um ins Zentrum zu gelangen, biegt man im Ortsteil Gabutti nach rechts und fährt bis Villa hinauf.

CAMERANA
Einwohner: 752
Höhe: 777 Meter

ESSEN

Lungo la via del sale
Via Piave 14
Tel. 0174 96323
Von Donnerstag bis Samstag jeweils abends geöffnet, am Sonntag auch zu Mittag
Betriebsferien: Dezember bis Februar
Plätze: 40
Preise: L. 35 000–40 000 ohne Wein
Kreditkarten: alle
Ein gemütliches Lokal, dessen Name und Gerichte an die Salzstraßen erinnern, die zwischen den Langhe und dem Meer verliefen. Sie finden es in Camerana Villa, nach Verlassen der entlang der Talsohle verlaufenden *provinciale* auf halber Höhe und nach einigen Kilometern der kurvenreichen Straße.

EINKAUFEN

MARMELADEN, LIKÖRE
Teodoro Moschetti
Via Vittorio Veneto 3
Der kleine Betrieb stellt Liköre und Marmeladen aus seltenen Obstsorten her, vom Schwarzdornelixier bis zu roten Stachelbeeren in der Dose.

FESTE, MESSEN UND VERANSTALTUNGEN

Ein reiches Spektrum an Veranstaltungen, die von Pro Loco organisiert werden. Am ersten Sonntag im Februar wird, soweit es die Schneelage erlaubt, der «Marcia Langa» abgehalten, ein Skilanglauf-Wettbewerb, dessen Ziel die Hütte Pavoncella ist. Am zweiten Sonntag im Juli findet ein Geländelauf statt und im selben Monat auch ein Radrennen. Im August zwei Dorffeste: in der letzten Woche im Ortsteil San Giovanni Belbo und in der ersten Woche im Ortsteil Gaudini.

Castelletto Uzzone

Im Uzzone-Tal finden sich die Klarheit und Harmonie der Natur, das saubere Wasser der Wildbäche, ein strahlend blauer Himmel und schließlich auch der Wunsch, die Wege entlangzuspazieren. Castelletto fügt sich wunderbar in diese Landschaft, mit seinen Häusergruppen, die sich diesseits und jenseits des Flusses an seine Ufer schmiegen.

Sein Name leitet sich vom lateinischen *castelletum*, befestigte Einfriedung, ab, aber von den früheren Festungen blieb nur ein verfallenes Kastell in Scalletta Uzzone, einem Ortsteil, der bis 1929 ein autonomes Dorf gewesen war. Fährt man das Tal entlang, begegnet man zuerst rechts dem Zentrum von Castelletto. Vom Kirchplatz geht rechts eine Straße weg, die den Hügelrücken entlangführt und sich in die Höhe windet. Nach weniger als zwei Kilometern erreicht man den Ort Sant'Ilario mit der Kapelle San Luigi, wenn man nach rechts abbiegt und fast durch den Hof einer alten Meierei fährt. Rundherum hat die Gemeinde einige Steintische für ein kleines Picknick aufgestellt, das schon wegen des spektakulären Ausblicks über das Uzzone- und das Bormida-Tal unvergesslich sein wird.

Lässt man die Ortseinfahrt von Castelletto hinter sich und fährt weiter in Richtung Cairo, findet man links eine Abzweigung nach San Michele und wenig später, wieder links, eine andere nach Scaletta. Hier führt ein gewundenes Sträßchen zu einem kleinen Kirchplatz. Von dort aus erreicht man über eine kleine Treppe, die ab und zu in einen nicht asphaltierten Weg übergeht, das Kastell; es steht heute in Privatbesitz und befindet sich leider in einem nicht sehr guten Zustand.

Im Lauf der Jahrhunderte wechselte die Herrschaft über Castelletto oft, beginnend bei der Markgrafschaft von Cortemilia, über Manfredi IV di Saluzzo und die Scarampi bis zum Haus Savoyen im Jahr 1532.

Anreise

Von Alba fährt man auf der *statale* 29 über Cortemilia hinaus und in das Uzzone-Tal hinein. Nach dem Ortsteil Valle in der Gemeinde Pezzolo verlässt man die *statale*, die links weitergeht, und folgt der Straße nach Cairo und Savona. Nach etwa zehn Kilometern kommt man in Castelletto an.

CASTELLETTO UZZONE

Einwohner: 380
Höhe: 425 Meter

FESTE, MESSEN UND VERANSTALTUNGEN

Re Magi

Am 6. Januar: Umzug in Kostümen, der die Geschichte der Heiligen Drei Könige darstellt.

Canté j'euv

In der Osterwoche gibt es Gesang und Tanz auf den Plätzen des Dorfes und Spaziergänge zu den Weinkellern, ganz nach alter Tradition der Langhe.

Sagra delle bugie

Am letzten Sonntag im Juni. Das Fest wird von den Gesellschaften Movimento rurale und Pro Loco organisiert und ruft die alten Berufe der Langhe wieder in Erinnerung, wobei die Teilnehmer die typischen Trachten der Gemeinde von Castelletto tragen.

Camminata enogastronomica

Am ersten Sonntag im September. Der traditionelle Spaziergang über die Pfade der Langhe, mit Mittagessen im stimmungsvollen Eichenwald, «Ca' du Rusin» genannt, im Ortsteil San Michele.

Castino

Der Ursprung des Ortsnamens ist nicht sicher: Möglichkeiten gibt es viele, angefangen bei einem mutmaßlichen römischen Hauptmann, der anscheinend diesen Namen trug. Anderen Vermutungen zufolge stammt der Name von *castaneum*, wegen der vielen Kastanien, die auf den Hügeln wuchsen, oder von *castrum* (Kastell) oder *castrinum*. Die Häufigkeit, mit der Fundstücke bei der Instandsetzung der alten Häuser ans Tageslicht kommen, beweist jedenfalls Castinos alte Wurzeln. Im Gemeindegebiet befinden sich zwei Klöster, ein drittes ist nur noch in der Erinnerung vorhanden: Am anderen Ufer des Belbo, in der Gegend um Grazie angesiedelt, wurde es gegen Mitte des 15. Jahrhunderts abgerissen. Ein weiteres befand sich in der Ortschaft San Martino; davon sind Spuren in Form der Kirchenmauer, des Chors, der Sakristei und eines Teiles des Turms vorhanden. Als dieses Kloster geschlossen wurde, baute man ein anderes im Dorf, unterhalb der Reste der römischen Festung vor der Pfarrkirche.

Dem Besucher präsentiert sich Castino heute als lebendiges Dorf, dessen Bevölkerung sowohl in der Landwirtschaft (Bohnen, Haselnüsse, Obst, Gemüse und Viehzucht) als auch in den Betrieben von Cortemilia und Alba ihr Auskommen verdient.

Was die landschaftlichen Schönheiten betrifft, ist der kleine Ort San Bovo (leicht von Manera aus erreichbar) einen Hinweis wert: Die Friedlichkeit des Ortes verbindet sich mit einem großen Reichtum an Natur, die daraus entstehende reizvolle Landschaft muss man gesehen und erlebt haben. Ein ausgezeichneter Platz für lange Spaziergänge im Grünen, weit entfernt vom Lärm.

Anreise

Von Alba aus erreicht man Castino auf der *statale* 29: Man fährt nach Manera hinauf und nach Campetto hinunter, der nächste Anstieg führt ins Dorf. Von Cortemilia kommt man von der anderen Seite ins Dorf, auf der *statale* 29 Richtung Alba.

CASTINO
Einwohner: 553
Höhe: 540 Meter

ÜBERNACHTEN

Albergo Orizzonte
Piazza Mercato 4
Tel. 0173 84104
2 Sterne, 9 Zimmer, 7 mit Bad und Telefon. Restaurant, Parkplatz.
Preise: Doppelzimmer L. 90 000, Einzelzimmer L. 60 000
Eines der wenigen Hotels in der Region der Alta Langa, mit einem Restaurant, das typische heimische Küche auf mittlerem Preisniveau anbietet. Montag Ruhetag.

ESSEN

KAFFEE, APERITIF
Locanda del Ponte
Via Nazionale 43
Für einen Kaffee in typischer Hinterzimmer-Atmosphäre.

EINKAUFEN

LOKALE SPEZIALITÄTEN
Cascina San Giovanni
Piazza Mercato 5 c
Getrocknete Tomaten, gefüllte Peperoncini, Pilze, Perlzwiebeln, Saucen, Sugo: Dies alles können Sie am Freitagmorgen im Geschäft auf der Piazza Mercato kaufen.

FESTE, MESSEN UND VERANSTALTUNGEN

Festa dei fiori
Am ersten Sonntag im Mai: eine Gelegenheit, um Blumen zu kaufen.

Feste patronali
Am 15. August findet im Ortsteil San Bovo ein Dorffest mit großem Grill statt. Am zweiten Sonntag im November widmet der Ortsteil San Martino seinem Schutzheiligen ein Fest, bei dem die berühmte *bagna caoda* serviert wird.

Cerretto Langhe

Unweit der Straße nach Bossolasco befindet sich Cerretto, das Dorf der *cerri* (Zerreichen), eine Baumart, die man heute nur noch an den Ufern des Belbo finden kann.

Auf dem Hügel gelegen, blickt das Dorf über das ganze Tal bis nach Castino, Cravanzana, Feisoglio und Niella auf der anderen Seite. Schön ist die Pfarrkirche im neugotischen Stil (1810). Im Ortsteil Cerretta, auf der Straße nach Roddino, soll die Madonna einem stummen Kind erschienen sein, worauf sich dessen Stimme mitsamt einem Bild der Madonna di Loreto in seinen Händen wiederfand. Also wurde hier eine Säule errichtet und ein Jahrhundert später eine Wallfahrtskirche.

Anreise

Von Bossolasco kommend fährt man über Serravalle hinaus und erreicht das Dorf kurz nach der Abzweigung nach rechts.

CERRETTO LANGHE
Einwohner: 449
Höhe: 687 Meter

FESTE, MESSEN UND VERANSTALTUNGEN

Sagra del raglio
In der ersten Woche im Juli, im Ortsteil Pedaggera. Ein Dorffest und eine Eselschau. Während der Veranstaltung werden die Tiere prämiert, die nach unanfechtbarem Urteil der Jury den charakteristischsten Laut ausstoßen.

Feste patronali
Am 15. August wird zu Ehren der Madonna della Cerretta im gleichnamigen Ortsteil ein Dorffest begangen, während der Hauptort erst in der zweiten Woche im September von regem Treiben beherrscht wird: ein Abendessen in großer Gesellschaft, das typische Ballspiel *pallone elastico* und Wettbewerbe im Kartenspiel.

Cigliè

Der Name des Dorfs findet seinen Ursprung im lateinischen *cilium*. Das Wort steht vielleicht in Verbindung mit *ciglione*, jenem Damm im Tanaro, auf dem die Siedlung sich erhebt. Einer Grenzregion anzugehören hat sicherlich die Ereignisse in der bewegten Geschichte Cigliès beeinflusst. Zuerst war es Teil der Grafschaft von Bredulo, dann der Markgrafschaft von Ceva, bis es im 18. Jahrhundert Autonomie erlangte und den Namen Cigliano bekam. Das Kastell, ein mächtiger mittelalterlicher Bau, wurde zu einer privaten Wohnstätte umgebaut, die im 16. Jahrhundert Glanz und Ruhm genoss. Dort pflegten die Pensa aus Mondovì, Lehnsherren von Cigliè, Rocca Cigliè und Marsaglia, den prunkvollen Lebensstil der Renaissancefürsten.

Die jüngere Geschichte Cigliès verzeichnet einen enormen Erdrutsch im Dezember 1962/Januar 1963, als eine Fläche von 350 Hektar am Nordhang des Hügels ins Tal donnerte und etwa zwanzig Häuser des Ortes mit sich riss. Die Gründe für das Unglück liegen wahrscheinlich in der Erosion, die durch den unter dem Dorf fließenden Bach verursacht wurde, und im Riss eines Aquädukt-Rohrs, aus dem zwei Tage lang Wasser geflossen war. Als der Schrecken vorbei war, kehrte das Dorf zu seinem ruhigen Dasein als bäuerliche Siedlung zurück, die nur im Sommer von Urlaubern und Ausgewanderten, die ihr Heimatdorf besuchen, belebt wird.

Anreise

Verlassen Sie die *autostrada* Torino-Savona bei Mondovì oder Niella Tanaro.

CIGLIÈ
Einwohner: 192
Höhe: 549 Meter

FESTE, MESSEN UND VERANSTALTUNGEN

Festa patronale
Am ersten Sonntag im Juli. Tanzveranstaltungen, Spiele auf der Piazza und Mundarttheater.

Bicigliè
Ein Radrennen auf den steilen Hängen, die zum Tanaro hinunterführen.

Cortemilia

Das einst römische *Cohors Aemilia* ist heute eines der wichtigsten Zentren der Langhe, vor allem in wirtschaftlicher Hinsicht. Der Stadtkern besteht aus mittelalterlichen Häusern, und der aufmerksame Besucher kann in den schönen, von Bogengängen überdachten Gässchen auch die außergewöhnliche Sprache des Ortes hören, einen Dialekt, in dem sich die herbe Aussprache der Langhe mit einem deutlichen ligurischen Einfluss mischt.

Über den Häusern erhebt sich ein charakteristischer vierstöckiger zylindrischer Turm aus dem 13. Jahrhundert. Einst war er in das heute verfallene Kastell der Familie Alerami eingebunden. Von ihm aus genießt man einen ausgezeichneten Blick über ganz Cortemilia und seine Umgebung.

Die beiden Teile des Städtchens erheben sich an den Ufern des Bormida und beziehen ihre Namen von den zwei historisch wichtigsten Kirchen, San Michele und San Pantaleo. Beide stammen aus dem 11. Jahrhundert, aber die bemerkenswerten Umbauten im Zuge der einzelnen Stilepochen haben sie künstlerisch noch aufgewertet. Von großer Bedeutung sind auch die Kirche Santa Maria, zwischen dem 12. und 15. Jahrhundert erbaut, und das Kloster der Franziskanermönche. Franz von Assisi selbst soll es in Auftrag gegeben haben, als er sich in dieser Gegend aufhielt.

Das Leben in Cortemilia ist wie im gesamten Tal viele Jahre lang völlig vom Fluss Bormida bestimmt worden. Ein verheerender Unfall, der vom Chemiewerk Acua ausging, verursachte gesundheitliche Schäden an Mensch und Tier und beeinträchtigte auch die Wirtschaft der gesamten Region. Heute, nachdem die Giftfabrik endlich geschlossen ist, erwacht der Fluss zu neuem Leben.

Anreise

Von Alba, von dem es etwa dreißig Kilometer entfernt liegt, erreicht man Cortemilia auf der *statale* 29 in Richtung Savona. Kommt man von Canelli oder Santo Stefano Belbo, nimmt man die *statale* 592, die vor Castino in die *statale* 29 mündet.

CORTEMILIA

Einwohner: 2543
Höhe: 247 Meter

ÜBERNACHTEN

San Carlo
Corso Divisioni Alpine 41
Tel. 0173 81546
3 Sterne, 23 Zimmer.
Restaurant, Parkplatz,
Swimmingpool.
Preise: Einzelzimmer
L. 95000–105000,
Doppelzimmer
L. 150000–160000
Ein elegantes, sehr komfortables Hotel, das auch durch die gute Küche aufgewertet wird, wobei bei vielen Gerichten die Haselnuss, ein Symbol dieser Region, die Hauptrolle spielt. Zum Freizeitangebot zählen ein Swimmingpool und Mountainbikes. Die Direktion organisiert darüber hinaus Abende zu bestimmten Themen, Konzerte und Verkostungen, Kochkurse, Reitausflüge und Besichtigungen von Weinkellern. Alle Zimmer verfügen über Telefon, Satelliten-TV, Minibar und Bad.

ESSEN

Agriturismo Il Gallo
Strada Serole 20
Tel. 0173 81404
Dienstag Ruhetag
Keine Betriebsferien
Plätze: 60
Preise: L. 40000–45000 ohne Wein
Kreditkarten: alle
Ein ungewöhnliches Weinangebot für einen Agriturismo-Betrieb und auch eine Küche, die immer wieder mit Überraschungen aufwartet, wie etwa dem Schmorbraten aus Straußenfleisch. Besondere Erwähnung verdienen die herrlichen Wurstspezialitäten mit hausgemachtem Brot als Vorspeise. Das Gallo bietet auch Übernachtungsmöglichkeiten. Es verfügt über 12 Zimmer zu L. 60000 inklusive Halbpension.

EINKAUFEN

SÜSSIGKEITEN

Cascina Barroero
Strada Viarascio 35
Kekse und eine lange Liste an Torten, die mit größter Sorgfalt und unter Verwendung feinster Zutaten hergestellt werden. Probieren Sie die *ciapele* aus Maismehl und die *nisurin* mit Haselnüssen.

Giuseppe Canobbio
Piazza Molinari 1
Wir befinden uns in der Heimat der Haselnuss, und in diesem kleinen Handwerksbetrieb gibt es nur Süßigkeiten, die mit Haselnüssen der Sorte *tonda gentile* aus den Langhe hergestellt werden: die Haselnusstorte (ausgezeichnet), die *brut e bon* und die *baci di dama* – einfach himmlisch.

FESTE, MESSEN UND VERANSTALTUNGEN

Konzerte und Feste
Cortemilia hat sich in den letzten Jahren zu einem Ort der Musik mit Schwerpunkt Klassik und Lyrik entwickelt. Es ist unmöglich, alle einschlägigen Veranstaltungen aufzulisten, auch auf Grund der Tatsache, dass der Veranstaltungskalender von Jahr zu Jahr variiert. Grundsätzlich finden die eindrucksvollen Veranstaltungen, etwa zehn pro Jahr, zwischen Juni und September statt und bilden eine gelungene Abwechslung zu den Volksfesten der einzelnen Ortsteile: San Giacomo und San Pantaleo im Juli, Castella, Bruceto, La Pieve und Doglio im August. Wegen der wirtschaftlichen Bedeutung sei die Landwirtschaftsmesse von Santa Caterina, der Schutzpatronin von Cortemilia, erwähnt, die am 25. November stattfindet.

Profumi di nocciola
Zweite Augusthälfte.
Abgesehen von den herrlichen kulinarischen Initiativen – den kulinarischen Spaziergängen, dem Markt mit Süßspeisen auf Haselnussbasis in Kombination mit Dessertweinen und die hochqualifizierten Laboratori del Gusto – bekommt das Publikum Paraden, Veranstaltungen in Kostümen, Aufführungen und kulturelle Darbietungen unterschiedlichen Niveaus zu sehen. Im Laufe des Jahres finden noch weitere, weniger bedeutende Veranstaltungen statt, die ihre Wurzeln in den lokalen Traditionen und einen religiösen Hintergrund haben: Im Mai am Sonntag nach Christi Himmelfahrt findet die feierliche Überführung eines Dorns statt, der nach der Legende zur Dornenkrone Christi gehört haben soll und abwechselnd in den beiden Pfarrkirchen aufbewahrt wird.

HASELNUSSGENUSS

Giovanni Goria

Auf allen Hügeln der Langhe – insbesondere in den Gemeinden Cortemilia, Cravanzana, Murazzano und Feisoglio – werden Haselnüsse geerntet, die von den Torrone-Erzeugern in Alba und Asti für die besten der Welt gehalten werden. Die Haselnuss der Sorte «Tonda Gentile Piemontese» gibt – mehr noch als die Sorten «Tonda Gentile Romana» und «Giffoni» – eine perfekt runde, glatte, fette und angenehm duftende Frucht ab.

Die Sorte wurde von Experten der Universitäten Turin und Neapel in den Jahren 1910–1920 gezüchtet. In den kärglichen, bäuerlich geprägten Langhe von einst gab es nur wenige Haselbüsche von der Sorte «Gorbella», die dürftige, spitz zulaufende Früchte lieferten. Allerdings fehlten die Nüsse in keiner Vorratskammer, um im Winter etwas Nahrhaftes zu haben, um ein bisschen Öl oder traditionelles Haselnussbrot herstellen zu können. Die weitläufigen Haselnussplantagen, wie wir sie heute kennen, gehen auf die Zeit zurück, als die Reblaus einen Großteil des Rebbestandes vernichtete. Auf vielen Böden der Alta Langa verzichtete man darauf, die Stöcke mit reblausresistenten amerikanischen Propfreben zu veredeln, da der Ertrag ohnehin gering war. So verbreiteten sich die Haselnusssträucher, die hochwertigen Nüsse wurden alsbald zum *gianduiotto* und etwas später zur *supercrema* (aus gerösteten Haselnüssen und Trockenfrüchten) verarbeitet, aus der sich schließlich die beliebte Nutella entwickelte. Der ausschlaggebende Impuls für die landwirtschaftliche Nutzung der Haine und die industrielle Verarbeitung der Nüsse kam von Ferrero aus Alba, dem heute größten privaten Süßwarenerzeuger Europas.

Haselnüsse sind überaus energiereich und nahrhaft: 100 Gramm haben gut 656 Kalorien, der Anteil wertvoller pflanzlicher Fette beträgt 60 Prozent, darüber hinaus enthalten sie Kalzium, Schwefel, Phosphor, Kalium, Magnesium, Chlor, Natrium, Eisen und Kupfer, die Vitamine A, B und PP. Die antike Medizin empfahl Haselnüsse als Leberschutzstoff, geröstet und gesalzen vor dem Essen oder ungeröstet mit etwas Wein als Appetitanreger. Auch heute werden die Nüsse gern geröstet und gesalzen zu einem guten Glas frischem Arneis dei Roeri oder Spumante Brut als Aperitif gereicht.

Rezepte

Schon zu Großmutters Zeiten war die leckere Haselnusscreme beliebt, die man heute in den Konditoreien auf dem Land findet: Dazu werden Eidotter mit Zucker und Vanillezucker schaumig gerührt und grob oder fein gemahlene geröstete Haselnüsse, gebrannter Zucker, Rahm und Milch untergemengt. Die Masse wird über Dampf geschlagen. Zur piemontesischen Gebäcktradition gehören aber auch *bonet* mit Haselnüssen, gefüllte, mit zerstoßenen Haselnüssen bestreute und im Rohr gebratene Pfirsiche oder *ossi di morto* (Totenbeinchen) aus Haselnussmehl. Ein altes Rezept für eine ganz besondere Haselnusstorte kommt aus dem Monferrato um Asti, wo es schon immer Haselnusshaine gegeben hat, die nun immer mehr ehemalige Grignolino-Rebberge überziehen. Für 4–6 Personen benötigt man 25 g Mehl, 125 g geröstete und zerstoßene Haselnüsse, 125 g Zucker, 3 ganze Eier, ein halbes Glas Rum, ein Säckchen Vanillezucker, 7 g Hefe: Die Masse bei 170°C für 35 Minuten in den Ofen geben, bis die ca. zwei Zentimeter hohe Torte schön goldgelb ist. Die Torte darf nicht zu trocken sein; besonders gut schmeckt sie mit einer Zabaione aus Moscato d'Asti bestrichen.

Aber die interessantesten Haselnussrezepte finden sich im pikanten Repertoire. Kalbsbraten (Brust oder Schulter, aber auch Haxe) mit Haselnüssen ist eine köstliche Überraschung, die den Reisenden in so mancher Trattoria der Langa um Roccaverano, in Olmo Gentile, Serole oder im Bormida-Tal erquickt. Eine Rarität, im familiären Kreis aber immer noch oft und gern kredenzt, ist Kaninchen mit Haselnüssen. Entsalzte Sardellen, bestrichen mit einer Paste aus Haselnüssen, Petersilie, Öl, Majoran, ein wenig Knoblauch und einer Prise Trüffel, sind ein beliebtes Gericht in der Gegend von Acqui Terme und im Erro-Tal.

Eine wahre Delikatesse, entdeckt in einem alten Verzeichnis eines Pfarrhauses, ist diese vorzügliche Polenta-Quiche: Dazu eine trockene Polenta zubereiten, bereits beim Anrühren Haselnussöl, Hartkäse und schwarzen Pfeffer untermengen. Eine zwei Finger dicke Schicht Polenta in einer Auflaufform verteilen. Darüber kommen in Streifen geschnittene rote Paprikaschoten (zuvor schälen und anbraten) und ein Glas Haselnussöl. Die Form bei sehr geringer Hitze für zwei Stunden in den Ofen geben, bis die Paprikastreifen fast kandiert und karamellisiert sind, noch etwas frisches Haselnussöl, Salz, Pfeffer und geröstete zerkleinerte Haselnüsse darüber verteilen. Noch einmal ab damit in den Ofen – die Quiche soll trocken sein. Zum Servieren in Ecken schneiden. Haselnussöl ist für diese milde Leckerei unentbehrlich.

Cravanzana

Interpretationen für den Ursprung dieses Dorfnamens gibt es viele. In ihnen werden oft Geschichte und Legende vermengt. Dem Volksglauben zufolge stammt der Name Cravanzano daher, dass nach einer schweren Pestepidemie nur eine *capra* (Ziege) gesund geblieben war *(crava sana)*. Historisch fundiertere Interpretationen nehmen den Ursprung in römischer Zeit an, im Adelsnamen *Calventius*, von dem *Villa Calventiana* stammt.

Cravanzanas Vergangenheit wird von dem mächtigen Kastell der Markgrafen Fontana bezeugt. Der Besucher befindet sich vor einem gewaltigen Gebäude, das von oben das ganze Dorf beherrscht. In den letzten Jahrzehnten erlebte es eine Reihe von restauratorischen Eingriffen, zuerst dank des Engagements von Süßwarenhersteller Ferrero aus Alba, der hier eine Feriensiedlung für die Kinder der Angestellten errichten ließ, später auf Initiative der jetzigen Besitzer.

Gleich außerhalb des Dorfes, an der Straße nach Torre Bormida, gibt es eine landwirtschaftliche Schule, die vor über vierzig Jahren von der Provinz Cuneo dort eingerichtet wurde und heute nur teilweise benützt wird.

In Cravanzana hielt sich auch die Schriftstellerin Amalia Guglielminetti (1881–1941) auf.

Anreise

Von Alba aus erreicht man Cravanzana, wenn man auf der *statale* 29 bis Campetto fährt. Hier empfiehlt es sich, die Straße zu verlassen, nach rechts abzubiegen und die Straße nach Feisoglio hinaufzufahren. Hat man das Dorf Bosia hinter sich gelassen, fährt man weiter aufwärts und findet an der ersten Kreuzung ein Schild Richtung Cravanzana.

CRAVANZANA
Einwohner: 414
Höhe: 585 Meter

ÜBERNACHTEN

Albergo del Mercato
Via San Rocco 16
Tel. 0173 855019
2 Sterne, 8 Zimmer.
Restaurant, Parkplatz.
Preise: Doppelzimmer
L. 100000, Dreibettzimmer
L. 140000, mit Frühstück
Das Mercato, bekannt als
Restaurant, verfügt auch über
einige Zimmer.

ESSEN

Del Mercato da Maurizio
Via San Rocco 16
Tel. 0173 855019
Mittwoch und Donnerstagmittag geschlossen
Betriebsferien: 15.–30. Januar
und im Sommer
Plätze: 60
Preis: L. 50000–55000 ohne
Wein
Kreditkarten: Visa
Eine Küche, deren größter
Schatz die Tradition ist und
die bei der Wahl der Zutaten
keinerlei Abstriche macht.
Angenehmes Ambiente,
makelloser Service und eine
große Weinkarte. Das Lokal
von Maurizio Robaldo ist in
Feinschmeckerkreisen eine
der ersten Adressen in den

Langhe. *Carne cruda, vitello tonnato,* Quiche mit Murazzano-Käse, *tajarìn, agnolotti dal plin,* Kaninchen mit Paprikagemüse, Perlhuhn mit Kräutern, in der Saison Pilze und eine reiche, originelle Käseauswahl.

FESTE, MESSEN UND
VERANSTALTUNGEN

Im Juli findet die «lavià» statt, eine Veranstaltung um die Gerichte aus Großmutters Zeiten und alte Handwerksberufe. In der ersten Woche im September findet die traditionsreiche Fiera di Cravanzana statt: lokale Spezialitäten, Musik und Theater.

Feisoglio

Ein Dorf antiken Ursprungs. Der Name hat wahrscheinlich römische Wurzeln *(Phoebi Solium oder Fagus Solium)*. Einst Sitz eines befestigten Kastells aus dem 12. Jahrhundert, das im 17. Jahrhundert während des Bürgerkriegs unter der Regentschaft Madama Cristinas zerstört wurde, ist Feisoglio heute ein stiller, etwas altmodischer Ort.

Ein Stein erinnert daran, dass hier 1584 die erste *Scuola di Artes Liberali* der Langhe gegründet wurde. Am höchsten Punkt des Dorfes, von dem man ein schönes Panorama genießen kann, steht die Pfarrkirche aus dem 15. Jahrhundert.

Sie wurde im Barock restauriert und im 20. Jahrhundert von einer Fassade mit Marmorplatten im Bahnhofsstil verunstaltet. Im Inneren befindet sich eine der ältesten Orgeln des Piemonts (1549).

Seit den Dreißigerjahren ist Feisoglio der Mittelpunkt des Haselnussanbaus der Sorte *tonda gentile* in den Langhe.

Anreise

Von Alba aus fährt man entlang des Belbo-Tals Richtung Cravanzana. Oder Sie können von Bossolasco bis auf Flussniveau hinunterfahren und dann über steile Serpentinen wieder hinauf.

FEISOGLIO

Einwohner: 408
Höhe: 506 Meter

ESSEN

Piemonte da Renato
Via Firenze 19
Tel. 0173 831116
Täglich geöffnet
Betriebsferien: Dezember bis Ostern
Plätze: 80
Preise: L. 60000 ohne Wein
Kreditkarten: keine
Das Reich der Pilze und der Trüffeln, seit Jahrzehnten zelebriert und sich selbst stets treu geblieben. Die Küche ist jedenfalls in allen Bereichen auf gutem Niveau: Crêpes, *bigné* gefüllt mit Gemüse und Pilzen, *agnolotti*, Fleisch auf piemontesische Art. Die Küche steht ganz im Zeichen der Tradition Albas.

EINKAUFEN

KÄSE

Luciana Camera
Borgata Sprella 58
Frischer *toma* und *tomino*, die nach traditionellen Methoden hergestellt werden und von konstant guter Qualität sind.

BROT

Panetteria Francesco Protto
Via Veziani 22
Im Holzofen gebackenes Brot und eine herrliche Haselnusstorte werden in diesem kleinen Betrieb hergestellt.

FESTE, MESSEN UND VERANSTALTUNGEN

Am zweiten Sonntag im August findet das Fest des Schutzpatrons San Lorenzo statt: *pallone elastico*, Gastronomie, Tanz. Auf dem Haselnussfest am zweiten Sonntag im September werden die Süßigkeiten auf Haselnussbasis prämiert.

Gorzegno

Kommt man aus einem kurzen Tunnel entlang der *statale* 339 von Cortemilia, sieht man links im Tal, weniger als hundert Meter vom Fluss Bormida entfernt, die Ortschaft Gorzegno. Über ihr, noch weiter links, befinden sich die Ruinen des alten Kastells. Der Markgraf Alfonso del Carretto ließ es 1587 errichten, auf den Resten einer früheren Burg, die von deutschen Söldnern während der Kriege zwischen Franzosen und Spaniern zerstört worden war. Er wollte die Festung wieder in altem Glanz erstrahlen sehen und stattete sie mit prunkvollen Salons und vielen Annehmlichkeiten für sich und seine zahlreichen Gäste aus. Aber dem Kastell von Gorzegno war kein glückliches Schicksal beschieden. Es wurde mehrmals geplündert und in der zweiten Hälfte des 19. Jahrhunderts gänzlich verlassen.

Den Ortsnamen betreffend gibt es verschiedene Interpretationen. Der glaubwürdigsten zufolge stammt er von *Cohors Aenni*, bezeichnet also eine römische Besatzung unter dem Befehlshaber Ennio. Römische Funde untermauern diese Theorie.

Was die Gebäude betrifft, die man besichtigen sollte, erinnern wir an die Pfarrkirche Santi Siro e Giovanni Battista, die Kapelle Santa Maria delle Vigne und die Kirche San Martino. Letztere beherbergt Steinarbeiten aus dem Jahr 1560.

Besondere Aufmerksamkeit verdient die Kirche San Giovanni, auch unter dem Namen Madonna della Neve bekannt, früher die Hauptkirche des Ortes. Wahrscheinlich wurde sie auf den Resten eines der Jagdgöttin geweihten heidnischen Tempels zwischen Ende des 11. und Anfang des 12. Jahrhunderts errichtet und im 18. Jahrhundert weitgehend restauriert. Das Innere ist in drei Kirchenschiffe geteilt und enthält Inschriften aus römischer Zeit. Die Kirche liegt außerhalb des Ortes, unweit der *statale*. Im Sommer ist sie Ziel von Spaziergängern und Wallfahrern, auch weil dann die Statue der Madonna aus der Hauptkirche hierher gebracht wird.

Anreise
Von Cortemilia kommend erreicht man das Dorf auf der *statale* 339.

GORZEGNO
Einwohner: 410
Höhe: 319 Meter

FESTE, MESSEN UND VERANSTALTUNGEN

Mit der Sagra del pollo im Mai wird seit mehr als zwanzig Jahren die Saison der Feste in der Region Alta Langa eröffnet. In Gorzegno geht es dann am ersten Sonntag im August mit der Anbetung der Madonna della Neve weiter. Wie üblich werden dabei Stände mit kulinarischen Spezialitäten aufgebaut und Tanzabende organisiert.

Gottasecca

Der Name *secca* (trocken) nimmt Bezug auf den sprichwörtlichen Wassermangel, typisch für die Langhe und ganz besonders für den Sitz dieses Dorfes auf dem Grat der Hügel, die die Wasserscheide zwischen dem Bormida- und dem Uzzone-Tal bilden. Das Dorf befindet sich in einer privilegierten Lage, es ist sozusagen ein Kontrollpunkt. Eben deshalb war es in der Vergangenheit oft Streitobjekt zwischen den Herrschern der Region. Im Jahr 1170 war Gottasecca Lehen des Markgrafen von Ceva, und von da an wechselte es häufig seine Herren: Zuerst ging es an die del Carretto, dann an die Guasco, dann an den Markgrafen des Monferrato, schließlich an Francesco Sforza und 1631 an das Haus Savoyen.

Zwei dringend restaurierungsbedürftige Gebäude von Gottasecca verdienen Aufmerksamkeit: der Turm mit den Ruinen des Kastells und das Santuario dell' Assunta. Von dem kleinen Kirchplatz aus geht man an der Büste des 1788 in Gottasecco geborenen Jacopo Amedeo Ravina vorüber, eines Patrioten, Poeten und Redners. Dann biegt man in das ansteigende Sträßchen ein, das zum Friedhof führt. Folgt man diesem Weg, kann man von oben den leider verfallenden Turm des mittelalterlichen Kastells bewundern. Darunter befindet sich eine große Wiese, die zu einem Moment der Entspannung einlädt. Entlang der Umfahrung, auf der Weiterfahrt Richtung Uzzone-Tal, findet man rechts im Ort Villa die Abzweigung zum Santuario dell'Assunta. Das Sträßchen scheint kurz flach dahinzuführen, doch plötzlich geht es Schwindel erregend abwärts. Nach einigen Kurven verbreitert sich das Tal, und zur Rechten erscheint der mächtige Bau der Wallfahrtskirche in einem Meer von intensivem Grün. Im Inneren befindet sich eine Marienstatue aus dem 17. Jahrhundert.

Zu den Berühmtheiten des Dorfes zählt der aus Gottasecca stammende Felice Bertola, Meister des *pallone elastico*.

Anreise
Von Cortemilia auf der *statale* 339 in Richtung Savona. Im Gebiet von Camerana befindet sich links die Abzweigung nach Gottasecca. Oder auf der *provinciale* des Uzzone-Tals. Nach Castelletto, in der Ortschaft Valle, trifft man rechts auf die Straße, die nach Gottasecca hinaufführt.

GOTTASECCA
Einwohner: 195
Höhe: 710 Meter

FESTE, MESSEN UND VERANSTALTUNGEN

Festa dell'Assunta
In Gottasecca wird das Fest der Schutzpatronin immer am Tag von Mariä Himmelfahrt, am 15. August, gefeiert. Die Festlichkeiten dauern durchschnittlich eine Woche und umfassen Musik, Spaß und Tanz, begleitet von kulinarischen Darbietungen.

Gottasecca 400
Am ersten und zweiten Sonntag im September: Motorradrennen der Enduro-Klasse.

Schläge, viel Schweiss und ein Ball

Gian Paolo Ormezzano

Die athletische Geste beim *pallone elastico*, wenn der Spieler mit der in Leder gewickelten Hand den Ball trifft, ist einer der schönsten Momente dieses Ballsports. Sie zu beschreiben ist ein schwieriges Unterfangen, ist man doch geneigt, von einer griechischen Statue zu sprechen, auch wenn dieses Vorbild der Athletik des Sportes nicht ganz entspricht.

Pallone elastico ist eine Sportart, die berührt, geliebt, ertastet werden muss, kein Zuschauersport. Die im Grunde scheußliche Manier, den Ball zu bespucken, um ihn schwerer zu machen, ist ebenso intensiv, ebenso wichtig, ebenso klassisch wie die mit euklidischer Geometrie vollführte Geste, die Hand, den Arm, den ganzen Körper auf den Ball zu konzentrieren. Die Schreie der Spieler und Buchmacher haben die gleiche phonetische Bedeutung wie die Musik des Windes, der durch die Stadien auf den Anhöhen der Langhe fegt, oder das schnalzende Geräusch, wenn die Hand den Ball trifft. *Traversa* wird eine Wette genannt, bei der ein Bauer einem anderen vielleicht ein Vermögen überlässt, was mit der gleichen Feierlichkeit zelebriert wird wie ein Glas Wein, das man auf einen Aufschlag, auf eine Herausforderung «im Flug» setzt, um nur keinen Schlag zu versäumen, der klingende Münze bringen könnte.

Es gibt wahrscheinlich keinen anderen Sport auf der Welt, der so elementar, so spielbar ist, auch wenn vielleicht nur gegen eine Hauswand mit offenen Fensterläden gespielt wird. Nur wenige Sportarten finden eine derartige literarische Untermauerung, werden von Poeten wie Giacomo Leopardi besungen.

Erklärt man das Spiel einem Unkundigen, reicht es zu erwähnen, dass es um Punkteerwerb durch Schlagen und Zurückschlagen des Balls geht. Die Regeln sind relativ umfangreich, aber man lernt schnell, was eine *caccia* oder eine *intra* ist, was die drei Helfer in dem Quartett zu tun haben, deren Kapitän in jeder Hinsicht das Spiel in die Hand nimmt.

Das Punktesystem ist dem beim Tennis gleich: 15, 30, 40, Spiel. Wie diese Zahlen entstanden sind, ist trotz bemühter Erklärungen noch immer ungewiss. Ein Match hat elf Spiele, was eine im Sport offensichtlich magische Zahl ist, man bedenke doch die Spieleranzahl beim Fußball, wo man ebenso wenig weiß, warum es genau elf sind. Ziel ist es, den Ball direkt oder nach dem ersten Aufspringen ins gegnerische Feld zurückzuschlagen.

Es muss wohl auch das Ballspiel gewesen sein, das die ersten Menschen fasziniert hat. Ein Spielkonzept, das eng mit dem Konzept des Lebens verbunden ist: zurückschlagen, womöglich mit etwas mehr Kraft, um dem das Leben schwer zu machen, der einen in Schwierigkeiten gebracht hat. Eine Regel des Überlebens, aber auch des Zusammenlebens.

Einem Fremden sollte man immer ein Spiel in einem bekannten Stadion zeigen, wo die Sportler noch lange Hosen, weiße Hemden und rote Mützen tragen. Und wo die Schimpfwörter gerade richtig dosiert sind. Wo der Schweiß ein Gemisch aus Anstrengung und Wein ist. Auch von den entsprechenden Erwähnungen in der Literatur, von aufregenden Legenden, sollte ihm erzählt werden. Wie jene, nach der es einmal zu einer richtigen Selbstmordwelle unter den Champions gekommen sein soll (was übrigens dem Schreiber dieser Zeilen gegenüber vehement bestritten wird …). Dann überlässt man es dem Fremden, ob er verstehen will oder nicht, ob er wetten will oder nicht, wo man doch weiß, dass ihm schlussendlich das Herz übergehen wird.

Lequio Berria

Lequio Berria erhebt sich in offener, beherrschender Position, und das Panorama ist hier eines der weitesten im ganzen Gebiet: Man kann an die hundert Dörfer der Langhe, des Monferrato und der Ebene erkennen, eingerahmt von den Ligurischen Alpen bis zum Monte Rosa.

Der Ortsname stammt höchstwahrscheinlich vom keltischen *leak*, was «Meilenstein» bedeutet. Das Dorf wird erstmals 1001 in einer Urkunde von Otto III. erwähnt. Bevor es 1601 zum Haus Savoyen kam, wechselte es häufig den Besitzer. Ein Kastell, im 17. Jahrhundert mit einem wuchtigen viereckigen Hauptturm errichtet, wurde im Lauf des 18. Jahrhunderts wegen der exzessiven Erhaltungskosten in Friedenszeiten abgebaut. In recht gutem Zustand hingegen ist die Kirche San Rocco, ein einfacher Bau mit zahlreichen Fresken aus dem 11. Jahrhundert. Außerhalb des Dorfkerns befindet sich das Santuario della Madonna della Neve. Das beliebte Ausflugs- und Wallfahrtsziel birgt Fresken aus dem 15. Jahrhundert in sich. Das wertvolle Porträt der Jungfrau Maria wird einem Maler der raffaelitischen Schule zugeschrieben.

Seinem berühmtesten Sohn hat Lequio eine Bronzebüste gestiftet: Giovanni Francesco Pressenda, dem bewunderten Geigenbauer des 18. Jahrhunderts. Er unterhielt Werkstätten in Alba und Turin und soll Lob und Wertschätzung von Paganini und anderen Meistern seiner Zeit erhalten haben.

Anreise

Auf der *provinciale* von Alba nach Rodello und Bossolasco fahrend wendet man sich in der Ortschaft Tre Cunei nach links und erreicht Lequio nach wenigen Kilometern. Ebenfalls von Alba kommend kann man die *provinciale* nach Diano und Montelupo nehmen: Nach einer Abzweigung und zwei weiteren Kilometern kommt man in Lequio an.

LEQUIO BERRIA
Einwohner: 530
Höhe: 715 Meter

ÜBERNACHTEN

Albergo dei Bersaglieri
Via Riale 4
Tel. 0173 52572
1 Stern, 12 Zimmer, davon 10 mit Bad. Restaurant.

Preise: mit Bad, Einzelzimmer L. 50000, Doppelzimmer L. 70000, Frühstück L. 4000–8000
Ein einfaches Ambiente, die wenigen Zimmer zählen jedoch zu den seltenen Übernachtungsmöglichkeiten im Gebiet der Alta Langa. Angeschlossen auch ein Restaurant (Sonntagabend und Montag geschlossen).

FESTE, MESSEN UND VERANSTALTUNGEN

Das Fest der Schutzpatronin fällt auf den ersten Sonntag im August. Jedes Jahr findet an diesem Tag die historische Prozession zur Wallfahrtskirche Madonna della Neve statt.

Levice

Levice klammert sich an die Westseite einer Hügelkette, die über dem Fluss Bormida verläuft. Ein großes Einzugsgebiet ist von vereinzelten Häusern und kleinen Siedlungen übersät. Wie ein Kranz liegen sie rund um den Ortskern, in dem versucht wird, Altes und Neues harmonisch zu verbinden.

Der Ursprung des Ortsnamens ist umstritten, auch die Entstehungszeit ist nicht völlig klar. Wir wissen, dass der Markgraf von Savona den Ort von Kaiser Friedrich I. als Lehen zugestanden bekommen hat, sonst gibt es keine Angaben. Dann wurde Levice Eigentum der del Carretto, wie auch viele andere Orte im Bormida-Tal. Anna del Carretto brachte schließlich, als sie Galeazzo Scarampi heiratete, als Mitgift die Herrschaft über Levice in dessen Geschlecht ein. Die jüngere Geschichte ist mit den Geschicken des Hauses Savoyen verflochten.

Aus der Vergangenheit bleiben wenige Zeugnisse: Die Markgrafen del Carretto besaßen hier ein imposantes Kastell, von dem nur noch einige Ruinen im oberen Teil des Dorfes zu sehen sind. Einen Besuch verdient die im Dorfkern befindliche Pfarrkirche Sant'Antonio Abate, 1002 erbaut, 1766 in barockem Stil erneuert. Auf den gewundenen und abschüssigen Sträßchen eröffnen sich zwischen den Häusern wahrhaft bezaubernde Ausblicke.

Im Ortsteil Brussotti wurde 1980 eine Votivkapelle San Callisto Papa geweiht, in Erinnerung an Callisto Teretto. Der Bau, von der Witwe in Auftrag gegeben, wurde von Sohn Carlo, einem Bauern und Künstler, über mehrere Jahre in seiner Freizeit verwirklicht.

Anreise

Zwei Wege führen nach Levice. Der klassische verläuft entlang der *statale* 339, die von Cortemilia her nach Ligurien hinaufführt. In Ponte Levice fährt man links ab, überquert den Bormida auf einer langen, engen Brücke, begegnet einer abrupten Steigung und erreicht nach drei Kilometern das Dorf. Auch der andere Weg beginnt bei Cortemilia, führt aber in weiten Serpentinen nach Bergolo hinauf, und von hier erreicht man Levice von oben.

LEVICE
Einwohner: 756
Höhe: 410 Meter

ESSEN

Trattoria Il Muletto
Via Roma 13
Tel. 833120
Montag Ruhetag
Betriebsferien: unterschiedlich
Plätze: 30

Preise: L. 30 000 ohne Wein
Kreditkarten: keine
Signora Maria bietet traditionelle Hausmannskost in einem warmen, familiären Ambiente an.

KAFFEE, APERITIF
Bar Corona Grossa
Località Ponte Levice 26

Bar Oasi
Piazza Municipio 2

Zwei Treffpunkte für die Einheimischen, um zwischendurch ein Pause einzulegen.

FESTE, MESSEN UND VERANSTALTUNGEN

Ein klassisches Volksfest belebt das Dorf Ende Juni mit Märkten und Grillfesten.

Mombarcaro

Aus welcher Richtung man auch kommt: Dieser Ort bietet ein bewegtes Schattenspiel vor dem Hintergrund des gesamten Alpenbogens. Seiner außergewöhnlichen Lage verdankt das Dorf die Bezeichnung *vetta delle Langhe* (Gipfel der Langhe) und auch eine eindrucksvolle Namensgeschichte: *Mons barcarum*, Berg der Boote, was bedeutet, dass der Blick an klaren Tagen bis zum Meer bei Savona schweifen kann.

Mombarcaros Geschichte ähnelt der vieler anderer Dörfer der Langhe. Da gab es eine lebhafte mittelalterliche Vergangenheit, dank der strategisch günstigen Lage, und das übliche mühsame Wechselspiel der Feudalherren. Der karge Boden bedeutete ein mühevolles Leben, und unvermeidlich war da die Landflucht. Aber in einer von gastfreundlichen und aktiven Menschen geprägten Gegenwart läuft der Versuch, einen «gesunden» Tourismus zu etablieren, der auf den Naturschönheiten, der Ursprünglichkeit der Produkte und den lokalen Aktivitäten basiert.

Mombarcaro bietet schöne Waldspaziergänge, die mit den Wanderwegen des *sentiero della Valle del Belbo* verbunden sind.

In der Altstadt mit den einfachen architektonischen Formen der Alte Langhe finden sich zahlreiche Zeugnisse der Vergangenheit: die Grabsäule eines römischen Soldaten in der Nähe des Rathauses, ein interessantes Eingangstor aus dem 14. Jahrhundert, die alte Pfarrkirche San Michele, die Fresken in der neuen Kirche, die Kapellen von San Rocco (mit schönen mittelalterlichen Fresken) und San Pietro und schließlich die Ruinen des Kastells, begraben unter einer Riesenantenne. Unweit des Dorfes, in der Ortschaft San Luigi, steht die Wallfahrtskirche Madonna delle Grazie.

Anreise

Von der *statale* 339 nimmt man die Abzweigung bei Monesiglio. Vom Belbo-Tal führt die Straße nach Osteria del Campetto hinauf, die Abzweigung ist bei Niella Belbo. Von Torino-Bra nimmt man die *statale* nach Dogliani, Abzweigung bei Bragioli. Es gibt auch einen Autobus von Ceva.

MOMBARCARO
Einwohner: 338
Höhe: 896 Meter

ÜBERNACHTEN

La Vetta delle Langhe
Via Galliano 37
Tel. 0174 97147
2 Sterne, 13 Zimmer, davon 8 mit Bad. Restaurant, Parkplatz.
Preise: Einzelzimmer L.55 000, Doppelzimmer L.70 000 (Frühstück inbegriffen)
Ein kleines Hotel mit herrlichem Panoramablick über die Langhe, das Bormida-Tal und Cebano. Das Restaurant (Dienstag geschlossen) bietet

traditionelle Küche, auch für Gruppen.

ESSEN

Tana del leone
Via Galliano 10
Tel. 0174 97157
Mittwochabend geschlossen
Betriebsferien: im Januar
Plätze: 80
Preise: L.30 000–35 000 ohne Wein
Kreditkarten: CartaSì, Visa
Familiäres Lokal, das typische Gerichte bietet, von den *tajarìn* mit Pilzen bis zum Wildschwein; beschließen Sie Ihr Mahl mit Robiola und Bross.

EINKAUFEN

MÖBEL
Giacinto Biestro
Via Galliano 34
Ein Tischlereibetrieb, bei dem Sie Maßmöbel bestellen können.

FESTE, MESSEN UND VERANSTALTUNGEN

Am 29. und 30. August findet die Sagra della patata, das Kartoffelfest, statt, am 15. Oktober ein Kastanienessen.

Monesiglio

Die Gründung Monesiglios liegt mit einiger Wahrscheinlichkeit in der Antike: Manche vermuten sie in römischer Zeit, andere nehmen an, dass sie auf die ligurischen Völker zurückgeht. Einige Funde im Gebiet von San Martino – Steine, Gräber, Ruinen – bezeugen in jedem Fall die weit zurückliegenden Wurzeln. Auch was die Ethymologie des Ortsnamens betrifft, gibt es viele Interpretationen. Der glaubwürdigsten zufolge soll das Dorf einer Gruppe von Mönchen im Exil, *monaci in esilio*, auf der Flucht aus Frankreich Gastfreundschaft gewährt haben.

Der obere Teil der Siedlung ist von der Pfarrkirche Sant'Andrea geprägt, die zur Zeit der Saluzzo Valgrana aus dem Material einer früheren romanischen Kirche erbaut wurde. Unweit erhebt sich eindrucksvoll das Kastell aus noch früherer Zeit, von der Familie Caldera in Auftrag gegeben, heute als Altersheim adaptiert.

Im Ortsteil San Biagio, kurz vor der Einfahrt nach Monesiglio rechts von der *statale* 339, steht die Wallfahrtskirche Santa Maria di Acqua Dolce, eine romanische Architektur aus dem 13. Jahrhundert; im Inneren werden die drei Kirchenschiffe von rechteckigen Säulen begrenzt. Vom Ortszentrum aus führt eine Straße nach Prunetto. In der Ortschaft Vaglio empfiehlt es sich anzuhalten und das sich dem Auge bietende Schauspiel zu bewundern. Oder man fährt noch weiter hinauf nach Bricco Pian Monesiglio, wo Geschichte und Legende sich in der Frage nach dem Ursprung des Dorfes vermischen.

Anreise

Von Cortemilia folgt man der *statale* 339 und fährt wieder das Bormida-Tal hinauf. Wenn das Tal sich zu verbreitern beginnt, erscheint das Dorf Monesiglio auf einem Hügel.

MONESIGLIO
Einwohner: 771
Höhe: 372 Meter

FESTE, MESSEN UND
VERANSTALTUNGEN

Am ersten Sonntag im Juni wird die Fiera delle piazze abgehalten, eine gute Gelegenheit, um an Schlossführungen teilzuneh-

men und Folkloredarbietungen zu besuchen. Am ersten Sonntag im September wird die Madonna di Acqua Dolce gefeiert. Gleichzeitig wird das Fest des Schutzpatrons San Biagio begangen.

Murazzano

Ihren Liebhabern gewähren die Alte Langhe immer wieder überraschende Einblicke, deren man sich an trüben Tagen gerne zurückerinnert. Eine dieser Überraschungen ist Murazzano, hoch auf seiner sonnigen Terrasse gelegen. Der Blick schweift in die Berge, die an klaren Tagen so nah scheinen, und in die Langhe, die bis zur Ebene hin abfallen, mit Türmen, Kastellen, kleinen Dörfern und Städten.

Murazzano ist eine Reihe aus Häusern und einzigartigen, eleganten Palazzi, die von einem Turm aus dem 14. Jahrhundert, einst Teil eines antiken Kastells, überragt werden. Wegen seiner strategischen Lage wird das Dorf «Schild und Schlüssel des Piemonts» genannt. Ein strenger Wind weht durch das Dorf, das eher wie ein elegantes Städtchen wirkt; dies besonders auf der Hauptstraße, wo man die Fassaden und Portale der Palazzi betrachten kann, bis zur Piazzetta mit ihren Arkaden.

Am Ende einer Straße, die kontinuierlich schöne Ausblicke gewährt, erreicht man die Pfarrkirche San Lorenzo mit einem schönen Campanile aus dem 14. Jahrhundert. Über dem Eingang sieht man ein Fresko von Morgari, die Kopie eines Werkes von Beato Angelico. Im Zentrum des Dorfes verdient die barocke Wallfahrtskirche Madonna di Hale mit schönen Altären und Holzschnitzereien einen Besuch. Sie wurde zur Erinnerung an ein Wunder im Jahr 1635 errichtet.

Anreise

Murazzano liegt an der wunderbaren, sich immer in der Höhe dahinschlängelnden Panoramastraße, die von Dogliani bis nach Montezemolo und zur *statale* Richtung Savona führt. Man erreicht das Dorf mit dem Auto, aber auch mit dem Fahrrad oder per *calesse* (Kutsche). Nach den Routen fragt man bei der Comunità Montana Alta Langa in Bossolasco, Tel. 0173 799000.

MURAZZANO
Einwohner: 860
Höhe: 739 Meter

ÜBERNACHTEN

Agriturismo Barbero
Frazione Rea 66
Tel. 0173 791180
2 Zimmer mit gemeinsamem Bad
Preise: L. 25000 pro Person
Leicht zu finden, an der Straße gelegen, die von Murazzano zum Safaripark führt. Hier werden typische Gerichte der Gegend serviert, auch die berühmten *tume* von Murazzano.
Der Preis liegt etwa bei L. 25000–30000 ohne Wein.

ESSEN

Agriturismo Rumé
Fazione Mellea 49
Tel. 0173 797174
Gegen Voranmeldung immer geöffnet (unter der Woche mindestens 12 Personen)
Betriebsferien: Januar
Plätze: 60
Preise: L. 40000–45000 ohne Wein
Kreditkarten: alle
Aldo Monchiero, der Schafe, Kälber und Schweine züchtet, stellt Robiola di Murazzano und Wurstwaren her. Carla zeichnet für die Küche verantwortlich, wobei die Produkte des Betriebs verarbeitet werden: herrliche *tajarìn* und Schmorbraten. 20 Betten stehen zur Verfügung,

L. 20000– 30000 pro Person. Dieser Betrieb schlachtet und verkauft Schaf- und Rindfleisch aus eigener Zucht (Vorbestellung notwendig).

EINKAUFEN

KÄSE
Cooperativa zootecnica Alta Langa
Regione Crovera
Die Genossenschaft wurde 1980 gegründet und besitzt eigene Herden und Weiden; außerdem wird Schafs- und Kuhmilch aus etwa 100 angeschlossenen Betrieben verarbeitet. In der Käserei werden neben Murazzano DOP auch Crovera, Bric Beric und andere Sorten hergestellt.

Murazzano DOP

Armando Gambera

Das Prädikat Murazzano gibt es noch nicht allzu lange: Es geht auf das Jahr 1982 zurück, als dieser Käse die Ursprungsbezeichnung erhielt. In der Bevölkerung wird er immer noch *toma* oder *robiola* genannt. Diese Namen stammen aus dem 19. Jahrhundert, wahrscheinlich sind sie noch älter. Mit der Ursprungsbezeichnung und der nachfolgenden europäischen DOP-Auszeichnung im Jahr 1996 wird der Murazzano als Käsesorte mit einem Schafsmilchanteil zwischen 60 und 100 Prozent anerkannt.

In Murazzano zählt man die meisten Schafe der so genannten «Delle-Langhe»-Rasse, die mittelmäßige Wolle, aber gute Milch geben. Leider geht die Zucht stark zurück. Das ist auch der Grund, weshalb die kleinen Kuhmilchkäseformen so weit verbreitet sind, die anstelle von Schafsmilch-*toma* erzeugt werden. So wird der Murazzano langsam zu einem Produkt, das selbst in seinem Ursprungsgebiet immer schwerer zu bekommen ist.

Pantaleone da Confienza, Hofarzt der Herzöge von Savoyen, schildert diesen Käse als erster in seiner *Summa Lacticiniorum* aus dem Jahr 1477, einer Art Atlas der Käseproduktion Nord- und Mittelitaliens. Er beschreibt die kleinen Käse, die im heutigen Gebiet der Langhe zwischen Cuneo und Asti hergestellt werden. Er bestätigt den Namen des *robiola*, der zumeist aus Schafsmilch hergestellt wird, während die Verschnitte mit Kuh- oder Ziegenmilch qualitativ minderwertiger sein sollen. Der von Pantaleone beschriebene *rubeola* weist mit zunehmender Reifung eine rötliche Maserung auf: Daher rührt also der Name, vom lateinischen *rubens*, rot.

Zu Beginn des 17. Jahrhunderts beschreibt der Gewürzhändler Guglielmino Prato aus Canelli die *rubiole* in seinem *Clypeo del Gentiluomo*. Er merkt an, dass dieser Käse in den Diözesen von Mondovì, Alba, Asti und Acqui aus reiner Schafsmilch erzeugt wird, da «die Verwendung von Kuhmilch in diesen Orten als Betrug und Barbarei gilt». Weiter heißt es, der Käse sei frisch als Alternative zum *seirass* (Quark) oder nach einmonatiger Reifezeit zu konsumieren. Guglielmino empfiehlt dazu *sapa* (ein süßer Traubenmostrich, ähnlich der *cognà* aus den Langhe) oder Honig. Dieser Brauch, der in den Familien Tradition hat, wurde von vielen Restaurants neu entdeckt.

Heute wird der Murazzano in 50 Orten der Langhe, von Alba bis Ceva, zumeist in Kleinkäsereien im Familienbetrieb erzeugt, wobei rohe Vollmilch als Rohstoff eingesetzt wird. Der Käse kann aus «reiner Schafsmilch» sein oder mit maximal 40 Prozent Kuhmilch gemischt werden. Für gewöhnlich ist er in Papier verpackt, das vom Consorzio del Murazzano ausgegeben wird und die blaue Marke «METRI» trägt. Derzeit findet man auch die Aufschrift «aus Rohmilch» neben der Bezeichnung «aus reiner Schafsmilch», die für einen Käse aus 100 Prozent Schafsmilch verwendet wird. Die Form ist zylindrisch, hat einen Durchmesser von 10 bis 15 Zentimetern und ist und ca. 3 bis 4 Zentimeter hoch; das Gewicht beträgt 300 bis 400 Gramm. Das Frischprodukt hat keine Kruste; auf der Oberfläche bildet sich ein strohgelber Film, der mit zunehmender Reifung rötlich durchzogen ist.

Die Masse ist weich, frisch, fett und im Frischprodukt leicht körnig; die gereiften Formen sind mittelweich, fein und trocken. Die Farbe der Masse variiert zwischen elfenbeinweiß und strohgelb. Vereinzelt weist der Käse kleine Löcher auf. Die Aromen sind im Frischprodukt durchschnittlich intensiv und erinnern an gemolkene Milch, frisch gemähtes Gras, manchmal auch ans Tier. Mit der Lagerung intensiviert sich auch der Geruch, wobei Schafsaroma überwiegt. Vom Geschmack her ist der frische Käse fein und süß und erinnert an gemolkene Milch; der reife Käse schmeckt intensiver nach Nüssen, Kräutern und Tier.

In Murazzano finden während der jährlichen Messe im August öffentliche Verkostungen von Käsesorten unterschiedlichen Reifegrades statt.

Elda Barbero
Frazione Rea 56
Toma aus Kuh- und Schafsmilch aus eigener Produktion.

Brot
Panetteria Pagliano
Piazza Umberto I 26

Am Hauptplatz lädt dieser Betrieb zu einer Einkehr mit Brot und Grissini ein.

Lokale Spezialitäten
La Massara
Frazione Cornati 31

Auf der Straße von Murazzano nach Montezemolo wurde Anfang der 80er-Jahre diese Verkaufsstelle der Genossenschaft Cooperativa zootecnica Alta Langa eröffnet. Zehn Jahre wurde nur Käse verkauft, 1990 entstand dann eine neue Genossenschaft von Produzenten, und die alte Verkaufsstelle wurde zum Schaufenster für typische Produkte der Alta Langa. Käse, Haselnusstorten, Marmelade, Honig, Obst und Gemüse. Jeden Tag von 8 bis 20 Uhr geöffnet.

TISCHLEREI
Giancarlo Negro
Frazione San Bernardo
Traditioneller Möbelhersteller: Backtröge, Abtropfbretter.

Giancarlo hat das Handwerk von seinem Vater gelernt. Im Sommer stellt er seine Produkte vor dem Caffè Gianduia aus. Er fertigt auch Möbel auf Bestellung an und lernt bereits den Neffen an.

FESTE, MESSEN UND VERANSTALTUNGEN

Sagra del Murazzano
Die Feierlichkeiten beginnen Anfang August mit einem

Tanzabend am Festtag des Schutzpatrons San Lorenzo. Ende des Monats (am letzten Freitag) gibt es eine Ausstellung von Widdern und Schafen aus den Langhe, an der sich mehrere Provinzen beteiligen, und die bedeutende Messe, die dem großen Käse dieser Gegend gewidmet ist. Der Prämierung des besten Murazzano folgen Ausstellungen, Verkostungen und Verkauf.

Niella Belbo

Erstmals 1033 in Dokumenten erwähnt, scheint der Ortsname Niella Belbo von der Bezeichnung eines häufig in Kornfeldern wachsenden Krautes, *nighella*, abzustammen. Nach einer wechselhaften Vergangenheit kam Niella im 17. Jahrhundert zum Haus Savoyen, bei dem es bis zum Regierungsende der Dynastie blieb. Die wichtigsten noch erhaltenen geschichtlichen Zeugnisse stammen aus dem Mittelalter: ein Turm, Reste der Befestigung und eines Stadttors, «Franzosenbogen» genannt, errichtet zur Erinnerung an den Durchzug einer über 12 000 Soldaten starken französischen Division im Jahre 1796 unter der Führung von La Harpe.

Über Niella werden viele Legenden und romantisch-schauerliche Geschichten erzählt: zum Beispiel von den französischen Soldaten, deren Köpfe zur Bestrafung mehrerer Diebstähle rollen mussten,

oder von jenem fürchterlichen Drachen, der das ganze Belbo-Tal in Schrecken hielt. Vielleicht wurde auch deshalb in der Mitte des 18. Jahrhunderts hier eine Wallfahrtskirche in Stein errichtet, der Madonna dei Monti geweiht. Man erreicht sie auf der Straße, die von San Benedetto aufwärts führt, indem man rechts nach Mombarcaro einbiegt, etwa 900 Meter nach der Abzweigung. Die Kirche liegt auf einem gewundenen Anstieg, in der Mitte einer Linkskurve: ein herrlicher Aussichtspunkt, versunken im Grün und weit entfernt von allem Lärm.

Anreise
Von San Benedetto Belbo aus erreicht man Niella, indem man Richtung Mombarcaro wenige Kilometer auf einer *provinciale* fährt, die kurvig, aber nicht zu steil aufwärts führt.

NIELLA BELBO
Einwohner: 430
Höhe: 785 Meter

FESTE, MESSEN UND VERANSTALTUNGEN

Am 23. April wird das Fest des Schutzpatrons San Giorgio begangen, am ersten Mai das Frühlingsfest; am letzten Sonntag im Juli findet das

traditionelle Sommerfrischefest und am 8. September das Madonnenfest statt. Bei all diesen Veranstaltungen gibt es Verkostungen der lokalen Spezialitäten: Haselnüsse, Honig, Käse.

Paroldo

Nur ein paar Ruinen zeugen noch von der Existenz des gewaltigen Kastells, das um 1870 abgetragen wurde. In unmittelbarer Nachbarschaft steht eine San Sebastiano geweihte Kapelle. Aber das bedeutendste künstlerische Zeugnis findet man in der Pfarrkirche: eine Holzstatue, Werk des Roascio, das die *Vergine Addolorata* darstellt.

Paroldo wurde im 14. Jahrhundert Lehen der Familie del Carretto und ging dann an den Markgrafen Ludovico di Saluzzo. In der Folge nannten es einige blaublütige Familien ihr Eigentum.

Dennoch gelang es niemandem, das Kastell und vor allem den antiken Turm zu retten. Nur die *masche*, die Hexen, sind geblieben und treffen sich der Legende zufolge unter einem großen Nussbaum im Ortszentrum. Heute setzt das kleine Dorf hauptsächlich auf den saisonalen Tourismus.

Anreise

Auf der *statale* 661 in Richtung Savona erreicht man Paroldo nach der Abzweigung Richtung Pedaggera nach etwas mehr als zwei Kilometern.

PAROLDO
Einwohner: 252
Höhe: 640 Meter

ESSEN

Cascina Raflazz
Via Viora 19
Tel. 0174 789074
Geöffnet nur gegen Voranmeldung
Betriebsferien: September
Plätze: 40
Preise: L. 40000–45000 ohne Wein
Kreditkarten: keine
Ein Agriturismo-Betrieb, nach strengen Richtlinien geführt. Aushängeschild ist der großartige Schafskäse, den Sie bei Tisch kosten und auch kaufen können. Davor gibt es die klassischen Antipasti des Piemonts, Tagliatelle, *ravioli dal plin*, Kaninchen, Schweinsfilet mit Knoblauch, Lamm, Wildschwein und Pilze.

Salvetti
Via Coste 19
Tel. 0174 789131
Montag Ruhetag, im Sommer kein Ruhetag
Betriebsferien: 2 Wochen im Juni

Plätze: 40 + 15
Preise: L. 35000–40000 ohne Wein
Kreditkarten: alle
Eine alte Dorf-Trattoria, die neben der Bar auch einige Tische aufstellt. Die Gerichte halten sich an die lokale Tradition, es werden aber auch ungewöhnliche Speisen angeboten, etwa die *batsoà*, Tagliatelle mit Kastanien und *tartrà*. Beenden Sie Ihr Mahl mit Pfirsich in Wein mit Zabaione, Mandel- und Schokoladetorte, *bonet* und Käse.

Azienda Negrin
Località Viora 15
Tel. 0174 789064
Ganzjährig geöffnet
Plätze: 40
Preise: L. 30000–35000
Kreditkarten: keine
Wenn man aus Murazzano kommt, muss man die *provinciale* in Richtung Montezemolo bis zur Abzweigung nach Ceva (Pedaggera) fahren: Zwischen den beiden großen Straßen liegt eine kleinere, asphaltierte Straße, die zum Betrieb von Carlo Giugale in herrlicher Lage führt. Der Betrieb bietet 12 Betten in 4 Zimmern mit Bad

zu L. 45000 pro Person (Übernachtung mit Frühstück).

Carlo Giugale züchtet Rinder, stellt Honig, *toma* aus Schafs- und Kuhmilch her und pflanzt Heilkräuter an. Die Küche bietet Tagliatelle, *bonet* und Käse; abschließend Kräutertee. Reiterurlaube sind möglich.

EINKAUFEN

KÄSE
Claudio Adami
Via Viora 19
Sein *toma di Murazzano* zählt zu den besten der Gegend.

FESTE, MESSEN UND VERANSTALTUNGEN

Festival di musica classica Alta Langa
Festival der klassischen Musik in den ersten zwei Wochen im August mit Solisten von internationalem Ruf.

Fiera di San Martino
Am zweiten Sonntag im November. Ausstellung lokaler Spezialitäten, vor allem Trüffeln aus dem Gebiet der Alta Langa und Cebano.

EINE BEWAHRENSWERTE FLORA

Oreste Cavallo

Die geologischen Ereignisse, die vor Millionen Jahren zum Entstehen der Langhe und des Roero geführt haben, scheinen mit dem heutigen Leben nichts zu tun haben. Dennoch bestimmen sie Landschaft, Klima, chemische Natur und physische Struktur der Böden, die Zusammensetzung der Pflanzen- und Tierwelt und somit auch das Leben und Wirken der Menschen.

Das Aufeinanderfolgen von nasskalten Eiszeiten und trocken-warmen Zwischenperioden im Quartär zwang Pflanzen und Tiere zum Abwandern, was insbesondere im Gebiet der Langhe zu Lebensräumen führte, die aufgrund ihrer Reichhaltigkeit und Vielfalt interessant sind. Dies hat Wissenschaftler der Pflanzengeografie dazu veranlasst, den botanischen Bezirk Monferrato-Langhe zu schaffen, dessen Besonderheit darin besteht, dass hier ansonsten nur im Gebirge vorkommende Arten und mannigfaltige mediterrane Planzen nebeneinander leben. So kann der Botanikliebhaber auf dem Weg von Mombaldone auf den Gipfel des Roccaverano im Schatten der ursprünglich aus Sibirien stammenden Kiefern die anmutige Blaue Binsenlilie bewundern; leuchtend blaue Blümlein, die aus dem nahen Ligurien hierher gelangt sind, flüchtige Farbfragmente jenes Meeres, an dessen Ufern sie normalerweise zu finden sind. Und vielleicht erblickt er am selben Hang typisch submontane Arten wie die zarte Frühlingsknotenblume und die eigenartige Einbeere, weiter oben die goldenen Blüten des Ginsters oder die raschelnden Köpfchen der Blauen Rasselblume, während an den sonnigen Mauern der Kastelle und Kirchen hie und da der Ölbaum sogar seine Früchte zur Reife zu bringen vermag.

Die Böden der Langhe, die sich in Form eines von Südost nach Nordwest mit einem Gefälle von zirka 15 Grad geneigten Gesteinspakets strukturierten, wurden von Flüssen erodiert, die von Südwest nach Nordost annähernd parallel verlaufen. Dadurch entstanden drei Haupthügelzüge, die langen Landzungen gleich den Flüssen folgen, die sie hervorgebracht haben: den beiden Armen des Bormida, dem Belbo und dem Tanaro.

In diesen Hügelzügen kann man zwei vollkommen unterschiedliche Landschaften ausmachen: die schwerer zugänglichen Ufer mit südöstlicher Ausrichtung und die sanfteren Hänge nach Nordost, die sich nach derselben Richtung wie die geologischen Schichten neigen. Erstgenanntes Ambiente weist aufgrund

trockenerer Böden, stärkerer Sonneneinstrahlung und der vom Meer kommenden Winde offene xerophile, also die Trockenheit liebende, Pflanzenverbände auf: Hier finden sich Kiefer, Ginster, Flaumeiche, Mehlschlinge, Liguster und eine karge Hochgrasflur, in der die Zwenke vorherrscht. Der zweite Lebensraum kann dank der Frische des zu Tage tretenden Grundwassers und des Schutzes vor dem Wind mit reicheren und vielfältigeren Pflanzengesellschaften aufwarten: Mischwälder mit zahlreichen, vorwiegend mesophilen Waldbewohnern vermischen sich hier je nach Höhenlage und Ausprägung des mediterranen Klimaeinflusses mit anderen Verbänden.

In den Basse Langhe sind dies Eiche, Ahorn, Pappel, Mannaesche, die letzten noch nicht von der Ulmenwelke dezimierten Ulmenbestände, wilde Buchenwälder, die vor der menschlichen Nutzung bewahrt blieben, die zähe Robinie, Haselnusssträucher sowie verschiedenste Sträucher und Gräser. Auf den Hügeln wurden die Kastanienhaine von frühgeschichtlicher Zeit bis zum letzten Weltkrieg zur Holzgewinnung und für andere Zwecke genutzt.

In den südlichen Langhe finden wir mit der Hopfenbuche ein neues und bedeutendes Element aus dem Apennin, die als wärmeliebende Pflanze durch ihr häufiges Auftreten in dieser Zone bereits auf andere hier vorherrschende Klimabedingungen verweist.

Die Vegetation im Roero wird ganz entscheidend durch die den geologischen Formen folgenden Wasservorkommen geprägt. In den Talsohlen, wo die Grundwasserschichten auf den Tonböden des Spätpliozäns zu Tage treten, findet sich eine feuchtigkeitsliebende Flora mit Pappeln, Weiden, Erlen und Stieleichen, daneben zahlreiche Sträucher (Haselnuss, Holunder, Pfaffenkäppchen usw.), in tieferen Lagen ein undurchdringliches Dickicht aus Hochgräsern und Kletterpflanzen mit veränderlichen, lianenartigen Stämmen.

In mittleren Lagen, wo sich tonartige Böden mit weißen Sandbänken aus dem Mittelpliozän abwechseln, weisen die Wälder, die von den vorrückenden Rebanpflanzungen, Pfirsich- und Erdbeerkulturen verschont geblieben sind, eine noch heterogenere Zusammensetzung auf. Die Baumschicht setzt sich aus weiten Kronen mesophiler Gewächse wie Eichen, Hainbuchen, Linden, Ahorn und Kastanien zusammen, die hie und da noch richtige «Maronihaine» aus riesigen, jahrhundertealten Bäumen bilden. Das Unterholz ist vom Weiß der Anemonen und vom Gelb des Ginsters belebt, es riecht nach Liguster und Geißblatt, duftet nach schmackhaften Walderdbeeren und – zur rechten Zeit – nach den unvergleichlichen Pilzen.

Auf den Kuppen jener Hügel, die Pavese wie die Brüste einer erwartungsvollen Frau erschienen, bringen die kiesigen, teilweise Eisen führenden Böden des Hochpliozäns lediglich eine xerophile Fauna mit Kiefern, Ginster und Heidekraut hervor.

In ihrer Gesamtheit betrachtet weist die Flora der Langhe und des Roero über 1500 Arten auf, was etwa einem Drittel des italienischen Vegetationsbestandes entspricht; eine Vielfalt, deren Bewahrung Einheimischen und Besuchern eine Verpflichtung sein sollte. Da sich dieser Führer vor allem an Letztere richtet, sei es mir gestattet, meine kurze Schau mit der leidenschaftlichen Aufforderung zu schließen, die der ehemalige Präsident des Piemonts, Gianni Oberto, im Rahmen einer Buchpräsentation ans Publikum richtete: «Wir sollten alle lernen, wieder Kind zu sein, uns über eine Blüte zu beugen, sie in Bescheidenheit zu bewundern und dort zu lassen, wo sie ist, zur Freude eines anderen Menschen, der vorbeikommt.»

Perletto

Perletto ist das letzte Dorf im Bormida-Tal, das noch zur Provinz Cuneo gehört. Auf einer weiten Hochebene erstreckt es sich, eingebettet in die Szenerie der Hügel, auf denen sich San Giorgio Scarampi und Roccaverano befinden, in einer beherrschenden Lage zu Cortemilia. Schon aus der Ferne sieht man seinen sehr hohen, quadratischen Turm, den Rest einer von mächtigen Mauern umgebenen Festung. Stattlich und sehr stabil wurde der Turm aus Steinblöcken gebaut, seine wichtigsten ursprünglichen Züge sind noch vorhanden.

Der Bau zeugt von einer blühenden Geschichte. In seinen Anfängen war Perletto, dessen Name von *Perlaetum*, «lachendes Dorf», kommt, Eigentum der Markgrafen del Vasto, die es an Ottone del Carretto übertrugen. Der wiederum trat es zu Beginn des 12. Jahrhunderts an die Gemeinde von Asti und an die Gorzegno von San Giorgio ab, für die eine Markgrafschaft errichtet worden war.

Manchmal vermischt sich die Geschichte mit der Legende: So erzählt man zum Beispiel, die Festung von Perletto hätte für eine Nacht den Konsul von Rom, Emilio Scauro, beherbergt. Andere wiederum wollen von amourösen Begebenheiten im Kastell von Perletto in Zusammenhang mit König Victor Emanuel II. wissen.

Außer dem Turm hat Perletto einen schönen romanischen Bau zu bieten, das Kirchlein Sant'Antonio aus dem 12. Jahrhundert. Es befindet sich auf dem Friedhof, auf einer Anhöhe der sanft hügeligen Hochebene.

Anreise

Von Alba und Cortemilia empfiehlt es sich, in Richtung Vesime und Acqui zu fahren. Nach ein paar hundert Metern geht rechts die Straße weg, die, nachdem sie den Bormida überquert hat, nach Perletto hinaufführt, das man nach drei Kilometern erreicht.

PERLETTO
Einwohner: 338
Höhe: 466 Meter

FESTE, MESSEN UND
VERANSTALTUNGEN

Am ersten Sonntag im September wird das Fest des Schutzpatrons gefeiert.

Pezzolo Valle Uzzone

Pezzolo ist das erste Dorf im Uzzone-Tal, eine Gemeinde von beträchtlicher Ausdehnung, die auch weit auseinander liegende Gebiete umfasst, etwa das jetzige Zentrum Gorrino und den Ort Todocco. Der Ortskern von Pezzolo erwartet den Besucher links der Straße, die vom Tal heraufführt: eine Ansammlung niedriger Häuser, abfallend gegen den Uzzone, der klar und ohne Hast dahinfließt. Die Stille zwischen den Häusern wird nur ab und zu von einer Stimme oder dem Geräusch eines in der Ferne noch höher fahrenden Autos unterbrochen.

Kurz vor der Einfahrt nach Pezzolo geht links eine kleine asphaltierte Straße ab, die nach siebeneinhalb kurvenreichen Kilometern mit Panoramablick zur Wallfahrtskirche von Todocco führt. Sie wurde dort erbaut, wo laut Legende die Madonna einer jungen taubstummen Schäferin erschien und sie von ihrem Leiden befreite. Die Kirche birgt interessante Kunstwerke (ein Fresko in der Apsis sowie ein Bild von der *Madonna delle Grazie*). Sie ist ein beliebtes Wallfahrtsziel, vor allem in den drei Wochen vor *ferragosto*, dem 15. August. Außer diesen religiösen Sehenswürdigkeiten bietet Todocco eine ins Grün getauchte angenehme Landschaft, die lange Ausflüge abseits von Lärm und Hektik erlaubt.

Ein anderer interessanter Ort ist Gorrino, einst die wichtigste Siedlung der Gemeinde und Sitz der Verwaltung. Man erreicht ihn auf der *statale* 29 Richtung Savona, fünf Kilometer, nachdem sie sich mit der *provinciale* verbunden hat. Links von der Steigung befindet sich die Abzweigung nach Gorrino, das man auf einer kleinen Straße nach ein paar Kilometern erreicht. Von weitem schon erblickt man das riesige Kastell, das von einem mittelalterlichen, gut restaurierten Dorf umgeben ist.

Anreise

Von Alba fährt man auf der *statale* 29 bis nach Cortemilia und noch weiter. Nach dem Ortsteil Valle lässt man die *statale* links liegen und fährt die *provinciale* Richtung Cairo und Savona. Nach einem Kilometer gelangt man zur Einfahrt von Pezzolo.

PEZZOLO VALLE UZZONE
Einwohner: 379
Höhe: 321 Meter

ESSEN

KAFFEE, APERITIF

Bar del Santuario del Todocco
Frazione Todocco
Rastplatz für Pilger und Gläubige, auch ein Restaurationsbetrieb.

FESTE, MESSEN UND VERANSTALTUNGEN

Falò sotto le stelle
In den ersten beiden Wochen im Juli im Ortsteil Todocco. Gastronomische und musikalische Abende in den Wäldern, auf dem Hügel der Wallfahrtskirche von Todocco. Gesang, Tanz und Verteilung lokaler Spezialitäten im Schein des knisternden Feuers.

Festa al castello
In der dritten Woche im Juli im Ortsteil Gorrino. Ein gastronomischer Abend mit Aufführungen am Fuße des Kastells der Markgrafen del Carretto aus dem 17. Jahrhundert.

Festa al Santuario del Todocco
In den ersten beiden Wochen im August. Die religiösen Feierlichkeiten zu Ehren der Madonna della Divina Grazia wechseln sich mit Darbietungen ab, die den Kindern, den Jugendlichen und den Alten gewidmet sind. Im gleichen Zeitraum wird auch das Fest des Schutzpatrons mit Tanzabenden und Ständen mit kulinarischen Spezialitäten begangen.

Prunetto

Auf den steilen Ausläufern eines langen Hügels gelegen, beherrscht Prunetto die Täler des Bormida und des Uzzone und wird nur noch von einem mächtigen Kastell überragt. Enge Sträßchen schlängeln sich den schroffen Hügel hinauf und verbreitern sich schließlich. Die Häuser, klein oder groß, neu oder alt, scheinen alle in Unterwürfigkeit dem riesigen Kastell gegenüber zu verharren.

Wahrscheinlich rührt der Name von den einst großflächig wachsenden *pruni*, den Dornbüschen, her. Die erste historische Erwähnung findet sich auf einer Urkunde aus dem Jahr 967, als Kaiser Otto I. Prunetto und nahe Ländereien Aleramo schenkte, dem Stammvater der Markgrafschaft von Monferrato. Von da an teilt Prunetto die Geschichte mit dem Bormida-Tal und war einmal den Markgrafen del Carretto, dann wieder den Scarampi und dem Haus Savoyen zugehörig.

Aus der Vergangenheit hat sich in Prunetto ein mächtiger, wenn auch einigermaßen verfallener Bau erhalten: das Kastell der Scarampi im obersten Teil des Dorfes. Das imposante Gebäude stellt eine große Attraktion dar. Es empfiehlt sich, das Auto auf dem Platz vor dem Friedhof stehen zu lassen und zu Fuß die kleine Straße den Hügelkamm entlangzugehen, vorbei an der Kirche Madonna del Carmine, noch einem traurigen Beispiel des Verfalls. Am Fuße des Kastells wendet sich der Blick nach oben, um den majestätischen Eindruck zu bewundern, der, durch die doppelspitzbögigen Fenster, die sich in den starken Mauern öffnen und dem Ganzen einen Ton von Eleganz verleihen, auch etwas Surreales hat. Die Dorfbewohner erzählen, vor dreißig, vierzig Jahren hätte man im Kastell noch durch weite Salons getanzt. Unter der Burg stehen große Bäume und ein paar Häuser, und dann kommt ein Abgrund, von dessen Rand aus man den spektakulären Blick auf das darunter liegende Dorf wagen sollte.

Anreise

Vom Bormida-Tal aus, kurz vor Monesiglio, erreicht die Straße das Dorf von der westlichen Seite. Von Levice her fährt man den Hügelkamm entlang.

PRUNETTO
Einwohner: 497
Höhe: 750 Meter

ESSEN

KAFFEE, APERITIF
Bar Brav'om
Via San Sebastiano 7
Der Betrieb wird von Bruno geleitet, dem Ziehharmonikaspieler und Bänkelsänger aus den Langhe, der bereits zum Mythos geworden ist, die Seele unzähliger Dorffeste und Galionsfigur einer Langa, die fast schon dem Untergang geweiht war. Für Touristen auf der Durchfahrt ein idealer Ort für einen Imbiss oder eine Jause.

FESTE, MESSEN UND VERANSTALTUNGEN

Am zweiten Sonntag im Juli wird die Madonna del Carmine gefeiert, während das Fest des Schutzpatrons San Matteo auf den dritten Sonntag im September fällt.

Roascio

Das Dorf wird erstmals 1150 dokumentarisch erwähnt: Man weiß, dass es zur Markgrafschaft von Ceva gehörte, der im Lehensbesitz die del Carretto und die Cordero di Pamparato folgten.

In der Nähe des Dorfes befinden sich Ruinen und Gänge, Reste der Burg der Ceva, die im 16. und 17. Jahrhundert in Form eines Vierecks erbaut wurde und schwer zu bezwingen war: Selbst Napoleon geriet während der Belagerung in Wut. Nach Marengo befahl er, die Burg niederzureißen, und so ist heute nur noch der Turm vorhanden, der zum Campanile umgewidmet wurde. Die Festung diente im 18. Jahrhundert auch als Strafanstalt und wurde Staatsgefängnis.

In der Pfarrkirche Immacolata ist ein römischer Stein eingemauert. Außerhalb des bewohnten Gebiets wartet die Kapelle San Grato mit wertvollen Fresken aus dem 15. Jahrhundert darauf, restauriert zu werden.

Anreise

An der Ausfahrt Ceva der *autostrada* Torino-Savona nimmt man die *provinciale* nach Murazzano: Das erste kleine Dorf, dem man nach wenigen Kilometern begegnet, ist Roascio.

ROASCIO
Einwohner: 90
Höhe: 458 Meter

FESTE, MESSEN UND VERANSTALTUNGEN

Ende August gibt es mehrere Möglichkeiten für die wenigen Einheimischen, ihre Freude am Feiern auszuleben: Boccia-Spiele und Polenta für alle.

Rocca Cigliè

In der Antike als *Rocha Cilliari* bekannt, rettete das Dorf aus der Vergangenheit nur den schönen Turm, der über der Ebene gegen Mondovì gerichtet steht. Der Historiograph Goffredo Casalis pries das Dorf zu Beginn des 19. Jahrhunderts für die Produktion von Wcizen, *meliga* (Mais), Kastanien, Hanf und vor allem für einen Wein, den man als *brucialepre* bezeichnete. Auch die Schafzucht stellte eine gute Einnahmequelle dar, heute weiden hier keine Herden mehr. Es bleiben die Weinberge des Dolcetto di Dogliani.

Aufgrund der schönen Lage und der Anordnung der Häuser in Form einer Traube um Turm und Campanile verdient das Dorf einen Bcsuch.

Anreise

Auf der *autostrada* Torino-Savona sollte man die Ausfahrt Mondovì oder Niella nehmen, dann erreicht man nach wenigen Kilometern das Dorf.

ROCCA CIGLIÈ
Einwohner: 178
Höhe: 604 Meter

FESTE, MESSEN UND VERANSTALTUNGEN

In der zweiten und dritten Woche im August findet das Fest Roccagosto statt: Musikabende auf der Piazza und Mundarttheateraufführungen.

Sale Langhe

Auf der Straße, die von Murazzano nach Montezemolo hinabführt, erhascht man in den weiten Kurven immer wieder einen Blick auf grün schimmernde Einbuchtungen. Das Klima würde einen Weinbau in Sale Langhe zulassen – bis vor wenigen Jahren wurde er hier auch noch betrieben.

Vergleicht man das Heute mit der jüngeren Vergangenheit (den 50er-, 60er-Jahren), könnte man sagen, dass Sale durchaus prunkvolle Zeiten erlebt hat: Der Bahnhof und die Nähe zu Ligurien machten das Dorf zu einem Ziel für Skifahrer aus Genua und Savona. Die Gemeinde bietet auch heute noch einige Sportgelegenheiten: einen kleinen Skilift, Tennis-, Fußball- und Boccia-Anlagen sowie eine Turnhalle. Aber am interessantesten sind vielleicht die Wanderungen durch die Wälder; etwa jene nach Priletto, einem reizenden, noch ziemlich unversehrten Dörfchen, oder über Arbi Richtung Montezemolo zur Quelle des Belbo (es handelt sich dabei um ein Teilstück des Wanderwegs *Sentiero della Valle Belbo*). Das Gebiet ist eines der höchst gelegenen Feuchtgebiete Europas und repräsentiert mit Quellen und Bächlein ein typisches Sumpfgebiet mit entsprechender Fauna und Vegetation.

Im eigentlichen Zentrum von Sale blieb ein kleiner Ortskern erhalten (der Ursprung des Dorfes ist antik, und im 14. Jahrhundert hatte es eine eigene Verfassung). Dazu gehören der Palazzo del Comune, der schöne Zimmerdecken mit Tondekorationen aufweist, die Pfarrkirche Maria Vergine Assunta und die Kapelle San Lorenzo. Der Ortsteil Arbi bietet ein schönes Panorama sowie eine Kuriosität: den so genannten Palazzo Rosso, einen neugotischen Bau aus der zweiten Hälfte des 19. Jahrhunderts in mittelalterlich-schottischem Stil.

In der seit 1948 autonomen Schwestergemeinde Sale San Giovanni ist das Schloss zu besichtigen, ein herrschaftlicher Wohnsitz aus dem 16. Jahrhundert mit reich geschmückten Salons. Sehenswert auch die romanische Pfarre (13. Jahrhundert), die zeitgenössische und aus dem 16. Jahrhundert stammende Fresken beherbergt.

Anreise

Man erreicht das Dorf auf der Straße, die Murazzano mit Montezemolo verbindet, indem man in der Nähe von Arbi eine Abzweigung von wenigen Kilometern nimmt. Von Ceva hinauffahrend nimmt man die Abzweigung an der *statale* 28.

SALE LANGHE
Einwohner: 479
Höhe: 480 Meter

ÜBERNACHTEN

Casa Vacanze
Frazione Arbi 24
Tel. 011 3095525
0174 75075
Preise: L. 14000 pro Person
Die Casa Vacanze, von Pro Loco, im Speziellen von

Herrn Alberto Ferro, geführt (die erste Telefonnummer ist seine, die zweite bezieht sich auf eine Geschäftsstelle in Sale), ist in einem revitalisierten Gebäude aus Gemeindebesitz untergebracht. Sie verfügt über 50 Betten, Küche, Speisesaal, Spielzimmer. Ganz in der Nähe liegt ein restauriertes Pfarrhaus, das in letzter Zeit ebenfalls diesem Zweck gewidmet wurde: Die Herberge San Giacu verfügt

über 30 Betten in 7 Zimmern, Küche und Speisesaal.

FESTE, MESSEN UND VERANSTALTUNGEN

Neben dem Karneval organisiert Pro Loco das Fest zu Mariä Himmelfahrt und Begegnungen mit der klassischen Musik, jeweils im August, in der Kirche von San Giacomo im Ortsteil Arbi.

Saliceto

Saliceto ist das letzte Dorf des Bormida-Tals im Piemont, angelegt auf einem Steilhang nur knapp oberhalb des Flussbettes. Der Name ist wahrscheinlich auf die Tatsache zurückzuführen, dass in dieser Gegend einst viele *salici*, Weiden, lagen.

Lässt man das Auto auf einem der zahlreichen Parkplätze entlang der *statale* stehen, gelangt man rechter Hand ins Dorf: Zahlreiche Häuser stehen in gewundenen Reihen an den steingepflasterten Straßen, die an die Gässchen des ligurischen Hinterlands erinnern. Der Weg führt den Besucher bis zur Piazza, auf der eine Renaissancekirche aus dem 16. Jahrhundert steht. Die elegante Fassade lädt dazu ein, durch eines der drei Portale einzutreten; der Innenraum besteht aus drei Kirchenschiffen und einer reliefgeschmückten Kuppel. Interessant ist auch das nahe Kirchlein Sant'Agostino mit Fresken aus dem 15. Jahrhundert in der Kapelle. Die Kirche wurde säkularisiert und zu einer Bocciahalle umgewandelt. Kurz vor der Piazza kommt man über einen weiten Hof zum Kastell aus dem 14. Jahrhundert, in dem man einige Fresken aus neuerer Zeit bewundern kann.

In unmittelbarer Nähe verdienen noch andere religiöse Bauten einen Besuch: kurz vor dem Zentrum im Ortsteil Lignera das romanische Kirchlein San Martino, rechts der *statale* Richtung Monesiglio gelegen. Im Inneren befinden sich einige gut erhaltene, wertvolle Fresken, eines davon aus dem 15. Jahrhundert mit Szenen aus dem religiösen Leben. Lässt man das Zentrum hinter sich, kommt man nach etwa einem Kilometer in Richtung Savona linker Hand zu einer Abzweigung, die zum Santuario della Madonna della Neve führt. Das enge Sträßchen windet sich hinauf, etwa zwei Kilometer bis zu einer kleinen Häusergruppe am Fuß der Wallfahrtskirche und noch weiter. Der Ort ist still und bietet ein außergewöhnliches Panorama, ins Grün der Wiesen und Wälder getaucht: ideal für einen Ausflug.

Anreise

Man folgt der *statale* 339, die sich von Cortemilia in Richtung der Provinz Savona schlängelt.

SALICETO
Einwohner: 1522
Höhe: 389 Meter

ESSEN

KAFFEE, APERITIF
Bar Smile
Via XX Settembre 8
Ein kleiner Ort der Begegnung mit einem Namen, der wenig mit den Langhe zu tun hat.

EINKAUFEN

RINDFLEISCH
Macello Cooperativo Agricolo Valle Bormida
Via Vittorio Emanuele
Tel. 0174 98238
In diesem seit 1975 bestehenden Schlachtbetrieb können Sie Fleisch von Rindern der Piemonteser-Rasse kaufen. Die Kälber kommen aus kleinen Ställen und wurden nach traditionellen Methoden aufgezogen.

FESTE, MESSEN UND VERANSTALTUNGEN

Es stehen drei Volksfeste auf dem Programm: das Fest des Schutzpatrons San Lorenzo am 10. August, das Fest der Madonna della Neve am ersten Sonntag im August und das Fest von San Michele im gleichnamigen Ortsteil. Am 11. November, am Tag des Martinifestes, kommt man nach Saliceto, um Kastanien zu essen, den Flohmarkt zu besuchen und das Schloss zu besichtigen, das dank einer Initiative der Gesellschaft Castrum Saliceti geöffnet ist.

San Benedetto Belbo

Der Ursprung des Ortes wird an einem Benediktinerkloster festgemacht, das 1027 in dieser Gegend errichtet wurde. Die Mönche beschäftigten sich nicht nur damit, die Bevölkerung zu bekehren, sondern auch mit der Verbreitung praktischen Wissens, und gaben so den Ausschlag zu einer bemerkenswerten Entwicklung in der Bewirtschaftung des Bodens. Vom Kloster sind wenige Spuren geblieben: eine Weihwasserschale aus dem 16. Jahrhundert, die in der Pfarrkirche aufbewahrt wird, und Reste der Befestigungsanlagen. Von einer dieser Ruinen in der Nähe der Pfarrkirche hat man einen schönen Blick auf das Flussbett des Belbo und auf den Lago delle Verne, einen etwa 25 000 Quadratmeter großen künstlichen See rechts des Belbo. Die Grünfläche am Ufer lädt Ausflügler zum Verweilen ein.

Die Gemeindebibliothek im Ortszentrum ist nach dem Schriftsteller Beppe Fenoglio benannt, der einige Zeit seines Lebens in San Benedetto verbrachte. Von den historischen Ereignissen ist vor allem eine Episode des 20. Jahrhunderts im Gedächtnis der Gemeinde verankert: Am 18. Dezember 1944, während des Partisanenkriegs, wurde das Dorf von deutschen Soldaten gestürmt, angezündet und verwüstet.

Anreise

Von Alba erreicht man San Benedetto auf der *provinciale*, die nach Ceva und Montezemolo hinaufführt, über Rodello, Tre Cunei, Pedaggera, Serravalle Langhe, Bossolasco. Im Gebiet Passo della Bossola fährt man links abwärts und erreicht nach zwei Kilometern das Belbo-Tal und San Benedetto.

SAN BENEDETTO BELBO
Einwohner: 201
Höhe: 637 Meter

ÜBERNACHTEN

Albergo Fresia
Piazza XX Settembre 5
Tel. 0173 726021
1 Stern, 8 Zimmer mit
4 externen Badezimmern.
Restaurant, Bar.
Preise: L. 50 000 für das
Doppelzimmer ohne Bad.
Das Hotel wird von der
Familie Fresia geführt; es ist
bescheiden und hat schon
einige Jährchen auf seinem
Buckel. Im Saal des Restaurants können Sie *tajarìn* und
Kaninchen in einem Ambiente
aus den 60er-Jahren genießen,
in dem Erinnerungen an
Fenoglio wach werden.
Mäßige Preise (L. 35 000 bis
40 000 ohne Wein). Dienstag
und im Januar geschlossen.

ESSEN

KAFFEE, APERITIF
Bar del Laghetto
Località Monastero
Ideal für eine angenehme
Ruhepause; man kann wandern oder im Lago delle
Verne Forellen fischen.

EINKAUFEN

HONIG, MARMELADE,
KONSERVEN
**Cooperativa agricola
giovanile Terramia**
Frazione Castellari 1
Die Genossenschaft arbeitet
nach Kriterien des biologischen Anbaus und stellt
Marmeladen, Tomatenkonserven, typisch piemontesische Antipasti mit Gemüse
und Gemüsesuppenwürfel
her. Weitere Produkte sind
die *baci di dama* und das
zarte Maisgebäck.

Comunità monastica
Regione Prandi
Die Benediktinermönche
bringen, getreu ihrer Regel *ora
et labora*, ihren reinen Honig
bester Qualität – aus
Wiesenblumen, Kastanien-
und Löwenzahnblüten – und
Honigtau auf den Markt.

**FESTE, MESSEN UND
VERANSTALTUNGEN**

Am letzten Sonntag im Juni
wird eine einzigartige
Verkaufsschau abgehalten: Sie
ist den Ziehharmonikas
großer Meister gewidmet. Am
dritten Sonntag im Juli findet
die Sagra delle frittelle statt.
Das Fest des Schutzpatrons
fällt normalerweise auf den
dritten Sonntag im September: Zu Ehren von San
Placido gibt es traditionsgemäß ein großes
Polentaessen.

Das Epos eines Klassikers

Gian Luigi Beccaria

Das autobiografische Kernelement bei Beppe Fenoglio (1922–1963), das sich in seinen bedeutendsten Erzählungen widerspiegelt, ist zweifelsohne die Rolle, die er im Partisanenkampf in den Langhe einnahm. Nach dem Krieg widmet er die Freizeit, die ihm die Arbeit in einem Weinbaubetrieb in Alba lässt, dem Schreiben. Sein viel zu kurzes Leben sollte isoliert und fern von allen Zentren der Kultur- und Verlegerpolitik verlaufen.

Auch deshalb wurde Fenoglio die Anerkennung als großer Schriftsteller nie uneingeschränkt zuteil: beispielsweise für sein unvollendetes Meisterwerk *Il partigiano Johnny*, das von der Nachwelt auf ein Register für zukünftige Erzählwerke reduziert wurde. Dabei handelt es sich um ein grandioses Epos, das uns diesen Schriftsteller mit dem monumentalen Zug eines Klassikers näher bringt. Fenoglio bemüht sich um den Erwerb einer neuen literarischen Sprache, indem er hartnäckig an seinem trockenen und nüchternen Stil, am gespannten und konzentrierten Rhythmus arbeitet. Die Tiefgründigkeit einer formvollendeten Arbeit können wir vor allem in dem ebenfalls unvollendeten Werk *Una questione privata* (dt.: Eine Privatsache) messen.

Fenoglio ist kein Kriegsberichterstatter, sein Vorbild ist nicht der Neorealismus seiner Zeitgenossen, sondern die Feierlichkeit einer epischen und biblischen Sprache, welche die von ihm so geschätzte angelsächsische Literatur ausstrahlte. Diese feierliche Struktur findet sich bereits neben den Erzählungen in *Un giorno di fuoco*, die posthum in seinem Todesjahr erschienen, in *La malora*, dem typischsten seiner Werke, die auf die Langhe Bezug nehmen. Eine unnachahmliche Stilübung bleibt der einzige Roman, den Fenoglio selbst drucken ließ: *Primavera di bellezza* aus dem Jahr 1959.

In Fenoglios Büchern kämpfen die Partisanen nicht nur für die historische Widerstandsbewegung, ihre *Resistenza* reflektiert auch das Drama der menschlichen Existenz. Ein Freischärler ist nichts anderes als ein Mensch in seiner absolut menschlichen Dimension, in welcher der Kampf immer als etwas Ewiges evoziert wird, wie alle Schlachten, die über die Jahrtausende vom Menschen geschlagen wurden. Krieg ist demnach eine Allegorie des Lebens und des Seins, und die Hügel der Langa sind jener Ort, der die Welt in ihrer Gesamtheit personifiziert. Es ist eine Welt, die einmal unter der Sonne oder im unberührten Schnee glänzt und vollkommen erscheint, dann wieder im Chaos der Nebel, unter Schlammlawinen und gewaltigen Wassermassen versinkt, ein Raum, der die Zeit des Krieges eine «große Zeit» nennt, der die Chronik des Landes sublimiert, indem der Kern der Ereignisse auf die elementaren und extremen Positionen des Seins zurückgeführt wird, auf die höchsten Dinge, auf die Fragen nach Schicksal, Tod, Gewalt, Gut und Böse, Freiheit, Frieden.

Serravalle Langhe

Serravalle, das von vier Tälern «eingesperrte» *(serrato)* Dorf: Das Haupttal ist das des Belbo, an dessen linkem Ufer in römischer Zeit die erste Siedlung entstand. Im Vorort Villa lag das mittelalterliche Dorf; eine romanische Kirche gibt davon noch Zeugnis. Das Zentrum der Gemeinde liegt heute auf dem Bricco Broncio.

Die Pfarrkirche der Assunta (18. Jahrhundert) präsentiert auf ihrer Fassade eine «Melange» an Stilen, in denen das Barock vorherrscht. Das weiße Rathaus wurde mit den Mitteln der Markgrafen del Carretto erbaut. Aber Serravalles Schmuckstück ist das Oratorium San Michele Arcangelo der Battuti Bianchi gegenüber der Pfarrkirche, das auf das 13. Jahrhundert zurückgeht: Im Zuge von Restaurierungsarbeiten sind Fresken der Schule von Macrino d'Alba ans Tageslicht gekommen.

In Serravalles Geschichte findet sich ein kurioses Faktum: Am 10. Februar

1799 wurde der erste *albero della Libertà delle Langhe* (Freiheitsbaum der Langhe) aufgestellt, das Werk eines lokalen jakobinischen Klubs. Einige Jahre zuvor waren hunderte hierher abkommandierte Soldaten Napoleons an Typhus gestorben und an einem Ort begraben worden, der daraufhin *buco dei morti*, «Totenloch», genannt wurde.

Anreise

Serravalle befindet sich an der Straße, die aus Bossolasco kommend auf die *statale* 29 Richtung Alba trifft.

SERRAVALLE LANGHE
Einwohner: 340
Höhe: 762 Meter

ÜBERNACHTEN

Azienda agrituristica Castellera
Regione Castellera Villa 1
Tel. 0173 748264
6 Zimmer, 2 Apartments
Preise: L. 60 000 pro Person mit Halbpension, L. 80 000 Vollpension
Im Weiler an der Straße nach Bossolasco liegt dieser Agriturismo-Betrieb, der Sie gastronomisch verwöhnt (probieren Sie die Tagliatelle und das *fritto misto*) und sechs Zimmer mit Bad bietet

(zwei davon mit einem Gemeinschaftsbad), eine Boccia-Bahn, Mountainbikes, Camping. Zum Essen ist Vorbestellung notwendig.

ESSEN

La Coccinella
Via Provinciale 5
Tel. 0173 748220
Dienstag Ruhetag
Betriebsferien: im Januar
Plätze: 60
Preise: L. 40 000–45 000 ohne Wein
Kreditkarten: alle
Eine abwechslungsreiche, frische Küche, professioneller Service und eine gepflegte Weinkarte machen dieses

Lokal zu einem empfehlenswerten Ziel. Die kulinarische Tradition der Langhe dient als Leitfaden, hebt sich aber über das Banale, Selbstverständliche hinaus. Probieren Sie die Quiche mit Artischocken und Pilzen, Aspik mit Rindfleisch und Perlhuhn, *ravioli dal plin*, Gnocchi mit Castelmagno, gefülltes Perlhuhn und das Feingebäck.

FESTE, MESSEN UND VERANSTALTUNGEN

Am zweiten Sonntag im Juni findet das Fest «ln fönd 'l börg» statt, mit Tanz und *ravioli dal plin*. Am 15. August Dorffest.

Torre Bormida

Der Name versinnbildlicht die strategische Lage des Dorfes: Auf dem Hochplateau über dem Bormida-Tal sollen die Liguri Stazielli, die Bewohner dieser Hügel aus vorrömischer Zeit, einen Turm errichtet haben. Diese Interpretation wird jedoch nicht von allen akzeptiert, anderen Theorien zufolge kommt der Ortsname aus dem Mittelalter und leitet sich von Ausdrücken wie *Turris ad Burniam* oder *Turre Burnea* ab.

Das Dorf gehörte im Lauf der Jahrhunderte vielen Familien: jener des Bonifacio del Vasto, den del Carretto, den Markgrafen von Saluzzo, den Fresia di Monesiglio, den Vasto di Bastia.

Zu sehen gibt es eine Pfarrkirche, 1890 auf den spärlichen Resten eines früheren, aus dem Jahr 1583 stammenden, religiösen Baus errichtet. Kurios ist eine andere Kirche, San Luigi geweiht. Kurios deshalb, weil es nebenan einen Isolationsraum gegeben haben soll, in den bei einer Epidemie infizierte Personen angeblich verbannt worden sind. Der wesentliche Charakter der Gegend wurde durch Terrassierungen geschaffen – von Steinmäuerchen gestützte Erdstreifen, durch die viel Land für den Anbau geschaffen wurde. Die vor allem mit Dolcetto-Reben bebauten Terrassen bestimmen das Bild dieses Gebiets.

Anreise

Von Alba fährt man auf der *statale* 29 bis zur Gegend um Campetto, dort zweigt man rechts in Richtung Bosia und Cravanzana ab. Kurz vor Cravanzana fährt man links und dann 4 bis 5 Kilometer abwärts nach Torre Bormida. Von Acqui Terme nimmt man in Cortemilia die *statale* 339 in Richtung Ligurien. Nach 6 bis 7 Kilometern kommt rechts die Abzweigung nach Torre Bormida. Von Savona hingegen muss man auf der *statale* 39 Richtung Cortemilia fahren, auf der man 6 bis 7 Kilometer vor Cortemilia die Abzweigung nach Torre Bormida erreicht.

TORRE BORMIDA
Einwohner: 234
Höhe: 391 Meter

EINKAUFEN

LOKALE SPEZIALITÄTEN
Antichi sapori di Langa
Località Fontane 14
Toma in Öl und auf unterschiedliche Weise aromatisiert, Sardellen, Wurstwaren und andere Spezialitäten bietet dieser Handwerksbetrieb.

FESTE, MESSEN UND VERANSTALTUNGEN

Am 15. August, zu Mariä Himmelfahrt, wird das Dorffest gefeiert, mit Tanz auf dem Tanzboden und dem unvermeidlichen großen Grill.

Torresina

Auf herrlichen, von Wäldern umgebenen Hügeln gelegen, bietet Torresina ein wunderbares Panorama. Die lehmigkalkige Beschaffenheit des Bodens hemmt die landwirtschaftliche Entwicklung, deshalb setzt man hier hauptsächlich auf Viehzucht, im Speziellen auf die Schafe der Langhe, aus deren Milch der bekannte Robiola gemacht wird.

Vor langer Zeit nannte sich das Dorf Torricella *(Turricella Cebanorum)*, nach einem kleinen vorgelagerten Turm, der 950, in der Zeit der Sarazeneneinfälle, auf einer Anhöhe errichtet wurde. 1829, als die Siedlung zu einem autonomen Dorf ernannt wurde, nahm sie den Namen Torresina an. Das Dorf war dem Lehen der del Carretto eingegliedert, dann den Besitzungen der Aurelii di Cherasco, bis es nach dem Frieden von Cambrai Teil des Herzogtums Savoyen wurde: 1531 schenkte Karl V., gemeinsam mit anderen Ländereien der Markgrafschaft von Ceva, Torresina seiner Schwägerin Beatrice von Savoyen, der Mutter von Emanuele Filiberto.

Anreise

Auf der *autostrada* Torino-Savona fährt man bei der Ausfahrt Ceva ab und nimmt die *provinciale* nach Murazzano. Oder man fährt von der Tanaro-Schnellstraße bis nach Dogliani, von dort nach Murazzano hinauf und an der Kreuzung Pedaggera Richtung Ceva hinunter.

TORRESINA
Einwohner: 75
Höhe: 704 Meter

FESTE, MESSEN UND VERANSTALTUNGEN

In Zusammenarbeit mit der Gemeinde von Igliano wird in der letzten Woche im Juli ein Treffen in den Wäldern organisiert: Fünf Tage lang wird hier gefeiert und das gesamte Repertoire der Dorffeste geboten.

DIE LANGA UM ASTI

Roccaverano, Bubbio, Cassinasco, Cessole, Loazzolo,
Mombaldone, Monastero Bormida, Olmo Gentile,
San Giorgio Scarampi, Serole, Sessame, Vesime

Die Zeichen des Steins

Der letzte Zipfel der Provinz Asti gleicht einer Landzunge, die sich bis nach Ligurien erstreckt. Und den Einfluss Liguriens spürt man – im lauen Wind *marèin* und in den Färbungen eines einzigartigen Dialekts. Sie ist da, um entdeckt zu werden, die *Langa astigiana*: die von immer öfter brachliegenden Terrassen geprägten Landstriche, die Dörfer und Weiler aus Stein, die hoch aufragenden Türme und die verfallenen Kastelle. Nicht zu vergessen die kleine Perle der lokalen Produktion: der Robiola di Roccaverano DOP, der einzige große Ziegenkäse Italiens, der mit Überlegenheit in den erlauchten Kreis der italienischen Weichkäsesorten eingetreten ist. Man sollte ihn mit einem Glas Loazzolo genießen, einem spät gelesenen Moscato.

Roccaverano

Mit seinen 759 Metern ist Rocca-verano eines der höchsten Dörfer der Langhe und das höchste der Provinz Asti. Vieles hier verweist auf die Alta Langa: Laub- und Pinienwälder, in die Streifen von Weideland eingeschnitten sind, Erika, Ginster und Orchideen, immer seltener werdende Weinberge, Furchen, überhängende Schluchten. Das Klima ist beinahe mild: leicht windig, trocken, so lau, dass sogar ab und zu ein Olivenbaum sich aus der Erde getraut. Nicht zufällig ist Roccaverano ein traditioneller Ort der Sommerfrische. Das Panorama, das man von hier oben genießen kann, ist ungewöhnlich schön: Die piemontesischen Hügel präsentieren sich gemeinsam mit den weit entfernten Städten und den Alpen.

Schon viele Kurven entfernt erblickt man das Dorf auf der Straße, die von Vesime aus in vielen Windungen durch die Haselnusspflanzungen führt. Fährt man jedoch von der *statale* 30 (Acqui-Savona) hinauf – diese Route sei wegen des Ausblicks empfohlen –, ist der einsame Turm von Vengore ein erstes Zeugnis für die Befestigungsanlagen der Burg, bis zu der sich der Ort einst erstreckt haben soll. Von dem Kastell, das die Markgrafen del Carretto zwischen dem 12. und dem 13. Jahrhundert erbauen ließen, blieben wenige, aber eindrucksvolle Reste: eine riesige Außenmauer, von eleganten doppelbögigen Fenstern durchbrochen, und der wunderschöne zylindrische Turm, dessen Höhe seltsamerweise dieselben Maße wie sein Umfang hat. Auf einer Seite der Anlage befindet sich ein kleiner Park, auf der anderen die reizende Piazzetta Barbero. Dort steht ein anderes monumentales Prunkstück von Roccaverano: die Kirche Santissima Annunziata, erbaut im Auftrag der Bischöfe Enrico und Giovanni Francesco Bruno, wahrscheinlich nach einem Entwurf von

Die Landschaft der Langa um Asti ist von Terrassen geformt, die von Trockensteinmäuerchen gestützt werden. Im Lauf der Jahrhunderte haben die hiesigen Bauern den abschüssigen Hügeln auf diese Weise kleine Stücke Land für den Anbau abtrotzen können. Heute ist die Gegend hauptsächlich für die Produktion des Robiola di Roccaverano aus Ziegenmilch bekannt.

Bramante. Mit der hellen Farbe des lokalen Sandsteins und der reduzierten, ausgewogenen Fassade mit Reliefporträts stellt der Bau ein bedeutendes Beispiel des Renaissancestils der Langhe dar. Stark abfallend breitet sich das Dorf um die Burg aus, zumeist sind es Steinhäuser. Manche dieser Gebäude sind sehr schön instand gesetzt, und einige sind mit hübschen Arkaden für die einst angesehenen und gut besuchten Märkte versehen.

Von hier aus kann man zum Friedhof San Giovanni im Ortsteil Vengore weiterfahren. Um die wertvollen Fresken aus dem 15. Jahrhundert in der dortigen romanische Kirche bewundern zu können, wendet man sich an den Pfarrer.

Will man noch mehr von jener Landschaft genießen, in der sich wilde Abschnitte und liebliches Weideland abwechseln, kann man die Straße durch die Ortsteile Garbaoli, Ovrano, San Gerolamo, Vengore nehmen oder auf den Bric Puschera (845 m) fahren.

Ein so herber und abschüssiger Untergrund, auf dem die Bauern mit größter Mühe verwegene Terrassen für Weideland und bescheidene Getreidefelder geschaffen haben, konnte gar nicht anders, als ihnen das schmackhafteste und angesehenste Produkt von Roccaverano zu gewähren: den Robiola oder *formagetta*. Im Dorf ist auch der Sitz der Comunità Montana Langa Astigiana-Val Bormida (Via Roma 8, Tel. 0144 93244). Die freundlichen Mitarbeiter dort erteilen gerne weitere Auskünfte.

Anreise

Von Canelli erreicht man den Ort auf der *statale* 339, von der man bei Vesime oder Monastero Bormida abfährt. Von Acqui kommend fährt man auf der *statale* 30 bei Montechiaro ab.

ROCCAVERANO
Einwohner: 548
Höhe: 759 Meter

ESSEN

Aurora
Via Bruno 1
Tel. 0144 953608
Immer geöffnet
Betriebsferien: Januar und
Februar
Plätze: 150
Preise: L. 45 000 ohne Wein
Kreditkarten: keine
Dieses Restaurant hält sich treu an die Tradition und legt besonderen Wert auf die Produkte aus dem umliegenden Hügelland: Butter, Robiola, Ziegenkitz, Haselnüsse, Wild. Gegen Vorbestellung können Sie *puccia* probieren, ein Gericht der alten piemontesischen Küche,

bestehend aus Polenta in Bohnensuppe. Der Betrieb verfügt auch über einige Zimmer mit Ausblick auf die Hügellandschaft der Langa Astigiana. Die Atmosphäre ist herzlich, die Preise sind mäßig.

EINKAUFEN

KÄSE
Carlo Abrile
Regione Ovrano

Buttiero e Dotta
Frazione San Gerolamo 23

Franca Ghione
Cascina Bricco

Giuseppe Nervi
Cascina Caramello 14
Unter den zahlreichen Herstellern von Robiola aus Ziegenmilch, die Roccaverano

zu ihrem Ruhm verholfen haben, wollen wir nur einige wenige aufzählen, die darum bemüht sind, dieses Produkt auch über die lokalen Grenzen hinaus aufzuwerten.

FESTE, MESSEN UND VERANSTALTUNGEN

Am zweiten Sonntag im Juni findet die Sagra del polentone statt: Inmitten der Piazza wird eine Mega-Polenta auf riesigen Holzbrettern angerichtet und mit verschiedenen Robiola-Varianten, Wurst und einem Gläschen Dolcetto serviert. Am ersten Sonntag im August findet im Ortsteil Tassito ein großes Ravioli-Essen statt, und Ende September schließlich wird in San Gerolamo das Fest des Schutzpatrons gefeiert.

ROBIOLA

Gigi Gallareto

Der Robiola di Roccaverano DOP ist ein Käse aus frischer, zarter und kompakter Masse, der frisch oder kurz gereift zu verzehren ist. Die runden Formen weisen eine leicht gewellte Oberfläche auf. Demnächst sollte eine Änderung in den Produktionsbestimmungen erfolgen, nach der dieser Käse in allen Gemeinden der Berggemeinschaften «Langa Astigiana – Valle Bormida» und «Alta Valle Orba, Erro e Bormida di Spigno» erzeugt werden darf. Im Besonderen soll diese Änderung eine klare Trennung zwischen dem «klassischen» Robiola, der aus reiner Ziegenmilch bzw. mit kleinen Schafsmilchanteilen hergestellt wird, und dem Robiola aus einem Gemisch aus Ziegen- und Kuhmilch schaffen.

Der heute in etwa 60 Kleinbetrieben sowie von einigen Bauern für den Eigenverbrauch erzeugte Robiola di Roccaverano hat sich auch jenseits der Grenzen des Unteren Piemonts einen Markt verschafft.

Seine Besonderheit ergibt sich vor allem aus der Milch, die reich an den je nach Weideland unterschiedlichen Gerüchen und Aromen nach Kräutern wie Thymian, Feldthymian, Brombeeren ist. Man kann geradezu von richtigen Robiola-Lagen sprechen. Bei einer von den beiden Berggemeinschaften und Slow Food durchgeführten Studie wurden Daten erfasst, die später in einer Landkarte veröffentlicht werden sollen.

Der Käse wird nach streng traditionellen Kriterien in kleinen Familienkäsereien erzeugt (ein Betrieb hat im Durchschnitt ca. 20 Stück Vieh, mitunter aber auch 70 bis 80; allerdings verringert sich die Zahl deutlich, wenn man nur die Tiere der seltenen heimischen Roccaverano-Rasse in Betracht zieht). Die Tradition verlangt die Verwendung von Rohmilch, da sie die besten organoleptischen Merkmale garantiert; sie kann ohne chemische Hilfsmittel anhand ihrer Farbe, ihres Geschmacks und Geruchs geprüft werden. Der Käse wiegt zwischen 200 und 400 Gramm, ist milchfarben und hat keine Rinde. An ihrer Stelle findet sich oft eine cremige Schicht mit rosa- und strohfarbenen Reflexen; die leicht körnige Masse schmeckt fein und charakteristisch. Der Robiola wird auch gerne in Öl unter Zugabe von Kräutern konserviert. Getrocknet gibt er einen guten Reibkäse ab.

Bubbio

Wie für viele andere Dörfer dieser Gegend ist der lateinische Ursprung des Ortsnamens sicher: *bivium*, Knotenpunkt der römischen Straße zwischen Bormida- und Belbo-Tal. Oder, etwas prosaischer: *bibulus*, das einen Ort bezeichnet, an dem man fröhlich Wein trinkt. Und tatsächlich begünstigt die bescheidne Höhe der Hügel den Weinbau neben Getreidefeldern und Haselnusspflanzungen.

Bei einem Spaziergang in der Hauptstraße stößt man auf die große Pfarrkirche mit elliptischem Grundriss aus dem 18. Jahrhundert sowie auf das Kastell. Es wurde auffällig modernisiert und befindet sich in Privatbesitz.

In der Frühlings- und Sommersaison mangelt es nicht an Unterhaltung und auch nicht an Touristen, wenn in Bubbio zahlreiche lebhafte Dorffeste stattfinden.

Anreise

Bubbio liegt an der *statale* 339. Von Canelli aus erreicht man das Dorf, indem man nach Cassinasco hinauffährt und dort auf ebendiese *statale* trifft, die am Fluss Bormida entlangführt.

BUBBIO
Einwohner: 940
Höhe: 224 Meter

ÜBERNACHTEN

Teresio
Via Roma 16
Tel. 0144 8128

2 Sterne, 8 Zimmer, davon 6 mit Bad, alle mit TV und Gegensprechanlage.
Preise: Einzelzimmer L. 50 000, Doppelzimmer L. 80 000

Schön restauriert im Erdgeschoss – das Restaurant wurde verkleinert und eine gut ausgestattete Bar eingerichtet –, verfügt das Hotel über wenige Zimmer. Im Januar geschlossen.

EINKAUFEN

SÜSSIGKEITEN
Gallo
Piazza del Pallone 1
Eissalon und Konditorei auf dem Hauptplatz der Ortschaft: *bigné*, Torten aller Art und die weichen *amaretti* aus Haselnüssen.

WEINKELLEREIEN

La Dogliola
Regione Infermiera 228
Tel. 0144 83437 · 83557
Ein dynamischer Betrieb, der Brachetto d'Acqui DOCG,

Moscato, Barbera und Pinot nero herstellt.

Gianfranco Torelli
Regione San Grato
Cascina Milana
Tel. 0144 83506
Gute Weine, vor allem Moscato und Chardonnay, nach Methoden des biologischen Anbaus hergestellt.

FESTE, MESSEN UND VERANSTALTUNGEN

Sagra del polentone
Am ersten Sonntag nach Ostern. Die Legende besagt, dass der Landesherr es einigen durchreisenden Kesselschmieden gestattete, einen großen Kessel Polenta auf öffentlichem Boden aufzukochen. Daraus wurde Tradition, und heute rühren ein Dutzend Köche rauchende Polenta und servieren diese mit Wurst, Omeletts und Wein.

Sentieri del baco
Ein kulinarischer Spaziergang durch die Hügellandschaft, der normalerweise in den ersten beiden Juliwochen vorgesehen ist.

Festa delle figlie
Zwischen Ende August und Anfang September. Jedes Jahr gibt es ein reiches und buntes Programm. Fixe Bestandteile sind: rustikale Festmahle auf der Piazza, die Wettkämpfe zwischen den einzelnen Ortsteilen, die sich in volkstümlichen Spielen messen, Tombola, Boccia-Turniere und Wettbewerbe in *pallone elastico alla pantalera*.

Festa patronale
Am Sonntag, der dem 28. Oktober am nächsten liegt, begeht das Dorf das Fest seines Schutzpatrons San Simone.

Cassinasco

Das spätlateinische *Casinascum* erinnert mit seiner heutigen Endung auf *-asco* an die alten ligurischen Ursprünge dieses Dorfs. Sein Kastell gehörte verschiedenen Adelsfamilien: vom Markgrafen Aleramo del Monferrato, der es von Otto I. im Jahre 967 erhielt, bis zu den Bischöfen von Acqui und zu den Scarampi di Cairo Montenotte. Schließlich ging es an die Sforza aus Mailand und die Falletti aus Barolo. Die Dorfchronik beschreibt den berühmten Kampf von 1615 zwischen der Bevölkerung von Cassinasco und dem französischen Heer, das mit dem Herzog von Savoyen verbündet war. Zum Glockenschlag setzte man zur Revolte an, also zu einem Massaker an der feindlichen Vorhut. Die französisch-savoyische Antwort war schrecklich: Das Dorf wurde geplündert und in Brand gesteckt. Dabei wurde auch das Kastell zerstört, von dem heute nur noch ein Turm und eine Reihe unterirdischer, größtenteils eingestürzter Gänge zu sehen ist.

Im Inneren der Pfarrkirche Sant'Ilario, im 18. Jahrhundert neu erbaut, sind ein Hochaltar und eine Balustrade aus buntem Marmor zu sehen, auch einige wertvolle Bilder: die *Madonna col bambino* aus dem 16. Jahrhundert und *San Guido con la cattedrale sul palmo della mano* aus dem 18. Jahrhundert.

Die Gemeinde und Pro Loco haben eine Broschüre mit einer Karte der drei Routen im Gebiet von Cassinasco herausgegeben, die man zu Fuß, mit dem Fahrrad oder zu Pferd bewältigen kann, und entlang derer man wichtige Spuren der Dorfgeschichte findet.

Im Gebiet Caffi (vom arabischen *kafir*, ungläubig) erhebt sich das Santuario della Vergine Maria, 1902 auf den Überresten einer früheren Kapelle errichtet. Die Kirche erinnert daran, dass gegen Ende des 18. Jahrhunderts einem Mädchen aus dem Dorf die Madonna erschienen sein soll. Wer sich für Votivgaben interessiert, kann die reiche Sammlung in der Wallfahrtskirche entdecken. In einer bäuerlichen Siedlung in schöner Lage auf den Hügeln stehen eine Kapelle aus dem 17. Jahrhundert sowie eine Holzstatue des Sant'Antonio. Auf dem Gipfel des alten, bis zum 14. Jahrhundert florierenden Dorfs Soirano befindet sich die Pfarre San Massimo mit einer romanischen, noch aus der ursprünglichen mittelalterlichen Kirche stammenden Apsis. Schließlich soll an das Feldkirchlein Sant'Ilario erinnert sein, das gegen Ende des 14. Jahrhunderts erbaut wurde und früher Hauptkirche des Ortes war. Es beherbergt einen Freskenzyklus aus dem 15. Jahrhundert.

Anreise

Cassinasco erreicht man in wenigen Minuten von Canelli aus, indem man eine schöne Panoramastraße hinauffährt.

CASSINASCO
Einwohner: 617
Höhe: 447 Meter

ESSEN

Dei Caffi
Regione Caffi 248
Tel. 0141 826900
Am Abend geöffnet, Samstag auch Mittagstisch, Mittwoch und Sonntag Ruhetag
Betriebsferien: im Januar
Plätze: 35–40
Preise: L. 80000–90000 ohne Wein
Kreditkarten: alle außer DC
Eine empfehlenswerte Einkehr, ein Restaurant mit Klasse, dessen Küche oft innovative Speisen bietet, ohne dabei je die Verankerung in der lokalen Tradition zu verlieren. Dem Restaurant ist eine Vineria in einem abgeschiedenen Raum angeschlossen, wo Ihnen zu einer kleineren Speisekarte Qualitätsweine zu günstigeren Preisen angeboten werden.

EINKAUFEN

SÜSSIGKEITEN
Faccio
Via Giovanni Colla 2
Der letzte *turuné* der Alta Langa: Sie finden den ambulanten Torroneverkäufer mit seinem Stand auf allen Dorffesten und Feiern; wenn Sie aber den traditionellen Torrone, die *nisulin* (mit Zucker überzogene Haselnüsse) und die *amaretti* kosten wollen, können Sie dies auch hier in der Backstube tun.

HONIG
Azienda agricola Apicoltura Ghiga
Regione Mottini
Honig aus eigenen Bienenstöcken und verschiedene Honigprodukte.

ROBIOLA
Azienda agricola Donato
Regione Moie
Der Betrieb stellt Robiola-Sorten aus Schafs- und Ziegenmilch in guter Qualität her.

FESTE, MESSEN UND VERANSTALTUNGEN

Polentone
Am zweiten Sonntag im Mai. Diese kleine Ortschaft hebt sich durch ihre Vitalität bei der Organisation von Sport- und Freizeitveranstaltungen hervor. Organisatoren sind das Comitato Festeggiamenti und die Società Bocciofila: Boccia-, Fußball-, *pallone elastico*-Turniere, Tombola-Abende, Fischessen und schließlich der große Polentabend: Die Polenta wird auf einer Bühne gekocht und von dort gemeinsam mit Würsten und Omeletts an die Leute verteilt. Die Veranstaltung erinnert an ein mittelalterliches Ritual, bei dem der Landesherr unter gewissen Umständen seine Großherzigkeit gegenüber den Untertanen kundtat.

Ferragosto cassinaschese
Mitte August. Tanzveranstaltungen, kulinarische Höhepunkte und sportliche Wettkämpfe. Im darauf folgenden Monat wird am ersten Sonntag im September im Ortsteil Caffi das Fest um die Wallfahrtskirche begangen.

AUGUSTO MONTI

Gigi Gallareto

Eine Inschrift auf der Schlossfassade ist das einzige sichtbare Zeichen, mit dem das Kloster von Bormida seinem bekanntesten Sprössling huldigt: dem Schriftsteller, Erzieher und Antifaschisten Augusto Monti, einem der hochrangigsten Vertreter der Turiner Kultur in der Zwischenkriegszeit, Maestro und Wegbereiter vieler Größen in Literatur und Politik, von Cesare Pavese zu Leone Ginzburg, von Massimo Mila zu Giancarlo Pajetta.

1881 in der alten Mühle geboren, die noch heute an einem Seitenkanal des Bormida steht, übersiedelte Monti im Alter von drei Jahren nach Turin. Nach dem Universitätsabschluss lehrte er an Gymnasien in Sardinien und Kalabrien, aber auch im piemontesischen Sondrio, bis er den Lehrstuhl des prestigeträchtigen klassischen Gymnasiums «Massimo D'Azeglio» in Turin übernahm. Dabei zeichnete er sich aus, als er in Opposition zur Tyrannei des faschistischen Regimes die hohen Ideale der Freiheit vertrat. Er war mit Piero Gobetti und Gaetano Salvemini befreundet und verfolgte die literarischen Umbrüche in den Zeitungen *La voce* und *L'Unità*. Als einer der Führer des *Partito d'Azione* nahm er auch an der Widerstandsbewegung teil und musste harte Jahre im Gefängnis ertragen. Aus dieser Zeit stammen die an seine Tochter gerichteten *Lettere a Luisotta*, Briefe, die von besonders hohen kulturellen und moralischen Werten zeugen.

Sein Hauptwerk ist aber die piemontesische Trilogie *I Sansossi*, eine Familiensaga, welche die Geschichte eines ganzen Jahrhunderts umspannt, von Napoleon bis zum Ersten Weltkrieg; abzulesen am Schicksal des Vaters des Schriftstellers – der «Sansossi», ein Bruder Leichtsinn – und am Schicksal Montis selbst, einer ernsten, ausgewogenen, rationale und pflichtbewusst handelnden Persönlichkeit.

Cessole

Im unteren Teil Cessoles reihen sich Geschäfte und Dienstleistungsbetriebe aneinander. Aber ein Besuch der oberen Siedlung sei hier wärmstens empfohlen! In Serpentinen schlängelt sich die Straße hinauf und hält den Besucher dazu an, den Weg durch die Gässchen – fast sind es Feldwege – zwischen den teilweise verfallenen Steinhäusern zu Fuß zurückzulegen. Während die befestigte Burg verschwunden ist, blieb die Kirche Nostra Signora Assunta aus dem späten 18. Jahrhundert in ihrer ganzen barocken Pracht erhalten. Der einzigartige Bau, wahrhaft kolossal, besteht aus zwei übereinander liegenden Kirchen. Die obere ist die Hauptkirche, die untere das Oratorium der Confraternita dei Battuti, der Bruderschaft der Geißler. Dokumenten zufolge soll der Architekt Giacomo Carretto, Schüler des Filippo Juvarra, es mit diesem kühnen Projekt geschafft haben, die Diskussionen um den Platz, an dem das Gebäude errichtet werden sollte, zu beschwichtigen. Daneben kann man die antiken Säulengänge San Roccos besichtigen. Eine Inschrift informiert, dass hier 1640 der erste Markt des Bormida-Tals stattgefunden hat, mit Erlaubnis des Markgrafen del Carretto aus Spigno. Die Einrichtung eines Wochenmarkts war ein Versuch der Adeligen, die von Krieg und Not geschwächte lokale Wirtschaft anzukurbeln und sich bei den Untergebenen einzuschmeicheln.

In der Ebene kann man noch die Atmosphäre aus anderen Zeiten, in denen der Volksglaube und der Geschäftssinn der 50er-Jahre eng beieinander lagen, spüren. Hören Sie sich ein wenig in der Umgebung des ehemaligen Hauses des Pflanzensammlers, als *setmìn* bekannt, um.

Anreise
Von Canelli auf der *statale* des Bormida-Tals.

CESSOLE

Einwohner: 477
Höhe: 280 Meter

ESSEN

Madonna della Neve
Località Madonna della Neve
Tel. 0144 80110
Freitag geschlossen
Betriebsferien: im Oktober
und 2 Wochen im Januar
Plätze: 100
Preise: L. 45 000–50 000 ohne
Wein
Kreditkarten: die gängigsten
Wunderbare Wurstwaren,
vitello tonnato, Paprikagemüse
mit *bagna caoda*, kleine
Omeletts, *tajarìn*, Kaninchen,
Ziegenkitz, Perlhuhn aus dem
Ofen, Robiola aus der Langa
Astigiana, Haselnusstorte,
bonet. Aber vor allem die
berühmten *raviolini dal plin*,
die ohne weitere Zutaten in
eine Serviette gehüllt serviert
werden, damit der Geschmack

der Füllung voll zur Geltung
kommt. Der Weinkeller hält
piemontesische Weine bereit.

EINKAUFEN

KÄSE
Arbiora
Via Roma 124
Das Arbiora hat einen wichtigen Beitrag zur Wiederentdeckung des echten Robiola
aus Roccaverano geleistet, der
ausschließlich aus unbehandelter Ziegenmilch hergestellt
wird. Valter und Giandomenico
suchen die besten Produkte
aus und vertreiben sie in ganz
Italien.

Mariolina Taschetti
Regione Lavatoio 5
Ein schöner landwirtschaftlicher Betrieb, der Ziegen
züchtet und guten Robiola di
Roccaverano herstellt, den Sie
frisch oder kurz gereift kosten
können.

KRÄUTERLIKÖR
Toccasana Negro
Via Roma 126
Valter Porro hat vom *setmin*,
dem Kräuterheiler, das Rezept
für dessen Allheilmittel ererbt,
einen Aufguss von 37
Kräutern mit kräftigender
und verdauungsfördernder
Wirkung, dazu kommen
Rhabarber-, Chinarinden-
und Enzianlikör sowie
Kräutertees.

FESTE, MESSEN UND VERANSTALTUNGEN

Krippenspiel am 24. Dezember. Am dritten Sonntag
im Mai gibt es die Sagra
delle frittelle mit großem
Omelett-Essen. Am ersten
Freitag im August wird auf
der Piazza Roma ein *gran fritto misto di pesci* serviert, und
jeder kann sich die Süßwasserfische schmecken lassen.

Loazzolo

Die Straße, die vom Vorort Quartino
zwischen Bubbio und Cessole abzweigt, führt in eine landschaftlich überaus reizvolle Gegend. Die Charakteristik
der Alta Langa tritt hier besonders deutlich zutage, vor allem, wenn man von
Canelli auf der Straße des Rocchea-Tales
ins Dorf fährt. Rasch kommt man von
den sanften Wellen der Hügel um
Canelli auf den Brich del Forche
(548 m), einem Land voller Schluchten,
undurchdringlichen Wäldern, abschüssigen, wilden Hügeln, die an geeigneten
Lagen von Weinstöcken bedeckt sind.
Hier ist das Gebiet des Moscato, der die
Wirtschaft der Gemeinde von Loazzolo
bestimmt. Sie hat sich auf traditionellen
Anbau und Kelterung dieser Traubensorte spezialisiert, und im Kielwasser von
Giancarlo Scaglione und seinem Forteto
della Luja wurde der Loazzolo DOC geboren, ein Moscato später Lese, der bald
zur Elite der italienischen Dessertweine
zählen könnte.

Der Name des Dorfes stammt offensichtliche aus dem volkstümlichen Latein
(lupatiolum) und bereichert unsere
Phantasie mit Bildern von frei durch die
Wälder laufenden Wölfen. Von diesen
Tieren sprach noch im 19. Jahrhundert
Camillo Cavour, der in seiner Funktion
als Landwirtschaftsminister einen Silbertaler für jeden abgeschlagenen Wolfskopf
versprach.

Es lohnt sich, in den Straßen von
Loazzolo umherzustreifen und so man-

ches alte, verblasste Schild zu entdecken, die Pfarrkirche und das Oratorium aus dem 18. Jahrhundert (heute fallweise Sitz von Kunstausstellungen), die zahlreichen wunderbaren Steinhäuser, die einfachen Trockenmauern an den Gärten. Freundlich empfangen wird man in der Wohn- und Werkstatt des Maestro Riccardo Ranaboldo. Der Maler und Rahmenbauer sammelt gemeinsam mit seiner Frau Gemälde zeitgenössischer Künstler und antiquarische Gegenstände.

Den größten Reiz aber übt die Landschaft um das Dorf aus, in der ein besonderes Mikroklima eine vielfältige und frühreife Vegetation ermöglicht: Pinien sorgen für maritime Stimmung, Olivenbäume gedeihen am Rande der Gärten, mediterrane Macchiasträucher, vom *mareìn* geformt, der durch die Schluchten weht, orchideenbedeckte Wiesen. Bei Spaziergängen in den Wäldern der Luja (zum Beispiel außerhalb Loazzolos die Straße nach Fogliano-Santa Libera entlang) oder auf den Wegen entlang der Weinberge entdeckt man Gruppen von Steinhäusern (Teola etwa) und Beispiele mittlerweile einzigartiger ländlicher Architektur: Brunnen, um Wasser zu sammeln und zu kanalisieren, Speicherbecken und ein *infernòt*, mit dem man Schnee zur Kühlung konservierte.

Anreise

Wir empfehlen, von Canelli über das unwegsame Rocchea-Tal zu fahren. Diese Fahrt in steilen Kurven ist aufgrund der Naturschönheiten faszinierend. Als Alternative kann man, ebenfalls von Canelli aus, über Cassinasco und Bubbio fahren.

LOAZZOLO
Einwohner: 381
Höhe: 430 Meter

ÜBERNACHTEN UND ESSEN

Locanda degli Amici
Via Penna 9
Tel. 0144 87262
Dienstag Ruhetag
Keine Betriebsferien
Plätze: 130
Preise: L. 35 000 ohne Wein
Kreditkarten: alle
Ideal, um ein einfaches Mahl genießen zu können, zubereitet aus naturbelassenen Zutaten aus der Gegend. Das Gasthaus verfügt auch über 8 Zimmer mit insgesamt 20 Betten. Preise: L. 80 000 pro Nacht, L. 60 000 für die Pension.

EINKAUFEN

ANTIQUITÄTEN, BILDERRAHMEN
Riccardo Ranaboldo
Via Umberto 16
Das Geschäft des Malers, Künstlers und Antiquitätenhändlers ist in mehrerer Hinsicht einen Besuch wert: die freundliche Beratung, die Schönheit des wunderbar renovierten Steinhauses und natürlich die Möglichkeit, in den über und über gefüllten Räumen wertvolle Stücke oder Raritäten zu entdecken.

BROT
Panetteria Giuseppe Testore
Via Carlo Alberto 14
Im Feinkostgeschäft dieser Ortschaft finden Sie zartes Gebäck aus dem Holzofen und guten Robiola.

KÄSE
Luisella Cavallero
Regione Quartino 17
Robiola aus Kuhmilch, frisch und zart, auch aromatisiert mit Kräutern, Pfeffer oder Trüffeln. Darüber hinaus Wein, etwa den Loazzolo.

WEINKELLEREIEN

Forteto della Luja
Regione Bricco
Tel. 0144 87197
0141 831596
Es ist Giancarlo Scaglione zuzuschreiben, dass der Loazzolo seinen Platz unter den großen Moelleux, den halbtrockenen Weinen, der Welt bekommen hat. Sein Forteto delle Luja hat überall Anerkennung gefunden, sein exzellentes Niveau wird immer wieder bestätigt. Probieren Sie auch den Brachetto Pian dei Sogni, den Moscato d'Asti, den roten Le Grive aus Barbera- und Pinot-nero-Trauben.

Borgo Maragliano
Regione San Sebastiano 2
Tel. 0144 87132
Ein dynamischer Betrieb, der
neben Loazzolo auch andere
interessante Weine anbietet,
wie den Moscato d'Asti La
Caliera und den Chardonnay
Crevoglio.

Borgo Moncalvo
Regione Moncalvo
Tel. 0144 87126

Das Gut Eligir stellt etwa
1000 Liter Loazzolo pro Jahr
wie auch Dolcetto und
Moscato her.

Borgo Sambui
Regione San Bovito 3
Tel. 0144 87117
Derzeit stellt der Betrieb von
Armando Satragno aus-
schließlich Loazzolo in einer
Menge von etwa 1300 Litern
pro Jahr her.

Bricchi Mej
Regione Piancanelli
Tel. 0144 87287
Neben dem Loazzolo produ-
ziert Beppe Laiolo eine gute
Palette an Weinen, allen voran
Moscato d'Asti und
Chardonnay, aber auch die
Rotweine kommen bei ihm
nicht zu kurz.

Mombaldone

Mombaldone liegt gegenüber Bormida di Spigno, einem Ort, von
dem es zehn Kilometer entfernt ist. Von
Roccaverano erreicht man das Dorf auf
einer Straße mit wunderschönem Rundblick, wobei man abgeschliffenen Tuffstein, Schluchten und Furchen deutlich
erkennen kann.

Der Ort erstreckt sich auf halber Höhe
der Abhänge des Brich Arbarella und hat
sich ein geschlossenes mittelalterliches
Aussehen bewahrt. Ein enges Tor gewährt Einlass in die Siedlung und führt
auch gleichzeitig in die Atmosphäre vergangener Zeiten: Man durchquert von
Steinhäusern gesäumte geschotterte
Gässchen und gelangt zur Hauptkirche
San Nicola. Das angrenzende Oratorium
der Santi Fabiano e Sebastiano blickt auf
eine stille Piazzetta. Weiter vorne sieht

man die Überreste einer mächtigen, von
den Markgrafen del Carretto erbauten
Festung, die an eine gewalttätige Auseinandersetzung zwischen dem spanischen und dem Heer des Vittorio
Amedeo I. von Savoyen im dreißigjähri-
gen Krieg erinnert. Das Wirtschaftsleben
des Dorfes findet in der Ebene, am Fuß
des Hügels statt, wo Eisenbahn und
Straße nach Spigno führen.

Anreise
Mombaldone erreicht man auf der *statale*
30. Von Acqui Terme in Richtung Savona
fahrend biegt man hinter Montechiaro
d'Acqui rechts ab. Von Asti kommend
nimmt man die Straße entlang dem
Bormida-Tal und verlässt sie bei Vesime.
Von hier erreicht man Roccaverano und
schließlich Mombaldone.

MOMBALDONE
Einwohner: 265
Höhe: 219 Meter

**FESTE, MESSEN UND
VERANSTALTUNGEN**

Es gibt zahlreiche Anlässe, um
sich zu treffen und gemein-

sam zu feiern, sowohl für die
Bewohner der Ortschaft als
auch für Touristen auf der
Durchreise. Die Saison
beginnt mit der Sagra delle
frittelle am letzten Sonntag im
Mai, weiter geht es mit dem
Fest Mombaldone Medievale
Ende August, mit Spielen,
Paraden und Banketten wie in

alten Zeiten, umgeben von
der steinernen Kulisse des
mittelalterlichen Stadtkerns.
Am 8. September findet das
Fest zu Ehren der Madonna
del Tovetto statt und Anfang
Oktober die Fiera del monto-
ne grasso, eine stark frequen-
tierte Landwirtschafts- und
Viehzuchtschau.

Monastero Bormida

Das Dorf hat sich in dem zum Fluss gewandten Teil das Aussehen einer mittelalterlichen Siedlung bewahrt, wie zu jenen Zeiten, als es unter dem Namen *Monasterium Acquensium*, gruppiert um das benediktinische Kloster Santa Giulia (9./10. Jahrhundert), bekannt war.

Von dem großen Komplex blieben nur der wunderschöne Campanile mit Lisenen und hängenden kleinen Bögen in reinstem romanischem Stil sowie das quadratische mächtige Kastell erhalten. Ein Gedenkstein an der zur Piazza gerichteten Seite erinnert an Augusto Monti, den in diesem Dorf geborenen Lehrer und Begleiter einer Generation von Antifaschisten. Die vierbogige Brücke aus dem 12. Jahrhundert, über die man ins Dorf gelangte, ist bei den Überschwemmungen des Jahres 1994 schwer beschädigt worden und wird derzeit restauriert.

In dem vom Fluss abgewandten Teil hat sich Monastero vergrößert und das Aussehen eines typischen modernen und belebten, im Tal gelegenen Ortes angenommen. Wer sich für den Ballsport *pallone elastico* interessiert, dem bietet das Dorf eines der beeindruckendsten Stadien der Langhe.

Anreise

Von Canelli fährt man über Cassinasco und Bubbio.

MONASTERO BORMIDA
Einwohner: 983
Höhe: 191 Meter

ÜBERNACHTEN UND ESSEN

Cascina Corietta
Località San Desiderio
Tel. 0144 88090
Gegen Voranmeldung immer geöffnet
Plätze: 35–40
Preise: L. 40 000 inkl. Wein
Kreditkarten: keine
Die Küche von Signora Fontanone wurzelt fest in der Tradition der Langhe, mit *tajarìn, agnolotti dal plin* und den üppigen *secondi* mit besonderen Spezialitäten. In einem schönen Gutshof verfügt dieser Agriturismo-Betrieb auch über vier komfortable, geschmackvoll eingerichtete Doppelzimmer

(L. 75 000–85 000 pro Person Halbpension, Vorbestellen ist immer notwendig).

EINKAUFEN

FLEISCH- UND WURSTWAREN
Macelleria Fratelli Merlo
Via Grasso 1
Gutes piemontesisches Fleisch und gute Wurstwaren (die gekochte Salami, die Schweinskopfsülze und die Weinsalami sollten Sie sich nicht entgehen lassen) sowie lokale Spezialitäten: von *formaggette* bis zu den Konserven, von Wein bis zu in Öl Eingelegtem.

KÄSE
Anselmo Blengio
Regione Santa Libera 46

Cascina Ceretti
Regione Doame

Gabriele Marconi
Regione San Desiderio

Rizzolio-Catalano
Regione Sessania 1
In Monastero sind einige der wichtigsten Hersteller von Robiola di Roccaverano zu Hause. Sie können den Käse direkt in den Betrieben oder in den Geschäften im Dorf kaufen.

FESTE, MESSEN UND VERANSTALTUNGEN

Sagra del Polentonissimo, am zweiten Sonntag im März: Eine Ausspeisung mit Polenta, die sich seit 185 Jahren wiederholt, begleitet von einer Vorführung alter Berufe und Darbietungen von Musik- und Folkloregruppen.

Olmo Gentile

Olmo Gentile liegt auf einem Felssporn, der die Luft zu zerschneiden scheint. Hier wird der Einfluss der Riviera und des Meeres, die immer schon Geschichte und Phantasie der Menschen der Langhe bestimmt haben, greifbar: ein Berggrat, der ein Kap zu sein scheint, tuffsteinartige Erde, reich an Muscheln und Meeresfossilien, eine Brise, die zum Schirokko wird, der *marèin*.

Der Name des Dorfes regt zu interessanten Theorien an: *Olmo*, die Ulme, war jener Baum, den man im Mittelalter neben Kirchen und Kastellen als Symbol für Gerechtigkeit, Schutz und Freundschaft pflanzte. Das Adjektiv *gentile* könnte sich vielleicht auf heidnische Riten beziehen (*gentile*, Heide), die hier überlebt haben. Die wenigen Häuser – Olmo ist das kleinste Dorf der Provinz Asti – reihen sich bis zum quadratischen Turm und dem Kastell. Die Bauten verleihen der Landschaft eine ernste und ein wenig melancholische Atmosphäre. Daneben steht die Kirche San Martino, schon im Hochmittelalter die Hauptkirche, in deren Umgebung man Fragmente eines Immersions-Taufbeckens gefunden hat.

Die wirtschaftlichen Tätigkeiten Olmo Gentiles und seiner steilen, mühsamen Abhänge sind typisch für die Alta Langa: Teils wird Land- und Weidewirtschaft betrieben, teils arbeiten die Menschen als Pendler in den Firmen im Tal.

Anreise

Die *statale* im Bormida-Tal muss man bei Vesime verlassen. Vor Roccaverano zweigt man rechts ab.

OLMO GENTILE
Einwohner: 116
Höhe: 615 Meter

ESSEN

Della posta da Geminio
Via Roma 4
Tel. 0144 953613
Sonntagabend geschlossen

Betriebsferien: 2 Wochen im Januar und zu Weihnachten
Plätze: 70
Preise: L.45000–50000 ohne Wein
Kreditkarten: keine
Das Lokal von Geminio ist das Herzstück von Olmo, einer Ortschaft, die zwar klein, aber sehr reizvoll ist. Die Speisekarte bietet nicht viel Abwechslung, Sie finden ein kleines *fritto misto* mit Gemüse, Grieß, Äpfeln und Amaretto, Tagliatelle mit Pilzen, Schweinsbraten mit Apfelsauce, *formaggette*, Haselnusskuchen. Einige Etiketten aus den Langhe als Alternative zum Hauswein.

San Giorgio Scarampi

Der majestätische Turm von San Giorgio ist einer der zahlreichen «sichtbaren Stützpunkte», die das Aussehen der Langhe prägen. Überaus stabil gebaut (die Sandsteinmauern sind rund zwei Meter dick), war er mit seinen Schießscharten und seiner Aussichtsplattform sicherlich ein Furcht erregendes Bollwerk und ein ausgezeichneter Beobachtungsposten. Heute kann man sich von der unteren Terrasse aus an einem weiten Panorama erfreuen, das vom Labyrinth der Hügel unterhalb des Turms bis zum Alpenbogen reicht.

Der Schutzpatron San Giorgio ist in einem Flachrelief aus dem 17. Jahrhundert am Tor der Pfarrkirche dargestellt. Der Drache, den der Heilige überwältigt, ist wahrscheinlich ein Symbol für Naturkatastrophen oder die Pest, die man so bannen wollte. Der Ortsname ist auch mit den Scarampi verbunden, die nach den Aleramici und den del Carretto die Herrschaft über das Dorf innehatten.

Im Ortskern befindet sich die Bottega del Vino an einem zauberhaften Ort: Die Souterrainlokale im Steingewölbe führen in einen Weinkeller mit Nischen, *infernòt* und freigelegten Holzbalken.

Anreise

Von Bubbio aus nimmt man die Straße nach Monastero Bormida. Von dort fährt man die Straße am Rio Tatorba entlang: Nach etwa 15 Kilometern erblickt man San Giorgio Scarampi hoch oben auf dem Hügel.

SAN GIORGIO SCARAMPI
Einwohner: 142
Höhe: 655 Meter

EINKAUFEN

WEINE
Bottega del vino
Piazza Roma 6
Die Bottega del vino in San Giorgio fasst die wenigen Winzer der Langa Astigiana zusammen, deren Produkte in den stimmungsvollen Kellern aus dem 14. Jahrhundert aufbewahrt sind. Im Dorf organisiert die Scarampi Foundation verschiedene Veranstaltungen, während in der Bar Pro Loco – gegen Voranmeldung – Hausmannskost geboten wird.

FESTE, MESSEN UND VERANSTALTUNGEN

An den letzten beiden Sonntagen im August findet das Fest des Schutzpatrons im Ortsteil San Bartolomeo statt: Kulinarisches und Omeletts nach Belieben.

Serole

Serole liegt etwa zehn Kilometer von Roccaverano entfernt und ist auch von Cortemilia und Spigno aus leicht erreichbar. In herrlicher Lage, abgeschieden zwischen bewaldeten Zonen und Weideland, bewahrt es in seinem Namen die Erinnerung an eine harte Existenz in einer wilden und schwer zu beherrschenden Umgebung: Das Wort Orsaiole, wie Serole in den Urkunden des 10. und 12. Jahrhunderts genannt wird, lässt darauf schließen, dass der Ort von einem befestigten Wall umgeben war; an dessen Toren «klopften» recht oft die zahlreichen Bären der Gegend an. Die umliegenden Wälder werden übrigens heute noch von Füchsen und Wildschweinen besucht, was auch in anderen Gebieten der Langhe vorkommen kann. Im Dorf selbst ist die Pfarrkirche San Lorenzo einen Besuch wert, die ehemalige Kirche der Confraternita San Bernardino und Madonna del Carmine aus dem 18. Jahrhundert. Auch ein Ausflug zur Wallfahrtskirche von Todocco ist von Serole aus in Richtung Uzzone-Tal möglich. Heute wie schon vor vielen Jahren ist Serole für die Ziegenzucht und seine Robiola-Variationen bekannt.

Anreise

Serole erreicht man auf der *statale* 30, indem man die Abzweigung kurz nach Spigno nimmt. Oder man fährt vom etwa zehn Kilometer entfernten Roccaverano herunter.

SEROLE
Einwohner: 169
Höhe: 588 Meter

ESSEN

Delle Langhe
Via Concentrico 1
Tel. 0144 94108
Dienstag und Freitag Ruhetag
Betriebsferien: im November
Plätze: 80
Preise: L. 45 000
Kreditkarten: keine
Eine empfehlenswerte Trattoria für einfache, unverfälschte Küche: Wurstwaren, gefülltes Gemüse, *vitello tonnato*, *carne cruda*, *tajarìn*, Hase mit Polenta, Ziegenkitz, Robiola-Käse, hausgemachte Süßspeisen.

EINKAUFEN

KÄSE
Cascina Rocchino
Località Rocchino
Roberto Verri stellt Robiola di Roccaverano her, *formaggette* in Wacholderasche, mit Nussblättern oder mit Peperoncino, Ricotta aus Ziegenmilch und den halb gekochten Ruchinot.

Lorenzo Ferrero
Località Pian dello Sverzo

Giuseppe Grassi
Regione Barca 43

Giuseppe Perno
Frazione Cuniola
Die genannten Betriebe sind verlässliche Robiola-Hersteller.

FESTE, MESSEN UND VERANSTALTUNGEN

Ländliche Feste am dritten Sonntag im Juli und am 5. August. In San Lorenzo ein Fest mit typischen Süßigkeiten, Kastanienfest am dritten Sonntag im Oktober.

Sessame

Das Dorf erhebt sich oberhalb von Monastero Bormida und Bistagno auf einem Hügel, der die Wasserscheide zum Belbo-Tal bildet. Die Siedlung ist möglicherweise ligurischen Ursprungs und teilt die wechselhaften Geschicke dieser Gegend mit zahlreich aufeinander folgenden Herren: von Heinrich, dem Sohn Ottos, kam sie in den Machtbereich von Alessandria, von den del Carretto zu den Sforza und den Savoyern.

Das Kastell ist auf ein paar Ruinen reduziert, von den anderen historischen Gebäuden blieben die halb verlassene Confraternita dei Disciplinati aus dem 17. Jahrhundert und die Pfarrkirche San Giorgio, die nur wenig von ihrer ursprünglich barocken Struktur bewahren konnte. Und schließlich das Kirchlein San Rocco und die Kapelle San Sebastiano, reich an Votivgaben.

Die Wirtschaft des Dorfs wird im Wesentlichen von der Landwirtschaft bestimmt, wobei an erster Stelle der Weinbau steht. Der Tradition zufolge sollen diese Weinkulturen den Ursprung des Brachetto darstellen, des Symbolweins der Gegend, der die größte Einnahmequelle für die lokalen Betriebe bedeutet.

Zum Schluss soll ein vom WWF betreuter Nistplatz an den Ufern des Bormida erwähnt werden, Heimstatt für zahlreiche Silberreiher.

Anreise

Von Canelli kommt man über Cassinasco und Bubbio nach Monastero Bormida, und von dort erreicht man Sessame, wenn man eine Abzweigung nach etwa fünf Kilometern nördlich nimmt.

SESSAME
Einwohner: 283
Höhe: 483 Meter

ÜBERNACHTEN UND ESSEN

Casa Carina
Piazza Fontana 6
Tel. 0144 392239
Montag Ruhetag
Betriebsferien: 20 Tage im Januar
Plätze: 40
Preise: L. 30000–50000
Kreditkarten: alle außer AE
Wir befinden uns im Herkunftsland des Brachetto,

der zu den traditionellen Speisen in diesem schönen Lokal serviert wird. Die Gerichte liebäugeln mit dem Geschmack der Langhe, und die sympathische Art des Signor Spoerri, des Inhabers schweizerischer Herkunft, wirkt auch im Saal ansteckend. Es gibt 9 Zimmer, sehr gepflegt und komfortabel (das alte Bauernhaus, in denen sie untergebracht sind, ist ein architektonisches Juwel im Herzen von Sessame). Die Preise mit Vollpension belaufen sich auf L. 100000 für das Doppelzimmer. Einzelzimmer-Aufschlag L. 30000.

FESTE, MESSEN UND VERANSTALTUNGEN

Sagra del risotto
Am ersten Sonntag im Mai. Bei diesem Fest steht das typische Risotto aus Sessame im Mittelpunkt, das noch nach altem Rezept zubereitet wird.

Ferragosto sessamese
Vom 10. bis zum 25. August gibt es Feste und Spiele. Am 15. August wird der Brachetto aus Sessame verkostet.

Fiera di Natale
Am zweiten Sonntag im Dezember. Ausstellung lokaler Spezialitäten und alten Handwerks.

DIE WIEDERGEBURT EINES TALS

Gianfranco Miroglio

Ein Höhenunterschied von 500 Metern, aber nur knapp zehn Kilometer Luftlinie trennen Vesime, das noch in der Provinz Asti liegt, von einer Pyramide unregelmäßiger Höhenzüge im Süden. Ihre mit 800 Metern höchste Erhebung findet sich in der Langa von Roccaverano, an deren Fuß die Flüsse Bormida di Millesimo und Bormida di Spigno verlaufen, die bei Bistagno zusammenfließen.

Dörfer im Tale und Dörfer auf den hohen Hügeln: Trotz einiger geografischer Unterschiede sorgen die historischen und kulturellen Merkmale für einen Zusammenhalt, vor allem eine gemeinsame Vergangenheit aus römischen Erinnerungen und Überresten, die durch Ortsnamen und viele archäologische Funde belegt werden. Gemeinsam ist ihnen auch die Geschichte als Grenzgebiet, die uns auf den Höhen zu Kastellen und Aussichtstürmen führt, im Tal zu Klöstern, Webereien und Mühlen entlang den Flussdämmen. Auch die seit Urzeiten bestehende ärmliche Landwirtschaft mit Schafen und Ziegen, mit Äckern in Terrassenbau, an den Ufern, zwischen Wäldern und in den Talsohlen, hat den Menschen in der Ebene und in den Hügeln dieselben Tagesabläufe, dieselbe Mühe, dieselben Traditionen und Legenden, dieselben Gespenster gebracht.

Spricht man mit den Alten in Roccaverano oder Vesime über Handwerk, Speis und Trank, Jahreszeiten, Spiele und Feste, so wiederholen sich die Rhythmen des Jahreskreises, die Namen der Heiligen, die vielen Gelegenheiten, um zu lachen und zu weinen, die symbolhaften Personen und Tiere: Polentafeste (die im Frühling und Sommer in den Gemeinden gefeiert werden, um an ein Schicksal der Entbehrungen und an eine Legende zu erinnern, die Reichen und Armen gemein ist), Ziegen und Wahrsagerinnen, Wunderheiler und Heiratsvermittler, Laienbrüderschaften und Torrone-Händler, Hagel, Mond, *pallone elastico*, Haselnüsse … Im Grunde das alltägliche Vokabular, das alltägliche Gebet, überall in den Langhe.

Die kleinen Unterschiede hat in der Vergangenheit der Flusslauf des Bormida gebracht: Entlang seinem Becken wurde Fischfang betrieben und konnten Seidenraupen gezüchtet werden – bescheidene Vorteile gegenüber den höher gelegenen Felsen und Wiesen. Aber die Geschichte des Flusses und seines Umlandes war in den letzten Jahrzehnten so gar nicht von der alltäglichen Chronik, von der tröstenden Aufzählung von Bräuchen und Traditionen gezeichnet. Ursache war die chemische Fabrik Acna in Cengio, die als «Todesfabrik» traurige Berühmtheit erlangte. So wurde der Bormida zum Inbegriff von Gift, Verschmutzung und Gefahr für die Umwelt, zu einer Quelle ungelöster sozialer Probleme. Im Bormida-Tal hat die Bevölkerung zwar im Kampf gegen Acna notgedrungen einen neuen Anstoß zum Zusammenhalt gefunden, sie musste aber lange schmerzhafte Zeiten erleben: Die chemische Industrie führte zu einer ständigen physischen und psychischen Belastung, zusätzlich wurden Wirtschaft und Tourismus geschädigt, der zweifelhafte Ruf des Gebietes litt noch mehr unter Umweltkatastrophen und Skandalprozessen.

Nun ist die Schlacht geschlagen, der chemische Betrieb wurde geschlossen. Noch aber sind nicht alle Probleme gelöst. Erst vor kurzem gab ein Vorschlag der Bevölkerung Anlass zu Besorgnis, als es hieß, dass zur Sanierung der katastrophalen Auswirkungen der ehemaligen chemischen Industrie noch beunruhigendere Gegenmittel eingesetzt werden sollten (die Verbrennungsanlage RESOL). Noch immer stellt sich die Frage, wie und von wem der Standort mit all den Müllhalden und Lagerplätzen saniert werden soll; wann und von wem die ehemaligen 300 Beschäftigten wieder Arbeit bekommen sollen. Harte Themen, schwierige Argumente, die zu Meinungsverschiedenheiten zwischen den Gemeinden des Piemonts und Liguriens geführt haben. Eines ist aber sicher: Die Menschen des Tales können heute wieder Luft holen und endlich konkret an seine touristische Erschließung und die Neuorientierung einer Wirtschaft im Einklang mit seinen natürlichen Ressourcen denken. Es geht um Projekte, nicht mehr nur um Träume: Langsam zeichnet sich eine interessante Entwicklung ab, mit der endlich Antworten auf all die schwierigen Fragen gefunden werden können, die der Acna-Skandal aufgeworfen hat.

Vesime

Folgt man dem Verlauf des Flusses Bormida, ist Vesime das erste Dorf in der Provinz von Asti, wenige Kilometer von Cortemilia und Cuneo und Umgebung entfernt. Vesime war ein Etappenposten des römischen Heers auf dem Weg nach Gallien, am zwanzigsten Meilenstein (*alla ventesima pietra miliare* – daher der Name) der *Via Emilia*, ausgehend von der römischen Stadt Acqui, gelegen.

Im 19. Jahrhundert war Vesime, wie viele andere Dörfer des Tals, ein bedeutendes Zentrum für die Spinnerei: Hier fanden Messen und Märkte für Seidenraupenkokons statt, aber auch für Butter und Vieh. Zwischen dem Fluss und den bewaldeten Hügeln angesiedelt, war Vesime damals über einige Straßen leicht erreichbar und mit dem Belbo-Tal über einen kurvigen, aber wichtigen Weg verbunden. Dies begünstigte den Handel, aber auch die Straßenräuber.

Die Spuren dieser bewegten Vergangenheit finden sich in den Ruinen des Kastells der Scarampi (Schauplatz im Krieg zwischen den Savoyern und dem Herzogtum von Mantua, 1644 geschleift) sowie im schönen mittelalterlichen Palazzo, dem heutigen Sitz des Rathauses. Dokumente des 19. Jahrhunderts beschreiben ein aktives Vesime: Es gab vier Spinnereien, eine Mühle, blühendes Handwerk und auch Landwirtschaft und Viehzucht. Die geheimnisvollsten Zeugnisse aus Vesimes Vergangenheit sind steinerne Stelen mit menschlichen Formen, die in einigen Weingärten gefunden wurden.

Das Dorf scheint auch heute Erinnerung und Erbe seiner unternehmerischen Vergangenheit bewahren zu wollen: Eine Mühle funktioniert noch, und unter anderem gibt es einige kleine, auf die Herstellung von Stühlen spezialisierte Betriebe. Die Fiera di Santa Lucia mit Ausstellungen und Federviehverkauf nimmt auf die großen Märkte von einst Bezug. Vor allem der Kapaun ist ein echt typisches Produkt des Dorfes.

Anreise

Vesime ist rund zehn Kilometer von Bubbio entfernt, immer entlang der *statale 339*.

VESIME
Einwohner: 709
Höhe: 225 Meter

ÜBERNACHTEN
UND ESSEN

Agriturismo Pian del Duca
Località Paroldi
Tel. 0144 89050
Montag Ruhetag
Betriebsferien: im September
Plätze: 32
Preise: L. 30000–35000 ohne Wein
Kreditkarten: keine
Agnolotti und Kaninchen aus eigener Zucht sind die Stärke dieses Lokals, die Speisekarte wechselt jedoch je nach Saison und ist immer von guter Qualität. Hauseigene Weine und andere. Voranmeldung unbedingt notwendig. Drei Zimmer für Gäste.

EINKAUFEN

KÄSE
Pietro Barbero
Regione Boschi 25
Barbero und seine Gattin produzieren kleine Ziegenkäse, die zusammen mit *mostarda* oder mit Olivenöl *extra vergine* beträufelt wunderbar schmecken.

FESTE, MESSEN UND VERANSTALTUNGEN

Sagra della robiola
Im Juni. Am Samstag werden die besten Robiola-Käse verkostet und prämiert, am Sonntag werden sie auf dem Markt auf der Piazza verkauft.

Sagra del raviolo e del cappone
Am Samstag nach dem 13. Dezember findet in Santa Lucia das Kapaunenfest statt. Das Fest des Schutzpatrons am Himmelfahrtstag und die Sagra del raviolo (*al plin*) runden das Panorama der Volksfeste ab.

Anhang

Glossar
Verzeichnis der Essays
Verzeichnis der Weinkellereien
Ortsverzeichnis

Glossar

Acciugai Sardinenverkäufer.
Agnolotti dal plìn Kleine, quadratische, mit Fleisch gefüllte Ravioli, die mit einem besonderen «Kniff» *(plìn)* verschlossen werden.
Albesi Pralinen aus Schokoladecreme und Rum, mit einer feinen Baiserhülle veredelt; in regionalen Variationen (siehe *carrucesi, lamorresi al Barolo, monregalesi al rum*).
Amaretti Bittermandelmakronen.
Autostrada Mautpflichtige Autobahn.
Baci di Cherasco Geröstete Haselnüsse aus den Langhe, überzogen mit Schmelzschokolade.
Baci di dama Feines Mandel- oder Haselnussgebäck, «Damenküsschen».
Bagna caoda Typisches Gericht im Monferrato wie auch im übrigen Piemont; dabei wird gekochtes oder rohes Gemüse in ein kräftig gewürztes «Bad» aus Olivenöl, Sardellen und Knoblauch getunkt.
Bagnèt Von *bagnetto*, kleines Bad. Sauce aus verschiedenen Zutaten, die zu Fleischspeisen serviert wird. Zur bekanntesten Variation zählt das *bagnèt verd*, für das fein gehackte Petersilie, Knoblauch, Sardellen, hartgekochtes Ei, Essig und Öl vermengt werden.
Batsoà Gebackene Schweinehachse.

Battuti «Geschlagene», weltliche Bruderschaft. Bei Prozessionen und Messen trugen die Laienbrüder besondere Umhänge und Kapuzen und schlugen sich zur Buße auf Brust und Rücken. Jede Bruderschaft hatte ihr eigenes Oratorium.
Bavarese Creme aus Sahne, Milch, Eiern und Zucker.
Bigné (auch **bignole**) Mit Creme gefülltes und mit Zuckerguss überzogenes Kleingebäck.
Biova Rundes Weißbrot, ohne Fett und Zusatzstoffe im Holzofen gebacken.
Bollito misto Üppige Kombination aus mehreren gekochten Fleischsorten.
Bonet Eigentliche Bedeutung: Hut, Kappe. Traditionelle Süßspeise aus Milch, Eiern, Kakao und *amaretti*, im Rohr oder im Wasserbad gegart.
Brich (auch **bric, bricco**) Besonnte Weinlage, die sich auf einem Hügelkamm erstreckt; Dialektwort für Anhöhe, spitze Hügelkuppe, Sattel.
Bross Pikanter Käse, hergestellt aus einer Gärmischung von *toma* und Robiola-Käse.
Brutti e buoni (auch **brut e bon/brut e bun**) Kekse aus einer Mandelmasse in unregelmäßiger Form.
Cacciatorini Diverse Hartwürste.

Campagnole Gebäck aus leichtem Biskuitteig mit Rosinen und Schokolade.
Canestrel Wörtlich «Körbchen». Ringförmiges Gebäck, auch in Zopf- oder Gitterkuchenform bekannt.
Cannoli Süß gefüllte Hohlhippen.
Canté j'euv Eiersingen.
Canté magg Maisingen. Traditioneller Brauch im Mai, der nicht nur im Piemont zelebriert wird. In der Langa war das Maisingen zugleich ein Almosenbitten; in kleinen Gruppen zogen junge Mädchen von Hof zu Hof, trugen mit Blumen und Bändern geschmückte Zweige und sangen segensbringende Lieder. Der Brauch wurde in letzter Zeit in einigen Dörfern wiederbelebt.
Caponet Gebackene Röllchen aus Kürbisblüten oder Kohlblättern, gefüllt mit einer Masse aus Hackfleisch, Kräutern und Ei.
Carne cruda Fleischtatar.
Carne cruda all'albese Hauchdünnes rohes Ochsenfleisch mit Olivenöl, Castelmagno, Salz, Pfeffer, Zitronensaft.
Carne cruda battuta al coltello Mit dem Messer geklopftes *carne cruda*.
Carpione Gardaseeforelle (lat. salmo carpio). *In carpione* steht für eine Zubereitungsart, die ursprünglich nur für diese Forellenart verwendet wurde, meist

aber eine Marinade aus Knoblauch, Zwiebeln, Wein, Essig und verschiedenen Kräutern und Gewürzen bezeichnet.

Carrucesi Pralinen, siehe *albesi.*

Castelmagno Piemontesischer Schimmelkäse.

Cisrà Suppe aus gekochten Kichererbsen mit Schweinerippchen und -schwarten.

Cognà (auch **codognà**) Piemontesischer Mostrich, siehe *mostarda.*

Copeta Creme aus Haselnüssen und Honig zwischen zwei Oblaten.

Cotechino Schweinekochwurst, Schlackwurst.

Crema di limone Zitronencreme.

Crostini In Olivenöl angebratene Weißbrotscheiben, mit Tomaten belegt und mit Salz, Knoblauch und Oregano gewürzt.

Cru Französischer Begriff für eine bestimmte Lage und den von ihr stammenden Wein. Im engeren Sinn steht *cru* gerade in Italien für Weine gehobener Qualität aus besonderen Lagen.

Disciplinati Siehe *battuti.*

DOC *Denominazione di origine controllata*, kontrollierte Ursprungsbezeichnung italienischer Qualitätsweine.

DOCG *Denominazione di origine controllata e garantita*, oberste Qualitäts- und Garantiebezeichnung für italienische Qualitätsweine.

DOP *Denominazione di origine protetta*, geschützte

Ursprungsbezeichnung für Lebensmittel (v.a. Käse).

Duchessa Praline aus zwei kleinen, übereinander gelegten Waffeln mit Schokolade-Rum-Füllung.

Falò Freudenfeuer der Waldenser, das jeden 17. Februar entzündet wird.

Finanziera Ragout aus verschiedenen Fleischstücken und Innereien.

Foasette Sternförmiges Backwerk.

Fonduta Cremige Soße aus geschmolzenem Fontina-Käse, Milch, Butter und Eigelb.

Formaggetta Weichkäse.

Fricon Gebackene Sardinen, die – zwischen Lorbeerblätter gelegt und in Körben aufbewahrt – noch heute auf den Märkten verkauft werden (z.B. in Alba).

Frissa Kloß aus Wurstmasse, in ein Schweinenetz gewickelt, dem *griva* ähnlich.

Fritto misto Ausgebackenes Fleisch, Innereien und Gemüse.

Fujot di bagna caoda *Bagna caoda* im *fujot*, einem dem Fonduetopf ähnlichen Gefäß.

Gianduiotto Praline aus Haselnuss- und Kakaocreme.

Gnocchetti Kleine Kartoffelnocken.

Grissini all'acqua Normale Grissini, jedoch ohne Fett (Schmalz) gebacken.

Grissini tirati a mano Handgezogene Grissini (kleine Brotstangen).

Griva Kloß, kleiner Happen aus Schweineleber und

anderen Innereien, mit Wacholderbeeren aromatisiert und in ein Schweinenetz gewickelt.

Infernòt Nische im Weinkeller, oft ins Tuffgestein gehauen, wo Lebensmittel oder wertvolle Weine bei konstant kühler Temperatur gelagert werden.

Lamorresi al Barolo Weiche Pralinen aus Kakao und Haselnüssen mit einem Schuss Barolo.

Lingue di soucera Knuspriges Gebäck aus fein geraspelter Brotrinde.

Marìn (auch **marèin**) Wind vom Meer, Schirokko. Bezeichnet auch eine Rebkrankheit (Mehltau oder Peronospora), die durch übermäßigen Regen oder Feuchtigkeit begünstigt wird.

Meliga Maismehl.

Meringhette Baiserküsschen mit Nusscremefüllung.

Minestra del bate 'l gran Suppe «nach Art der Korndrescher» mit Hühnerleber, Zwiebeln und kleinen Teigwaren als Einlage, ursprünglich nur zur Getreideernte zubereitet.

Monchierini Mürbeteigkekse.

Monregalesi al rum Pralinen, siehe *albesi.*

Mostarda Der piemontesische Mostrich ist eine dicke Sauce aus Traubenmost, der mit Gewürzen (Zimt, Nelken) und Obst, vorzugsweise Quitten, eingekocht wird. Früher gerne zur Polenta gereicht. Heute bieten einige Restaurants den Mostrich wieder zu Süßspeisen an.

Nisulin Mit Zucker überzogene Haselnüsse.

Offelle Einfache Biskuitteigkekse.

Ossi di morto «Totenknochen»; eine Art türkischer Honig, der traditionellerweise zu Allerseelen gegessen wird.

Paesane Spezielles Mürbeteiggebäck.

Pallone elastico Traditionelles Ballspiel der Region, mit einem Gummiball gespielt. Zwei Mannschaften schlagen den Ball mit der Hand auf einem 90x18 m großen Spielfeld gegen eine Wand.

Pampavia Eigentlich *pane di Pavia*; trockene Kekse, ursprünglich aus Pavia.

Pantalera Besondere Variante des *pallone elastico*; der Ball wird gegen ein Vordach oder eine Hauswand gespielt, was dem Spiel unvorhergesehene Wendungen geben kann.

Paste d' melia (oder **meliga**) Mürbeteiggebäck aus Maismehl.

Peperone quadrato Ein «viereckig», in einer einem Würfel ähnelnden Form wachsender Paprika.

Polentini Mit Marmelade gefüllte Süßspeisen.

Pollo alla cacciatora Huhn auf Jägerart; mit Kapern, Oliven und Sardellen.

Primo Nudelgericht oder Suppe.

Provinciale Provinzstraße, im Gegensatz zur Staats-

straße. Jede Provinz hat ihr eigenes Nummerierungssystem.

Ravioli dal plìn Teigtäschchen mit Fleischfülle.

Risola Blätterteigtäschchen mit Marmelade.

Robatà (auch **rubata**) Handgezogene Grissini (aus Turin) oder lang gezogene Brotformen (beispielsweise in Carrù).

Robiola di Roccaverano Weichkäse.

Saccottini Teigtaschen, eine Form der Pasta.

Salmì (al **salmì**) Zubereitungsart für Wildbret mit Wacholder, Butter, Zwiebeln und Marsala.

Sapa Mostrich, siehe *mostarda*.

Secondo Fleisch- oder Fischgericht.

Seirass Ziegen-Ricotta, der im Heu reift.

Semifreddo Halbgefrorenes.

Setmìn, settimino Siebenmonatskind. Menschen, die im siebenten Schwangerschaftsmonat geboren wurden, sagte man heilende Kräfte nach. Der *setmìn* ist ein «Medizinmann», der mit Kräutern, Handauflegen oder Wahrsagerei heilt.

Soffritto Verschiedene Fleischsorten und Innereien, in Öl gebacken.

Sorì Nach Süden ausgerichteter Weinberg; besonders geschätztes Terrain für den Rebanbau.

Statale Staatsstraße, durch blaue Schilder und SS (*strada statale*) vor der Straßennummer gekennzeichnet.

Supercrema Schokoladecreme mit Haselnüssen.

Tajarín Handgemachte Tagliatelle. Der Eierteig wird mit dem Messer in mehr oder weniger dünne Streifen geschnitten. In den Langhe sind diese Bandnudeln sehr dünn, leicht und lecker.

Tartrà Der Begriff ist wahrscheinlich spanischen oder französischen Ursprungs («tartre», Torte). Es handelt sich um eine Art pikanten «Pudding» aus Milch oder Rahm, Eiern und Kräutern, im Ofen gebacken.

Toma Piemontesische Käsespezialität aus Schafs-, Kuh- und/oder Ziegenmilch.

Tonno di coniglio Kaninchenterrine (gekochtes und fein gezupftes Kaninchenfleisch).

Torcetti (im Dialekt **torcet**) Hausgemachte Kekse, meist kringelförmig.

Toroné (auch **turuné**) Torrone-Verkäufer auf Märkten und Dorffesten.

Torroncino Pralinen aus weicher Torrone-Masse, auch Torrone-Eis mit Honig und Nüssen.

Tuma d'la paja Auf Heu gereifter *tume* (siehe *toma*).

Trifolao, trifolé Trüffelsucher; von trifola (Trüffel).

Vitello tonnato Dünn geschnittenes Kalbfleisch mit Thunfischsauce.

Zuppa inglese Mit Eiercreme bestrichenes und mit Rum beträufeltes Biskuit.

Verzeichnis der Essays

Verzeichnis der Weinkellereien

Ortsverzeichnis